Filmanthropologie

Karl Sierek

Filmanthropologie

 Springer VS

Karl Sierek
Seminar für Kunstgeschichte
Schiller-Universität Jena
Jena, Deutschland

ISBN 978-3-658-22447-9   ISBN 978-3-658-22448-6   (eBook)
https://doi.org/10.1007/978-3-658-22448-6

Die Deutsche Nationalbibliothek verzeichnet diese Publikation in der Deutschen National-
bibliografie; detaillierte bibliografische Daten sind im Internet über http://dnb.d-nb.de abrufbar.

Springer VS

Verantwortlich im Verlag: Barbara Emig-Roller

Springer VS ist ein Imprint der eingetragenen Gesellschaft Springer Fachmedien Wiesbaden GmbH
und ist ein Teil von Springer Nature
Die Anschrift der Gesellschaft ist: Abraham-Lincoln-Str. 46, 65189 Wiesbaden, Germany

Inhaltsübersicht

Inhaltsverzeichnis

Teil I

Einleitung zu einer Politischen Kino- und Filmanthropologie

„You don't need numbers. You need passion." James A.
Baldwin in I AM NOT YOUR NEGRO (Raoul Peck, US/2017)

Mythen und Rituale des Kinos

1

Die Filmwissenschaft steht vor einer beträchtlichen Ausdifferenzierung. Nach einer Phase der Festigung als eigenständige Disziplin der Kulturwissenschaften in den 70er und 80 Jahren des vorigen Jahrhunderts und der Verdichtung genuin filmtheoretischer Problemstellungen und Methodologien in den letzten Jahrzehnten finden sich in transnationalen und transkontinentalen Filmdiskursen heute zunehmend Beiträge, welche die eigenen Forschungsstrategien und Methoden gegenüber anderen kulturwissenschaftlichen Feldern öffnen. Eines dieser neu definierten Gebiete der Film- und Kinoforschung versucht, sich dabei an der Anthropologie zu orientieren. Mit dieser Erweiterung des Horizonts antwortet die Filmwissenschaft auf ein offensichtliches Defizit und eine davon stimulierte Neugierde. Während die Funktion optoakustischer Gerätschaften und ihre zeichentheoretischen und medienhistorischen Implikationen bei der Herstellung und Vorstellung filmischer Bilder bis heute hinreichend untersucht zu sein scheinen, mangelt es erheblich an Theoremen, welche das Denken des Kinos mehr an das Werden der gemeinschaftlichen Einbildungskraft der Menschen heranführen. Kino? Mensch? Zugegeben, beide Begriffe sind in aktuellen politischen Diskursen etwas in den Hintergrund oder gar in Verruf geraten. Hat sich letzterer noch bis in die frühen 1960er Jahre häufig sowohl in den Kinos als auch in den Titeln namhafter Theoriekonvolute von Béla Balázs bis Henri Agel, von Edgar Morin bis Gilbert Cohen-Séat herumgetrieben, ist es seit der filmtheoretischen Moderne – mit Ausnahme des ungewöhnlich gewöhnlichen Kino-Menschen von Jean Louis Schefer – um ihn eher still geworden.

Die vorliegende Skizze zur Anthropologie des Films und des Kinos ist aber nicht nur ein Bericht der Veränderung des Denkens filmischer Vorrichtungen und Vorgänge. Wie sich die Parameter und Theoreme der Kulturtechnik des Kinos in soziale und kulturelle Ordnungen einschreiben, so sind es auch die bildbasierten Raum- und Zeitkonstruktionen selbst, die als Indikatoren kultureller Ausformungen und symbolischer Prozesse wirkmächtig geworden sind. Dass das Kino bei

© Springer Fachmedien Wiesbaden GmbH, ein Teil von Springer Nature 2018
K. Sierek, *Filmanthropologie*, https://doi.org/10.1007/978-3-658-22448-6_1

dieser anthropologischen Mutation bild- und tongenerierter Produkte nicht abseits steht, sondern sogar die Rolle eines der Hauptproduzenten und maßgeblichen Indikatoren dieser symbolischen Verortungen übernommen hat, liegt sowohl an seiner populärkulturellen Verbreitung als auch an seiner engen Einbindung in ökonomische, soziale und politische Prozesse. Es hat darüber hinaus sogar deutliche Spuren im Grenzgebiet zwischen Natur- und Technikwissenschaften auf der einen sowie der Kultur- und Kunstwissenschaften auf der anderen Seite hinterlassen. Für Optik und Architektur, Physik und Physiologie, Psychologie und Medizin ist deshalb die Kulturtechnik Kino nicht nur Dokument und Archiv, sondern immer auch Forschungsinstrument gewesen. Um in diesem Diskursfeld wenn nicht einen gemeinsamen Nenner, so doch wenigstens einen Orientierungspunkt zu liefern, bietet sich die Anthropologie deshalb wohl als maßgeblicher Denkraum zu einer neuen Ortung des Kinos an.

1.1   Film- oder Kinoanthropologie?

Die Filmforschung hat von der Nähe des Films zur Anthropologie immer gewußt. Dennoch hat sie diese Affinität kaum offen deklariert und noch viel seltener genauer untersucht. Umso erstaunlicher ist deshalb, dass schon der ersten Satz eines der Leittexte moderner Filmtheorie auf einen eminent anthropologischen Sachverhalt des Kinos verweist. Um eine Vorstellung von dem weiten kulturellen Horizont dessen zu geben, was Film oder Kino überhaupt sein könne, geht Christian Metz in *Sprache und Film* von dem aus, was die Anthropologie als ‚soziales Totalphänomen' bezeichnet. Er verweist damit auf Marcel Mauss, der diese sozio-kulturelle Kategorie recht anschaulich beschrieben hat:

> „In diesen (wie wir sie nennen möchten) ‚totalen' gesellschaftlichen Phänomenen kommen alle Arten von Institutionen gleichzeitig und mit einem Schlag zum Ausdruck: religiöse, rechtliche und moralische – sie betreffen Politik und Familie zugleich; ökonomische – diese setzen besondere Formen der Produktion und Konsumtion oder vielmehr der Leistung und Verteilung voraus; ganz zu schweigen von den ästhetischen Phänomenen, in welche jene Tatsachen münden, und den morphologischen Phänomenen, die sich in diesen Institutionen offenbaren."[1]

Das Kino stelle zwar, so Metz in seinem Hinweis auf Mauss, „in der anthropologischen Perspektive, die wir hier einnehmen, ein sehr spätes Datum des mensch-

---

1   Marcel Mauss. Die Gabe. Form und Funktion des Austauschs in archaischen Gesellschaften. Frankfurt am Main: Suhrkamp, 1990 [1925], S.17f.

lichen Abenteuers dar"[2]. Doch bleibe es nichtsdestotrotz ein derartiges humanes Totalphänomen. Auch wenn seine Entwicklung und Nutzung, anders als die meisten alltäglichen Verrichtungen wie das Kleiden, Essen oder Schenken, vieldimensional und schwerer fassbar seien, stelle jedenfalls auch das Kino so etwas wie den Prototypen einer solchen anthropologischen Durchschnittsmaterie dar.

Spät aber tief ist sie also in unser Alltagsleben eingedrungen, diese anthropologische Maschine, bis in die Poren der KinogeherInnen, des Kinomenschen, hat sie Eingang gefunden. Auch auf diese körperliche Dimension des Kinogehens hat der Anthropologe Mauss, und zwar bereits lange vor Metz, hingewiesen. 1926 in einem New Yorker Krankenhaus war es, als die Kristallisationsfigur der positivistischen Sozialwissenschaften – im Zuge einer teilnehmenden Beobachtung gewissermaßen – auf den Zusammenhang zwischen Körperbewegungen und Filmerfahrungen gestoßen war:

> „Eine Art Erleuchtung kam mir im Krankenhaus. Ich war krank in New York. Ich fragte mich, wo ich junge Mädchen gesehen hatte, die wie meine Krankenschwestern gingen. Ich hatte genug Zeit, darüber nachzudenken. Ich fand schließlich heraus, dass es im Kino gewesen war. Nach Frankreich zurückgekehrt, bemerkte ich vor allem in Paris die Häufigkeit dieser Gangart; die jungen Mädchen waren Französinnen und gingen doch in dieser Weise. In der Tat begann die amerikanische Gangart durch das Kino bei uns verbreitet zu werden. Das war ein Gedanke, den ich verallgemeinern konnte. Die Stellung der Arme, der Hände während des Gehens, stellen eine soziale Eigenheit dar und sind nicht einfach ein Produkt irgendwelcher rein individueller, fast ausschließlich psychisch bedingter Abläufe und Mechanismen."[3]

Diese und andere Erleuchtungen der anthropologischen Tragweite der Kulturtechnik des Kinos gingen dem maßgeblichen Vertreter des Durkheim-Kreises nicht mehr aus dem Sinn, bis er in einer Vorlesung 1935/36 auch die vielseitigen, bereits von anderen Anthropologen und Ethnologen genutzten Anwendungsmöglichkeiten des Films für die Wissenschaft vom Menschen erkannte:

> „Das Ensemble der Körperhaltungen ist eine Technik, die gelehrt wird. [...] Die[se] Körpertechniken sollen mithilfe der Fotografie und, wenn möglich, der filmischen Zeitlupe untersucht werden"[4].

---

2   Christian Metz. Sprache und Film, Frankfurt am Main: Athenäum, 1973, S. 9f.

3   Marcel Mauss. Manuel d'ethnographie. Paris: Payot, 1967 [1947], S. 3. Zit. Philippe Despoix. Afrikanische Silhouetten und Feldfotografie. M. Griaules Beitrag zur Maussschen ‚Entdeckung' der Körpertechniken. In: NTM Zeitschrift für Geschichte der Wissenschaften, Technik und Medizin/18 (2010), S. 526.

4   Mauss, Zit. Despoix, ebd. S. 527.

Damit war die Nutzung der Kulturtechnik Kino im Dienste der anthropologischen Untersuchung menschlicher Körpertechniken und ihrer kinematographischen Aufzeichnung als Mittel zur Erforschung des gestischen Repertoires ebenso wie die Untersuchung der Filme als die Gegenstände dieser Wissenschaft gewissermaßen von höchster Stelle sanktioniert. Der Gegenstand der Bildforschung und ihre Methodologie rückten ein gehöriges Stück zusammen.

Ohne Mauss gleich zur Leitfigur einer modernen Kino- und Filmanthropologie stilisieren zu wollen, sei noch ein dritter Konvergenzpunkt zwischen dem Anthropologen und der neueren Filmforschung erwähnt. Bereits die wissenschaftlichen Versuche der Systematisierung des Filmdenkens durch die Filmologie seit den 1940er Jahren – also irgendwo in der Mitte zwischen Émile Durkheim und Christian Metz – bedienten sich am Maussschen Bauchladen der anthropologischen Grundbegriffe. Gilbert Cohen-Séat etwa bestimmt, ganz in der Denkrichtung Mauss', das Kino ebenfalls als „umfassende Institution"[5], die sich in den beiden Erscheinungsformen kinematographischer und filmischer Tatsachen zeigt.

Was mit der Unterscheidung von kinematographischen und filmischen Sachverhalten für die allgemeine Filmwissenschaft gilt, kann aber auch für ihr Teilgebiet, die anthropologisch verortete Untersuchung des Gesamtphänomens Film und Kino nicht verkehrt sein. Deshalb ist es nur konsequent, zunächst auch eine Anthropologie des Kinos auf der einen und eine Anthropologie des Films auf der anderen Seite als zwei unterschiedliche Forschungsstrategien und Erkenntnisinteressen zu unterscheiden. Erst dann, nach erfolgtem Einsatz der unterschiedlichen methodologischen Ansätze und der sorgfältigen Sonderung ihrer Gegenstandsbereiche, ließen sich beide, Kino- und Filmanthropologie, wiederum summarisch und multiplikatorisch zu jener integralen Menschheitswissenschaft bewegter Bilder, ihrer Apparate und Institutionen, ihrer Herstellung und Vorstellung, zusammenfassen.

Mit ersteren, den *faits cinématographiques*, ist die gesamte ökonomische und produktionstechnische, soziale und organisatorische Infra- und Suprastruktur gemeint. Die rituellen und vernakulären Vorgänge des Kinogehens hervorhebend, wird Metz diese Terminologie eine Generation später übernehmen und damit dem Diskurssystem anthropologischer Betrachtungen noch immer strikt verbunden bleiben. Konkret nennt er etwa neben den psychologischen, politischen und ästhetischen Faktoren ausdrücklich auch die im engeren Sinne anthropologischen

---

5   „A ce titre, toutes les acceptations du cinéma se confondent, et reconnaissent pour particularité commune d'appartenir à une institution universelle." Gilbert Cohen-Séat. Essai sur les principes d'une philosophie du cinéma. Paris: Presses universitaires de France, 1958 [1946], S. 55. Vgl. dazu auch die verschiedenen Beiträge zur Relektüre der École de Filmologie in Montage AV, etwa Frank Kessler. Etienne Souriau und das Vokabular der filmologischen Schule. In: Montage/AV 6/ 2 (1997).

Facetten der Mythologie des Starkults, die Rituale während der Filmvorführung sowie bauliche und architektonische Details dieser anthropologischen Maschine. Jenes merkwürdige Wesen, das sich der Untersuchung dieser breiten Palette von kinematographischen Sachverhalten zuwendet, beschreibt Metz als eine Art von humanwissenschaftlichen Generalisten, der nicht zuletzt auch über semiologische Fähigkeiten verfügen muss, metapsychologische und ideologische Kenntnisse beizubringen und deshalb „ein umfassendes anthropologisches Wissen"[6] aufzuweisen habe. Genau dieser weite Horizont kinematographischer Tatsachen versetzt eine mit Fug als solche zu bezeichnende *Kinoanthropologie* darüber hinaus auch in die Lage, jene medienkulturellen, ästhetischen und technologischen Anpassungen mitzubedenken, die über Digitalisierungs- und andere Revolutionen hinweg aus dem Kino jene robuste Maschine äußerster Flexibilität werden ließ, die sich bis heute bewährt hat.[7] Aufmerksam hätte diese Kinoanthropologie ganz nach dem Muster der Metzschen kinematographischen Tatsachenforschung alle Phänomene im Blick zu behalten, die, mit den Worten Cohen-Séats, „in einer Gruppe von Menschen einen Bestand von Dokumenten, Erfahrungen, Ideen, Gefühlen, Materialien in Umlauf halten, die vom Leben dargeboten und vom Film auf seine Weise in eine Form gebracht werden."[8]

Wie also der weite Horizont und die institutionellen Rahmenbedingungen kinematographischer Tatsachen das Feld einer zukünftigen Kinoanthropologie zu bestellen imstande sind, so kann das, was die nun schon bekannte Filiation von Mauss über Cohen-Séat bis Metz als *filmische Tatsachen* bezeichnet, jenen kleineren und übersichtlicheren Bereich abdecken, dem sich eine zukünftige *Filmanthropologie* zuzuwenden hätte. Sie bestünde vornehmlich in der Untersuchung jener anthropologisch relevanten Gegenstandsbereiche, die sich auf den Film als einen „lokalisierbaren, Bedeutung tragenden Diskurs"[9] konzentrieren. Diese Einschränkung filmanthropologischer Forschungen geht allerdings nicht, wie man der Metzschen Lesart vorschnell entnehmen könnte, so weit, sich ausschließlich auf

---

6   Metz, Sprache und Film, a.a.O. S. 10.

7   Sabine Nessel versucht in ihrer Metz-Lektüre des Beginns von *Sprache und Film* diesen Aspekt mit einzubeziehen. Vgl. Sabine Nessel. Future Cinema oder durch das Kino hindurchgegangen. Versuch zum Verhältnis von Kino und Medium. In: Frauen und Film/64 (2004), S. 43–55.

8   „Le propre du *fait cinématographique* serait de mettre en circulation dans des groupes humains un fond de documents, de sensations, d'idées, de sentiments, matériaux, offerts par la vie et mis en forme par le film à sa manière." Gilbert Cohen-Séat. Problèmes actuels du cinéma et de l'information visuelle. Paris: Presses universitaires de France, 1954, S. 54.

9   Metz, Sprache und Film, S.13.

zeichentheoretische Fragen zu beschränken. Der Gegenstandsbereich einer mit filmischen Tatsachen befaßten Filmanthropologie umfaßt im Gegenteil gerade durch
seine Konzentration auf diskursanalytische Fragen der Bedeutung das Gesamt
wahrnehmungstheoretischer und damit auch anthropologische Probleme. Der Begründer der Filmolinguistik erweitert damit die Beschäftigung mit der natürlichen
Sprache, also das Forschungsgebiet der Linguistik, um die bei Cohen-Séat vor-
herrschende Konzentration auf die materiellen Komponenten der gesamten Palette
menschlicher Partizipation. Er betont sogar, dass ohne

> „dem Bild, dem Ton der Musik, dem Ton der ‚Reden', den Geräuschen, den graphi-
> schen Formen ausgeschriebener Schriftzeichen [der kinematographische Diskurs
> schlechthin unbegreiflich wäre. ...] Man kann den Film jedenfalls nicht als sprach-
> liches Phänomen definieren, wenn man nicht berücksichtigt, daß er mit fünf, und
> zwar den oben erwähnten fünf Bedeutung tragenden sensoriellen Mitteln arbeitet:
> in dieser Hinsicht vermischt sich der Film untrennbar mit ‚psychologischen' Über-
> legungen (über Wahrnehmungsmechanismen, den eigentlichen Charakterzügen des
> Bilds usw.), die dann in einer anderen Perspektive wieder aufgenommen werden."[10]

Methodisch und methodologisch können sich film- und kinoanthropologische Forschungsstrategien durch die Eigenschaft ihres Gegenstands also durchaus über-
schneiden. Sowohl das Kino als Totalphänomen der positivistischen Sozialanthropologie als auch der Film als singulärer Text bleiben damit durch ihren Rekurs
auf verschiedene Disziplinen der Humanwissenschaften eng aufeinander bezogen:

> „[E]in *geschlossener Text* – eine Erzählung, ein Mythus, ein Theaterstück ein Ro-
> man usw. – ist immer zugleich ebenso ein vollständiger wie ein in irgend einem
> Sinne sehr kleiner kultureller Gegenstand im Verhältnis zur allgemeinen Produktion
> einer Gesellschaft: aus dem einen oder anderen dieser Gründe hebt er jenen Platz
> hervor, auf dem sich mehr als auf anderen die verschiedenen ‚Humanwissenschaf-
> ten' berühren – und zwar sehr eng berühren, da es sich doch um einen sehr kleinen
> Platz handelt."[11]

Und genau in dieser enge Berührung und Erforschung der paradoxen Produktions-
bedingungen des Films als geschlossene Einheit, die zugleich als Totalphänomen
auftritt, liegt der Forschungsgegenstand der Anthropologie bewegter Bilder, ihrer
Vorstellung und Herstellung; wobei man darauf hinweisen muss, dass die von
Metz zumindest als Möglichkeit ventilierte integrale Menschheitswissenschaft,

---

10   Ebd., S.17.
11   Ebd., S.19f.

die alle Teildisziplinen, Gegenstandsbereiche und Methodologien synthetisch zusammenfasst, immer noch Utopie ist und wohl auch bleiben wird. Durkheim, Mauss, Lévi-Strauss: Christian Metz schreibt sich mit dieser terminologischen Bestimmung des Gegenstands der Filmwissenschaft in eine Tradition vom Gründer der positivistischen Soziologie über die Kristallisationsfigur der Erforschung von Körpertechnologien bis zum strukturalistischen Anthropologen ein, die deutlicher nicht sein könnte. Dennoch bleiben seine laufbildtheoretischen Impulse weder für die weitere Ausdifferenzierung filmischen Denkens noch für die Leitlinien des vorliegenden Bandes die einzige genealogische Spur der Anthropologie. Neben der französischen Schule waren auch zwei Strömungen der deutschen Wissenschaft vom Menschen von nicht unbeträchtlicher Nachhaltigkeit für das, was an humanwissenschaftlichem Denken in die Filmwissenschaft eingeflossen ist und noch einfließen könnte. Einerseits haben sich phänomenologische Orientierungen der philosophischen Anthropologie im transnationalen Diskurs der Filmwissenschaften zusehends bemerkbar gemacht. Andererseits und nicht zuletzt soll in der vorliegenden Skizze zu einer Kino- und Filmanthropologie auch auf Einflüsse der aus der Emigration nach Deutschland zurückgekehrten Frankfurter Schule hingewiesen werden. Vor allem die von Ulrich Sonnemann eingebrachten Ansätze zur negativen und historischen Anthropologie tragen maßgeblich dazu bei, eine Denkfigur zu kritisieren, die vom Positivismus Auguste Comtes über die Durkheimschule bis Morin und die strukturale Anthropologie sich unterschwellig bis massiv immer wieder zu Wort meldete. Während die französischen Schulen der Menschenwissenschaften in dieser Linie einer Suche von Konstanten und Strukturen menschlicher Spezifika auf der Spur waren, scheint sich die deutsche Genealogie anthropologischen Denkens von Kant über die idealistische Geschichtsphilosophie bis zur Kritischen Theorie eher der Suche nach Wandlungen und Veränderungen, dem Werden und Entwickeln des Humanum verschrieben zu haben. Mit dieser Orientierung kann wohl auch die Kinoanthropologie der durchschlagenden Denkfiguren der Konstanz menschlicher Eigenschaften im Sinne einer Conditio Humana die Suche nach ständiger Wandelbarkeit und letztlicher Unfassbarkeit des Humanums zur Seite stellen. Das Kino könnte sich in dieser Perspektive als Imaginationsmaschinerie einer in die Zukunft verschobenen und letztlich nie festlegbaren Bestimmung des Menschlichen erweisen.

1.2   Forschungsobjekt Kinomensch?

Neben diesen Herkünften gilt es aber zunächst noch wenigstens anzudeuten, was
nun eigentlich die konkreten Gegenstandsbereiche dieser Heranführung der Menschenwissenschaften ans Kino und des Kinos an den Menschen sein könnten. Welche zentralen Fragen versucht dieses Forschungsfeld, wenn nicht zu beantworten,
so doch in präziser gestellte Fragen umzuformen? Wo liegen die Probleme, die
durch die bestehenden Tendenzen des Mainstreams der Filmwissenschaft in den
Hintergrund getreten sind? – Drei Objektcluster drängen sich für eine Bearbeitung
durch kino- und filmanthropologische Ansätze auf: Zunächst der Fragenkreis der
Engführung von *Prothetik und Bildmacht*. Welchen Beitrag leistet die kinematographische Apparatur als verlängertes Werkzeug des menschlichen Körpers bei
der Wechselwirkung zwischen entfesselter Technologie und Selbstbestimmung?
In welchen Bild- und Tonkonstruktionen reflektieren das Kino und vor allem auch
einzelne seiner Filme die Beziehung zwischen Mensch und Maschine einerseits
und die von Bild und Machtpotential andererseits? Auf welche Weise haben die
Laufbildtechnologien nicht nur wesentliche Funktionen des menschlichen Körpers, sondern auch die intellektuellen Kapazitäten zu emulieren begonnen? Zwar
hat diese doppelte Bezugsetzung mit dem massiven Schub der Moderne gegen
Ende des 19. Jahrhunderts die kinoanthropologischen Ansätze der frühen Filmtheorie bereits bis in die 1920er Jahre – etwa mit den verschiedenen Beiträgen
zur Frage des Bildanimismus – enorm bewegt. Doch ist sie dann trotz weiterer
Veränderungsschübe der Darstellungstechniken dieser Imaginationsmaschinen
des Menschenbildes, seiner Bildlichkeit und Mächtigkeit, bis auf die kurze Konjunktur der 1950er Jahre in den folgenden Jahrzehnten wiederum weitgehend aus
dem Blickfeld gerückt. Es ist deshalb kein Zufall, dass seitens der Film- und Kinoanthropologie in den letzten Jahren wiederum erneut kräftige Schübe zur Untersuchung des Wechselspiels von Animation und Animismus geliefert wurden.
Einige dieser Thesen zum filmischen Apparat als prothetischer Maschine sowie
zum Fragenkomplex kinematographischer Prothetik und ihrer Bedeutung bei der
Bestimmung einer conditio humana werden im vorliegenden Band in neuen Kons-
tellationen wie etwa jener der Subjektivitätskonstruktion im Kino diskutiert.

Ein zweites, vielverzweigtes Problemfeld könnte an die kinoanthropologischen
Fragen der *technischen Reproduktion des menschlichen Selbstbildes* im Schnittpunkt von ontogenetischen und phylogenetischen Sozialisations- und Enkultura-
tionsprozessen anknüpfen. Eins, zwei, drei – könnte man sagen – reihen sich dabei
die Fragen nach der Darstellbarkeit des singulären Menschenbilds auf der Leinwand, nach der Verdopplung des Menschen in seinem imaginären Double und
schließlich nach der gemeinschaftlichen Zugehörigkeit in der Vielzahl eines Kol-

lektivs von KinogeherInnen und Leinwandfiguren aneinander. Das Kino erweist sich dabei nicht nur als ein Instrument der Sichtbarmachung der Wirklichkeit im Bild, sondern auch als Ort der Herstellung einer gemeinschaftlichen sinnlichen Welt und als Versuchsanordung zur Erforschung serieller Bezugsetzung des Menschen mit seinem Selbstbild als Double. Dieser Produktionsraum eines eigenen psychischen Kollektivzustands sozialer Zugehörigkeit geht von der Verdopplung des im Saal Sitzenden auf der Leinwand aus, fächert diesen aber auf verschiedene Populationen und Simulacra auf. Als Produkt schöpferischer Energie ist dieses *dreifache Simulacrum des menschlichen Einzelbilds, des Doubles und der Gemeinschaftlichkeit* gelegentlich schlicht als Kinomensch bezeichnet und beschrieben worden. Ob in der Ausformung als Idolatrie des menschlichen Gesichts, in seiner massenpsychologischen Dimension als seiner selbst entäußertes Publikum oder in seiner kultischen Überhöhung als Star ist dieser Kinomensch zum Gegenstand vieler Untersuchung geworden: als Doppelgänger zwischen Totenkult und Erinnerungskultur, der in den Paradoxien abwesender Anwesenheit und zukünftiger Vergegenwärtigung bemerkbar wird. Gerade dem dritten Aspekt, der soziokulturellen und nicht zuletzt auch politischen Funktion des Kinos als das, was Ulrich Sonnemann als *Koinonia* beschrieben hat, kommt dabei entscheidende Bedeutung zu. Dieser Ort von Gemeinschaftlichkeit und Partizipation fungiert, gerade ohne diese Funktion deshalb als anthropologische Konstante stipulieren zu wollen, als kollektives Kohäsionsmittel und Achse der Öffnung zum Anderen, Unausgesprochenen und noch nie Dagewesenen. Er kann deshalb in seiner zukunftsweisenden Verfasstheit auch als Werkstatt konkreter Utopien und Werkzeug des Widerstands gegen die Zukunftsvergessenheit politische Wirkmacht erzeugen. Deshalb könnte im Lichte dieser Dynamisierung und Historisierung, bei dem nicht das Sein, sondern das Werden des Menschen ins Zentrum rückt, auch der Kinomensch nur in seinem Werden und Noch-nicht-Sein begriffen werden.

1.3 Ver/Bergen

Der dritte Gegenstandsbereich der vorliegenden Heranführung der Menschenwissenschaften ans Kino und des Kinos an den Menschen könnte sich mit den vielfältigen Verzweigungen von Handlungsritualen beschäftigen, die sich zwischen den Polen des *Bergens und Verbergens menschlicher Simulacra* im Kino und auf der Leinwand bewegen. Ob Zeigen und Verstecken, Aufzeichnen und Auslöschen, Bewegung und Stillstand, Verschwinden und Erscheinen, Präsenz und Absenz, Leben und Tod: die Eingliederung dieser Gegensatzpaare in Rituale, Gewohnheiten und Inszenierungen gehören wohl zu den ausgeprägtesten Eigenschaften des Kino-

menschen und seiner Behausungen. Sie umfassen auch all jene Vorgänge, die das
Kino als Performanzapparat rational schwer fassbarer Strebungen und weniger offensichtlicher Regungen auszeichnet. Ist dieser Ort emotiver Nuancen nicht gerade
ein Sammelbecken unausgesprochener und unaussprechlicher Unwägbarkeiten,
ein Schauplatz schwer bestimmbarer Vorlieben und unbestimmter Abneigungen,
obskurer Wünsche und dunkler Befürchtungen, die etwa für kognitionswissen-
schaftliche Theoreme gänzlich unfassbar bleiben? Sie gilt es mit dem flexiblen
Instrumentarium der teilnehmenden Beobachtung ans Licht zu heben und mit dem
feinen Besteck der Analytik zu systematisieren. Wie werden folglich in dieser Pro-
duktionsanlage menschlicher Simulacra und in den von ihr inszenierten narrativen
Abläufen die Zwischentöne der Pole von Wissen und Nicht-Wissen ausgependelt,
die anderen Methodologien und Paradigmen der Filmforschung bisher entgangen
sind? Kommen in den erzählten oder angedeuteten Konfliktsituationen filmischer
Figuren auch Regulierungsprinzipien zum Tragen, die einen Ausgleich zwischen
den Extremen von Macht und Ohnmacht des Menschenbildes suchen und in der
Folge auch herstellen? Wie steht es mit den bildlichen Entwürfen, die sich den
Grenzen der Wahrnehmung und dem zuwenden, was man in Ermangelung eines
besseren Begriffs vielleicht als Falschgebung bezeichnen könnte? Zugegeben: diese Grautöne filmanthropologischer Episteme stoßen wiederum genau an jene, bereits erwähnten Grenzen der in der positivistisch angehauchten Filmwissenschaft
verbürgten und von der Anthropologie geborgten *Tatsachen*. Ist diese Kino- und
Filmanthropologie überhaupt noch unter dem zu subsumieren, was von Durkheim
bis Metz als Tatsachenwissenschaft skizziert wurde? Sowohl mit dem Begriff der
faits filmiques als auch mit jenem der *faits cinématographiques* gerät man alsbald
in Erklärungsnotstand. Dies wurde vor allem in den Disputen deutlich, welche die
Sozialwissenschaften der 1970er Jahre bewegt und nicht selten auch gebremst haben. An einer Nebenfront des Positivismusstreits in der deutschen Soziologie der
1970er Jahre hat dies etwa Oskar Negt mehr als deutlich artikuliert:

> „Die Soziologie Durkheims, die es ausschließlich mit den kausalen Beziehungen
> zwischen den sozialen Tasachen zu tun haben will, sieht es als eine Kompetenz-
> überschreitung an, jener Verflechtung von rationalen und irrationalen Bestandteilen
> der Gesellschaft nachzugehen, in deren Erkenntnis eine kritische Soziologie ihre
> legitime Aufgabe hätte."[12]

---

12 Oskar Negt. Die Konstituierung der Soziologie zur Ordnungswissenschaft. Struktur-
    beziehungen zwischen den Gesellschaftslehren Comtes und Hegels. Frankfurt am
    Main, Köln: Europäische Verlagsanstalt, 1974, S. 120.

Genau in jene Rand- und Sumpfgebieten nicht rationaler, sondern nur rationalisierter Strebungen und Verfasstheiten filmischer Formen und Verfahren, kinematographischer Mythen und Rituale ist eben Oskar Negts Kritik an der positivistischen Sozial- und Humanwissenschaft von Comte bis Durkheim zu verlängern. Kinoanthropologie als kritische Humanwissenschaft hat eben bereits dort anzusetzen, wo Rituale noch nicht zu Tatsachen – seien es filmische oder kinematographische – verfestigt auftreten. Sie hat ganz dezidiert auch jene Hybride auf der Leinwand und im Kino in ihr Erkenntnisinteresse einzuschießen und zu untersuchen, die sich jenseits der von einer positivistischen Wissenschaft rationalisierbaren Erscheinungen bewegen. Wie selbst die religionssoziologischen Schriften Durkheims hat auch die Anthropologie des Kinos den Versuch zu wagen, die in den Ritualen und Kulten verfangenen Irrationalismen rational zu durchdringen, und sie nicht einfach zu übersehen oder als irrational beiseite zu schieben.

Die Fragen nach den Zwischentönen der rituellen Beschwörung des Menschenbildes, die – in positiver ebenso wie in negativer Ausformung – gerade das sogenannte große Blockbuster-Kino und seine ökonomische Peripherie aufwirft, um sie sogleich wieder zu verwerfen, überwuchern die zentralen narrativen Linien und Knoten jedes einzelnen seiner Filme. Sie wuchern sogar über die überschaubaren Bereiche vernakulärer Kulturen und Subkulturen hinaus und erhalten im kulturellen Totum massiv und flächendeckend mythenbildende Funktionen zugewiesen. Um diese – durchaus auch ideologietragenden und -fördernden – Funktionen zu erhellen, genügt es deshalb nicht, ausschließlich die rituellen Abläufe kinematographischer Aufführungs- und Performationspraxen in den Abspielstätten zu erhellen. Ebenso wenig können diese mythisch-kultisch-rituellen Praktiken in ihrer politisch durchaus abträglichen Wirkmächtigkeit nur durch die Untersuchung der Konstruktionsprinzipien im Inneren der Filme aufgedeckt werden. Da das Pendelspiel von Bergen und Verbergen in unterschiedlichsten Ausformungen der Menschheitsgeschichte zu finden und folglich zu einem Schwerpunkt der Kulturanthropologie geworden ist, bedarf es vielmehr eines weiteren Horizonts. Mit der Öffnung filmwissenschaftlicher Forschungsperspektiven gegenüber anthropologischen Erkenntnissen und Verfahren ließe sich etwa um einiges deutlicher erkennen, dass die vernakulären Erscheinungen der Serialisierung, Vervielfältigung und Reproduktion keineswegs ausschließlich mit den Verfahren der fotografischen und filmischen Bildherstellung im Zuge der technischen Revolutionen der Moderne zu erklären sind. Die formelhafte Wiederkehr von Präsentieren und Absentieren in all ihren Varianten hat zwar ihren medial bedingten und bestimmten Höhepunkt mit den technisch reproduzierten Bildern erreicht. Doch ist dieser Aspekt der als Berge- und Verberge-Gestus beschriebenen Praktiken in all seinen Formaten ebenso ursächlich verknüpft mit anderen Formen des Erscheinens und Verschwindens des

menschlichen Körperbilds, mit unterschiedlichsten Oppositionsbildungen von Bestehen und Vergehen des menschlichen Körpers, bis hin zur rituellen Beschwörung
von Leben und Tod. Diese merkwürdige Querverbindung über kulturelle, mediale
und historische Grenzen hinweg wurde zwar von der zweiten Welle der Filmanthropologie in den 1950er Jahre – allen voran von Edgar Morin – auch hervorgehoben, doch nicht selten sogleich an die Konstruktion anthropologischer Konstanten
geknüpft und damit ihrer historischen und politischen Sprengkraft beraubt. So hat
noch André Bazin die gleich bleibende Bedürfnisstruktur des Menschen in kultur-
übergreifender Perspektive von frühen Hochkulturen bis zur Moderne als Grundlage seiner para-religiösen Theoreme des Kinos herangezogen:

"Für die ägyptische Religion, die ganz und gar gegen den Tod ausgerichtet war,
hing das Überleben vom materiellen Fortbestand des Körpers ab. So befriedigte sie
ein fundamentales Bedürfnis der menschlichen Psyche: nach Schutz vor der Zeit."[13]

Statt dieser epochenübergreifenden Verdichtungen, die das Kino in einer fragwür-
dige Teleologie film-ähnlicher Verfahren des Précinéma bis in die Höhlenmalerei
zurückdatieren wollen, versucht die Neue Kinoanthropologie die Inszenierungen
menschlicher Simulacra vielmehr in ihrem Facettenreichtum, ihrer Brüchigkeit
und vor allem in ihrem *Werden* zu zeigen. Statt lineare Fortschrittsbilder unter
rein technologischer Variation zu liefern, untersucht sie die Praktiken des Bergens und Verbergens in der Vielfalt ihrer kultur- und technohistorischen Faltungen
und reflektiert sie in ihrem ständigen Wandel. Einer ahistorischen Filmgeschichte,
die der Vorstellung anthropologischer Konstanten ebenso folgt wie der illusori-
schen Linearität teleologischer Geschichtsphilosophien, setzt sie eine dynamische
Historiographie entgegen, welche die Geschichte menschlicher Simulacra wie in
einem Kaleidoskop vielfältiger Zeitschichtungen und medialer Hybridisierungen
auffächert. Sie weist auf die epistemologischen und anthropologischen Überwöl-
bungen hin, und hebt hervor, dass sich die Theoriegeschichte des Kinos eben nicht
auf technische und technohistorische, wahrnehmungstheoretische und ästhetische
Determinanten beschränkt. Sie beschreibt die Kluft zwischen den epistemischen
Modellen der Aufklärung und dem weitgehend vernachlässigten Nachleben vor-
aufklärerischer, vormoderner und vorhumanistischer Determinanten.
    Auch wenn das dergestalt entworfene Konzept des Kinos von den Wissens-
potentialen der Ratio und Kognition gespeist, hervorgebracht und post festum auch
erklärbar gemacht wurde, siedelte sich in seinen Ritzen und Lücken, in seinen viel-

---

13 André Bazin. Was ist Film? Übers. von Robert Fischer und Anna Düpee. Berlin: Ale-
    xander Verlag, 2004, S. 33

fältigen und subkutanen Ausformungen doch alsbald das besiegt geglaubte, das überwunden gemeinte Spektrum des Verdrängten und Verleugneten, Verworfenen und Abjekten mit ungeheurer Nachhaltigkeit an: Kosmologien und Genealogien, Initiationsriten und Ahnenkult, Ordnungssysteme, Verbote und und Tabus, Herrschaftsformen der Bildkulturen und ihre Vernetzungen in den Konkretionen der Industrialisierung des Alltags und der Mediatisierung der Zerstreuungskulturen. Dies machte aus dem Kino nicht nur die prototypische Kulturtechnik der Moderne, sondern auch eine Grauzone zwischen Wissen und Erkenntnis: den Schauplatz von Glauben und Hoffnung, Angst und Schrecken, Lust und Entzücken, Ritual und Kult.

1.4 Bau- und Leseplan

Aus diesen Präliminarien ergibt sich der Aufbau des Buches von selbst. Die zwei ersten Hauptteile umkreisen zunächst zwei Einheiten, die sich um den Menschen im Kino kümmern. Sie versammeln einige Beiträge zur Metatheorie und Theoriegeschichte des Kinos, in denen die Perspektive einer *Kinoanthropologie* als Leitlinie und verbindendes Element fungiert. Dann, in den zwei folgenden Hauptteilen, werden Textbausteine zur *Filmanthropologie* vorgestellt, die näher an einzelne Filme gebunden sind und die den theoretischen Rahmen des ersten Teils konkretisieren und analytisch durchdeklinieren.

1.4.1 Kinoanthropologie

Der erste Hauptteil der Abhandlung versucht einen theoriehistorischen Überblick zu bieten. Er verbindet anthropologische Splitter in frühen Filmtheorien mit Ansätzen des für die Kinoanthropologie bedeutsamen Konzepts des Bildanimismus und versucht drittens darauf aufbauend jenen filmischen Raum zu bestimmen, der sich – ebenfalls in theoriehistorischer Dimension – als wichtigstes Besiedelungsgebiet des Kinomenschen etabliert hat.

Das erste seiner Kapitel beginnt mit einem Abriss anthropologischer Einflüsse in frühen und klassischen Filmtheorien. Dabei rücken einige Position in den Vordergrund, die zu Unrecht im aktuellen filmtheoretischen Diskurs heute kaum oder kaum mehr Beachtung finden. So wird etwa an Hortense Powdermakers anthropologische Untersuchung erinnert, die Hollywood als einen rituellen Ort beschreibt, an dem Aberglaube und Tabus, Sex und Geld zu einem Amalgam vermengt werden, das die Geheimnisse der Macht in magische Zusammenhänge kleidet. Pow-

dermakers selten rezipierte Studie findet in diesem Zusammenhang ebenso die
ihr zustehende Würdigung wie Edgar Morins Hauptwerk aus der Schmuddelecke
geholt wird, in die es von kognitions- und medientheoretischen Kanonisierungsbe-
strebungen ihrer eigenen Ansätze bisweilen gestellt wurde. Es folgen darauf noch
einige Stationen der Reflexion zur weitverzweigten Tyche oder, sofern man dies
bevorzugt: zum Kairos von maschineller Bildproduktion und humanen Atavis-
men der Bildverwendung. In einem weiten Bogen werden dabei die Praxisfelder
des ethnographischen Films und der visuellen Anthropologie ebenso gestreift wie
das filmische Genre des Western, der sich gerade durch seine ausgeprägte mythenbildende Kraft als ideales Arbeitsfeld filmanthropologischer Studien eignen
könnte. Diese Hinweise scheinen schon allein deshalb notwendig und sinnvoll,
weil die Geschichte des Kinos und jene der Anthropologie seit ihrem Bestehen
durchgehend von einer immer wieder zu beobachtenden Engführung, Parallelität
und Durchkreuzung gekennzeichnet sind. Wie etwa bereits am *Congrès internationale d'éthnologie* im Jahr 1900 in Paris filmische Aufzeichnungstechniken als
Forschungsinstrumente vorgestellt wurden, tauchten ethnologische und anthropologische Themen und Sujets in einer Vielzahl von mehr oder minder konventionellen Genrefilmen auf. So ist es auch nicht verwunderlich, dass etwa Jean Rouch, der
Pendler zwischen visueller Anthropologie und Cinéma verité, in seiner filmischen
Arbeit merklich von seiner Studienzeit bei Marcel Mauss zehren konnte.[14]

Bei diesem raschen, vielleicht sogar etwas zu oberflächlichen Überflug tritt
bereits ein Problem auf, das auch für die weiteren Ausflüge in die Menschenwissenschaften im Kino und außerhalb virulent bleiben wird. Wie ist jene Begriffs-
verwirrung zwischen Anthropologie und Ethnologie zu erklären und möglichst
auch zu besänftigen, die nicht nur die vorigen Zeilen der vorliegenden Einleitung,
sondern auch die involvierten Disziplinen der Menschenwissenschaften insgesamt
kennzeichnet? Einmal ist von Ethnologie die Rede, dann wieder von Anthropologie, wobei die Grenzen nicht selten kaum auszumachen sind. Bisweilen stellt
sich der Eindruck her, dem wissenschaftlichen Gebiet der Anthropologie käme
ihre Schwesterdisziplin, die Ethnologie, in die Quere, um sogleich wieder dem
umgekehrten Bild zu weichen (was bei den in den bestehenden akademischen For-
schungs- und Lehranstalten um Macht, Einfluss und Futtertröge tobenden Graben-
kämpfen durchaus nicht ausgeschlossen werden kann). Tatsächlich zeigt sich in
dieser Denominationskrise aber auch eine doppelte – nämlich zeitliche und räumliche, historische und geographische – Konstellation. Historisch spiegelt sich – vor

---

14 Ruben Caixeta de Queiroz. Between the sensible and the intelligible: anthropology
    and the cinema of Marcel Mauss and Jean Rouch. In: Vibrant. Virtual Brazilian An-
    thropology 9/ 2 (2012), S. 5.

allem auf dem Gebiet der deutschsprachigen Wissens- und Wissenschaftsinstitutionen – in den changierenden Bezeichnungen jene Genealogie eines Forschungsfeldes zwischen Kolonialismus und Nationalsozialismus, die diese Disziplinen seit der vorvorigen Jahrhundertwende unter dem Titel der Volkskunde oder Völkerkunde geprägt und die sie bis heute mit sich zu tragen haben. Gerade die Vielzahl der Denominationen einschlägiger Studiengänge – etwa Europäische Ethnologie, Kulturgeschichte, Empirische Kulturwissenschaft, Kulturanthropologie – beweist deshalb aber auch umgekehrt die kritische Auseinandersetzung mit ihrer eigenen Wissenschaftsgeschichte. Geographisch wiederum zeigt die mangelnde Trennschärfe zwischen Anthropologie und Ethnologie die Vielfalt paradigmatischer und methodologischer Ansätze in unterschiedlichen Wissenschaftskulturen auf globaler Ebene. Während sich etwa in den deutschsprachigen Ländern trotz der Begriffsvielfalt die Denomination Ethnologie doch über gewisse Bereiche erhalten hat, ist sie in anglophonen oder frankophonen Wissenschaftstraditionen heute weitgehend durch die der Anthropologie verdrängt worden.

Dieses Problem hinterlässt seine Spuren selbstverständlich auch in dem transnationalen und interkulturellen Unterfangen des vorliegenden Versuchs einer Synkretisierung kinoanthropologischer Theoreme. Von den frühesten Anleihen der Filmtheorie bei Balázs oder Epstein bis zu den jüngsten Versuchen der Orientierung an humanwissenschaftlichen Paradigmen und Methoden stellt sich immer wieder eine Unklarheit der Zuordnung zu den beiden humanwissenschaftlichen Geschwistern ein. Sind die Ansätze zu filmischem Mythenstudium oder Bildanimismus nun eher dem Wissensfeld der Anthropologie oder vielmehr jenem der Ethnologie entnommen? Die unterschiedlichen Wissenschaftskulturen in den deutschsprachigen Ländern und dem anglophonen oder frankophonen Bereich lassen da eine klare Antwort in den meisten Fällen vermissen. Vielleicht ist diese Frage aber auch eher von den jeweiligen Fachdisziplinen selbst und gar nicht unbedingt aus der Perspektive der Film- oder Kinoanthropologie zu beantworten. Dennoch bleibt zu bemerken, dass die größere Reichweite des Anthropologie-Begriffs in englisch- und französischsprachigen Diskursen auch für die Theoriegeschichte der Kinoanthropologie zutrifft. Sie beweist dabei auch jene Zuversicht, die Hans Blumenberg in Bezug auf die Anthropologie in Frankreichs akademischer Landschaft feststellt:

"Daß der Strukturalismus seine Ethnologie vorzugsweise unter den Titel der ‚Anthropologie' stellt, hängt unzweifelhaft mit dem erneuten Optimismus dieser Forschungsmethode zusammen, in der Sphäre der Manifestationen des Menschen von der Sprache bis zur Töpferei und zum Siedlungsbau Gesetzmäßigkeiten aufdecken zu können, die in der Natur des Menschen selbst als einem genuinen Matrizensystem verankert sind."[15]

Wie auch der Vergleich der Töpferei und des Siedlungsbaus mit dem Filmgewerbe durchaus nicht eines gewissen Charmes entbehrt, so erweist er jedenfalls, dass unterschiedlichste Fertigkeiten des Menschen im Lichte verschiedener Disziplinen human- und kulturwissenschaftlicher Disziplinen gerade gegen Ende des 19. Jahrhunderts immer mehr zusammengerückt sind und damit auch die Grenzen zwischen den Fächer neu gezogen oder sogar aufgehoben haben. So ist es symptomatisch, dass genau 1895, also im Geburtsjahr des Films, eine merkliche Öffnung der Kunstwissenschaften zur Ethnologie und Kulturanthropologie zu verzeichnen war. Aby Warburg war es, der bereits in seiner Dissertation die eben erst vorgenommene Definition seiner Disziplin änderte, bevor er etwas mehr als zwanzig Jahre später wiederum, und zwar diesmal im Jahr 1919 anlässlich seiner Forschungsreise zu den Hopi nach Arizona, mit dem Einsatz der Fotografie als ethnologischem Forschungsinstrument Anthropologie und Medientechnologie zusammenführte.[16]

Diese Schnittstelle technischer Bilder zur Ethnologie markiert auch einen der wohl politisch bristantesten Aspekte der Anthropologie des Kinos, nämlich dessen Funktion als Herrschafts- und Kontrollinstrument in den vielfältigen Feldzügen des Kolonialismus und Rassismus bis zum Holocaust. Nicht zufällig arbeiteten die im Dunstkreis nationalsozialistischer Rassentheorien zu verortenden Ethnologen wie etwa Rudolf Pöch systematisch auch mit Kamera und Mikrophon. Damit ist auch der nächste Schritt am Weg zu einer Systematik kinoanthropologischer Untersuchungen bereits getan. Denn nicht nur in den kolonialen Kriegen wird die Kamera als Waffe eingesetzt, sondern auch im ganz alltäglichen Kleinkrieg einzelner Individuen der nicht nur medial hochgerüsteten postkapitalistischen Gesellschaften, von denen ebenfalls unzählige zeitgenössische Filme berichten oder erzählen.

Das zweite Kapitel des theoriehistorischen Teils der vorliegenden Abhandlung ist zunächst aus der Idee entstanden, aus anthropologischer Sicht einen dynamischen, interventionistischen Bildbegriff zu entwickeln. Er soll das Bild als eine Wirkkraft fassen, die jenseits von Referentialität und Indexikalität angesiedelt ist, etwa in der Art, wie dies in der komparatistischen Anthropologie des Umfelds von Lucien Lévy-Bruhl diskutiert wurde. Gewiss knüpft diese Idee auch an die eben erwähnte Beschäftigung Warburgs mit animistischen Praktiken an, die tatsächlich

---

15   Hans Blumenberg. Beschreibung des Menschen. Berlin: Suhrkamp, 2014, S. 533.
16   Vgl. dazu Karl Sierek. Foto, Kino und Computer. Aby Warburg als Medientheoretiker. Hamburg: Europäische Verlagsanstalt, 2007, S. 53–59.

auch bei der Untersuchung bewegter Bilder wie jenen des Kinos von außerordentlicher Bedeutung sein kann. Deshalb wird in diesem Kapitel im Grund nur das
etwas systematischer und umfassender ausgeführt, was im vorigen theoriehistorischen Abriss bereits angedeutet wurde: Wie gestaltet sich die bei Epstein und Balázs anklingende Beziehung zwischen den verschiedenen medialen Ausformungen
animierter Bilder und den vor der Aufklärung sowie in anderen Kulturen virulen-
ten Theoremen und Ideologemen des Animismus genau? Balázs geht noch einen
Schritt weiter zu einem Animismus im Kino, wenn er – anlässlich der Umstellung
auf den Tonfilm und in Anlehnung an Bergsons *élan vital* – dem Kino eine „geis-
tige Gestaltungskraft"[17] zuspricht. Er beschreibt die Assimilation des menschlichen Körpers an die Filmtechnik, an deren Ende eine veritable Mensch-Maschine
denkbar werde. Diese wiederum sei maßgeblich dadurch gekennzeichnet, dass sie
die Trennline zwischen Anorganischem und Geistigem, Natur und Technik in den
Hintergrund treten läßt:

> „Auch in der Kunst erschien jede Maschine zuerst als das seelenlose, ungeisti-
> ge Prinzip. Aber der Mensch assimiliert sich die Maschine allmählich zu seinem
> Organ. Sie wird zu seinen Fingerspitzen."[18]

Diese bis in die Gegenwart wirkmächtigen Vorstellungen der Belebtheit technisch
induzierter Bewegung findet in anthropologisch informierten Bildtheorien bis
heute starke Resonanz. Ziel dieses Versuchs ist allerdings nicht, daraus eine mehr
oder minder verblasene oder esoterische Vorstellung der Belebtheit alles Seinen-
den zu propagieren – ganz im Gegenteil. Es soll damit vielmehr eine andere, neue
politische Ästhetik des Kinos, eine wirkmächtige Bildpolitik gewonnen werden,
deren Ausgangspunkt die Veränderbarkeit gesellschaftlicher und kultureller Formationen bereits in ihrer imaginären Erscheinungsform vorstellbar werden könnte.

Das letzte Kapitel der ersten Theorieabteilung dieses Buches fragt nach dem
Ort dieser veränderungsmächtigen filmischen Partizipation. Es begreift das Kino
dabei als Versuch des Menschen, sich seine eigenen fiktiven Räume anhand technischer Gerätschaften zu erschaffen. Raum ist dabei nichts Gegebenes, keine anthropologische Konstante, sondern das Ergebnis der Erfahrung und Erforschung eigener Vorstellungen sowie der Erweiterung des eigenen Imaginären. Das beginnt mit
einer mehr als nur anekdotischen Begebenheit, in der sich Edmund Husserl im Jahr
1923 beim Besuch eines Wachsfigurenkabinetts beinahe in eine der ausgestellten

---

17   Béla Balázs. Der Geist des Films. Hg. von Hartmut Bitomsky. Frankfurt am Main:
     makol verlag, 1972 [1930], S. 142.

18   Ebd., S. 143.

Puppen vergafft und dabei so ganz nebenher zwei unterschiedliche Raumtypen zu unterscheiden lernt. Es setzt sich mit der Frage fort, warum man überhaupt von filmischem Raum spricht, wenn die Filmbilder, wie jeder sehen kann, sich auf der Fläche der Leinwand bewegen. Der Verweis auf die Hör- und Sichtbarkeit bewegter Bilder ist dabei also nicht ausreichend. Die Teilnahme der ZuschauerInnen am Film ist ihm etwas anderes und mehr als das, was man unter Wahrnehmung versteht. Wenn etwa Edgar Morin von Partizipation spricht, so bestimmt er das Kino als Ort, ja als Arena eines Handelns, die uns alle nicht nur einbezieht, sondern zu MitspielerInnen macht. Von dieser anthropologischen Prämisse hat auch jede kinoanthropologische Vertiefung auszugehen, die diese Bestimmung des filmischen Raums dann nur noch weiter ausdifferenziert. Damit bereitet dieses Fragen nach dem filmischen Raum das Feld für den Entwurf eines *kinematographischen Menschen* vor, der im folgenden Kapitel unter dem Dach einer Diskussion des Begriffs filmischer Subjektivität stattfinden wird. Wo findet sich Morins imaginärer Mensch, wo der Doppelgänger unserer materiellen Existenz in den uns umgebenden und prägenden Klassengesellschaften? Welcher Raum ist das? Welche Topoi intervenieren? Oder sind es eher Utopoi, also nicht-räumliche Umgebungen, in denen sich der noch nicht bestimmte, vielleicht nie festzulegende Homo cinematographicus einnisten kann? Jedenfalls ist dieser Ort der Partizipation irgendwo schwebend und vazierend zwischen den diegetischen Universen und imaginären Welten der Einbildung und dem apparativen und architektonischen, physisch und materiell verorteten Raum des Kinosaals.

Damit kommt als weiterer Effekt des bereits angedeuteten Pendelns von Bergen und Verbergen menschlicher Simulacra in diesem Kapitel auch die Kategorie des Abwesenden ins Spiel. Wie dieser Kinomensch und der ihn umgebende und hervorbringende Raum anwesend und abwesend, also als Vorstellung im Saal und zugleich auf der Leinwand ist, so ist er es auch in zeitlicher Hinsicht: gegenwärtig und nicht gegenwärtig, nicht mehr und noch nicht. Was die imaginäre Dopplung in Gegenwärtigkeit und Vergangenheit betrifft, ist seitens der Narratologien der Literatur und des Kinos bereits einiges zusammengetragen worden: Jede Leinwandfigur ist, soweit sie in einem erzählerischen Kontext erscheint, auch in eine eigene Zeitzone gebunden, die vom Vergangenen zum Gegenwärtigen sich erstreckt. Weniger ausgeprägt, mit Ausnahme von Untersuchungen zum Genre der *Science fiction*, ist allerdings die jeder Filmfigur inhärente Zeitzone vom Gegenwärtigen zum Kommenden. Gerade die Verschiebung in die Noch-nicht-Vorhandenheit des Kinomenschen wird in der weiteren Entwicklung der hier dargelegten kinoanthropologischen Gedanken noch einiges an Ausdifferenzierung erfahren. Jenes recht eigentlich nicht vorhandene, dennoch aber die anthropologische Kategorie des Menschlichen maßgeblich bestimmende imaginäre Äußere des Menschen hat etwa Morin zum Ausgangspunkt seiner filmanthropologischen Erkundungen gemacht. Das Kapitel über die Raumkonstruktion bietet somit die Möglichkeit, die Morinschen Ansätze auf dem Feld konkreter Raumanalysen weiter zu denken und fort zu schreiben.

Den zweiten Theorie-Teil des Buches durchzieht ein zarter roter Faden, der entlang der schmalen Trennlinie zwischen natur- und kulturwissenschaftlichen Wissenschaftsparadigmen der Anthropologie verläuft. Grundlegend bleibt damit die auf Kant zurückgehende Dichotomie zwischen pragmatischer und physiologischer Anthropologie, die gegen Ende des 19. Jahrhunderts, also etwa zeitgleich zur Entwicklung laufender Bilder, bruchlos in die Polarisierung zwischen philosophischer und naturwissenschaftlicher Anthropologie überging. Die Kulturtechnik des Kinos geriet allerdings umgehend zwischen diese Fronten, da sie eben als Hybrid von Kultur und Technik ihren Ort im gesellschaftlichen Totum zu behaupten hatte. Genau wegen dieser Zwitterstellung wurden für den zweiten Hauptteil der vorliegenden Skizze vorwiegend Belege aus der philosophischen Anthropologie herangezogen, um eine Art von Vorgeschichte einer dialogischen Kinoanthropologie zu formulieren. Auch wenn die diskutierten Positionen von Martin Buber bis Michail Bachtin, von Edmund Husserl bis Ulrich Sonnemann allesamt nicht explizit auf das Kino bezug nehmen, werfen sie doch ein deutliches Licht auf mögliche Argumentationsstränge einer Anthropologie laufender Bilder und ihrer Apparate.

Um zunächst das Werden der Schnittstelle zwischen Menschenbild und Filmbild seit den 1920er Jahren zu beleuchten, wird dieser zweite Hauptteil des Kinoanthropologieblocks mit einem wissenschaftshistorischen Baustein eingeleitet. Die Frage nach dem Subjekt beziehungsweise der Subjektivität im Kino fasst ein Begriffsfeld ins Auge, das die Filmtheorie vor allem seit des 1970er Jahren beschäftigt hat und bis heute beschäftigt. Taugt diese Zentralkategorie filmtheoretischen Denkens, wie sie etwa in den Diskussionen um das Blickregime, um die Frage der Positionierung der ZuschauerInnen durch Point of View-Konstruktionen oder um geschlechtsspezifische Machtkonstellationen verwendet wurde, auch noch unter den Voraussetzungen filmanthropologischer Diskurse? Einer der aus dieser Debatte gezogenen Schlüsse besteht dabei in der These, dass die vom Bachtin-Kreis bereits in den 1920er Jahren angenommene Idee einer in sich dialogisierenden Subjektivität auch beträchtliche filmanthropologische und nicht zuletzt auch politische Konsequenzen birgt. In diesem Plädoyer für den weiten Horizont einer Kinoanthropologie werden epistemische Fragen zwischen Wissen und Nicht-Wissen ausgelotet, die im Lichte kognitionstheoretischer Konzepte bisher vielleicht unter einer gewissen schematischen Zuordnung von Subjekt- und Objekt-Positionen gelitten haben. Es gibt so vieles zwischen Wissen und Nicht-Wissen, Sehen und Gesehenwerden, Subjekt und Objekt, das von erkenntnistheoretischen Reduktionismen und sozialtechnologischen Funktionalisierungen gewisser filmwissenschaftlicher Methodologien ausgeblendet wird! Die für alle filmischen Instanzen oft Ausschlag gebenden Grauwerte von Meinen, Glauben oder Dafürhalten, von Kontrollblick oder schweifendem Sehen, ja: von Wollen, Wünschen oder Fürchten: sie fügen sich nicht so ohne Weiteres den kruden Dichotomisierung einer dogmatisch verkürzten Tradition der Aufklärung – seien es kognitionstheoretisch inspirierte oder faktographisch reduzierte Paradigmen der Filmforschung. Eine Kinoanthropologie, die über eine breite Palette des menschlichen Weltbezugs zwischen Wahrnehmen und Falschgeben verfügt, könnte die metatheoretischen Lücken schließen, die zwischen Wissen und Nicht-Wissen klaffen. In diesem Teil über (Neo)Formalismus und dialogische Anthropologie des Kinos werden also auch jene Grundzüge eines Subjekt- und Wahrnehmungsbegriffs skizziert, deren früheste Ausformulierung durch Martin Buber im folgenden Kapitel vorzustellen sein wird.

Das zweite Kapitel des zweiten Hauptteils versucht also den dialogischen und dialogizitätstheoretischen Horizont, den verschiedene Formalismen und Positivismen im Lauf der Theoriegeschichte des Kinos eingeengt haben, wiederum etwas zu weiten. Es erinnert an eine bemerkenswerte Bezugnahme Martin Bubers auf die seinerzeit kaum dreißig Jahre alte Kinematographie, die der Aufmerksamkeit der Filmphilosophen bis heute entgangen zu sein scheint. 1923 entwirft der Philosoph der Alterität und Dialogizität in seinem Hauptwerk *Ich und Du* die Theorie eines Wahrnehmungsraums, der das Verhältnis des Subjekts zur umgebenden Welt verdeutlichen soll. In einem präzise entworfenen Szenario beschreibt er ein Dispositiv zur Veranschaulichung subjektiver Wahrnehmungsvorgänge. Diese Vorrichtung, die aus unterschiedlichen Bildreihen und Projektionswänden besteht, zeige uns bewegte Bilder in gegenständlicher Form als, wie Buber schreibt, „zuverlässige Kinematographie"[19]. Von Buber selbst als Modell humaner Seinserfahrung gedacht, das die „Beziehung zum Mitmenschen"[20] zu klären versucht, wurde diese Wahrnehmungsapparatur später noch durch einige Hinweise, „sei es auf die anthropologischen Grundlagen, sei es auf soziologische Konsequenzen"[21] präzisiert. Dass dabei das Kino keineswegs nur als Metapher bestimmter Wahrnehmungsmodalitäten herhalten muss, sondern selbst als Ort einer spezifischen, nämlich dialogisch bewegten Wahrnehmung verstanden wird, macht aus diesem Aperçu einen wertvollen Fund, der gerade für die Theoriegeschichte der Kinoanthropologie von besonderer Bedeutung ist. Die dialogische Wahrnehmung kann auf ein anthropologisch bestimmtes ‚Erleben eines Gegenüber' zurückgeführt werden, das

---

19   Buber, Martin. Das dialogische Prinzip. Gerlingen: Lambert Schneider, 1962, S.74.

20   Buber, a.a.O., S. 122.

21   Buber, a.a.O., S. 123.

eine bewegte Erscheinung dessen hervorbringt, was Buber *Erregungsbild* nennt. In diesem bemerkenswerten Modell zeigt sich das Kino als Ort, an dem man vom Einen ausgeht, um das Andere zu vernehmen, von hier, um dorthin zu sehen. Es setzt die Identität des Hierseins lustvoll aufs Spiel, um die Alterität des Dortseins zu probieren. Deshalb ist dieser Raum der Erfahrung ‚zuverlässiger Kinematographie' wohl doch keine Utopie, sondern ein ganz konkreter Ort der Gegenwärtigkeit des Unzeitgemäßen.

Dieser Skizze eines kinematographischen Wahrnehmungsraums als Modell der Ich-Es-Beziehung wird auch noch das Angebot eines offenen Methodenhorizonts zur dialogischen Filmanalyse zur Seite gestellt, die aus einer kleinen Anleitung Bubers zur Untersuchung des Verhältnisses von Ich und Objektwelt abgeleitet wurde. Wie kaum ein anderer Entwurf in der Geschichte der philosophischen Anthropologie nimmt Bubers *Kinematographentheater dialogischer Wahrnehmung* eine in den letzten Jahren immer bedeutsamer werdende Tendenz zur Metatheorie des Kinos vorweg. Während eine Reihe von Studien zur filmischen Dialogizitätstheorie von den Arbeiten Michail Bachtins ausgehen, soll im vorliegenden Versuch erstmals der Ansatz jenes Denkers der Dialogizität in den filmtheoretischen Diskurs eingebracht werden, der für Bachtin „der größte Philosoph des Zwanzigsten Jahrhunderts und vielleicht in diesem kümmerlichen Jahrhundert der einzige Philosoph überhaupt"[22] ist.

Von Martin Bubers Kinematographentheater dialogischer Wahrnehmung zu Ulrich Sonnemanns Negativer Anthropologie ist es nur ein kleiner Schritt am Weg zu einer Neuen Kinoanthropologie. Beide Autoren konnten sich aus Nazi-Deutschland retten, beide verfolgten die Entwicklung ihrer Heimat zum Staat, der den Holocaust organisierte, nicht nur aus räumlicher Distanz, sondern auch aus einer intellektuellen Haltung, die den Nazis und ihrer Ideologie nicht ferner stehen könnte. Gerade bei einer Disziplin, die aus dem Kolonialismus entstanden und – zumindest in Deutschland – vom Faschismus entscheidende Impulse erhalten hat, ist dies nicht deutlich genug zu betonen. Dass beider Theoreme trotz ihrer augenscheinlichen Ferne zum Kino dennoch entscheidende Impulse zum Verständnis des Umgangs mit laufenden Bildern aus anthropologischer Perspektive zu geben in der Lage sind, dies zu argumentieren nimmt sich das zweiten Kapitel des zweiten Theorieteils vor. Bei Sonnemann gestaltet sich das, wie jeder Kenner auch nur weniger Zeilen dieses unbequemen Denkers bestätigen wird, nicht gerade leicht. Außerdem hat Sonnemann nach seiner Rückkehr aus dem US-amerikanischen Exil zwar in den späten 1960er und frühen 1970er Jahren an der Münchener

---

22 Friedman, Maurice. Martin Buber and Mikhail Bakhtin: The Dialogue of Voices and the Word That Is Spoken. Religion & Literature 33 3 (2001): 25.

Hochschule für Fernsehen und Film gelehrt, zu allem Überdruss ist jedoch aus dieser Tätigkeit nichts Schriftliches zum Kino überliefert. Das, was als Negative Kinoanthropologie zu entwerfen wäre, ist also erst aus seinen verstreuten und bis heute nicht vollständig publizierten Keimen zu seiner ‚transzendentalen Akustik' und einigen heftigen Tiraden gegen das, was er ‚Okulartyrannis' nennt, herauszuschälen. Deshalb setzt die vorliegende Skizze auch bei Ludwig Binswanger an, einem Grenzgänger zwischen medizinischer und philosophischer, Sozial- und Kulturanthropologie, den auch Sonnemann zum Ausgangspunkt seiner Negativen Anthropologie gewählt hat. Mit Binswanger wird der rote Faden der Balance zwischen pragmatischer und physiologischer Menschheitsspurensuche wieder aufgenommen, dem dieser Teil des Buches folgt. Der Analytiker aus Kreuzlingen, der nicht nur Aby Warburg, sondern auch Martin Buber in seiner Klinik empfangen hatte und mit welch zweiterem ihn ein bis in die frühen 1930er Jahre reichender Briefwechsel verband, ist für den hier vorgelegten Versuch einer Kinoanthropologie nicht nur wegen des regen Interesses an Inszenierungspraktiken des menschlichen Körpers bedeutsam. Vor allem die Engführung von Bildgebung und Gemeinschaftlichkeit ist es, die Binswanger, in einer Art von Parallelgeschichte zu jener der Kinematographie, untersucht. Sie ist es auch, die Sonnemann interessiert. Mit einer ebenso unscheinbaren wie umwälzenden Idee unterstützt übrigens auch Michel Foucault in einer Paraphrase zu Binswanger diesen Gedanke der Vergemeinschaftung durch Bildgebung. Im vergleichsweise zarten Alter von 28 Jahren entwirft der zukünftige Medienarchäologe eine Theorie anthropologischer Tragweite, in der das Bild sich nicht mit seiner Funktion für den Menschen als Darstellung von Abwesendem begnügt, sondern sich als Anrede direkt an die Betrachtenden wendet. Foucaults deshalb hier auch diskutierte Skizze eines Bildbegriffs enthält also eine interventionistische Komponente mit stark adressierendem Charakter, die Bilder, ob bewegte oder nicht, eben nicht nur als Zeichen, sondern als Momente einer massiven Ausdruckskraft versteht: eben genau so, wie sie das Kino vorführt.

Mit dem Rüstzeug von Sonnemanns Negativer Anthropologie und Foucaults Theorie des Bildes als Anrede wird das Kino folglich als Werkstatt und Modell der Bildung einer Subjektivität bestimmt, die auf gemeinschaftliche Imagination und imaginative Gemeinschaftlichkeit gerichtet ist. Im Lichte dieses kinoanthropologischen Definitionsversuchs wären dann auch Filme nicht einfach als Bilderfluss im Sinn der Semiologien zu verstehen. Sie würden sich vielmehr ihrem Entstehungsort der Dialogizität und Gemeinschaftlichkeit anverwandeln, an dem sich doxische Bildgebung und logische Vergemeinschaftung in Form von Ritualen und Inszenierungen verbinden.

Diese Definition des Kinos als Chronotopos der Vergemeinschaftung, der maßgeblich durch Aktivierung und Sozialisierung des Bildbegriffs entsteht, bleibt nicht ohne Folgen für ein weiteres zentrales Problemfeld der Kinoanthropologie: jenes der Vorstellung, die der Mensch von sich selbst gibt, also seines von ihm entworfenen Menschenbildes. Die im ersten Kapitel spürbare Vorsicht im Umgang mit der Frage nach dem Menschen und dem sich daraus ableitenden Menschenbild waltet in diesem Teil noch stärker. Denn Sonnemann fährt genau da seine schärfsten rhetorischen Geschütze auf, wo es darum geht, jegliche Form der Verharschung und Verhärtung, Idealisierung und Hypostasierung der Vorstellung vom Menschen zu verhindern. So ist gerade eine Anthropologie des Kinos gut beraten, die Frage nach dem Menschen möglichst behutsam anzugehen und sie allerhöchstens, mit Rückgriff auf Edgar Morin, als Frage nach dem ‚Menschen im Kino' zu stellen. Damit wird bereits das Feld für eine weitere Argumentationskette in diesem Buch bereitet, die sich mit der Negativen Anthropologie dieser Frage nur in ihrer Umkehrung nähert. Nicht ein wie immer definiertes Wesen des Menschen steht am Prüfstand, sondern die Frage nach seiner *Abwesenheit*, oder genauer: nach dem Noch-Nicht menschlicher Eigenschaften. Doch auch diese Kernthese einer Negativen Kinoanthropologie wäre bescheidenermaßen nur in ihren kinematographischen Kontexten zu untersuchen. – Der zweite Hauptteil endet also mit einem an Sonnemann angelehnten ebenso zuversichtlichen wie anfeuernden Aufruf zum Entwurf einer Anthropologie des Kinos als *Keimungswissenschaft*.

1.4.2 Filmanthropologie

Während die ersten beiden Hauptteile des Buchs versuchen, die in der Theoriegeschichte des Kinos immer wieder aufblitzenden Ansätze anthropologischen Denkens zu systematisieren, legen die beiden folgenden Hauptteile das Augenmerk auf Fallstudien. Damit soll die sorgsame und ausgeglichene Verteilung allgemein theoretischen Denkens und dessen Verhandlung im Dialog mit dem einzelnen filmischen Werk gesichert sein. Vielleicht gibt es nämlich tatsächlich schon an einzelnen vorhandenen Filmen dort oder da jenes Aufblitzen des Noch-Abwesenden, das eine im Detail erst zu entwerfende Negative *Filmanthropologie* im Blick haben könnte? Vielleicht finden sich, auf die gesamte Geschichte des Kinos verteilt, gewisse Indikatoren einer politischen oder ästhetischen Perspektivierung, die eben tatsächlich zukunftgewandt und nicht zukunftsvergessen agieren? Oder umgekehrt: Vielleicht erweisen sich gerade bestimmte Strategien der Bezeichnung und Bebilderung des Abwesenden als Momente des Noch-nicht-Anwesenden im Sinne von Ulrich Sonnemanns Neuordnung der Anthropologie nach dem Holocaust?

Die filmanthropologische Spezifizierung und Konkretisierung, die im ersten Hauptteil um die Fragen der Bildlichkeit und Gestik kreist, ist jedenfalls in vier

Kapitel gegliedert. Das erste stellt drei Filme vor, die auf je eigene Weise verschiedene Typen und Grade von Subjektivität erproben und im Bild durchdeklinieren. Arbeiten von André Malraux, Louis Daquin und Jean-Luc Godard, so unterschiedlich sie sein mögen, beleuchten das Werden eines spezifischen Bildtypus, der in der Filmanthropologie Jean Mitrys eine Schlüsselstellung einnimmt. In seinen, an die Phänomenologie Merleau-Pontys anschließenden Theoremen zur Subjektivitätskonstruktion weitet Mitry die bis dahin geltende Opposition zwischen ‚objektiv-deskriptiven' und ‚subjektiv-analytischen' Bildfunktionen aus. Die Filme fungieren dabei gewissermaßen als Reflexionsflächen einer Entwicklungsgeschichte bildlicher Stileme auf dem Weg zum Ideal einer umfassenden Wahrnehmung, die Jean Mitry als prototypische Bildform der Phase des Umbruchs vom französischen Qualitätskino zur Nouvelle Vague beschreibt. In seiner Abhandlung im Grenzgebiet zwischen Psychologie und Anthropologie verfolgt er die fließenden Übergänge zwischen den ‚subjektiven' Wahrnehmungsbildern von Figuren auf der Leinwand und ‚objektiven' Bildern gefilmter Gegenstände, um die anthropologisch bedeutsame Doppelfunktion filmischer Wahrnehmung als dauerndes Auspendeln dieser beiden Bildtypen zwischen Körpergefühl und Zeichendeutung nachzuweisen. Daraus entwirft der Theoretiker und Filmemacher das Konzept eines *Totalbildes*, das die gesamte Palette aller denkbaren Bildfunktionen in sich aufnehmen kann. Diesen Bildtypus beschreibt Mitry als Radikalisierung der gerade im Entstehen begriffenen Wahrnehmungsweise des *Kinos der Moderne*. Dieses Totalbild richtet sich gegen die Psychologisierungstendenzen des europäischen ‚Qualitätskinos' und propagiert eine multiple Schichtung verschiedenster ästhetischer Valeurs, die in dem zusammenfließen, was verschiedentlich – etwa auch von Gilles Deleuze – als genuin *kinematographische* Qualität bewegten *Mit-Seins* beschrieben wurde. Damit schließt dieser Bildtypus direkt an jene Kategorien anthropologischer Gemeinschaftlichkeit filmischer Erfahrung an, die auch im vorigen Kapitel des vorliegenden Buches skizziert wurden.

Dieses Totalbild, das seine konkrete ästhetische Ausformung etwa in der Plansequenz der Nouvelle Vague entwickeln konnte, hat sich in der Filmgeschichte jedoch keinesfalls als filmanthropologische Konstante erwiesen. Es hat vielmehr verschiedene Wandlungen in den folgenden Jahrzehnten durchmessen, bis es schließlich im osteuropäischen Kino der Nach-Wendezeit seine wohl interessanteste Ausprägung gefunden hat. Man findet dieses facettenreiche und vielgestaltigen Wahrnehmungsangebot in Form ausgeprägter Zeitraum-Verdichtungen bei Alexander Sokurow ebenso wie in den Arbeiten Béla Tarrs. Im folgenden Kapitel, dem zweiten des ersten Analyseteils, wird deshalb zunächst der ebenso einzigartige wie halsstarriger Versuch des ungarischen Regisseurs beschrieben, den im klassischen Kino entworfenen und in der Moderne der verschiedenen Neuen Wellen bruchlos fortgesetzten Gestus der Anthropologisierung der Kamera aufzuheben und durch ein radikales Prinzip der Gleichbehandlung des Sehens von Ding, Mensch und Tier zu ersetzen. Tarr versucht diese anthropologische Versuchsanordnung durch die Entfaltung einer höchst präzise gesetzten Typologie langer Einstellungen zu realisieren, die mit dem rein technisch definierten Begriff der Plansequenz nur mehr sehr unzulänglich beschrieben werden kann. Diese kontinuierlichen Bildläufe insistierender Zeitlichkeit scheinen auf den ersten Blick eine Gleichgültigkeit gegenüber jeglichen sozialen Ansprüchen, politischen Forderungen, eine Kälte oder Teilnahmslosigkeit gegenüber der Welt zu vermitteln. Dauer ohne Veränderung suggerierend, sind sie vielleicht am besten mit einem Gestus zu umschreiben, den Richard Rorty als Prinzip der Kontingenz beschrieben hat. Tarrs Ästhetik kann dergestalt tatsächlich als anthropologischer Gleichbehandlungsgrundsatz zwischen Dingen und Menschen auf dem Felde des bewegten Bildes bezeichnet werden.

Genau in dieser merkwürdig kontingenten Starrsichtigkeit findet sich auf den zweiten Blick allerdings auch die politische Relevanz der Tarr-Filme. Wie sie in ihren rudimentären Narrativen meist nur am Registrieren von Gleichgültigkeiten und weniger am Entwurf kausaler Ketten, logischer Verbindungen oder moralischer Ableitungen interessiert sind, so verweisen sie auf ein gesellschaftliches und historisches Umfeld, in dem sich tatsächlich beinahe jegliche Veränderungsbereitschaft und Eingriffsmöglichkeit verflüchtigt hat. Die bildpolitischen Konsequenzen, die Tarr damit entfaltet, knüpfen in ihrer Hellsichtigkeit also bereits an die politischen Folgen der sozialen Misere und Hoffnungslosigkeit breiter Schichten der Bevölkerung im Ungarn der Nachwendezeit an, bereits lange vor der totalen Stagnation der Orbán-Jahre. Die aus der Geschichte gefallenen Verrichtungen, die Tarrs Filme kaltblütig registrieren, harren ihrer Wiedereingliederung in eine neu zu erfindende Menschheitsgeschichte. Der Begriff der Plansequenz ist zur Beschreibung der Verfahrensweisen dieses bisher wohl radikalsten Beitrags des Gegenwartskinos zur Negativer Filmanthropologie also durchaus revisionsbedürftig. Tarr entwickelt eine Technik zeitlichen Schwebens, die sich als ebenso unabhängig von der Bazinschen Verortungslogik räumlicher Tiefenschachtelung wie abgelöst von standardisierten Regulativen zeitlicher Sukzessivitäten des narrativen Films erweist. Zeitlich und räumlich abgehoben von den geläufigen filmdiskursiven Konstruktionsprinzipien, ermöglichen seine Filme eine partizipative Annäherung an außerfilmische Erfahrungen von Zeitlosigkeit und Endlosigkeit, die wohl am besten mit dem Begriff einer ‚Chronotopik des Wartens' beschrieben werden kann.

Während die filmanthropologische Betrachtung der Tarr-Filme bei den Konstruktionsmerkmalen des Bildes – vereinfacht gesagt: der Variationsbreite ver-

schiedener Arten der Plansequenz – ansetzt, besinnt sich das darauf folgende
Kapitel einer der wohl subtilsten und sublimsten Techniken des Herstellens dialogischer Beziehungen zwischen ZuschauerInnen und Film. Was in zwischenmenschlichen Kontakten meist über verfeinerte Gestik, faziale Einstimmung oder
handelnde Abstimmung hergestellt wird, ist gelegentlich als die schwer fassbare,
manchmal auch als belanglos verunglimpfte Kategorie des Takts beschrieben worden. Als menschliches Vermögen der feinen Einstimmung aufeinander, wortlos, ja
oft sogar blicklos, sich nur in einem kaum merklichen Spiel zwischen zwei Körpern zeigend, vermag dieser interpersonelle Verhaltenskodex des Takts aber auch
ganz maßgeblich filmische Gestaltungs- und Wahrnehmungsprozesse zu erklären,
die meist nur knapp oberhalb der Wahrnehmungsschwelle verlaufen. Im gegebenen Fall wird dieses Einstimmen, Übereinstimmen und Abstimmen als ein Verfahren ausfindig gemacht, das in den Filmen von Ethan und Joel Coen zu den bekannten Effekten flächendeckender Ironie beiträgt. Minimale Zeitverschiebungen,
sprachliche Nuancierungen, akustische Modulationen und gestische Variationen –
allesamt Verfahren dessen, was unter dem Begriff des Takts zusammenzufassen
ist – verbinden sich zu der nuanciert abgestimmten Darstellungspalette der Ironie,
über welche das Brüderpaar wie wohl kaum andere Filmemacher virtuos verfügen. Statt in diesem Argumentationszusammenhang allerdings die in der Einleitung des Buchs angedeuteten Untersuchungen des gestischen Repertoires seitens
der Berliner Schule der Historischen Anthropologie weiter zu vertiefen, wird ein
anderer Forschungspfad eingeschlagen: nämlich der über die Literaturtheorie. Sie
erkennt den Takt als Ausdrucks- und Eindrucksmittel menschlicher Körperdialogik, das über einen kaum wahrnehmbaren Pfad zwischenmenschlicher Übereinstimmung hergestellt wird. Dieser Pakt mit den lesenden oder sehenden Partizi-
pantInnen setzt die Ironie als subtil subversive Strategie frei, die dort wirksam zu
werden verspricht, wo die ätzende Säure des Sarkasmus oder der Holzhammer der
Parodie versagen. Aus der Perspektive Georg Lukács' etwa, der in seiner Romantheorie den Gesetzen des Takts „episch normative Objektivität"[23] zumisst, werden
die Coen-Filme als so etwas wie Vergrößerungsgläser auf Grundfragen menschlichen Zusammenlebens erkennbar, die über die Inszenierung von Nuancen in der
Gestik und im Bewegungsrepertoire den festen Boden geradlinigen Erzählens und
referenzbezogenen Zeigens untergraben und an der Auflösung fester Bedeutungs-
und Beziehungszuordnung arbeiten. Alles, so scheint es, kann eben auch anders
sein, könnte anders gesehen oder gehört werden, sofern man nicht über einen gemeinsamen und verbindlichen, unausgesprochenen und geheimen Pakt mit seinem

---

23   Georg Lukács. Die Theorie des Romans. Darmstadt und Neuwied: Luchterhand, 1971,
     S. 63.

filmischen Gegenüber verfügt, der ein gewissen Maß an Übereinstimmung sichert. Die Unschärferelation menschlicher Beziehungen kann – auch im Kino – folglich als Determinante aufgefaßt werden, die sich einer strikten Regulierung durch Sprachsysteme, Zeichenmodelle oder kognitive Reizverarbeitungsmuster entzieht. So ist die über die anthropologische Kategorie des Takts regulierte Ironie eine kunstvolle Konstruktion von Zonen der Ungewißheit, die immer auch Anderes als möglich erscheinen lässt.

Diese Zonen der Ungewissheit stellen sich auch ein, wenn die üblichen Instrumente der Wahrnehmung von Filmen, also die Primärsinne des Hörens und Sehens, in ihrer Hierarchie durcheinander geraten oder beeinträchtigt sind. Kippt Gehör oder Gesicht auch nur kurzfristig weg, ändert sich das gesamte Gefüge des jeweiligen Films und die filmischer Wahrnehmung ist von Grund auf neu zu ordnen. Dies gilt nicht nur für technisch induzierte Aussetzer wie Schwarzfilmpassagen oder Filmrisse, welche die ZuschauerInnen für Momente an die Grenzen ihrer Warhnehmung stoßen, oder Toncluster, die das Hören über seine Schmerzgrenze hinaus verlängern. Es gilt auch für die narrativen und bildkonstruktiven Verfahren im Inneren des diegetischen Gefüges des jeweils einzelnen filmischen Texts. Wenn also eine der Filmfiguren etwa eines ihrer Sinne verlustig geht, ändern sich die gesamten Beziehungen von Hören und Sehen, Sagen und Zeigen, und zwar auch für die Zusehenden. Das Kino hat gelernt, mit diesen Verschiebungen der anthropologisch vorgegebenen Sinnes- und Sinnkonstellationen zu arbeiten, zu spielen und sie für eine Erweiterung der Ausdruckspalette seiner Narrative zu nutzen. Davon zeugen nicht nur die unzähligen Filme über Blinde, die in der einen oder anderen Form fast immer auch als Stellungnahmen und Wahrnehmungen darüber gesehen werden können, dass sogenannte sinnliche Behinderungen gerade durch ihre defizitäre Lage eine Unzahl an Produktivem, Neuem, Nicht-Gesehenem und Nicht-Gehörtem hervorbringen.[24] Im vorliegenden Fall des letzten Kapitels im ersten Hauptteil zur Filmanthropologie geht es aber nicht um Blindheit im Film, sondern um Nichthörenkönnen. Es könnte einem Hören und Sehen vergehen, so die These, wenn man bedenkt, wozu uns das Nichthören führen kann! In jedem Fall ist es weder Behinderung oder Wahrnehmungsdefizit, noch sonst eine Befangen- oder Beschränktheit. Nichthören fungiert hier vielmehr als Hinweis auf Differenzen und Verschiebungen des Dialogs zwischen Alltagserfahrung und filmischer Repräsentation. Damit ist es keinerlei Einschränkung des menschlichen Sinnesapparats, sondern setzt bei der bereits diskutierten Idee der Produktivität des Abwesenden an und kann damit als wichtige Voraussetzung des Begreifens

---

24 Vgl. dazu die ebenso vorzügliche wie überschaubare Studie von Stefan Ripplinger. I can see now: Blindheit im Kino. Berlin: Verbrecher Verlag, 2008.

bewegter Bilder gelten. Dass das Kino, vor allem das klassische Hollywood, diese spezifische Wahrnehmungsfähigkeit des Nichthörens und in der Folge auch Nichtsprechens in vielfältige gestische Schau-Spiele umzuformen versteht, beweist das Kapitel zu drei Hollywoodfilmen aus den 1940 Jahren, das damit direkt an die Diskussion der verfeinerten Körper-Techniken der Gestik in den Coen-Filmen anschließt. Ob diese Kino-Rituale durch Erkenntnisse der phänomenologischen Anthropologie Jean-Pierre Meuniers als Mimetismus, durch neurophysiologische Untersuchungen als Effekte von Spiegelneuronen oder Empathieerscheinungen in der von Fritz Breithaupt beschriebenen Art geklärt werden können, soll dabei ebenfalls kurz erörtert werden.

Der abschließende Hauptteil dieses Buches, der sich über filmanalytische Verfahren dem Kairos von Film und Anthropologie stellt, kommt auf die in der Einleitung eingeforderte Überwindung der Dichotomie zwischen philosophischer und naturwissenschaftlicher Anthropologie im Lichte der Filmprojektoren zurück. Ob bei der Diskussion um den Erkenntniswert von Filmen aus der medizinischen Forschung und Lehre, ob beim Abwägen des Stellenwerts und der Hierarchie von Hören und Sehen in einem Film von Alexander Sokurow oder bei der Frage nach der Relevanz der Synästhesieforschung bei der Analyse eines Godard-Films: es geht dabei immer um die Zwitterstellung der Diskurse zwischen natur- und geisteswissenschaftlichen Paradigmata. Der menschliche Körper mit seinen Gebärden, Ansichten und Einsichten ragt dabei – um es mit Balázs' Beschreibung des Menschen der visuellen Kultur zu sagen – direkt in die gesellschaftlichen Diskurs: „Hier wird der Geist unmittelbar zum Körper, wortlos, sichtbar."[25] Die in den beiden Hauptteilen zur Kinoanthropologie deduktiv zusammengetragenen Befunde zur Sinnlichkeit filmischer Diskurse werden in den drei Kapiteln dieses abschließenden Hauptteils zur Filmanthropologie induktiv untermauert. Bedeutungskonstellationen und Wahrnehmungsorgane, Sinn und Sinne werden aufeinander losgelassen, ohne ihre wechselseitige Bedingtheit einfach vorauszusetzen. Ganz im Gegenteil: Letztere, die Sinne, werden in ihrer Funktion für die Sinnstiftung probeweise in Frage gestellt, geprüft und herausgefordert. Ihre Ordnungen und Zuordnungen werden aufgemischt und neu verteilt, etwa um synästhetischen Erscheinungen oder Phänomenen Platz zu machen, die vielleicht allzu schnell als Beeinträchtigungen empfunden werden mögen, sich oft aber als Stärken erweisen.

Obwohl grundsätzlich im Feld kulturwissenschaftlicher Paradigmen und Methoden verortet, ist es deshalb gerade in diesem Zusammenhang bemerkenswert, dass sich die Filmanthropologie weniger einer Geistes- als einer Körperwissen-

---

25   Béla Balázs. Der sichtbare Mensch oder die Kultur des Films. Wien – Leipzig: Deutsch-Österreichischer Verlag, 1924. 1. Auflage, S. 24.

schaft verpflichtet sieht. Die LeserInnen unternehmen aus diesem Grund bereits im ersten Kapitel eine gewagte Wanderung nicht nur durch die Gattungen des Wissenschaftsfilms, sondern auch durch den menschlichen Körper und seine Außen- und vor allem Innenansichten. Was zeigt sich, so die Frage, wenn unser Körper wie ein Handschuh nach Außen umgestülpt wird? Die Antwort versucht sich an der riskanten Idee, dass Filme, die in der medizinischen Forschung und Lehre eingesetzt werden und folglich der physiologischen Anthropologie näher stehen müssten, mit ihren Wahrheits- und Realitätsansprüchen durchaus auch grundlegende Axiome der – um der Kantschen Unterscheidung treu zu bleiben – pragmatischen Anthropologie bedienen. Bis hinein in die Konstruktionsprinzipien ihrer wissenschaftlichen Argumentation zeigen sie etwa jenes von der Historischen Anthropologie konstatierte Bedürfnis des Menschen nach Geschichtenerzählen und nicht zuletzt auch – nach Fiktionserfinden. Auf durchaus überraschende Weise wird so die Gegen- und Widersetzlichkeit von Wissenschaft und Einbildung abgebaut. *Science fiction* und *Fiction science* rücken zusammen und der naive Glaube mancher Apologeten des Wissenschaftsfilms, harte Facts in weiche Bilder gießen zu können, erscheint ebenso illusorisch wie der Glaube Hollywoods an den Fetischcharakter des Star-Gesichts. Die von der Historischen Anthropologie unter dem griffigen Titel der Wiederkehr des Körpers[26] zusammengefaßten Positionen behaupten so auch ihre Relevanz für die Filmwissenschaft. Sie sind dazu in der Lage, das hinreichend faktographisch belegte, äußerst enge Verhältnis der Medizinanthropologie zur Gattung des Wissenschafts- und Dokumentarfilms in einen weiteren Horizont kulturgeschichtlicher Erörterungen zu betten. Dadurch können aber auch die kritischen Erforschungen der Instrumentalisierung des menschlichen Körpers für technische und medizinische Unterwerfungsstrategien durch filmische Verfahren ideologiekritisch vertieft und politisch positioniert werden.

Die Analyse eines kleinen Dokumentarfilms von Alexander Nikolajewitsch Sokurow im vorletzten Kapitel des Buches geht zunächst von dem eher anthropologie-fernen Begriff der Découpage aus. Dieser filmtechnische und filmästhetische Terminus fasst die drei Bedeutungen des Drehbuchs, der schriftlichen Arbeitsunterlage für den Dreh eines Films am Set und die zeiträumliche Struktur eines fertigen Films zusammen. Anhand dieser – zugegebenermaßen etwas schillernden und oszillierenden – Definition konnte dann aber die Spezifik dieses Sokurow-Films doch wiederum nur als anthropologisch begründbarer Lektüremodus dessen beschrieben werden, was man ‚Lesespur' nennen könnte. KOSINZEWS WOHNUNG (Ru/1997), so sein Titel, entwickelt vor allem durch die komplexe Art der

---

26 Vgl. Dietmar Kamper und Christoph Wulf (Hg.). Die Wiederkehr des Körpers. Frankfurt am Main: Suhrkamp, 1982.

Konstruktion seiner Tonspur ein raffiniertes Verfahren, das die Betrachtenden in einen ständig bewegten Kreislauf aus der Gegenwärtigkeit des Filmsehens in einen imaginären Raum des Erinnerns, Umschreibens und Transformierens vorhandener Strukturbedingungen des Films entführt. Sokurow baut in seine filmische Wanderung durch die zu einem Museum umgebaute Wohnung Grigori Michailowitsch Kosinzews einen Erinnerungsraum aus Geräuschen, die den Shakespeare-Filmen des sowjetischen Groß-Regisseurs entnommen wurden. Die Geräusche unterwandern also gleichsam die Gegenwärtigkeit des Wohnungsmuseums, die zunächst auf den Bildern begründet war. Die Töne kommen den Bildern gewissermaßen in die Quere und treiben sie aus der Präsenz in eine Vergangenheit, die – ebenfalls filmischen Bildern entstammt. Diese Verschiebung des Aufmerksamkeitshorizonts zwischen Hören und Sehen induziert also Erinnerungsspuren und Hörerinnerungen an immer nur imaginär vorhanden Gewesenes. Das gefundene Tonmaterial wiederum formt daraus einen wirklichen, weil wirkenden Kultort der russischen Kinogeschichte. Damit verweist diese Hörwelt aus den Shakespeare-Filmen Kosinzews nicht zuletzt auch auf die von Ulrich Sonnemann mit den Begriffen der Okulartyrannis überzeugend vorgebrachte These von der Wirkmächtigkeit auditiver Erfahrungen gegenüber visuellen Wahrnehmungen und ihre Rückkoppelung mit zeitlich zurückliegenden biographischen oder historischen Erfahrungswelten. Sokurow verlässt den zunächst gewählten sicheren Boden dokumentarischen Filmschaffens und betritt den imaginären Raum eines bewegenden Beschwörungsrituals, der in seiner Tragweite – so die These dieser Ausführungen – nur von einer offenen Filmanthropologie entsprechend gewürdigt werden kann.

Mit der den Band abschließenden Arbeit zu HELAS POUR MOI (Jean-Luc Godard, F/1993) sollen die kinoanthropologischen Thesen zum Körper als Arena widerstreitender Sinneserfahrungen und einander widersetzlich ergänzender Sinnkonstruktionen wieder aufgenommen und zusammengeführt werden. Gerade bei einem Film, der mit seinen Anspielungen an Alkmenes Verwechslung von Amphitryon und Zeus aus dem Amphitryon-Mythos das Motiv der Relativierung sinnlicher Wahrnehmung und der Austauschbarkeit der Sinne diskutiert, ist es kein Zufall, dass das Phänomen der Synästhesie ins Spiel kommt. Godard zeigt diese kalkulierte Kopplung unterschiedlicher Wahrnehmungsreize sogar noch in einer etwas komplizierteren Ausformung, als dies in herkömmlichen Definitionen dieses Begriffs beschrieben wird. Er führt ein Mitempfinden des Sehens vor, das durch Hören entsteht, aber dann noch durch Lesen konkretisiert wird. Aus dieser dreifachen medialen Überlagerung formt Godard einen synästhetischen Vorgang der Trennung, der, wie Jacques Rancière dies beschrieben hat, Worte hörbar macht, indem er sie sichtbar macht. Die Effekte dieser synästhetisierenden Filmtechnik gehen aber über die zeitliche Gleichschaltung zwecks Herstellung einer Wahrnehmungs- und Sinneinheit filmischer Erfahrung hinaus. Als soziales Erlebnis und hybride Erfahrung mehrerer in sich unterschiedlicher Sinneseindrücke macht die Konstruktion aus Bild, Ton und Schrift auf das Kino als Ort aufmerksam, an dem fremde und unbekannte Sinneserfahrungen einen neuen Gemeinschaftssinn hervorrufen können. Wie hoffentlich auch in anderen Teilen dieses Buches zeigt diese Godardsche Figur der Binswangerschen *Koinona* also, dass die Fügung zwischen Anthropologie und Film keine willkürliche ist. Sie wirft vielmehr eine Unzahl von Wissenspotentialen zum Verständnis des Kinos und seiner BewohnerInnen ab. Und genau dazu soll dieser Band beitragen.

1.5 Abschließende Einschränkungen

Der Aufbau der Kapitelfolge des Buches beweist auch, dass mich die Frage nach dem Anthropologischem am Film und im Kino schon sehr lange beschäftigt hat, ohne deshalb die konkrete Form eines Buches angenommen zu haben. Aus verstreuten Einzelbefunden, Vorträgen und Aufsätzen zusammengestellt, wurde es schließlich doch noch – so hoffe ich wenigstens – ein konsistentes Buch. Als in sich geschlossener Entwurf einer Kino- und Filmanthropologie ist der vorliegende Versuch dennoch nicht zu lesen. Zwar reißt er einige durchaus grundlegende Fragen an. Doch zu einer stringenten Systematik dieses weiten Feldes reicht es bei weitem nicht. Vielleicht ist dies auch gar nicht das Ziel eines solchen Unterfangens. Vielleicht ist auch die Zeit für geschlossene Theorie- oder Wissenschaftsentwürfe überhaupt – endlich! – vorbei. Genügt es für die Skizzierung eines wissenschaftlichen Denkfeldes denn nicht anzudeuten, wie und wo die Eckpunkte einer derartigen Disziplin zu setzen, wie breit ihre Fragen aufzustellen, in welche Richtungen sie weiter zu entwickeln und wie vielfältig sie aufzufächern wären? So könnte man dieses Buch auch als Versuch lesen, einen Weg durch ein Textgestrüpp zu bahnen, der von festen Wahrheiten des Menschen im Kino Abstand nimmt und zu den ständig laufenden Dialogen zwischen Menschen und Maschinen führt. Die einzige anthropologische Konstante wäre dann jene ständiger Befragung der sich unablässig ändernden Beziehungen und Bewegungen zwischen dem Kinomenschen und seinen Bildern in den eigens zu diesem Zweck eingerichteten Räumen, die diese Beziehungen und Bewegungen hervorbringen. Und da schließlich die zweifelsfreie Zuordnung eines Forschungsobjekts zu einem Wissenschaftszweig immer auch von den Voraussetzungen und Perspektiven der Forschenden bestimmt ist und deshalb auch wohl nicht frei von Macht- und Interessensfragen der Forschungspolitik bleibt, kann sie wohl auch nie vollkommen und widerspruchsfrei getroffen werden. Was Christian Metz für die Filmwissenschaft insgesamt diagnostiziert hat,

gilt also auch für die Kino- und Filmanthropologie: „Das, was man ein ‚Untersu-
chungsgebiet' nennt, ist eine Region, deren Abgrenzungsprinzip sich letztlich als
eine untrennbare Mischung aus ‚Gegenstand' und ‚Methode' erweist."[27]
      Eine Produktion des Béla Balázs-Instituts für Laufbildforschung (BBI) in
Wien.

---

27   Metz, Sprache, S. 18.

Teil II

Kinoanthropologie I

Kinoanthropologie, Bildanimismus und
filmischer Raum

Anthropologie des Kinos

2

Ein theoriehistorischer Abriss

Drei Voraussetzungen lassen sich bei der Neuordnung der Filmtheorie aus anthropologischer Perspektive erkennen. Die erste geht von der *conditio humana* aus, dass wir unsere eigene physische Existenz in einem imaginären Anderen verdoppeln und erst in dieser Doppelexistenz menschliche Identitäten ausbilden können. Die zweite leitet davon ein soziales Moment ab. Erst über die Verdopplung im Imaginären ist es dem Einzelnen möglich, einen Zugang zum Anderen, sei es zur Umwelt oder zu einem anderen Individuum, zu finden. Diese beiden Voraussetzungen wiederum sind drittens die Grundlage einer Bestimmung des Kinos als anthropologischer Vorrichtung, die diese Menschwerdungsprozesse nicht nur beleuchtet, sondern sie auch maßgeblich befördert. Die drei Prämissen sind allerdings nicht erst seit den ersten expliziten Versuchen des Entwurfs einer Filmanthropologie bekannt. Sie durchziehen die Denkgeschichte des Kinos von den ersten Berührungspunkten des Kinos mit der Anthropologie bis in die Gegenwart. Seit ihrem etwa gleichzeitigem Entstehen aus den vielfältigen Modernisierungs- Dynamisierungs- und Globalisierungsstrebungen gegen Ende des 19. Jahrhunderts haben sie die Wege der Anthropologie und des Kinos sich immer wieder berührt, durchkreuzt und gegenseitig beeinflusst.

© Springer Fachmedien Wiesbaden GmbH, ein Teil von Springer Nature 2018
K. Sierek, *Filmanthropologie*, https://doi.org/10.1007/978-3-658-22448-6_2

2.1 Anthropologie und Ethnologie zwischen Naturwissenschaft und Philosophie

Die Anthropologie als eigene Disziplin in wissenschaftlicher und institutioneller Ausformung ist nicht nur im deutschsprachigen Raum erst relativ spät entstanden. Verglichen mit anderen humanwissenschaftlichen Disziplinen wie der Psychologie, der Soziologie oder der Philosophie hat sie sich im Konzert der Disziplinen zunächst auch nur mit Mühe einen klar umrissenen Gegenstandsbereich sichern können. Deshalb ist sie auch bald in Teilbereiche aufgefächert worden, die für sich genommen zwei sehr unterschiedliche Genealogien, Methoden und Objektbereiche in Anspruch nahmen.

Naturwissenschaftlich orientierte Ansätze wie die biologische und medizinische Anthropologie ordneten sich zunächst in die Tradition der Darwinschen Evolutionstheorie ein und nahmen vornehmlich Anleihen an den Paradigmen und Methoden der Humanbiologie, Anatomie und Physiologie. Eine merkliche Betonung der biologischen Variabilität des Menschen mit der Berücksichtigung geographischer und historischer Einflüsse zeichnete sich allerdings bereits mit den Untersuchungen Wilhelm Wundts ab. Sein Wechsel vom Mediziner und Assistenten von Hermann von Helmholtz sowie als Professor für Anthropologie und Medizinische Psychologie in Heidelberg auf einen Lehrstuhl für Philosophie in Leipzig illustriert diese Spanne und Spannung zwischen natur- und geisteswissenschaftlichen Paradigmen, die die Anthropologie bis heute beherrschen. Über Wundts Schüler Hugo Münsterberg hat die Anthropologie auch schon sehr früh Eingang in die Filmtheorie gefunden. Symptomatisch zeigt sich in Wundts Forscherpersona aber auch noch ein weiteres, entschieden folgenreicheres Spannungsfeld anthropologischer Forschung. Während seine Verdienste um die Berücksichtigung kultureller Faktoren beim Aufbau einer interdisziplinären Anthropologie unumstritten sind, geriet seine als groß angelegter Entwurf einer Anthropologie angelegte Völkerpsychologie[28] am Vorabend des Ersten Weltkriegs in den Sog kolonialistischer Politikentwürfe und nationalistischer Rechtfertigungsstrategien. Eine Vielfalt ethnologischer Forschungsprojekte, die sich auch des Films als Werkzeug und Aufzeichnungsgerät bedienten, sind von dieser massiven und einflussreichen Bildpolitik geprägt. Die Filmanthropologie hatte sich also von Beginn an auch am Schnittpunkt zur filmischen Ethnographie zu positionieren.

Die gefährliche Ambivalenz zwischen der Offenheit im binnen-wissenschaftlichen Diskurs und dem Hegemonialanspruch eines biologistisch bestimmten ‚euro-

---

28 Wilhelm Wundt. Völkerpsychologie. Eine Untersuchung der Entwicklungsgesetze von Sprache, Mythus und Sitte. Leipzig: Engelmann, 1911.

päischen Menschen' wusste die philosophisch orientierte Anthropologie weitgehend – wenn auch nicht vollständig – auszuschalten. Mit Kants Unterscheidung zwischen physiologischer und pragmatischer Anthropologie konnte sie ihren Forschungsgegenstand von einer Bestimmung des Menschen als Naturwesen auf seine Stellung in der Welt als frei handelndes, in sein belebtes und unbelebtes Umfeld eingebettetes Subjekt verlegen. Zwar klingen in den Entwürfen einer philosophischen Anthropologie mit Max Schelers These der „metaphysischen Sonderstellung des Menschen", Helmuth Plessners „Positionalität der exzentrischen Form" des Menschen und Arnold Gehlens berühmter Bestimmung des Menschen als „Mängelwesen" biologisch begründete Bestimmungsversuche an,[29] doch weichen sie zusehends einer Einbettung in soziologische und kulturtheoretische Argumentationsketten. Und genau in diesem Diskursfeld zwischen physiologischen Regungen und Merkmalen des menschlichen Körpers auf der einen und den expressiven und zeichenhaften Funktionen seines gestischen und mimischen Repertoires auf der anderen Seite sollte sich bis heute auch ihre Relevanz für verschiedene filmanthropologische Untersuchungen erweisen.

Ganz anders verhält es sich im Fall philosophisch und kulturwissenschaftlich angelegter Positionen, die eine einfache und positive Bestimmung ihres Forschungsgegenstandes in Frage stellen. Der Mensch – kann man überhaupt von seinem klar umrissenen Bild als Gattung oder als Individuum sprechen? Oder ist dieses Wesen nicht vielmehr in seinen vielfältigen Differenzen und spezifischen Ausprägungen, in seinen Vergangenheiten und Zukünften zu orten? Wird es nicht erst durch sein gelebtes und veränderbares Verhältnis zum Anderen, sei es zu anderen Menschen, Gattungen oder Dingen, zu dem, was wir gemeinhin unter Humanem verstehen mögen? Gerade nach dem Menschheitstrauma des zweiten weltweiten Krieges und des Holocaust schlossen sich Denker diesem zweiten Bestimmungsversuch an. Ernst Cassirers 1944 im Exil geschriebener *Essay on Man*[30] etwa und vor allem Martin Bubers 1947 vorgelegter Essay *Between Man and Man* versuchen deshalb eine hypostasierte Festlegung positiver Faktoren menschlichen Seins grundsätzlich anzuzweifeln. Buber fasst es ganz konkret und anschaulich

---

29   Max Scheler. Die Stellung des Menschen im Kosmos. Berlin: Contumax/Hofenberg, 2016 [1928], S. 83ff; Helmuth Plessner. Die Stufen des Organischen und der Mensch. Berlin: De Gruyter/Sammlung Göschen, 1975 [1928], S.288; Arnold Gehlen. Der Mensch. Natur und seine Stellung in der Welt. Berlin: Junker und Dünnhaupt, 1940. Vgl. aber auch die Kurzzusammenfassung ein Jahr später: Arnold Gehlen. Ein Bild vom Menschen. In: Philosophische Anthropologie und Handlungslehre. Bd. 4. Gesamtausgabe. Frankfurt am Main: Klostermann, 1983 [1941].

30   Deutsch: Ernst Cassirer. Versuch über den Menschen: Einführung in eine Philosophie der Kultur. Frankfurt am Main: S. Fischer, 1990 [1944].

zusammen. Zwischen den Abstraktionen individualistischer und soziologischer Anthropologien sei es von Nöten, einen dritten Weg zu finden. Dieser habe von der Veränderbarkeit menschlicher Wesensmerkmale und der Formbarkeit seiner Eigenschaften auszugehen und sei deshalb in einer „Sphäre des Zwischen"[31] anzusiedeln. Dieses Zwischen wird von Buber auch konkret genannt. Es ist jener Ort der Zeichen und Medien, in der „ein Wesen ein anderes als andres, als dieses bestimmte andere Wesen meint, um mit ihm in einer beiden gemeinsamen, aber über die Eigenbereiche beider hinausgreifenden Sphäre zu kommunizieren."[32] Bereits 1923 hatte Buber in seinem Hauptwerk *Ich und Du* zur Illustration dieses Zwischenraums der Gemeinsamkeit ein besonders geeignetes Medium gewählt: das Kino. In ihm ereigne sich dieses Dazwischen, „denn die Weltbilder des Gedankens sind zuverlässige Kinematographie"[33]. Damit war das Kino auch seitens der philosophischen Anthropologie als prototypische Vorrichtung humaner Gemeinschaftlichkeit angesprochen, die nicht nur in der Lage ist, das Verhältnis des Menschen zum Anderen in einem dialogischen Vorgang zu regulieren, sondern es auch maßgeblich zu befördern.

2.3   Filmwissenschaft als Anthropologie des Kinos

2.3.1   Anthropologische Theoreme in frühen Filmtheorien: Lukács, Serner, Münsterberg

Im Rahmen filmtheoretischer Diskurse sind diese anthropologischen Grundfragen der Positionierung des Kinos zwischen Mensch und Ding selbstverständlich schon in den frühesten Entwürfen der Jahre vor dem Ersten Weltkrieg angeklungen. Zunächst stand die Frage nach dem Kinematographen als Untersuchungsinstrument im Dienste des menschlichen Wahrnehmungsapparats im Vordergrund. Wie die Kamera als erweitertes Auge die Defizite seiner Sinne zu kompensieren imstande sei, so noch nachhaltiger das bereits nach wenigen Jahren zur Erzähl- und Zeigemaschine ausgereifte Kino als Institution. Es könne den Menschen aus seiner naturgegebenen Wahrnehmungsbeschränkung befreien und ihn näher an die Objektwelt heranführen. Aus dieser These des Kinos als Prothese des Menschen entstand bald die Idee, den Film nicht nur als Mittel der Wahrnehmungserweiterung zu ver-

---

31   Deutsch in: Martin Buber. Das Problem des Menschen. Heidelberg: L. Schneider, 1948, S. 166.

32   Ebd.

33   Martin Buber. Ich und Du. In: Das Dialogische Prinzip. Gerlingen, 1992 [1923], S. 74.

stehen, sondern umgekehrt nach den Einflüssen der erst zwanzig Jahre vorher er-
fundenen Technologie auf den menschlichen Körper zu fragen: Was geschieht mit
uns in dieser Vorrichtung? Dass wir aus dem Kino ein Werkzeug für uns gemacht
haben, ist das eine; das andere aber ist, was das Kino mit uns und aus uns macht.
   Die Antworten auf diese These vom Kino als menschenbildendem Faktor bewegten sich im Grunde in zwei Richtungen. Die eine kehrt die abträgliche Wirkung auf die menschlichen Entwicklungsmöglichkeiten hervor und spricht, wie
etwa Hermann Häfker, vom "Hagelwetter auf die Nerven des modernen Menschen"[34] und von einer "Fuselrauschstimmung"[35], die mit den Mitteln dieser neuen
Kunst verbreitet wird. Ihre immersive Wirkung werde durch die baulichen Bedingungen befördert, die vollständig auf den Menschen als „empfindendes Subjekt"[36]
abgestimmt sind. Der dunkle Saal mit der Leinwand vorne gibt, so Rudolf Harms,
den geeigneten Rahmen zur „Ausschaltung aller niederen ästhetischen Gefühle"[37]
ab und liefert den Einzelnen einer „Kollektivkunst" aus: „Dadurch pflegt sie Möglichkeiten starker ästhetischer Störungen für das Einzelindividuum in sich zu tragen."[38]
   Die andere Antwort auf die Frage, was das Kino aus uns machen kann, war
nicht bewahrender, sondern emanzipatorischer Natur. Schon vor dem Massenmor-
den des Ersten Weltkrieges hatten hellsichtige Kinogeher bemerkt, dass mit dem
Kino ein Menschenbild absolut neuer Art entstanden war: ekstatisch, phantastisch
und maßlos sei dieser Kino-Mensch, den etwa Georg Lukács 1913, also im selben
Jahr wie Häfker seinen bedrohten Menschen, entdeckt hatte: „'Alles ist möglich':
das ist die Weltanschauung des ‚Kino'"[39]. Anderseits entsteht in diesem Raum
ein oberflächliches Wesen fern jeder Metaphysik, bei dem sich alles auf Gestik
und Mimik konzentriere: „eine Welt der gewollten und sein sollenden Seelenlo-
sigkeit, eine Welt des rein Äußeren"[40]. Der Schriftsteller Walter Serner geht in
einem emphatischen Artikel über den Zusammenhang von Kino und Schaulust
noch einen Schritt weiter in dieser Distanzierung von einem idealistischen und
illusionistischen Wesen des Menschen und des Menschlichen. Wie er ebenfalls

---

34   Hermann Häfker. Kino und Kunst. Mönchen Gladbach, 1913, S. 5.
35   Ebd., S. 6.
36   Rudolf Harms. Das Lichtspielhaus als Sammelraum. In: Theorie des Kinos. Hg. Kars-
     ten Witte. Frankfurt am Main: Suhrkamp es 557, 1973, S. 224.
37   Ebd.
38   Ebd., S. 225.
39   Georg Lukács. Gedanken zu einer Ästhetik des Kino. In: Theorie des Kinos. Hg. von
     Karsten Witte. Frankfurt am Main: Suhrkamp, 1972 [1913], S. 144f.
40   Ebd., S. 148.

bereits 1913 schreibt, trage die Stummheit des Menschenbilds auf der Leinwand zu einer Art von Vernichtung des Menschlichen auf der Leinwand bei und lasse nur mehr die Effekte und Produkte von Gestik und Mimik bestehen:

> „Diese Stummheit aber macht überdies den Akteur zum Nichts, sein Tun zur Hauptsache, das gleichsam absolut ist, das Mittel nur zur Tat, zur Hetze."[41]

Eine nachgerade archaische und „furchtbare Lust"[42] entfache sich in diesem Kino-Menschen, eine Leidenschaft, die „weit in die Geschichte der Menschheit"[43] zurückreicht, die aber ebenso auch eine neue Menschenart mit beinahe unmenschlichen Dimensionen hervorbringe. Mit ihr treten alle hehren Ziele und inneren Regungen, sei es Liebe oder Rache, zurück, die nur mehr als Vorwand zur Erzeugung von reinen Bewegungsaffekten dienten. Über den puren Gesichtssinn vermittle sich das Leben als ebenso pure Bewegung, ohne jede Beziehung zu ethisch oder ästhetisch verbürgten Werten.

Beide Denkrichtungen dieser ersten filmanthropologischen Skizzen leiteten aus ihren Argumenten auch politische Perspektiven auf ein zukünftiges Kino ab. Die Ästheten und emanzipatorischen Theoretiker zogen daraus den Schluss, je wilder und radikaler sich diese Eingriffsmöglichkeiten des Apparats auf den menschlichen Körper gestalten, desto deutlicher zeichnet sich auch – auf der Leinwand *und* im Saal – das Bild eines Neuen Menschen ab. Serner und Lukács beschreiben diesen *homo cinematographicus* als eine Art ästhetische und politische Mensch-Maschine, die in sich alle Utopien einer von physischen Einflüssen unabhängigen Humanität zu versammeln imstande sei. Die Verfechter einer traditionellen, in den Bewahrpädagogiken des 19. Jahrhunderts befangenen filmanthropologischen Argumentation wie Häfker und Harms wiederum plädierten für die Zügelung dieser technologischen Vision – für Kontrolle. Und tatsächlich, der Film und seine medialen Parallel- und Weiterentwicklungen sind von ihren Anfängen bis heute in dieses Schisma eingespannt: Entweder sie erweisen sich als anthropomorphe Apparatur ästhetischer und sozialer Emanzipation oder als Werkzeug gesellschaftlicher Kontrolle.

In beiden Entwürfen meldet sich bereits ein weiterer Themenkreis zu Wort, der bis in die aktuellen Diskussionen zur Renaissance der Film- und Medienanthropo-

---

41   Walter Serner. Kino und Schaulust. In: Kino-Debatte: Texte zum Verhältnis von Literatur und Film ; 1909 – 1929. Hg. Anton Kaes. München: Dt. Taschenbuch Verl. u.a., 1978 [1913], S. 55f.
42   Ebd., S. 53.
43   Ebd.

logie seine Schatten voraus wirft. Sowohl als Mittel zur Schärfung der Weltsicht als auch als Zweck der Förderung neuer Menschheitsentwürfe stellt das Kino eine facettenreiche Palette konkreter Bilder des menschlichen Körpers auf der Leinwand her, die diese Konzepte sichtbar machen und reflektieren. Das Studium der Sichtbarkeit und Sichtbarmachung des menschlichen Körpers in seiner gesamten Gestik und Mimik wird bereits in den filmtheoretischen Entwürfen vor dem Ersten Weltkrieg zum Angelpunkt filmanthropologischer Forschung und soll es bis heute bleiben. Der Mensch zwischen Kontrolle und Ekstase: So lassen sich diese beiden filmanthropologischen Skizzen zusammenfassen.

Der nach dem Studium bei Wilhelm Wundt in die USA emigrierte empirische Psychologe Hugo Münsterberg begnügt sich hingegen in seiner Kinostudie *The Photoplay: A Psychological Study* von 1916 nicht mit diesen Fragen der bewegten Sichtbarkeit des Menschen auf der Leinwand. Er weist in einer Vielzahl von Versuchsanordnungen nach, dass es auch zu einer Synchronisierung der Bilder auf der Leinwand mit den Körpern im Saal kommt. Nach der visuellen Dimension der Körperlichkeit rückt bei ihm die haptische Komponente des Menschen im Kino ins Zentrum der Aufmerksamkeit. Wir bewegen den Kopf nach dem Rhythmus der Musik, richten die Augen zu einer Lichtquelle und spannen unsere Muskeln an, um mit den Bildern ganzkörperlich mitzuschwingen. Münsterberg beschreibt das Kino als anthropologische Anstalt körperlicher Anverwandlung. In mimetischen Rückkoppelungsschleifen werden Bildbewegungen in Körperbewegungen verwandelt. Sie schließen sich zu einer Art von Gesamtkörper zusammen, der im Kino empirisch auszutesten ist. Die Bilder spielen mit unserem Körper wie auf einem „keyboard of our mind"[44] und treiben den Körper nach den Vorgaben ihrer Richtungsvektoren auf der Leinwand und im Takt mit den Schemen und Schatten menschlicher Körper vorne oben vor sich her: der Körper des Menschen ist durch mimische Übernahmen und Transformationen von Gebärden und Bewegungen steuerbar geworden. Münsterbergs filmanthropologische Untersuchungen, die an die Studien seines Lehrers Wundt zur Ausdrucksgebärde anknüpfen, geben damit nicht nur erste Anstöße zum Einsatz von bewegten Bildern bei sozialen Kontrollmechanismen wie Biometrie oder Gesichtserkennungstechniken, sondern auch zur Untersuchung von Gestik und Mimik im Rahmen der Filmanthropologie.

---

44 Hugo Münsterberg. The Photoplay, A psychological study. New York: Dover, 1970 [1916], S. 36.

2.3.2 Die Wende zur Filmanthropologie: Balázs und Epstein

Kaum zehn Jahre nach Münsterbergs Nachweis der Synchronisierung von Bildbewegungen auf der Leinwand mit den Körperbewegungen im Saal und ein Jahr
nach Bubers erstmaligem Entwurf einer dialogischen Anthropologie aus dem
Bauch des Kinos erschien ein Buch, das seinen anthropologischen Anspruch bereits programmatisch im Titel führt: *Der sichtbare Mensch*. Béla Balázs stellt darin drei Axiome zur Diskussion, die alle vom Grundgedanken der Verdopplung des
Menschen in den Schatten auf der Leinwand ausgehen. Erstens steckt Balázs mit
einer Skizze des Übergangs vom Buch zum Film den weiten Horizont einer historischen Medienanthropologie ab. Nachdem die dreihundertjährige Geschichte der
Buch- und Schriftkultur das Bild des Menschen aus dem kollektiven Bewusstsein
vertrieben habe, leite nun das Kino die anthropologische Wende zu einer „visuellen Kultur"[45] ein.

> „Nun ist eine andere Maschine an der Arbeit, der Kultur eine neue Wendung zum
> Visuellen und dem Menschen ein neues Gesicht zu geben."[46]

Habe die Verbreitung der Schriftkultur zu einer Verdunklung seiner Sichtbarkeit
geführt, so statte ihm das Kino nunmehr sein Bild wieder zurück: „Der Mensch
wird wieder sichtbar werden."[47]

Zweitens spannt Balázs von diesem medienanthropologischen Paradigmenwechsel ausgehend einen Bogen zu zeitgenössischen ethnologischen Erkenntnissen. Parallel zum Verschwinden des Menschenbildes aus der Öffentlichkeit sei
auch die lebendige Beziehung zur Umwelt zurückgegangen. Die Bildbewegungs-
maschine stelle dieses partizipative Verhältnis zur Welt wieder her, indem sie die
Dinge um uns nicht nur in Bewegung setzt, sondern ihnen eine eigene Existenz
verleiht. Die damit einhergehende Animation aller Gegenstände führe zwangsläufig zu jener Belebung des Unbelebten, die in indigenen Kulturen als Selbstver-
ständlichkeit gilt. Der Mensch im Kino ist also kein distanzierter Beobachter des
Geschehens auf der Leinwand. Er nimmt vielmehr an einer Entgrenzung menschlicher Individualität teil, die von Ethnologen als Anthropomorphisierung aller
Lebenswelten untersucht wurde. In einer Rezension von *Der sichtbare Mensch*
hat Robert Musil dieses partizipative Ritual als „schwelendes und ebbendes Zu-

---

45 Béla Balázs. Der sichtbare Mensch oder Die Kultur des Films. Wien/Leipzig:
    Deutsch-Österreichischer Verlag, 1924, S. 23.
46 Ebd.
47 Ebd., S. 25.

sammenfließen unseres Wesens mit dem der Dinge und anderer Menschen"[48] beschrieben, an dessen Ende sich schließlich die physische Existenz des Zuschauers seinem „schattenhaften Doppelgänger"[49] auf der Leinwand gegenüber sieht.

Kein Wunder, dass dieser Doppelgänger des Zuschauers über die rituellen Abläufe des Kinobesuchs und Filmsehens auch Eingang in die erzählten Filmgeschichten auf der Leinwand fand. Als emblematische Figur erinnert er an das Kino als Produktionsort jener technisch implementierten Imagination, die Anthropologen und Ethnologen bereits in archaischen Gesellschaften entdeckt und als Partizipation beschrieben haben. Von der Ethnologie Lucien Lévy-Bruhls ausgehend bringt Balázs damit ein Hauptaxiom in die Filmanthropologie ein, das rund dreißig Jahre später Edgar Morin weiter ausbauen wird. Was Lévy-Bruhl in archaischen Gesellschaften als *participation mystique* beobachten konnte, werde, so Balázs, in den modernen Gesellschaften durch das Kino reaktiviert. Balázs' Beschreibung des Entstehens der Filmkultur, die dem Bild des Menschen eine eigenständige und von der Schriftkultur losgelöste Funktion verleiht, gleicht damit einer Diagnose, die man Jahrzehnte später als *iconic turn* bezeichnen sollte. Damit hat Balázs, gespeist aus den Erkenntnissen anthropologischer und ethnologischer Forschung, wohl als einer der Ersten die Macht der Bilder auch für unsere aktuelle Kultur in ihrer Ambivalenz von Nutzen und abträglicher Wirkung beschrieben.

Drittens löst Balázs die filmanthropologische Untersuchung von Gestik und Mimik aus den umstrittenen Konnotationen einer Charakterlehre der Physiognomie-Debatten in der Nachfolge von Johann Caspar Lavater und Johann Wolfgang Goethe. Er führt sie über in eine zeichentheoretisch formierte Analytik der Ausdrucksgebärden im Kino. Physiognomische Merkmale des menschlichen Erscheinungsbildes sind dabei keine ominösen Verbindungsglieder zwischen Aussehen und Charakter eines Menschen, als die sie Lavater beschrieben hat. Sie fungieren vielmehr als „eine notwendige Kategorie unserer Wahrnehmung"[50]. Sie konkretisieren signifikante Eigenschaften von Dingen und Menschen in Zeit und Raum und machen sie als Gestik und Mimik beschreibbar. Damit wird die Untersuchung von Körperdarstellungen ein weiteres Mal zum Angelpunkt filmanthropologischer Desiderate:

---

48 Musil, Robert. Ansätze zu neuer Ästhetik. Bemerkungen über eine Dramaturgie des Films. In: Prosa und Stücke. Kleine Prosa, Aphorismen, Autobiographisches, Essays und Reden, Kritik. Reinbek: Rowohlt, 1978 [1925], S. 1144.

49 Ebd.

50 Balázs, a.a.O., S. 103.

„Denn der Urstoff, die poetische Substanz des Films ist die sichtbare Gebärde. Aus dieser wird der Film gestaltet."[51]

Balázs konnte sich – insbesondere betreffs Belebung des Unbelebten und gestischer Potenzen des Menschenbildes — an den ersten filmanthropologisch formierten Texten Jean Epsteins orientieren. Bereits 1921 war *Bonjour cinéma* erschienen, einer der Schlüsseltexte früher Versuche über den Kino-Menschen, der auch Balázs bekannt war. Darin beruft sich der junge Schriftsteller, der ein Jahr später seinen ersten Film vorlegen sollte, noch auf die rein expressive Kraft des Mimischen und Gestischen, das die Großaufnahme auf der Leinwand entfaltet: „Le gros plan est l'âme du cinéma."[52] Unter Seele verstehen beide, Epstein und Balázs, allerdings keineswegs jene körperunabhängige Entität mystischer, religiöser oder romantischer Prägung, die die Religions- und Philosophiegeschichte bis ins späte 19. Jahrhundert durchzog. Was hier noch etwas metaphysisch verschwommen angedeutet wird, soll sich kurze Zeit später vielmehr als jene sehr konkrete und diesseitsbezogene Eigenschaft des Bildes herauskristallisieren, die von Epstein über Balázs bis in die uns heute noch geläufigen Formulierungen als Qualität des Fotogenen, als *Photogénie* bezeichnet wird. In dem 1926 erschienenen *Le cinématographe vu de l'Etna* werden aus dieser ‚Seele' deshalb bereits gestikulierende Bäume, lächelndes Steppengras oder die ‚Beseeltheit' von Körperteilen, die auf der Leinwand ihr gespenstisches Eigenleben von Nicht-Toten führen: „Jedes Detail wird zu einer handelnden Person."[53] Wie seine schreibenden und filmenden KollegInnen Louis Deluc und Germaine Dulac knüpft Epstein damit an Erkenntnisse zeitgenössischer Anthropologien und ethnologischer Untersuchungen an: „Zu den überwältigendsten Eigenschaften des Kinos gehört sein Animismus."[54]

2.3.3 Zwischen Anthropologie und Ethnologie: Powdermaker und Morin

Vermutlich auch durch die Umstellung auf den Tonfilm gegen Ende der 1920er und Anfang der 1930er Jahre verschwanden anthropologisch informierte Theo-

---

51   Ebd., S. 39.
52   „Die Großaufnahme ist die Seele des Kinos." (Übers. K.S.). Jean Epstein. Bonjour cinéma. In: Écrits sur le cinéma. Vol. 1. Paris: Seghers/Cinémaclub, 1974 [1921], S. 93.
53   Jean Epstein. Jean Epstein. Bonjour Cinéma und andere Schriften zum Kino. Wien: Filmmuseum Synema Publikationen, 2008, S. 45.
54   Ebd.

reme zur ritualisierten Bildmacht des Kinos, die an Erkenntnisse zeitgenössischer ethnographischer Feldforschung in entlegenen Teilen der Welt anknüpften, beinahe vollständig aus den filmwissenschaftlichen Diskursen. Erst in den 1950er Jahren, also nach den Traumata von Weltkrieg und Holocaust, meldeten sich, erstmals nach Münsterberg auch jenseits des Atlantiks, wieder Stimmen zu Wort, die in den inzwischen stark veränderten anthropologischen Forschungen Anregungen für die Filmwissenschaft suchten und fanden. So legte etwa die Sozialanthropologin und Ethnologin Hortense Powdermaker eine ethnologische Studie über das Hollywood-System vor, während Edgar Morin kurze Zeit später versuchte, mit seinem an der Ethnologie geschulten Blick eine Partizipations- und Zuschauertheorie objektiver Gegenwärtigkeit des Filmbildes abzuleiten.

Powdermaker, die an der London School of Economics bei Bronislaw Malinowski dissertiert hatte, wendete die bei ihren Untersuchungen archaischer Kulturen Milanesiens entwickelten Methoden ethnographischer Feldforschung auf eine ganz besondere Gattung Mensch an: jene immer wieder beschriebenen, ja mythologisch verbrämten HandwerkerInnen und Geschäftsleute, KünstlerInnen und TechnikerInnen, die sich nach dem Ersten Weltkrieg in einem kleinen Dorf an der Westküste der USA niedergelassen hatten, um dort zwecks Herstellung laufender Bilder einer Vielzahl äußerst merkwürdiger Gebräuche nachzugehen. Was also kurze Zeit später ihre filmemachenden KollegInnen des *Cinéma verité* und des *Direct Cinema* auf der Leinwand zeigten, legte Powdermaker zwischen Buchdeckeln vor. Um die Residuen archaischer Riten, obsolet geglaubter Tabus und wirkmächtiger Mythen in der angeblich so modern und rational organisierten Industriegesellschaft auch am Beispiel Hollywoods entsprechend erkennen zu können, tut man eben gut daran, probeweise die Perspektive anderer Kulturen einzunehmen: Erst der fremde Blick erhellt das Fremde in der eigenen Kultur.

Unter tatkräftiger Beteiligung und Mithilfe von Paul Fejos, der nach seiner Laufbahn als Spielfilmregisseur und Dokumentarfilmer in Europa und den USA eine Tätigkeit in einer privaten Einrichtung zur Förderung anthropologischer Forschung, der Wenner-Gren Foundation, übernommen hatte, konnte Powdermaker den nachhaltigen Einfluss magischen Denkens und animistischer Praktiken auf die Produktion und die Produkte des Zentrums US-amerikanischer und internationaler Filmindustrie nachweisen:

> „Ob in Neuguinea oder in Hollywood, diese Art des Denkens bringt je angemessene Einstellungen und Verhaltensweisen hervor. Der Melanesier glaubt, durch magische Formeln, die aus einem überlieferten Zauber oder einem Ritual bestehen, die übernatürlichen Kräfte beherrschen zu können. Auch die Menschen in Hollywood verfügen über ihre Formeln: Stars, Tricks, traditionelle Erzählweisen. Wie die Melanesier

glauben, dass die Veränderung der Form eines Zaubers zu Misserfolg führt, so hält es auch der Hollywood-Mensch für gefährlich, von seinen Formeln abzuweichen."[55]

Um die unterschwelligen Einflüsse archaischen Denkens auf konkrete Entscheidungen in der Filmproduktion und auf ihre einzelnen Produkte, also die Filme, nachzuweisen, griff Powdermaker auf einen Mix verschiedener Verfahren zurück. Zur Datenerhebung bediente sie sich einerseits der seit den 1930er Jahren prosperierenden Methoden empirischer Sozialforschung und sondierte unterschiedlichstes Quellen- und Datenmaterial. Unterlagen zur Einführung und Durchsetzung der Zensurrichtlinien der MPAA, des sogenannten Hays Code, wurden durchleuchtet, Drehbuchentwürfe und Sitzungsprotokolle studiert, Druckerzeugnisse wie das führende Branchenblatt *Variety* analysiert, teilnehmende Beobachtungen gemacht und standardisierte Interviews mit einem Sample von rund dreihundert Personen geführt, das aus verschiedenen funktionalen Gruppen wie Produzenten, SchauspielerInnen, AutorInnen etc. repräsentativ ausgewählt wurde. Andererseits legte sich Powdermaker ein deduktiv erarbeitetes Set von theoretischen Modellen zurecht, das sie aus ihren ethnologischen, psychoanalytischen und kulturtheoretischen Studien destillierte. Dabei stellte sich schnell heraus, dass die Verhaltensweisen der untersuchten Populationen nach wenigen, in der Ethnologie bekannten Schemata zu systematisieren waren: Finanzierungsmodalitäten und Richtlinien des Kapitaleinsatzes folgten etwa dem Muster magischen Denkens, bei dem der Glaube an die Wirksamkeit des Geldflusses genüge, um Erfolg und Profit des Films zu gewährleisten; die Zensurpraktiken der MPAA wiederum gehorchten mit überraschend hoher Übereinstimmung den archaischen Mustern der Tabuisierung. Wie in Papua-Neuguinea zur Besänftigung übernatürlicher Gewalten eine Reihe von Tabus eingesetzt werden, versuche das Studio-System Kritiker und Feinde mit dem MPAA-Code zu besänftigen.[56] Der in Hollywood ausgeprägt betriebene

---

55   „This type of thinking, whether in New Guinea or Hollywood, produces appropriate attitudes and behavior. The Melanesian puts his faith in coercing the supernatural through using a magical formula, which consists of a spell and rite handed down by tradition. Hollywood people have their formulas too: stars, gimmicks, traditional plots. Just as the Melanesian thinks failure would result from changing the form of a spell, so men in Hollywood consider it dangerous to depart from their formulas." Hortense Powdermaker. Hollywood, the Dream Factory, an Anthropologist Looks at the Movie-Makers. Boston: Little, Brown, 1950, S. 284f. Vorläufige Übertragung aller Powdermaker-Zitate K.S.

56   „The Melanesian placates hostile supernatural forces through a series of taboos; Hollywood attempts to appease its critics and enemies with the MPAA Code." Ebd., S. 285.

Starkult mit seinem *Typecasting* stelle sich als nichts anderes denn als Umkehrung animistischer Rituale der Zuschreibung menschlicher Eigenschaften an Gegenstände heraus:

> „Schauspieler werden häufig als passive Lebewesen und geistlose Zombies geschildert, die kaum eigene Gefühle zeigen. Dies scheint eine Umkehrung des Animismus in indigenen Gesellschaften zu sein, durch den materiellen Gegenständen wie Steinen oder Holzschnitzereien menschliche Eigenschaften zugeschrieben werden. In Hollywood werden menschliche Wesen so behandelt, als seien sie unbelebte Objekte, denen von den Regisseuren paradoxerweise Bedeutung verliehen wird."[57]

Der sogenannte Hollywood-Stil entspringt nach Powdermaker also nicht oder nicht nur einem System technischer Verfahren oder ästhetischer Wertekataloge. Powdermaker beschreibt ihn vielmehr als Indikator von Normen, Tabus und Glaubensregeln, die sich nicht selten bis in die Dimensionen einer Ersatzreligion verdichtet haben. Der vorgeblich realistische Stil filmischer Inszenierungen gehorcht dabei eher einem Verfahren des mythischen Glauben-Machens als einem Prozedere des Abbildens gesellschaftlicher Verhältnisse.

In Hollywood überformen diese archaischen Rituale beinahe alle pragmatischen Entscheidungen über Produktionsabläufe, die Wahl der Produktionsmittel einschließlich der Star-Körper und der Beurteilungsmaßstäbe der Filme. Während der Steinzeitmensch allerdings, so Powdermaker, sehr genau zwischen seiner praktischen Tätigkeit und den Notwendigkeiten magischer Rituale und Tabus zu unterscheiden wusste, vermengen die Studiobosse diese beiden Bereiche und fühlen sich eher den Formeln, Kennzahlen und Normen als der Qualität von Drehbüchern, der Regie oder des Schauspiels verpflichtet. Dass diese Verschiebungen nicht nur zu Ineffizienz und Frustration in den zwischenmenschlichen Beziehungen führen, sondern auch eine große Zahl fragwürdiger Filme hervorbringen, dies zu erhellen ist ein bis heute kaum gewürdigtes Verdienst der filmanthropologischen Schürfungsarbeit von Hortense Powdermaker. Immerhin ein Trost mag den aufgeklärten Geistern in den Studios ja noch bleiben, die bis heute an die Rationalität kapitalistischer Filmproduktionsmethoden glauben:

---

57 „Actors frequently are portrayed as passive creatures, spiritless zombies, rarely registering an emotion. This seems to be an inversion of the primitive man's animism, whereby he attributes human qualities to material objects such as stone or a wood carving. In Hollywood it is the human beings who are treated as if they were inanimate objects which paradoxically are given meaning by the director." Ebd., S. 226.

„Obwohl eine Expedition nach Hollywood gewisse Ähnlichkeiten zu anderen Feld-
forschungen aufweist, ist sie nicht ganz dasselbe wie das Studium eines Stammes
von Kopfjägern in Neu-Guinea, der noch nie vorher erforscht wurde."[58]

Powdermakers Sozialanthropologie Hollywoods war auch Edgar Morin bestens
bekannt, als er sechs Jahre danach seine anthropologische Untersuchung des
‚homme imaginaire', des imaginären Menschen, vorstellte. *Der Mensch und das
Kino* (so der unspezifischere Titel der deutschen Übersetzung) entstand parallel
zu zwei bemerkenswerten Strömungen der filmwissenschaftlichen Entwicklung
im Frankreich der 1950er Jahre. Einerseits arbeitete Morin bereits seit 1952 mit
WissenschaftlerInnen zusammen, die über die Zeitschrift *Revue internationale
de filmologie* ausgehend von verschiedenen sozial- und kulturwissenschaftlichen
Disziplinen einen nicht zu unterschätzenden Beitrag zur transdisziplinären Ausrichtung der Filmforschung geleistet haben.[59] Andererseits erschien *Le cinéma ou
l'homme imaginaire* nur zwei Jahre vor der *Anthropologie structurale* von Claude
Lévi-Strauss,[60] die ihrerseits in den frühen 1960er Jahren nicht unerheblich zur
strukturalistisch-linguistischen Wende der Filmtheorie beigetragen sollte.

Zwischen diesen beiden Bewegungen der prosperierenden Filmologie und der
im Entstehen begriffenen Filmolinguistik suchte sich Morin mit seinem 1956 erschienenen Entwurf einen eigenständigen Weg, der vor allem seiner 1951 skizzierten ‚Methode der genetischen Anthropologie' verpflichtet war. Die mit der Aufklärung verbundene Säkularisierung des gesamten gesellschaftlichen Lebens weise,
so Morin bereits in *L'homme et la mort*,[61] auf eine Krise der gesamten Gedächtnis-
und Identitätskultur des Menschen in der Moderne hin. Das auf die Wirklichkeit
gerichtete gleißende Licht der Aufklärung habe eine Vielzahl dunkler und weniger offensichtlicher Strebungen, aber auch Ängste und Hoffnungen des Menschen
überstrahlt. Vor allem seine von der Rationalität und dem Positivismus des 19.
Jahrhunderts immer schwerer fassbar gewordenen Anteile konkreter Formen und
Formeln menschlichen Zusammenlebens, seine Bilder und Vorstellungen, seien
zunehmend aus dem Blickfeld geraten.

Diese Kritik an den gegen Ende des 19. Jahrhunderts in Frankreich kulmi-
nierenden Strömungen des Positivismus Auguste Comtes und Emile Durkheims
sowie der Anthropologie Marcel Mauss' vertieft Morin gleich zu Beginn seines

---

58   Ebd., S. 10.
59   Vgl. Guido Kirsten. 'Tout film est un document social'. Zum prekären Verhältnis von
      Filmologie und Kinosoziologie. In: Montage /AV 19/ 2 (2010), S. 7–20.
60   Claude Lévi-Strauss. Anthropologie structurale. Paris: Plon, 1958.
61   Edgar Morin. L'homme et la mort. Paris: Éditions du Seuil, 1970 [1951].

Buchs durch einige kultur- und zivilisationskritisch fundierte Bemerkungen zur Technikgeschichte. Vor allem zwei Effektbündel seien es, die im Zuge der Innovationen des 19. Jahrhunderts zu einer neuartigen Verfasstheit des Menschen als nicht eindeutig zuzuordnendes und rätselhaftes Wesen zwischen den Polen von Wissenschaft und Traum, Spektakel und Labor, Illusion und Realität beigetragen haben: einerseits die über die Erfindung schnellerer Verkehrsmittel steigende Mobilität, die zu einer Art von Allanwesenheit des Menschen, also einer Ubiquität unabhängig von seiner physischen Präsenz, führe; andererseits die über optische Maschinen laufende Produktion eines Menschenbildes, das ebenfalls unabhängig von der körperlichen Gegenwärtigkeit des Menschen bestehen könne. Die durch Technik beförderte *Lokomotion und Imagination* also, welch erstere ihren Höhepunkt mit der Erfindung des Flugzeugs, zweitere etwa gleichzeitig durch jene des Kinos erlebe, hätten gleichermaßen eine Art von Verrücktheit hervorgerufen, durch die sich der Mensch zunehmend als gespaltene Einheit von gegenwärtigen und abwesenden Anteilen und Merkmalen erfahre.

Während Balázs seine Abhandlung über den *sichtbaren* Menschen mit einer Skizze des medienanthropologischen Wandels vom Buchdruck zum Kino beginnt, stellt Morin gleich zu Beginn seines Buches über den *imaginären* Menschen also zwei Maschinen vor, die ebenso tief in die *conditio humana* eingreifen, zugleich aber zu den ältesten Mythen der Menschheit gehören. Vom Flugzeug, das unsere Mobilität erhöht und uns dabei behilflich ist, die Schwerkraft des eigenen Körpers zu überwinden, kommt Morin sogleich auf die technischen Bildgebungsapparaturen zu sprechen, die in der Lage sind, ein „Bild-Gespenst des Menschen"[62] herzustellen. Wie der Mensch mit dem Flugzeug ins Jenseits der Lüfte aufsteige, so erhebt uns auch der Film in einen „Traumhimmel"[63]. Damit wird das Kino, wie er bereits ein Jahr vor Erscheinen des *homme imaginaire* in einem Vorabdruck des Schlusskapitels der *Revue Internationale de Filmologie* schreibt, zu einer Art von Kristallisationsapparat, aber auch zu einem anthropologischen Spiegel aller Kulturtechniken der Moderne:

> „Der Film stellt eines der menschlichen Schlüsselprobleme der Maschinenzeitalters dar. Er gehört zu jenen modernen Techniken – Elektrizität, Radio, Telefon, Phonograph, Flugzeug –, die in der praktischen Welt eine magische Welt wiederherstellen, eine Welt also, in der die Wirkung in die Ferne, die Ubiquität, die abwesende Gegenwärtigkeit, die Metamorphose herrschen. Der Film begnügt sich nicht damit, das biologische Auge mit einer mechanischen Verlängerung auszustatten, die ihm erlaubt, deutlicher und weiter zu sehen, er spielt auch nicht nur die Rolle einer Maschi-

---

62 Edgar Morin. Der Mensch und das Kino. Stuttgart: Klett, 1958 [1956], S. 30.
63 Ebd., S. 10.

ne zum Auslösen intellektueller Vollzüge. Er ist die Muttermaschine, die Erzeugerin des Imaginären, und umgekehrt ist er das Imaginäre, erzeugt durch die Maschine."[64]

Allerdings hatte schon ein halbes Jahrhundert vorher die Fotografie für die Entfaltung dieser ebenso gespenstischen wie zauberhaften Geistigkeit, der Foto-Geistigkeit oder eben der Photogénie, gesorgt. Wie ein Schatten habe sie die im Zuge der Aufklärung vollzogene Verdrängung des Nicht-Sichtbaren und Nicht-Greifbaren begleitet und durch ihre bildgebende Macht ausgeglichen. Vor allem durch die von der Fotografie hervorgebrachten habituellen Verwendungsweisen war die Photogénie in der Lage, maßgeblich zum kollektiven Gedächtnis beizutragen und die Fortdauer der individuellen menschlichen Existenz über das eigene, begrenzte Leben hinaus zu sichern. Seit ihrer Erfindung im Jahr 1839 beschränkte sich die Fotografie, so Morin, also nicht nur auf die Aufzeichnung von Vorhandenem, sondern bereicherte als fotografischer Akt auch die kollektiven Rituale und Zeremonien. Sie förderte das Gemeinschaftsgefühl ebenso wie die Einbindung des Einzelnen in die eigene Geschichte und Zukunft. Das Foto selbst war dabei nicht nur Abbild, sondern auch Reliquie und Fetisch im Rahmen einer Erinnerungskultur: „Das Andenken selbst kann heißen: wiedergefundenes Leben, fortdauernde Gegenwärtigkeit."[65] Fotografien fungieren dergestalt nicht nur als nach außen verlegtes Gedächtnis, sondern stiften auch soziale Räume und kollektive Handlungsmuster, die die ‚Gegenwärtigkeit von Abwesenden' gewährleisten:

> „[W]ir zeigen sie andern Menschen, die so tun, als ob sie an dieser mystischen Wiederbelebung der Gegenwärtigkeit partizipieren, denn sie selbst praktizieren den gleichen Kult, die gleichen Riten."[66]

---

64 Ebd., S. 238. „Il est de ces techniques modernes – électricité, radio, téléphone, phono, avion – qui reconstituent, mais pratiquement, l'univers magique où règne l'action à distance, l'ubiquité, la présence-absence, la métamorphose. Le cinéma ne se contente pas de doter l'œil biologique d'une rallonge mécaniste qui lui permet de voir plus clairement et plus loin, il ne fait pas seulement que jouer le rôle d'une machine à déclencher les opérations intellectuelles. Il est la machine-mère, génitrice d'imaginaire, et réciproquement l'imaginaire déterminé par la machine." Edgar Morin. Le cinéma ou l'homme imaginaire. In: Revue Internationale de Filmologie VI/ 20–24 (1955), S. 135. Vgl. dazu auch Francesco Casetti. Morin et le cinéma. In: Revue européenne des sciences sociales XXV/ 75 (1987), S.223.

65 Ebd., S. 23.

66 Ebd., Fußnote 23.

Nach der Verbreitung dieser technischen Bildgebungsapparatur in der Mitte des 19. Jahrhunderts sollte es allerdings noch mehr als ein halbes Jahrhundert dauern, bis gegen Ende des Jahres 1895 zwei weitere optische Maschinen fertig- und vorgestellt wurden, die das Verhältnis des Menschen zu seinem Bild noch grundlegender verändern sollten. Die eine, am 8. November 1895 im unterfränkischen Würzburg entwickelt und von Morin übrigens nicht erwähnt, gewährte erstmals in der Menschheitsgeschichte Einblick ins Innere des lebenden menschlichen Körpers und wurde nach seinem Erfinder Röntgenologie genannt. Die andere, kaum fünfzig Tage später, am 28. Dezember 1895 in Paris vorgestellt, setzte im kollektiven Ereignis einer öffentlichen Vorführung erstmals das fotografische Abbild des menschlichen Äußeren in Bewegung und verlieh ihm so den Anschein von Lebendigkeit.

Nachdem also mit der Fotografie bereits eine Apparatur der technischen Implementierung eines Totenkultes in Gestalt moderner Erinnerungskultur vorhanden war, traten zur „Sterbestunde" des Jahrhunderts, wie sie Morin nicht ohne Hintersinn nannte, in kürzester Zeit drei weitere Maschinen hinzu, die ein vollkommen neues Menschenbild hervorbrachten und damit eine gewaltige anthropologische Wende einleiten sollten.[67] Zwei davon, Flugzeug und Kino, sind dazu befähigt, den Menschen zu mobilisieren und flugs woandershin, wohin auch immer, zu bringen: die Flugmaschine körperlich, die Bildmaschine in unserer Vorstellung. Während sie also den Menschen über sich hinaus führten, geleitete die Dritte in ihn selbst hinein. Die Röntgenstrahlen stülpen unser Körperinneres nach außen und machen das pulsierende und fließende Leben in uns, das bisher nicht sichtbar war, zum Gegenstand unseres Blicks. Einige der wichtigsten Erfindungen und technischen Entwicklungen des 19. Jahrhunderts seien also nichts anderes als Werkzeuge, Artefakte und Prothesen im Dienste des Aufbaus eines neues Menschenbildes, eines *Doubles*. Sie seien erfunden worden, um die verloren gegangenen äußeren und inneren Bilder des Menschen außerhalb seiner selbst sichtbar zu machen und wieder zusammen zu fügen.

Morin konzentriert sich allerdings bei diesem technologisch induzierten anthropologischen Paradigmenwechsel in der Folge ausschließlich auf das Kino. Mit ihm sei das entscheidendste Werkzeug des Imaginären entstanden, das einzige, das dem um sich greifenden Positivismus annähernd ebenbürtig war und diesem auch etwas entgegenzusetzen hatte. Denn neben ihrer praktischen Funktion als Reproduktion der Bewegung ist diese technische Apparatur binnen kürzester Frist zu einem Spektakel des Imaginären geworden, das die Mythen von freier Bewegung und bildhafter Verdopplung des Menschen nicht nur nacherzählt, sondern

---

67 Ebd., S. 9.

auch rituell nachzustellen einlädt. Mit dem Kino wird die Bildhaftigkeit menschlichen Seins wieder in ihr Recht gesetzt, um in halluzinatorische, ekstatische Gemütsregungen archaischer Rituale „verflüssigt"[68] zu werden. Der Film sei sogar die bedeutendste jener modernen Techniken, „die in der praktischen Welt eine imaginäre Welt wiederherstellen."[69] Da das Kino in seinen Bildern ständig an die Abwesenden und das Abwesende erinnere, greife diese ‚Muttermaschine' also den verschütt gegangenen Totenkult auf und forme ihn zu einer Lebenskultur um. In ihr findet die menschliche Zwiespältigkeit des imaginären Menschen zwischen körperlich-physischer Existenz und vorgestellter Wirklichkeit ihre vollkommenste Erscheinungsform.

Während André Bazin schon 1945 vom Kino als sich bewegender Mumie sprach und damit die ontologische Dimension der Wiedergabe von Zeitlichkeit meinte, sieht Morins anthropologische Perspektive die Verstorbenen auf der Leinwand einbalsamiert, um ihnen dann im rituellen Akt der Filmbetrachtung wieder schattenhafte Gegenwärtigkeit zu verleihen. Doch nicht nur das: Das Kino setzt dieses chimärische Menschenbild auch noch in Bewegung, animiert es und erweckt es so gewissermaßen zu neuem Leben. Es befördert den Glauben an ein eigenes, eigenständiges Bild unserer selbst, das unabhängig vom eigenen Körper, in seinem Inneren oder außerhalb seiner selbst existiert. Ob man es fotografisches oder filmisches Abbild, Selbstbild oder Seele nennt: der Mensch ist nicht nur durch seine physische Existenz bestimmt, sondern auch durch dieses Trugbild, das ihn erst zum imaginären Menschen macht. Beides, reanimierter Totenkult und Animation des menschlichen Körperbilds, tragen als *conditio humana* imaginärer Verdopplung des eigenen Körpers dazu bei, dass das Kino schließlich die „wirkliche Gegenwart der dargestellten Person"[70] zu simulieren scheint. In seinem Bild und durch sein Bild setzt dieser Kino-Mensch so etwas wie seine eigene Verdoppelung, die sein Verhältnis zwischen Unwirklichkeit, Magie und Subjektivität nachhaltig bestimmt. Die Wirklichkeit des Menschen im Kino bedeutet mehr als die von positivistischer Wissenschaft und Technik fassbaren psychologischen, soziologischen, ideologischen und ästhetischen Erscheinungen seiner Imaginationen: „Das Bild ist eine erlebte Gegenwärtigkeit und eine reale Entrücktheit, eine Anwesend-Abwesenheit."[71]

Im Vorwort zur französischen Ausgabe des Jahres 1977 verschärft Morin diese Sicht auf das Kino als Sammlungs- und Versammlungsort kollektiver Ri-

---

68   Ebd., S. 174f.
69   Ebd., S. 238.
70   Ebd., S. 25.
71   Ebd., S. 29.

tuale und öffnet den Blick auf das Kino als Maschine radikaler Alterität. Das menschliche Double auf der Leinwand mache unter dem Licht des Projektors seine Zerrüttung als *homo demens*, als Verrückter also, sogar kurzfristig rückgängig und stelle den Menschen als Gesamtheit zweier Seiten wieder her. Die Lévy-Bruhlsche *participation mystique* hebe die Trennung zwischen Subjekt und Objekt wieder auf. Sie führe den Menschen hinein in ein kollektives Ritual, das den güterherstellenden Menschen mit dem mythenproduzierenden zumindest imaginär und in der geschützten Werkstätte eines Kinosaals vereinige und versöhne. Unschwer erkennt man in diesem de-menten, also ent-geistigten Kinogänger jene Figur wieder, die schon seit Edward Tylor über Aby Warburg bis zu Sergei Eisenstein nun auch bei Morin zwischen Ethnologie und Bildtheorie, Bewegtbild und Ritual, Animation und Animismus vermittelt. Der Saal, in dem die Bilder sich der Teilnahme der Seher aussetzen und die SeherInnen sich zugleich der Teilnahme der Bilder versichern, wird von Morin deshalb zunächst und vor allem als Ort eines Mehr-als-Ich verstanden. Hier findet der Mensch sein Anderes als Bild, sein Double.

Die Stärke des Morinschen Entwurfes besteht in der Überzeugungs- und Begeisterungskraft, mit der das Kino als politischer Ort sinnlicher Teilnahme und körperlicher Teilhabe beschrieben wird. Materiell Vorhandenes und imaginär Vorgestelltes seien nur die zwei Seiten einer Medaille. Wo die Fügung von Realem und Fantastischem jene Perfektion erreicht hat, die der Kinematograph bereitstellt, entsteht auch eine Lust am Bild, die ihrerseits eine Trennung von Fiktion und Dokumentarismus bereits im Keim erstickt. Mit dieser Dialektik ermöglicht Morin das anthropologische Verständnis des Kinos als Generator jener Präsenz, die präzise Realitätshaltigkeit und zauberhafte Phantastik miteinander verbindet.

Diese *Konvergenztheorie von Vorstellung und Bildgegenstand* wirft auch ein neues Licht auf viele filmische Verfahrensweisen des Erzählens und Präsentierens des Menschen im Bild und als Bild: Auf der Leinwand wird Unwahrscheinliches vorstellbar, Märchenhaftes zur gegenständlichen Wirklichkeit, Unmögliches möglich. Mit dieser Klammer zwischen dem Verständnis des Kinos als Ort des *homo demens* und des Films als Spielfeld seines Doubles bietet Morin auch eine Verbindung zwischen der Anthropologie des Kinos und der Filmanthropologie an. Was in diesem kinematographischen Gesamtkörper bleibt, ist das mimetische Ritual zwischen dem Menschenbild auf der Leinwand und dem Menschenkörper im Saal, die vornehmlich über wechselseitige Gestik und Mimik miteinander in Beziehung treten. Apparat und konkrete Darstellung des Menschenbildes wirken zusammen. Die Formen des imaginären Menschen, ob er nun im Spiegel oder im Bilderrahmen, auf der Leinwand oder zwischen Buchdeckeln erscheint, gewinnen in der Konkretion und Artikulation mimetischer Akte die sie auszeichnende Einzigartigkeit. Erst in seiner Gestik und Mimik findet das Menschenbild auch tatsächlich seinen Menschen wie umgekehrt der Mensch sein Bild.

Zusammenfassend sind also bei Edgar Morin erstmals in der Geschichte der Anthropologie des Kinos jene drei Voraussetzungen vereint, die eine Neuordnung der Filmtheorie aus anthropologischer Perspektive ermöglichen: die imaginäre Verdoppelung des menschlichen Körpers als Bewältigungsritual des Todes, die technische Implementierung dieser Imagination durch das Kino als prothetischer Vorrichtung und drittens das partizipatorische Ritual, das Animation zu Animismus, Todeskult zum Lebensprinzip und Mimesis zu filmischer Gestik und Mimik macht. Diese drei Grundmotive durchziehen Morins filmanthropologische Untersuchung und bilden einen entscheidenden Schritt der Ausdifferenzierung der Filmwissenschaft. Gemeinsam stellen sie jenes anthropologische Potential bereit, das Mensch und Welt im Bild und durch das Bild verbindet und das im Kino seinen privilegierten Ort gefunden hat. Dieser Ort lässt sich allerdings nicht als abgestecktes Terrain im Rahmen einer der herkömmlichen wissenschaftlichen Disziplinen abbilden oder in den geschlossenen Raum eines Diskurses pressen. Morin wird auf seiner Suche nach dem Ort des Kinos in Gesellschaft und Wissenschaft, Kultur und Politik vielmehr, dem dialogischen Prinzip Bubers nicht unähnlich, genau in einer Zone des Dazwischen fündig. In ihr siedeln sich die Funktionen und Fiktionen der Kulturtechnik des Kinos in seiner ständigen Veränderung und Entwicklung peripher und kurzfristig an:

> „Genau gesagt liegt das Rätsel nicht in den Tatsachen, sondern in der Ungewissheit eines Zickzacklaufes zwischen Spiel und Forschung, zwischen Spektakel und Labor, zwischen Dekomposition und Reproduktion der Bewegung."[72]

Der politische Kern und Ausgangspunkt seiner „Wissenschaft vom Menschen"[73] liegt deshalb zunächst und vor allem bei der Erkenntnis unserer Fremdheit in der Welt. Und diese Alteritätsprämisse bestimmt auch einen filmischen Diskurs, den Morin kurz nach der Fertigstellung seiner filmanthropologischen Urerzählung aufgenommen hat. Die gemeinsam mit Jean Rouch 1960 fertiggestellte CHRONIQUE D'UN ÉTÉ ist nämlich nicht nur der Gründungsmythos des *Cinéma verité*, sondern auch die Fortsetzung der Filmanthropologie mit anderen Mitteln – mit jenen des Films. Sie beginnt und endet mit der ebenso befremdlichen wie anthropologisch grundlegenden Frage: „Etes-vous heureux?"

---

72   Ebd., S. 16.
73   Ebd., S. 7.

Abb. 1 Chronique d'un été (Rouch/Morin, F/1961): „Etes-vous heureux?"

2.4   Filmdenken und Filmmachen: Von der Ethnographie zum Kino als visuelle Anthropologie

Wie Morins Denken des Films schließlich ins Machen kippt und auch dessen Produkt durchdringt, so haben Film und Anthropologie einander seit ihren Anfängen bis heute wechselseitig durchwirkt. Wie in kaum einem anderen Diskursfeld des Kinos sind anthropologisch-ethnologische Theorie und filmische Praxis aber auch aufeinander angewiesen gewesen. Etwa gleichzeitig entstanden, konnten sie sich zunächst in der Folge kolonialistischer Politiken europäischer Großmächte ausbreiten. Wie das Kino im Grunde bereits mit der Sammlung und Verbreitung von Bildern aus aller Welt durch die Pathé-Kameraleute an der Kolonisierung der Menschenbilder unterschiedlichster Nationen arbeitete, so konnte sich die Anthropologie bald als Herrschaftswissenschaft über den Menschen und als wissenschaftliche Rechtfertigungsstrategie der Unterwerfung sogenannter primitiver Völker Afrikas, Asiens und Polynesiens etablieren. In ihren bisweilen wie Feldzüge geplanten und durchgeführten Forschungsreisen nutzte sie bereits vor Beginn des 20. Jahrhunderts den Film als Kulturtechnik, die auch alle weiteren Kolonial- und Weltkriege begleiten und unterstützen sollte. 1898, also keine drei Jahre nach der ersten öffentlichen Vorführung von Filmen durch die Brüder Lumière im Salon Indien des Grand Café am Pariser Boulevard des Capucines, organisierte Alfred Cort Haddon, der Zoologe und Gründer der School of Anthropology am Christ College der University of Cambridge, mit einem großen Team von Human- und Naturwissenschaftlern die erste große anthropologische Expedition mit Kamerabegleitung auf die Torres Strait Islands im Norden von Australien. Es folgte Haddons Oxford-Kollege Walter Baldwin Spencer, der 1901 rund eine Stunde Filmmaterial mit Bildern von Zeremonien der Aborigines in nördlichen Australien erbeutete. Wenige Jahre später brachte der Mediziner Rudolf Pöch, der zukünftige Leiter des 1919 gegründeten Anthropologischen Instituts der Universität Wien, von seinen zwischen 1906 und 1908 durchgeführten Forschungsreisen in die Kalahari-Wüste Bild- und Tonaufnahmen mit, die später synchronisiert wurden und so als erste ethnographische Tonfilme in die Kinogeschichte eingingen.[74]

Damit wurde bereits in den ersten Jahren nach seiner Erfindung der Kinematograph in seiner janusköpfigen Erscheinungsweise als Kamera-Projektor nicht nur zur Eroberung der Bilder der Welt eingesetzt, die zwischen Paris und Shanghai, Berlin und Kapstadt eingesammelt und zugleich vorgeführt wurden. Die Karawanen der ersten Ethnographen und Filmanthropologen zogen auch im Tross der Truppen englischer, französischer oder deutscher Kolonisatoren aus, um die Unterwerfung asiatischer, afrikanischer oder polynesischer Völker mit ihrer Unterwerfung unter den Blick der europäischen Erfindung des Films fortzusetzen. Ihre Kameras wurden, wie andere Waffen auch, gegen die menschlichen Forschungsobjekte gerichtet, ihre Behausungen zwecks besserer Aufnahmen abgedeckt und zerstört, um so einen Blick auf den Menschen zu entwickeln, der auf Unterwerfung ausgerichtet war. Mit rasender Geschwindigkeit entstand aus dieser Bildermaschine eine ethnographische Vorrichtung, mit der die Welt und ihre Bewohner in filmemachende Subjekte und gefilmte Objekte geteilt wurde. Die einen erwiesen sich als Inhaber eines ethnographischen Kontrollblicks, die anderen als menschliche Forschungsgegenstände, die diesem Blick ausgesetzt waren und wurden.

Mit dem letzten Kolonisierungsschub zu Beginn des 20. Jahrhunderts konnten sich die mit Kameras – im Wortsinn – ausgerüsteten Anthropologien und Ethnologien zunehmend an Universitäten etablieren und ihre eurozentrisch ausgerichte-

---

74 Vgl. dazu Marc-Henri Piault. Anthropologie et cinéma. Passage à l'image, passage par l'image. Nathan cinéma. Paris: Nathan, 2000.

ten Anfänge zu nationalistischen Doktrinen mit rassistischen Zügen ausbauen. So führte etwa Rudolf Pöch schon während des Ersten Weltkriegs sogenannte ‚rassenkundliche' Untersuchungen an Kriegsgefangenen durch, die später im Nationalsozialismus ihrerseits zu sozial-darwinistischen Rechtfertigungsdiskursen des Holocaust wurden. Bis in die 1970er Jahre laborierte die Anthropologie, die unter den Nazis als Völker- und Volkskunde weiter betrieben wurde, an ihren Verwicklungen in die NS-Gräuel. Erst nach zähem Widerstand etlicher, nach dem Sieg über den Faschismus an deutschen und österreichischen Universitäten ohne große Probleme weiter lehrender AnthropologInnen und EthnologInnen konnten sich die Ethnologie und Anthropologie allmählich von ihrer NS-Vergangenheit lösen und sich – bis auf gewisse gestrige Reste – als Komparatistik unterschiedlicher Gesellschaften und Kulturen neu ordnen und etablieren. Dieser mühsame Prozess der Umorientierung kam schließlich auch in entsprechenden Umbenennungen dieser Disziplin in Europäische Ethnologie, Sozial- oder Kulturanthropologie etc. sowie in einer Weiterentwicklung der filmischen Ethnographie zur visuellen Anthropologie zum Ausdruck. Parallel zur ethnologischen Schürfarbeit des *Cinéma verité*, das allerdings bereits durch Jean Rouchs Les maîtres fous (F/1955) vorweggenommen wurde, konnten damit neue Wege des anthropologischen Films entstehen, die vor allem eine Hierarchisierung zwischen dem filmemachenden Blicksubjekten und den gefilmten menschlichen ‚Objekten' abzubauen suchten.

2.4.1 Der Western, Ethno-Genre im großen Kino

Die ersten Ethno-Filme sind allerdings bereits lange vor den Devianzen kolonialistischer Welt- und Bildpolitik der ersten Hälfte des 20. Jahrhunderts und streng genommen schon vor der Erfindung des Kinos entstanden. Bereits im Jahr nach dem Bau der sogenannten Black Maria, des ersten Filmstudios überhaupt, konnte man 1894 in New York Laufbilder auf dem von William Kennedy Laurie Dickson gebauten Kinetoskop sehen, die von dem Erfinder und Kameramann für die Edison Manufacturing Company gedreht worden waren. Sie zeigen einige Mitglieder des Sioux-Volkes, die im September 1894 mit *Buffalo Bill's Wild West Show* auf Tournee waren und in New York Station machten, wo sie in der berühmten Studio-Hütte Edisons vor die Kamera gebeten wurden. Sioux Ghost Dance und der im Jahr 1898 gedrehte Indian War Council zählen daher zu ersten Arbeiten eines der bedeutendsten Genres des narrativ-repräsentativ-industriellen Kinokomplexes: des Western.

Abb. 2   Edison Comp., SIOUX GHOST DANCE in der Black Maria, 1894

Western und Ethno-Film – diese Mesalliance brachte in der Tat eine Vielzahl und
Vielfalt von Arbeiten hervor, die sowohl für die anthropologische Forschung als
auch für die Entwicklung filmischer Formen und Gattungen bleibende Folgen zeitigen sollten. Gerade in der Grauzone zwischen Fiktion und Faktischem, Spiel-
und Dokumentarfilm, nisteten sich in der Nachfolge des Sioux-Geistertanzes auch
in den großen Filmformaten Hybridformen ein, deren Verästelungen genauer zu
untersuchen bis heute ein Desiderat geblieben ist. THE SQUAW MAN, der erste Hol-
lywood-Langfilm Cecil B. DeMilles (US/1914), promotet etwa Red Wing, eine
Schauspielerin der Winnebago aus einem Reservat in Nebraska, die bereits 1910
für die US-amerikanischen Pathé Studios beim Dreh von WHITE FAWN'S DEVOTION
unter der Regie des Native American James Young Deer vor der Kamera gestan-
den hatte.[75] Allan Dwan wiederum inszeniert 1917 A MODERN MUSKETEER, in dem
man nicht nur die Körperexzesse des Kirchtürme hochkletternden und Mauern
überspringenden Douglas Fairbanks als D'Artagnan mitten in Kansas bewundern
kann. In diesem Hybrid aus Mantel-Degenfilm und Western findet man auch die
seltene Gelegenheit, einen der wenigen dokumentarisch aufgezeichneten Schlan-
gentänze der Hopi zu studieren, die auch Aby Warburg, allerdings mit einer der

---

75   Patrick Deval. Squaws. La mémoire oubliée. Paris: Éditions Hoebeke, 2014, S. 194.

ersten Eastman Kodak No. 2 Bulls-Eye-Kameras, fotografiert hat. Eine kritische Lektüre dieses ethnographischen Genre-Mix brächte noch eine Unzahl weiterer wertvoller Intarsien äußerster filmanthropologischer Relevanz ans Licht. Filmanalytisch wider den Strich des kolonialen Gestus der meisten Western gebürstet, würden sich viele Arbeiten dieses Genres als fruchtbare Belege ethnischer Differenz erweisen.

Der Western als Genre von als Heldenepen inszenierten Geschichten eines Ethnozids ist allerdings nur das offensichtlichste, weil älteste und wirkmächtigste Produkt sozialanthropologischer Diskurse im Spielfilm. Gerade im aufstrebenden Kino ehemals von den Kolonialmächten unterdrückter und ausgebeuteter Nationen und Ethnien entstand nicht nur eine Vielzahl filmanthropologisch aufschlussreicher Formen und Korpora, sondern auch anregende Debatten über die Voraussetzungen und politischen Konsequenzen einer Neuordnung des Weltkinos und seiner Theorien im Postkolonialismus.

2.5   Filmanthropologie heute: Drei Perspektiven Neue Ethnographie, negative und historische Filmanthropologie, Analyse gestischer Dialogik

Im weiten Panorama der transnationalen Ausdifferenzierung aktueller Filmwissenschaft könnten sich für das prosperierende Feld der Film- und Kinoanthropologie künftig drei Perspektiven und Forschungsbereiche abzeichnen. Gemeinsam ins Auge gefasst und vorangetrieben, wären sie in der Lage, zu einem schon seit Längerem ausständigen Politisierungsschub der Filmwissenschaften beizutragen. Die erste reflektiert die gemeinsame Geschichte von Film und Anthropologie als Geschichte und Nachgeschichte kolonialer Herrschaft und ihrer Dispositive. Sie versucht ebenso theoretisch wie praktisch die koloniale Geschichte und postkoloniale Gegenwart des Kinos als Prozess globaler Bilderwanderung neu zu schreiben und mit zu prägen.

War das Jahrhundert des Kinos von der ersten Stunde an durch die Spaltung von laufbildproduzierenden Subjekten und bildgebenden menschlichen Objekten geprägt, so sollte sich dies spätestens ab den 70er Jahren des 20. Jahrhunderts allmählich ändern. Ein langsam einsetzender Paradigmenwechsel zur *Filmanthropologie als postkolonialer Kulturtheorie* trug und trägt dazu bei, die machtpolitischen Dimensionen weltweiter Laufbildsammlung von den Kameraleuten der kolonialistischen Erkundungskarawanen bis zu den medienstrategischen Kreuzzügen der imperialistischen Kriege nicht nur in Südostasien zu erkennen und aufzuarbeiten. Die Filmproduktion, ob in den Wissenschaften als *Visuelle Anthropo-*

logie, im französischen Sprachraum als *Cinéma verité* oder etwa in China mit der sogenannten Fünften Generation als *Neuer Ethnographischer Film*, trug dazu ihr Übriges bei. Sie öffnete sich allmählich gegenüber kritischen Diskursen zu Ethnizität, Nationalität oder Rassismus. Und in der Filmwissenschaft kehrten im Zuge der weltweit prosperierenden Diaspora-, Postcolonial oder Transnational Studies weitgefächerte und rege Diskussionen zur Hybridisierung der Kulturen im Zuge fortschreitender Globalisierung, zur Sichtbarmachung ethnischer Minoritäten im Kino, zu Fragen von Ethnizität und Identität im sogenannten Global Cinema oder zu den transkulturellen Zusammenhängen bei der Bestimmung des Gegenstandsbereichs der Kinoanthropologie und Ethnographie in der Wissenschaftsgeschichte ein.[76]

Die zweite aktuelle Perspektive der Erforschung des Film-Menschen und des Menschen-Films ist erst im Entstehen begriffen und metatheoretischer Art. Sie knüpft an Erkenntnisse an, welche die deutsche philosophische Anthropologie nach dem Zweiten Weltkrieg aus der Mitverantwortung ihrer Disziplin für die rassistische Politik des Nationalsozialismus und für den Holocaust gezogen hat. Die in den 1960er Jahren entstandene *Negative Anthropologie* Ulrich Sonnemanns etwa verknüpft die radikale Ablehnung jeglicher biologistischer Reduktionismen der Lehre vom Menschen mit emphatischen politischen, wenn nicht mitunter sogar utopischen und eschatologischen Ansprüchen.[77] Der Mensch ist ihr nach den Erfahrungen des Holocaust nicht mehr und vor allem nie wieder aus irgendwelchen Eigenschaften abzuleiten. Als Projekt eher denn als Entität, als Alterität eher denn als Identität kann er nur mehr aus dem erschlossen werden, was er nicht oder noch nicht ist. Dies gilt nicht nur für ihn selbst, sondern auch für alle seiner von ihm geschaffenen Artefakte einschließlich der Werkzeuge und Medien. Damit bietet die Negative Anthropologie eine breite Palette von Anschlussmöglichkeiten für filmanthropologische Konzepte auf meta-theoretischem Gebiet. Sie entwickelt mit der

---

76   Vgl. etwa Elisabeth Ezra, Terry Rowden (Hg.). Transnational Cinema: The Film Reader. London/New York: Routledge, 2006. Robert Stam, Ella Shohat. Unthinking Eurocentrism. London: Routledge, 1995. Aber auch Arbeiten zur Begriffsgeschichte und terminologischen Vielfalt bei Ethnizität bei Yingjin Zhang. Screening China: Critical Interventions, Cinematic Reconfigurations, and the Transnational Imaginary in Contemporary Chinese cinema. Ann Arbor, Michigan: University of Michigan, 2002, S. 153ff.; Arbeiten über die mit der Globalisierung des Kinos verbundenen Übersetzungs-, Synchronisierungs- und Untertitelungsprobleme: Abé Mark Nornes. Cinema Babel. Translating Global Cinema. Minneapolis, London: University of Minnesota Press, 2007.

77   Ulrich Sonnemann. Negative Anthropologie. Vorstudien zur Sabotage des Schicksals. Reinbek bei Hamburg: Rowohlt, 1969.

Heraklitschen Kategorie der *Koinonia*, also der gemeinschaftlichen Teilhabe, ein methodologisches Werkzeug, das den Gedanken der Menschwerdung des Menschen an sein Zusammensein mit dem Anderen knüpft. Vor diesem Hintergrund ließe sich eine Anthropologie des Kinos nur – um einen Begriff Sonnemanns zu paraphrasieren – als ‚Keimungswissenschaft' humaner Eigenschaften ihrer humanoiden Apparate einschließlich des Kinos begreifen. Auch dieses wäre demnach nur der Vorschein und Ort eines gemeinschaftlich veranstalteten Dialogs der Bilder und Töne. Das Kino und der es bewohnende und gestaltende Kino-Mensch wären demzufolge immer auch nach seiner Funktion als Wirkmacht gegen die von Sonnemann inkriminierte Zukunftsvergessenheit zu bestimmen.

Damit wird zugleich auch die dritte Perspektive einer politisch wachsamen kino- und filmanthropologischen Schürfarbeit greifbar. Der soziale Akt des Dialogs mit dem Anderen im gemeinschaftlichen Raum der *Koinonia* sowie die Beförderung dieser Beziehungen im Kino als anthropologischer Vorrichtung finden vornehmlich in der breiten Palette gestischer und ritueller Äußerungen auf der Leinwand und im Kinosaal ihre sinnliche und sinnvolle Gestalt. In der Untersuchung von Gestik und Mimik im Kino werden also die filmanthropologischen Perspektiven der Erforschung globaler Bilderwanderungen und Transformationen sowie die Bestimmung des Kinos als prospektiver und utopischer Ort ritualisierter Gemeinschaftlichkeit auch im Detail analytisch fassbar. Mit ihren Schwerpunkten der Untersuchung gestischer und ritueller Äußerungen, mimetischer Vorgänge und körperlicher Anverwandlungen hat dazu etwa die Historischen Anthropologie der Berliner Schule um Dietmar Kamper und Christoph Wulf wertvolle Voraussetzungen geliefert. Mit der Prämisse der Brückenfunktion, welche sie der Imagination im Verhältnis des Menschen zu seinem gesellschaftlichen und medialen Umfeld beimisst, knüpft sie nicht nur an die filmanthropologischen Forschungen Edgar Morins an. Sie trägt auch zur Klärung der Transformationsprozesse bei, die zwischen humanen Simulacra, ‚inneren' Regungen und mentalen Bildern vor sich gehen.[78]

---

78 Vgl. Gunter Gebauer. Historische Anthropologie zum Problem der Humanwissenschaften heute oder Versuche einer Neubegründung. Rowohlts Enzyklopädie/Rowohlts Enzyklopädie. Orig.ausg. ed. Reinbek bei Hamburg: Rowohlt, 1989; Christoph Wulf. Homo absconditus. L'anthropologie fondamentale d'Edgar Morin. Synergies Monde 4 (2008): 263–66; Dietmar Kamper. Anthropologie nach dem Tode des Menschen: Vervollkommnung und Unverbesserlichkeit. Frankfurt am Main: Suhrkamp, 1994.

Bildanimismus

3

Zur Geschichte eines bewegten und bewegenden Begriffs

Der Film FAR FROM WAR (YUANLI ZHANZHENGDE NIANDAI, Cn/1987) der chinesischen Regisseurin Hu Mei zeigt in immer enger werdenden Bildkreisläufen die Versuche eines Kriegsveteranen, mit seinen Erinnerungen und Traumata aus dem Zweiten Sino-japanischen Krieg zurechtzukommen. Der Macht dieser Bilder ausgesetzt und ausgeliefert, sucht er ihnen nachzugehen. Er zieht aus, um an den Orten seiner Kriegserfahrung die ihn verfolgenden Vorstellungen zu beschwören und zu vertreiben. Gegen Ende des Films sehen wir Gu Meng, so der Name des Alten, an einem dieser Orte, inmitten eines Festes am Land, bei dem Knallkörper explodieren, Hühner getötet und andere animistische Rituale vollzogen werden. – Eine Geisteraustreibung? Oder nur die Vertreibung der obsessiven Erinnerungen des ehemaligen Kriegers? Ein Bildexorzismus? Oder nur einer der üblichen Exzesse, die in etlichen festlandchinesischen Filmen der letzten zwanzig Jahre den runden Abschluß einer Erzählung boykottieren und in ein offenes Ende film-erzählerischen Kreislaufs münden?

Filmische Chronotopoi dieser Art, in denen Spuren des Gewesenen mit animistischen Ritualen des Bildes und im Bild beschworen oder ausgetrieben werden, mögen auch mit autobiographischen Erfahrungen der angehenden FilmemacherInnen aus den 1980er Jahren Festlandchinas zu tun haben. Schließlich hat es viele von ihnen während der Kulturrevolution in entlegene Landstriche ethnischer Minderheiten des Riesenreichs verschlagen, in denen bis heute derartige Praktiken vorhanden sind. Auch die vielfältig zusammengesetzten Völkerschaften, die in den

© Springer Fachmedien Wiesbaden GmbH, ein Teil von Springer Nature 2018
K. Sierek, *Filmanthropologie*, https://doi.org/10.1007/978-3-658-22448-6_3

sogenannten *minority genres*[79] mit ihren teils noch immer verbreiteten Naturreli-
gionen vorgestellt werden, mögen da hereinspielen.

Doch findet man diese merkwürdigen Vermengungen ritueller Exorzismen
und prall-dichter Bildmacht nicht nur im chinesischen Kino. Ob im frühen surrealistischen Film, etwa die Ameisenhände in Bunuels Le chien andalou oder
in Blockbustern wie die Begegnung mit den schleimigen Neomorphen in Ridley
Scotts ALIEN: CONVENANT (US/2017), nicht zu reden von den Rasierklingen in
Paul Sharits' gleichnamigem Film RASOR BLADES (US/1968) oder die Farb- und
sonstigen Orgien in MACUNAIMA (Joaquim Pedro de Andrade, Brasilien/1969): Wo
die Bilder an die Grenzen ihrer Erträglichkeit oder Berechenbarkeit geraten, versagen nicht selten auch die herkömmlichen rationalistischen und rationalisierten
Bildkonstruktionstheoreme. Und wo die Prinzipien des Bildbaus nicht oder kaum
mehr zu fassen sind, springt das Kino selbst wieder ein und entwickelt mit seinen
Bewegungsorgien und Bildexzessen eigene und eigenwillige Strategien des Aus-
testens von Bildfunktionen. Die dabei entstehenden, unbezähmbar scheinenden
Bildeigenschaften, die in den gängigen Theorien des Lichtspiels bis heute kaum
artikuliert wurden, beginnen die FilmbetrachterInnen direkt und physisch zu affi-
zieren. Wie ein Schatten verfolgen sie die dominanten Repräsentationsfunktionen
des Films und erzählen von der *Wirkmacht der Bilder*. Als Agenturen der Transformation der Betrachterkörper gehen sie weit über die spezifischen medialen Wahrnehmungsmodalitäten wie Sichtbarmachung, Zeichensetzung oder Denkanregung
hinaus. Sie sind vielmehr in der Lage, die dem Sehen und Hören vorgelagerten
Tiefenstrukturen von Körper und Bewusstsein zu ändern. Damit formen sie eine
spezifische Subjektstruktur, die über den Wahrnehmungsapparat in den Körper
der BetrachterIn diffundiert, ihn transformiert und – so betonen eben die TheoretikerInnen interventionistischer Bildtheorien – Anstöße zum Handeln bietet. Bilder
greifen ein und bilden jenes etwa von der anthropologischen Lebenswelttheorie
von Alfred Schütz als notwendigen Hintergrund jedes Handlungsentwurfs angenommene *actum*, das gemeinsam mit der Tätigkeit selbst, der *actio*, den sinnvollen
Vollzug menschlichen Handelns gewährleistet.[80]

Nicht abbilden, sondern verändern, bis in die Fasern des Betrachterkörpers: das
ist ihre – auch politisch zu verstehende – Devise. Animistisch daran sind nicht nur
die Szenarien zwischen Utopie und Dystopie, Heterotopie und Katastrophe, die sie
häufig nach sich ziehen. Animistisch ist auch ihr Insistieren auf der Lebenskraft

---

79 Vgl. Paul Clark. Reinventing China: a Generation and its Films. Sha Tin, N.T.: Chinese
    Univ. Press, 2005.

80 Alfred Schütz. Der sinnhafte Aufbau der sozialen Welt. Eine Einleitung in die ver-
    stehende Soziologie. Frankfurt am Main: Suhrkamp, 1974 [1932], S. 5.

des Unbelebten, ihre implizite Forderung nach Aufhebung der Dichotomie von Natur und Kultur, ihre Infragestellung des vorherrschenden Ich- und Subjektbegriffs und schließlich zusammenfassend: ihre ausgeprägte Bild-Pragmatik, die auf Wirkkraft, Effektivität und Veränderungsmacht der Bilder pocht.

3.1 Bildenergetische Aggregatzustände

Manchmal in der Geschichte der Kultur- und Kunst-, Film- und Medientheorien sind dennoch Gedanken und Konzepte aufgetaucht, die ein Verständnis des Kinos als Vorrichtung zur Realisierung einer solchen Bildermacht zu befördern suchten. Einige davon beschränkten sich auf mehr oder minder explizite Anleihen bei ethnologischen Konzepten der Bildmacht in animistischen Kulturen, andere wiederum haben aus dieser Beschwörung filmischer Bildmacht auch Konsequenzen zur Formulierung eines pragmatischen oder gar interventionistischen Bildbegriffs gezogen. Bilder geben zu *sehen*, soweit – nicht nur für Phänomenologen – klar; Bilder geben zu *denken*, soweit – nicht nur für Kognitivisten – die notwendige Folge; Bilder geben *Zeichen*, soweit – nicht nur für Semiologen – der nächste Schritt. Zu diesen drei Gaben der Bilder fügen interventionistische Bild- und Filmtheoreme eine vierte: dass Bilder schlicht auch Agenturen der Transformation der ZuschauerInnenkörper sind. Sie ändern über die spezifischen medialen Wahrnehmungsbedingungen des Kinos die dem Sehen und Hören vorgelagerten Tiefenstrukturen von Körper und Bewusstsein. Sie formen eine spezifische Subjektstruktur, die über den Wahrnehmungsapparat in den Körper der ZuschauerInnen diffundiert, ihn transformiert. Damit und dadurch bilden sie – so betonen eben die TheoretikerInnen interventionistischer Filmbildtheorien – Anstöße zur Aktion. Sie greifen ein und tun etwas mit den BetrachterInnen: *Bilder handeln.*

Nicht selten hat es den Anschein, als glaubten die diversen Theorieansätze zum Verständnis dieses Zusammenspiels von Bild, Bewegung und ZuschauerInnenkörper sich ihres Geruchs aus der Baracke vorrationaler Vorstellungen des Bildes als animistisch-animierter Apparat schämen zu müssen. Die Idee des Kinos als prototypischer Kunst der Moderne, als medialer Verkörperung dieser prothetischen Vorrichtung mag dazu nicht unwesentlich beigetragen haben. Eigentlich schade; denn mit dieser Kindesweglegung begeben sich die Bewegtbildtheorien eines tollen Tools. Animistisches Denkzeug hat den Horizont der Funktionen und Formen, der Effekte und Elaborate der Bilder in der Theoriegeschichte von Film, Fotografie und Medien nämlich ganz erheblich erweitert.

Etwa gleichzeitig mit der Erfindung der Bildbewegung zwecks Publikumsbewegung durch die Brüder Lumière hat es begonnen. Aby Warburg wendet sich in einer bewußten Abkehr von seiner angestammten Disziplin, der Kunstgeschichte, ethnologischen, anthropologischen und kulturwissenschaftlichen Fragen zu. 1895, dem Geburtsjahr des Films, bricht er auf eine längere Reise in die Vereinigten Staaten auf und beginnt in den Gebieten der Hopi-Indianer Material über animistische Techniken wie Maskentänze und Fruchtbarkeitsrituale zu sammeln. Hintergrund seines Forscherdrangs war unter anderem auch das Interesse an der Virulenz von Vorstellungen animistischer Bildmacht und atavistischen Aberglaubens in der Renaissance und weiter bis in die sogenannten ‚modernen' Gesellschaften. Diese und ähnliche Praktiken seien, so Warburg, in die rationalen oder pseudorationalen Denk- und Fühlmuster wie Intarsien eingebettet und melden sich in Form von „mnemischen Energien"[81] immer wieder zu Wort – und zu Bild.

Mit diesem Ausflug aus den angestammten Gefielden seiner ihm zugewiesenen Disziplin der Kunstgeschichte hat Warburg vier Theoreme zum Bildverständnis skizzenhaft angedacht, die im folgenden Jahrhundert von verschiedenen anderen Gesichtspunkten und Wissenschaften – mitunter ohne direkten Bezug zu Warburg – weiterverfolgt wurden. Sie umfassen erstens das Verständnis des Bildes als *Generator und Reaktivator* zeitlich und räumlich entlegener Vorstellungen im Augenblick der Bildwahrnehmung; zweitens die Untersuchung von *Bildbewegungen* aller Art als Indikatoren der Dynamik, die jeglichem Bild, egal ob stehend oder bewegt, innewohnt; drittens die Untersuchung des Bildes als *Denkinstrument und Wissensakkumulator*; und schließlich viertens die Analyse von Bildfunktionen als interventionistische Faktoren gleichsam *lebendiger Wirkkraft*.

Mitte des vorigen Jahrhunderts wurden diese bildanthropologischen Entwürfe auf dem Feld der inzwischen etablierten Filmwissenschaft weiter getrieben. Edgar Morin fand mit der Kategorie der *Partizipation* eine Funktion öffentlicher und technisch reproduzierter Bilder, die unmittelbar an bestimmte vormoderne Welthaltungen anknüpft und daraus ihre Kraft zieht. Damit überführt der Soziologe, Anthropologe und Filmmacher eine fünfte Kategorie des Bildanimismus aus der Ethnologie in die Bild-, Film- und Kunsttheorie. Sie geht von einer fundamentalen Diffundierung subjektiver Persönlichkeitsmerkmale auf der einen und objektiver Bildcharakteristika auf der anderen Seite aus und betont dergestalt die *bildpolitischen Konsequenzen* des Spannungsfeldes von Animismus und Animation.

Dazwischen reicherte eine Vielzahl von Bilderdenkern und Filmemachern diese Transformationsprozesse mit eigenen Vorstellungen an, die auf diesen – so könnte man sie nennen – fünf *Aggregatzuständen bildlicher Energie* beruhen. Sie sollen hier als Begriffsraster zur näheren Bestimmung animistischer Residuen im

---

81   Vgl. Ernst Gombrich. Aby Warburg. Eine intellektuelle Biographie. Übers. von Matthias Fienbork. Hamburg: Europäische Verlagsanstalt, 1981 [1970], S. 330.

Bildverständnis verschiedener anthropologisch formierter Bild- und Filmtheorien des Zwanzigsten Jahrhunderts herangezogen werden.[82]

3.2 Präsenz: Bilderdasein

Was bereits mit dem Generieren und Reaktivieren von zeiträumlich Anderem als erstes Problembündel des Bildanimismus erwähnt wurde, beruht wohl auf nichts anderem als dem *Da-Sein der Bilder*.[83] Warburg wendet sich deutlich von den bildlichen Funktionen der *Repräsentation* ab und jenen der *Präsenz* zu. Bilder verweisen nicht nur auf Abwesendes, Vergangenes, Vergessenes, sondern weisen augenblickliche Virulenz in einem quasi explosionsartigen Ausbruch des Gewesenen und des Abseitigen im Augenblick auf. Sie und ihre Inhalte *sind da*; und weil sie da sind, wirken sie. Wie Intarsien in Rosenholz befinden sich temporale Einschlüsse in der Gegenwärtigkeit des Bildes, im Bild der Gegenwärtigkeit. Eine merkwürdige, nur schwer nachvollziehbare Vorstellung blitzt hinter dieser Zeitverschiebung im Bild und als Bild auf. Wenn Gewesenes und Dargestelltes gegenwärtig werden, so tritt die Differenz zwischen Bild und Abgebildetem in den Hintergrund.

Warburg habe, so beschreibt dies der Kunsthistoriker Philippe-Alain Michaud, nicht nur diese Anverwandlung des Bildes an sein Urbild reflektiert. Auch in der Malerei, denn über Film hat Warburg kaum nachgedacht, betrachte er die bemalte Oberfläche eines Gemäldes als transparente Leinwand, welche die Figuren unter dem Einfluß ihrer lebensgeschichtlichen Entwicklung in vivo zeige.[84] Und tatsächlich: nimmt man etwa Warburgs Studien über die flandrische Kunst zur Hand, ist man überwältigt von der pochenden Belebtheit und vitalen Präsenz des von Warburg entfalteten Panoramas. Mitunter im Gewand eines Piratenromans einherschreitend, in dem „der verwegene hansische Kapitän Paul Benecke"[85] das berühmte *Jüngste Gericht* Hans Memlings wie „das Kleinod des Seeräubers" sicher durch die wilden Gewässer der Nordsee geleitete, dann wieder als Melodram des

---

82 Vgl. dazu Karl Sierek. Images, Oiseaux. Aby Warburg et la théorie des médias. Paris: Klincksieck, 2009, S. 48–52.

83 Damit weicht der hier verwendete Begriff Präsenz doch ganz erheblich von dem bei Gumbrecht herausgearbeiteten ab. Vgl. dazu Hans Ulrich Gumbrecht. Diesseits der Hermeneutik. Die Produktion von Präsenz. Frankfurt am Main, 2004.

84 Philippe-Alain Michaud. Aby Warburg et l'image en mouvement. Paris: Éditions Macula, 1998, S. 121–126.

85 Aby Warburg. Flandrische Kunst und florentinische Frührenaissance. In: Ausgewählte Schriften und Würdigungen. Ed. Martin Wuttke. Baden-Baden: Valentin Koerner, 1992 [1907], S. 107.

bewegten Schicksals der Katharina Tani, das die „Phasen eines Frauenlebens in unerbittlicher, fast symbolischer Klarheit"[86] nachleben läßt, legt er alles daran, das Quellenmaterial, das „als dokumentarische Masse zunächst (leblos) vor uns liegt [,...] belebend [zu] verknüpfen [und mit] der Umschau nach indirekten Wiederbelebungsmitteln [jede Figur als] lebhafte Persönlichkeit auferstehen"[87] zu lassen. Warburg beschwört damit jenes Macht- und Kraftpotenzial des Bildes zur mimetischen Annäherung zwischen Objekt und Darstellung, das er auch in der europäischen Kultur des 15. Jahrhunderts dort und da aufstöbern konnte. Die Quelle animistischer Vorgänge ortet Warburg also nicht nur in Gesellschaften wie denen der Hopi-Indianer, sondern auch im Kunst- und Kulturprozess der uns besser vertrauten Ethnien und setzt sie schließlich sogar im eigenen Schaffensprozeß als Wissenschaftler ein. Dass er dabei die Technik animistischer Bildpraktiken mit dem Einsatz neuester fotografischer Verfahren wie lichtempfindlicher Optiken und ebensolcher Emulsionen zur Reproduktion der alten Gemälde kombiniert, wirft ein deutliches Licht auf die Problematik der Funktion technisch reproduzierter Bilder – auch in ihrer Verwendung für die Kino- und Filmanthropologie. Denn Fotografie und Film sind seit ihrem Bestehen in Diskurse eingebunden, die auf eine existenzielle, eben nachgerade deckungsgleiche Nähe zwischen dem Gegenstand und seiner Darstellung abzielten. Vom Schrecken bei der EINFAHRT DES ZUGES IN LA CIOTAT, der die Anwesenden der ersten Filmvorführung Dezember 1895 im Grand Café am Boulevard des Capucines in Paris aufspringen und die Flucht ergreifen ließ,[88] bis zu den Cyborgs, die ja auch den Bildern der *Science fiction*-Literatur entspringen, reicht diese Geschichte animistischer Bild-Präsenzen.

So findet man auch in den Aufzeichnungen Thomas Alva Edisons eine Reihe von Hinweisen, die darauf schließen lassen, dass bei der Erfindung und Vermarktung des Kinos mehr auf dem Spiel stand als die audiovisuelle Konservierung verschwundener Figuren und Gegenstände. Sie legen nahe, dass es das Ziel der Erfindungen des Films war, die künstliche Entität eines vollständigen Schauspiels synästhetischer Qualitäten der Verbindung von Bild und Ton zu erschaffen.[89] Die von Edisons Fabrik erdachte Vorrichtung ist also durchaus mit dem vergleichbar, was Warburg im Bereich des Wissens – also schreibend, Bücher und Bilder kumu-

---

86   Ebd., S.113.

87   Ebd., S. 111.

88   Auch wenn diese Anekdote nur gut erfunden sein mag, wie Loiperdinger nachweist. Vgl. dazu Martin Loiperdinger. Lumières Ankunft des Zugs. Gründungsmythos eines neuen Mediums? KINtop. Jahrbuch zur Erforschung des frühen Films/5 (1996), S. 37–70.

89   Vgl. dazu auch Michaud, a.a.O., S. 96.

lierend und Ausstellungen planend – ausgearbeitet hat. Subjekte der Vergangenheit bestimmt er dabei als „abgeschiedene Wesen", die zwischen Bildern und Texten gespalten sind, konserviert in Dokumenten und Werken. Ihnen könne der Historiker gleichsam ihre organische Festigkeit wiedergeben, „solange er nicht vor der Anstrengung zurückweicht, die natürlichen Bande zwischen Wort und Bild wieder herzustellen"[90]. Ganz klar, dass in diesem Gedanken sich jenes Muster zeigt, das bereits Edward Tylor beschäftigt hat. Wenn der Begründer der Kultur-Anthropologie und Leiter des University Museum in Oxford den Begriff des animistischen Denkens eingeführt hat, so gewiß auch und gerade wegen dieser Insistenz auf dem Da-Sein des Bildlichen.[91]

Wenn also Gu Meng aus FAR FROM WAR in das Feuerwerk des Festes gerät, so *ist* dies tatsächlich auch jenes Krachen und Blitzen aus dem Krieg, das ihn zeitlebens verfolgt. Doch nicht nur Gu Feng, sondern auch wir gewöhnlichen Kino-Menschen fühlen uns, ob in den mit bereits atavistisch gewordenen 35mm-Projektoren ausgestatteten Sälen oder in den technisch hochgerüsteten Kinos mit Beamern in 4K2K-Auflösung, einer *High Frame Rate* von 60 Kadern pro Sekunde sowie dem *moving audio* des Dolby Atmos Surround Sound Systems, nicht selten einem Feuer ausgesetzt, das kaum der Technik per se und allein geschuldet sein kann. Wir unterliegen dem Bildzauber vielmehr nicht zuletzt auch durch einen grundlegenden Modus der Vergegenwärtigung und Partizipation, der an animistisch-animierte Rituale anknüpft.

3.3   Bilder bewegen

Animistische Restposten zeigen sich nicht nur in den Phänomenen filmischer Bewegung und Bewegtheit selbst, sondern auch in ihrer Theoretisierung aus der Perspektive einer Anthropologie des Kinos. Einerseits kann der Saal als Ort reflektiert werden, der dazu in der Lage ist, ein veritables Fest der Sinne einzurichten. Das ist die beschriebene Gegenwärtigkeit des Bildes. Mit dem opulenten Einsatz synästhetischer Verfahren befördert es ein Erleben in physischer Eindrücklichkeit,

---

90 Ebd.

91 Georges Didi-Huberman hat die Beziehung Warburgs zur angelsächsischen Anthropologie, namentlich zu Edward Tylor, überzeugend dargelegt. Er weist darauf hin, dass dies keineswegs als eine Rückkehr zu den Roots, sondern ganz im Gegenteil als eine Entdeckung von gleichsam anachronistisch aufblitzenden „Überlebselns" im Gegenwärtigen zu werten sei. Vgl. Georges Didi-Huberman. Das nachlebende Bild. Aby Warburg und Tylors Anthropologie. In: Homo Pictor. Ed. Boehm, Gottfried. München/Leipzig: K. G. Saur, 2001, S. 205–24, hier: S. 207.

das weit über die Möglichkeiten anderer Künste und Medien hinausgeht. Ande-
rerseits gilt der Film mit Fug als Aufzeichnungs- oder Aufschreibeverfahren von
Gewesenem, als Medium der Absenz und der Spur. Im Aufschreiben *vergangener*
Bewegungen spaltet sich das Bild von seinem Vorbild ab und führt ein *Eigenleben*;
als Widerschein des Gewesenen, als Geist oder Gespenst: Bewegung, Belebung,
Beseelung des Bildes. Die Kinematographie hat sich seit ihrem Bestehen in dieser
Paradoxie entwickelt und ganz gut darin eingenistet. Vielleicht ist diese zauberhafte Doppelgleisigkeit aus Präsentieren und Absentieren, aus Hervorbringen und
Verschwindenmachen sogar eine Ursache für die wilden Energien, die nicht nur
von den Bildern evoziert werden, sondern sogar die Körper der Betrachter mobilisieren. Jedenfalls liefert der Film zu seiner repräsentativen Funktion ein mächtiges
Surplus: die nachträgliche Bewegung von Vergangenem als eigenem phantasmagorischen Körper.

Schon vor der Amerikareise, seit den Arbeiten an seiner Dissertation über
Botticelli, beschäftigte sich Aby Warburg mit den Erscheinungsformen von Bewegungen und deren Abläufen im Tafelbild. Faltenwürfe dynamisieren die Klei-
dung, Gesten rütteln die menschlichen beziehungsweise göttlichen Körperbilder
wach, Rituale aus früheren, vorchristlichen Epochen erschüttern die festgefügten
Feste. Die Überlegungen zur *Bildanimation* in der Malerei können folglich als
Vorarbeiten zur Untersuchung jenes *Bildanimismus* gelten, der nicht selten mit
der Warburgschen Zentralkategorie des *Nachlebens* in Zusammenhang gebracht
wurde. Mit diesem Begriff umreißt Warburg nicht nur kognitive Orientierungen
an einem anderen, vergangenen Kulturzustand. Auf Tylors Kategorie des *Survival*
in Culture zurückgreifend,[92] schließt diese Kategorie mehr ein als die Übernahme
des Standes an Wissen und Bildern. Nachleben im Warburgschen Sinn ist körperliche Anverwandlung. Erst durch diese animistische Beziehung zwischen Bilder-
darstellung und Geschichtsbewusstsein wird der Unterschied zum sonst üblichen
Vorstellungsgehalt der Renaissance hervorgehoben. Wie der Begriff ‚Renaissance‘
auf die Geburt, *naissance*, zurückzuführen sei, so steckt in ‚Nachleben‘ jene *vitale*
Übernahme und Bearbeitung des Vergangenen, die nicht selten auch animistische
und animatorische Vorgänge bewegen.

Warburg stand in den ersten Jahrzehnten des 20. Jahrhunderts mit seinen Ansätzen zu einer Theorie des Bildanimismus nicht allein da. Auch andere WissenschaftlerInnen und KünstlerInnen arbeiteten – verstreut über ganz Europa und
inspiriert von anthropologischen Erkenntnissen – an der Entfaltung der Ästhetik

---

92   Edward Burnett Tylor. Primitive culture. Researches into the development of mytholo-
      gy, philosophy, religion, language, art, and custom, London: John Murray, 1871, Bd.1,
      S. 101–145.

eines grenzwissenschaftlichen Utopia leuchtender Energien. Vom russischen Futurismus bis zu den frühen filmtheoretischen Versuchen Ricciotto Canudos, von den Filmen Jean Epsteins bis zu dessen filmästhetischen Entwürfen über den mechanischen Automatismus des Films und die damit verbundene Vorstellung zur Defiguration entstand, so Jacques Rancière, der Erforscher von Bildpolitiken der Moderne und Nachmoderne, zwischen 1890 und 1920 eine Reihe von Konzepten, die sich mit dem Verständnis des Bilds als Kraftfeld beschäftigten.[93]

Sogar bei Sergei M. Eisenstein, dem material-orientierten Energetiker des frühen Kinos kat'exochen, häufen sich – wenn auch etwas später, nämlich zu Beginn der 1930er Jahre – merkwürdige Bild-Amalgame aus Bewegung, Belebung und Beseelung. 1931, also rund 35 Jahre nach Warburgs Aufenthalt in Neu-Mexiko, unternimmt auch er eine Bildungsreise – das heißt eine Unternehmung zwecks Verfertigung mechanischer Bilder – ins Terrain der Native Americans und versucht sich dabei in und auf dem Gebiet der Bilderforschung zwischen Animation und Animismus. Mit im Gepäck: Lucien Levy-Bruhls *La mentalité primitive*, der ethnologische Bestseller über ‚prälogische' Denkweisen außereuropäischer Kulturen.[94] SME hatte sich diesen Lesestoff schon gegen Ende der 1920er Jahre auf einer Paris-Reise besorgt, also wohl nicht nur, um sich auf ethnologisch-anthropologischem Gebiet für die Mexiko-Reise vorzubereiten.[95] Gegen Ende seines USA-Aufenthalts im Jahr 1930 konnte er seine ethnologische Sammlung noch um James George Frazers *The Golden Bough* ergänzen. Eisenstein sah in den anthropologischen Theoremen zur Bildmacht ein beträchtliches Potential zur Entwicklung weiterer formaler Strategien im Umgang mit dem bewegten Bild. Von den drei steinernen Löwen aus dem PANZERKREUZER POTEMKIN (UdSSR/1925) bis zu den bis zum Hals eingegrabenen Opfern der Hazienderos in QUE VIVA MEXIKO (Mex/1932) zieht sich die Spur einer Transformationsleistung latenter Bildenergie in kinetische Dynamik, die als Induktionskraft zwischen Leinwand und Betrachterkörper wirken sollte. Auch in den Debatten mit dem Linguisten Lev Vigotsky, dem eng mit Eisenstein befreundeten Physiologen und Psychologen Alexander Luria sowie dem Filmemacher und Hobby-Anthropologen selbst wurden diese

---

93   Vgl. Jacques Rancière. Film Fables. Trans. Battista, Emiliano. Oxford/New York: Berg, 2006 [2001], S. 4.

94   Lucien Lévy-Bruhl. La mentalité primitive. Paris: Alcan, 1925.

95   Phil Rosen hat mich 2008 auf der Tagung ‚Jetzt und Dann: Zeiterfahrung in Film, Literatur und Philosophie' an der FU Berlin mit einem Hinweis auf Masha Salazkina allerdings darauf aufmerksam gemacht, dass Eisenstein seiner Ansicht nach das Buch erst auf der Reise nach Mexiko während eines Zwischenaufenthalt in Paris erworben hätte. Vgl. dazu auch Anna Bohn. Film und Macht. Zur Kunsttheorie Sergej M. Eisensteins 1930–1948. München: diskurs film Bibliothek, 2003, S. 78.

Theoreme auf ihre Anwendbarkeit zur Klärung der Problematik der Inneren Rede,
psychologischer Fragen sowie eben der Thematik der Dynamisierung der Leinwand aus anthropologischer Perspektive diskutiert.[96]

Abb. 3   QUE VIVA MEXIKO (S.M. Eisenstein, Mex/1932) Transformationsleistung latenter
Bildenergie … in kinetische Dynamik.

---

96 hilip Rosen. Revolution and Regression. Temporality in Eisenstein's Theories of Ci-
    nema and Culture. Jetzt und Dann: Zeiterfahrung in Film, Literatur und Philosophie,"
    SFB 626 „Ästhetische Erfahrung im Zeichen der Entgrenzung der Künste". Freie Uni-
    versität Berlin, 2008, S. 9.

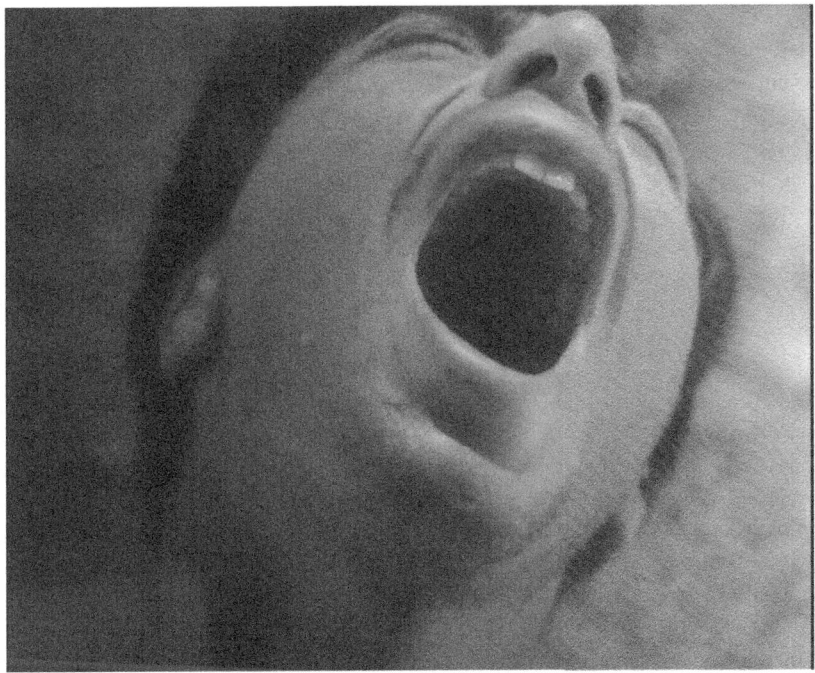

Abb. 4 QUE VIVA MEXIKO (Sergei Eisenstein, Mex/1932) ... in kinetische Dynamik.

Was Warburgs Studien bei den Hopi, Eisensteins Auseinandersetzung mit den Ethnologen und Anthropologen Lucien Levy-Bruhl, Marcel Granet, James George Frazer und anderen vor, während und nach seiner Mexiko-Reise – das waren für Maya Deren die Recherchen, Vorstudien und Dreharbeiten zu ihrem Film THE VERY EYE OF NIGHT Mitte der 1950er Jahre in Haiti. Sie bündelte dabei – wiederum rund zwanzig Jahre nach SME – ihre verstreuten Ideen zu einer Theorie künstlerischer Bildherstellung, die entscheidende Anleihen bei magischen Praktiken des Voodoo nahmen. Auch im Zuge künstlerischer Praxis zeigen sich, so Deren, Phänomene, die man gemeinhin animistischen Erfahrungen zuschreiben könne.[97] Die Durchdringung des Körpers mit unerklärbaren Kraftströmen, die Befragung der Grenzen zwischen Ich und Anderem und der Distanzabbau zwischen Auge und Objekt: dies sind einige der zentralen Konzepte, die sowohl dieses Filmprojekt als

---

97 Vgl. dazu die vielfältigen Hinweise zum Werk Derens in: THE MIRROR OF MAYA DEREN (Kudlacek, A/Ch/D 2001).

auch Derens Aufzeichnungen dazu durchziehen. THE VERY EYE OF NIGHT, 1955 in Port-au-Prince, Haiti, uraufgeführt, aber wegen rechtlicher Probleme und Konflikte mit dem Produzenten erst 1959 in New York gezeigt, entstand in einem intellektuellen Klima offener Zusammenarbeit und wechselseitiger Neugierde zwischen grenzüberschreitenden WissenschaftlerInnen und avantgardistischen KünstlerInnen. Der bekannte Tänzer und Choreograph Antony Tudor arbeitete dabei ebenso mit wie der Musiker John Cage. Sie alle einigte das anthropologische Interesse an Fragen der Repräsentationslogiken verschiedener, bisweilen gänzlich unterschiedlich organisierter Kulturen.

Orientierungsfunktionen des Bildes

Gewiß, auch in ihren früheren Arbeiten wie MESHES OF THE AFTERNOON (US/1943), AT LAND (US/1944) oder MEDITATION ON VIOLENCE (US/1948) variiert Maya Deren zwei Problemkreise im Umgang mit dem Bild: einerseits befindet sie sich unentwegt auf der Suche nach einer dem Bild innewohnenden Energie, die zu Bewegung, Handlung, Veränderung befähigt. Andererseits sucht sie im Bild, und dabei wiederum besonders im Filmbild, eine Möglichkeit, sich in der Welt zu orten, zu finden, zu orientieren. Warburg hat diese anthropologischen Kategorien der Schaffung eines *Denkraums* als Kombination von Naturwissenschaft und Bildmacht, von „mathematischer Abstraktion und kultlich verehrender Verknüpfung"[98] von der Antike über die Renaissance bis in die Gegenwart untersucht. Animistisches und Aufgeklärtes vermischen sich zu dem, was Warburg als *Orientierungsfunktion* des Bildes bezeichnet hat. Und nirgends schlägt sich diese anthropologische Wirkkraft, so der Kultur- und Kunstwissenschaftler, so deutlich als Symptomatik des Bildes nieder wie in den unmittelbaren Orientierungsinstrumenten von Sternbildern der antiken Kosmologie am nächtlichen Firmament:

„[D]enn als kosmische Dämonen gehörten die antiken Götter ununterbrochen seit dem Ausgange des Altertums zu den religiösen Mächten des christlichen Europa und bedingten dessen praktische Lebensgestaltung so einschneidend, daß man ein von der christlichen Kirche stillschweigend geduldetes Nebenregiment der heidnischen Kosmologie, insbesondere der Astrologie, nicht leugnen kann."[99]

---

98   Aby Warburg. Heidnisch-antike Weissagung in Wort und Bild zu Luthers Zeiten. 1920. Ausgewählte Schriften und Würdigungen. Ed. Martin Wuttke. Baden-Baden: Valentin Koerner, 1992, S. 199 – 304, S. 202.
99   Ebd., S. 202.

Als derartiges ‚Nebenregiment' setzt auch Deren die Sternbilder gegen die Pseu-
do-Aufklärung der hegemonialen Bildkonzepte filmischen Arbeitens. Sie schiebt
dieses Orientierungswissen nicht einfach als Residuum einer vorlogischen Ära
oder eines obsolet gewordenen Denkens ab, sondern verleibt es ihren filmischen
Universen ein. Nicht zufällig ist THE VERY EYE OF NIGHT durchsetzt von Stern-
bilddarstellungen, die wie *Leitbilder der Ortung im kinematographischen Raum*
eingesetzt sind. Es beginnt mit einem Insert der Darstellung der Zwillinge, dann
eine weitere Grafik, vermutlich eine Radierung, mit den Schriftzügen Ariel, Oberon, Umbriel, Titania, gefolgt von Uranus und Urania. Nach den graphischen Blät-
tern setzt sich dieser Sternenhimmel in Bewegung. Mit einem leichten Schwenk
nach links weitet sich das Bildfeld. Langsam und getragen versucht sich der Film
an einer Darstellung der Unendlichkeit des Universums und an der mythischen
Einbettung des Films in die Figurationen der Sternenbilder. Nirgendwo sonst
findet sich die Tragweite der Warburgschen Theorie der Orientierungsfunktion
im Bild nachhaltiger aufgenommen als in dieser stark improvisierten Arbeit der
New Yorker Avantgardistin. Wie Aby Warburgs astrologische Forschungen von
den Studien zu den Fresken im Palazzo Schifanoia bis zu seiner Ausstellung in
der Sternwarte Hamburg Erkenntnisse über kulturelle Verfasstheiten zu vermitteln
versprachen,[100] so die Forschungen und Bildsuchen Maya Derens in Haiti, wo der
Voodoo-Kult ihr einen Schlüssel zum Verständnis kultureller Phänomene, aber
auch des Stellenwerts der körperlichen Verfasstheit ihrer Tanztruppe als Bild im
kulturellen Kontext in die Hand gab.

---

100 Vgl. Aby Warburg. Italienische Kunst und internationale Astrologie im Palazzo Schi-
     fanoja zu Ferrara. In: Gesammelte Schriften. Hg. von Horst Bredekamp et al. Vol. I.
     1. Baden-Baden: Valentin Koerner, 1998 [1912], S. 459 – 82, 627 – 44; Uwe Fleckner
     et al., Hg. von Aby Warburg. Bildersammlung zur Geschichte von Sternglaube und
     Sternkunde im Hamburger Planetarium. Hamburg: Dölling und Galitz, 1993.

Abb. 5 THE VERY EYE OF THE NIGHT (Maya Deren, US/1958): Der Uranusmond Oberon und andere Sternbilder mit Orientierungsfunktion.

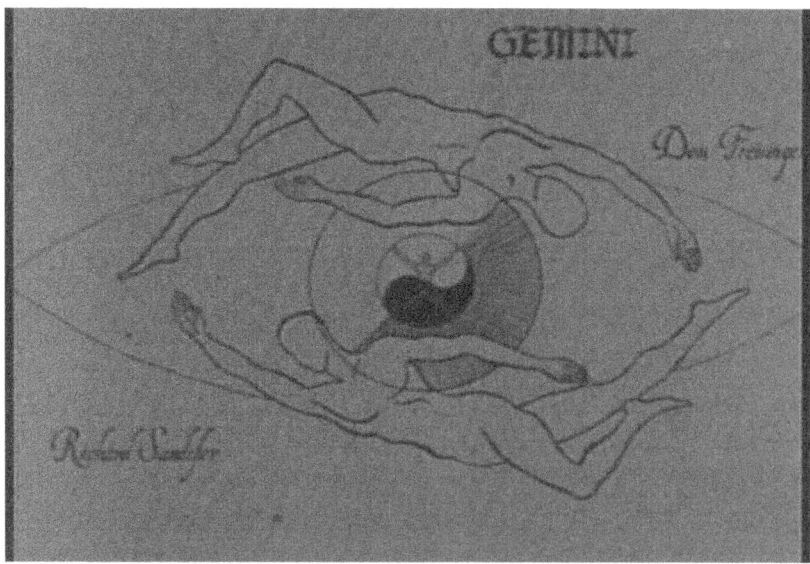

Abb. 6 THE VERY EYE OF THE NIGHT (Maya Deren, US/1958): Die Zwillinge als Leitbilder der Ortung vor dem Sternenhimmel.

3.4 Bilder leben

Von den bildlichen Orientierungshilfen ist es im Universum der Untersuchung des Bildanimismus im Kino des Zwanzigsten Jahrhunderts nur mehr ein kleiner Schritt zum Verständnis des Bildes als belebter Körper. Von denkenden Bildern zu lebenden Bilder? So absurd diese Vorstellung zunächst anmutet, so sehr hat sie sich in den Nischen und an den Rändern der Moderne, im Off und im Gegenschuß ihrer filmischen Entwürfe, eingenistet. Was Warburg – durchaus problematisch! – aus einer Urangst abzuleiten meint und als „[b]iomorph animistisch bekannte und übersehbare Wesen"[101] bezeichnet, könnte durchaus die aus der Bewegtheit der uns umgebenden Weltbilder emanierende Belebtheit der uns umgebenden Bildwelten sein. Das Kino erwiese sich sich dann jedenfalls als Schauplatz des Zusammenstoßes mythischer Residuen und moderner Technologien, seine Bilder als Indizien der in einen imaginären Körper verschobenen Tyche von Wahrnehmung und Gegenstand.[102]

Warburg ortet den Auftritt dieses Bildwesens allerdings schon in der Hochrenaissance und weist den Weg zum belebten Bild etwa in der Fabrikation lebensgroßer Standbilder aus Wachs in den Kirchen von Florenz nach. Diese als Voti oder Ex-Voti bezeichneten Votivgaben waren bis ins kleinste Detail den Honoratioren norditalienischer Stadtstaaten nachgebildete und mit den aus ihrer persönlichen Garderobe kostümierte Figuren und gerade wegen dieser frappanten Mimikry mit mythischen Kräften ausgestattet, die jene ihrer Urbilder bei weitem überstiegen.

---

101 Zit. Gombrich, Warburg, a.a.O., Notiz 3, S. 298.

102 Auf diesen Zusammenhang zwischen Angst und Bewegung, Gefühl und Ritual wird später auch Hans Blumenberg in seinen anthropologischen Arbeiten verweisen: Die Angst „schafft sich Rituale, die Dämonen zu bannen, den einen großen Feind zu benennen, die bildlose Macht durch Illustration zu besänftigen." Blumenberg, Beschreibung, a.a.O., S. 567.

Abb. 7 Pražské Jezulátko, Maria vom Siege (Kostel Panny Marie Vítězné) in Prag, 1555.

Wie HeldInnen in einem *proto-kinematographischen Biopic* bevölkerten sie die Ritualisierungsräume des modernen Menschen. Kirche und Kino zehren also gleichermaßen von diesen mythischen und animistischen Einschlüssen eines Denkens, das zwar schon wesentlich älter, nichtsdestotrotz aber noch immer virulent

ist. Warburg erklärt diesen „fetischistischen Wachsbildzauber"[103] aus einem tief-
sitzenden Glauben an die Wirksamkeit des Wesens ‚Bild', das zur Bewältigung
erlittener Traumata und zur Bannung latenter Ängste beitragen sollte.

Diese Bildbelebungen scheinen auf einem Prinzip zu beruhen, das die Anthropologie etwa zeitgleich zu Warburgs Konzepten als *Partizipation* untersucht hat.
Lucien Levy-Bruhl versucht damit eine Beziehung zwischen menschlichen Subjekten und Objektwelt zu beschreiben, die von einer wechselseitigen Annäherung
und durch einen Austausch jeweiliger Eigenschaften bestimmt ist:

> „Ich möchte sagen, daß in den Kollektivvorstellungen des primitiven Denkens die
> Gegenstände, Wesen, Erscheinungen auf eine uns unverständliche Weise sie selbst
> und zugleich etwas anderes als sie selbst sein können."[104]

Diese Einebnung der Subjekt-Objekt-Trennung könne die Formen der „Berührung, Übertragung, Sympathie, Fernwirkung etc."[105] umfassen und sei insbesondere beim Verhältnis von Bildobjekt und Betrachtersubjekt bedeutsam. Der in
den 1920er und frühen 1930er Jahren zu einem Star-Autor avancierte Lucien Lévy-Bruhl faßt damit ein Verhältnis des Menschen zu seiner Umwelt, das sich herkömmlichen Denkfiguren radikal widersetzt. Die Kulturtechnik der Partizipation
sei in der Lage, Widersprüchliches oder einander wechselseitig Ausschließendes
zusammenzufassen und damit auch die Subjekt-Objekt-Trennung in einem kollektiven Zustand des ‚Wir' aufzulösen.

Zugleich führt die Partizipation aber auch zu einer Spaltung, die den Menschen
in zwei Wesen zerfallen läßt. Auf Tylers Animismus-Theorien aufbauend, macht
Lévy-Bruhl den Betrachterkörper zu einer Arena, in welcher der Mensch aus sich
heraustritt und dadurch auch für sich selbst sichtbar wird:

> „Es war zweifellos der erste Schritt der ‚wilden Philosophen, die einstens diese bei-
> den Gruppen von Erscheinungen betrachteten, daraus zu schließen, daß jedermann
> zwei Wesen hat, die ihm zukommen, sein Leben und sein Phantom. Das eine wie
> das andere stehen offenbar zum Körper in einer engen Beziehung: Das Leben, in-
> dem es befähigt, zu fühlen, zu denken und zu handeln, das Phantom, indem es sein
> Abbild oder sein zweites Ich ist; auch können sich beide von dem Körper loslösen,

---

103 Aby Warburg. Bildniskunst und florentinisches Bürgertum. 1902. Gesammelte Schriften. Hg. von Horst Bredekamp und Michael Diers. Berlin: Akademie Verlag, 1998, S.
89 – 126. Vol. I.1., S. 100.

104 Lucien Lévy-Bruhl. Das Denken der Naturvölker. Übers. Wilhelm Jerusalem. Wien:
Braumüller, 1921, S. 58.

105 Ebd.

das Leben, indem es ihn verlassen kann, so daß er fühllos oder tot zurückbleibt, das
Phantom, indem es Leuten erscheinen kann, die von jenem Körper sehr weit entfernt
sind."[106]

Natürlich gab es seit Lévy-Bruhls Entwurf dieses Begriffs der Partizipation ebenso wie bei der Konzeptualisierung des Animismus durch Tylor genug Kritik an
diesem Theorem: Es gehe von einer unterschwelligen Hierarchisierung aus und
sei deshalb nur aus der Geschichte und Ideologie des Kolonialismus erklärbar;
mit ihm versuche man, eine teleologische Entwicklung vom Primitiven zu einer
‚höheren' Stufe der Gesellschaft nachzuweisen; es sei im Grunde ein rassistischer
Entwurf. Diese Argumente sind zweifellos ernst zu nehmen und auch zum Groß-
teil berechtigt. Doch bleibt ein durchaus diskussionswürdiger Rest, der gerade
im medien- und bildtheoretischen Diskurs der Kulturwissenschaften einiges an
heuristischem Wert behält. Es ist die bestechende Beschreibung eines kollektiven
Repräsentationsmodus, welcher die gängige Widerspruchs- und Ausschlußlogik in
Frage stellt und diese durch ein Modell der Kopräsenz einander ausschließender
Sätze bzw. Erscheinungen ergänzt.

Dass diese Spur von der Anthropologie direkt zur zeitgleich sich formierenden
Filmtheorie führt, überrascht deshalb nur wenig. Béla Balázs hat sie im ‚Sichtbaren Menschen' aufgenommen – ausgetreten wurde sie aber – wie bereits in der
theoriehistorischen Einführung angedeutet – von einem in den 1920er Jahren noch
weitgehend unbekannten Literaten. Unter dem Titel ‚Ansätze einer neuen Ästhetik' hebt Robert Musil, ein Bekannter Balázs' aus der Wiener Kaffeehauszeit,
diese zwiespältige Filmbildfunktion hervor. Musil beschreibt diesen magischen
Vorgang, bei dem sich der Betrachter mit dem Bild zugleich auseinander- und in
eins setzt, noch etwas genauer. Der Film sei als „Affektsumme" zu verstehen, in
der „heterogene, aber unter gleichem Affekt stehende Bilder zu Konglomeraten
zusammengeballt werden"[107]. Balázs weiterdenkend, sieht Musil in diesem ästhetischen Zustand Mensch und Tier, Subjekt und Objekt, Du und Ich vereint: „Tier-
menschen und multiple Tiere der primitiven Kulturen, Traum- und Halluzinations-
bilder, [… die m]agische Rolle von Haaren, Fingernägeln, Schatten, Spiegelbild u.
dgl."[108] fügen sich unter seiner Feder zur Skizze einer anthropomorph informierten Filmtheorie. In einem rasanten Bogen entwickelt Musil dabei eine Materialästhetik, die frühen Phasen der Menschheitsgeschichte entspringt. Die nachgerade
physischen Einwirkungen des Bildes auf den Betrachterkörper, sein Pochen und

---

106 Ebd., S. 61.
107 Musil, Ansätze zu neuer Ästhetik, a.a.O., S. 1139.
108 Ebd.

Schlagen, sein Blenden und Erblinden, erweisen sich auch hier als animistisches Nachleben vergangener Repräsentationsmodi in der Gegenwartskunst:

> „Ihre letzte Wurzel haben alle diese Mittel in sehr alten Kulturzuständen und insgesamt bedeuten sie eine außerbegriffliche Korrespondenz des Menschen mit der Welt und abnormale Mitbewegung, deren man übrigens in jedem Augenblick inne werden kann, wenn man, vertieft in ein Kunstwerk, plötzlich kontrollierendes Normalbewußtsein einschaltet."[109]

Wachen Auges hebt Musil das bei Balázs gefundene Relais hervor, das die erwähnte doppelte Bewegung zwischen Kino-Ich und Außen-Welt affektiv aneinander bindet. Balázs habe als „erster Anatom und Biologe [...] auf dem wüsten Gebiet der Filmkritik"[110] den Gleichklang zwischen der Filmwahrnehmung und einem Verhalten entdeckt, das auf „außerbegriffliche Korrespondenz mit der Welt und abnormale Mitbewegung"[111], also auf Partizipation, begründet sei:

> „Liest man die genialen Beschreibungen, welche Lévy-Bruhl in seinem Buch ‚Les fonctions mentales des sociétés primitives' vom Denken der Naturvölker gegeben hat, namentlich die Kennzeichnung jenes besonderen Verhaltens zu den Dingen, das er Partizipation nennt, so wird der Zusammenhang mit dem Kunsterlebnis an vielen Stellen derart fühlbar, daß man glauben kann, in diesem eine späte Entwicklungsform jener Frühwelt vor sich zu haben."[112]

---

109 Ebd., S. 1141.

110 Ebd., S. 1138.

111 Ebd., S. 1141.

112 Ebd. Etwas mehr als zehn Jahre später, nämlich 1935, wird übrigens auch Eisenstein am *Allunionskongress der sowjetischen Filmschaffenden* dieses Theorem der Kunst als künstliche Regression in frühere Stadien emotionalen Denkens definieren. Er sieht allerdings dieses partizipative Moment dialektisch mit den höchsten Stellen des Bewusstseins und der Modernität verbunden: "art might be nothing other than an artificial regression to the earlier emotional thinking". zit. nach Rosen, a.a.O., S. 13. Den ersten Hinweis auf Musils Lévy-Bruhl-Lektüre verdanke ich Markus Hahn während unseres gemeinsamen Aufenthalts als Fellows am IFK Wien.

3.5   Partizipatorische Bildpolitik

Kein Wunder, dass etwa dreißig Jahre nach Balázs und Musil das Kinogehen als
partizipatorischer Akt ein weiteres Mal in das Filmedenken aufgenommen wurde.
Edgar Morin war es, der daraus eine der Säulen seiner Filmtheorie baute. Mit
ebenso poetischer wie pathetischer Feder stellt er in seinem Versuch zum ‚imaginären Menschen' den im vorigen Kapitel beschriebenen drei Grundmotiven
filmanthropologischer Untersuchungen auch noch vier Wirkkräfte des Kinematographen zur Seite. Neben dem ‚Zauber des Bildes', also der Photogénie, zweitens den apparativen Voraussetzungen des Saals und drittens einer – eher unklar
bleibenden – Beziehung der ZuschauerInnen zu den HerstellerInnen eines Films
betont er dabei viertens und vor allem die Übertragungsleistung eigener Erfahrungen und Gefühle auf die umgebende Welt der Dinge und Mitmenschen. Diese
„kosmische Partizipation" sei der zentrale Motor filmischer Wahrnehmung und
Ausgangspunkt einer kollektiven Welterfahrung des ‚Wir' im Kino. Damit wird
dem mythischen Akt der Partizipation auch eine bildpolitische Dimension verliehen. Der Saal, in dem die Bilder sich der Teilnahme der SeherInnen aussetzen und
diese sich zugleich der Teilnahme der Bilder versichern, wird von Morin zunächst
und vor allem als Ort eines Mehr-als-Ich verstanden. Hier findet der Mensch sein
Anderes als Bild, sein *Double*.

　　Morin skizziert in seinem anthropologischen Versuch eine merkwürdige In-
version: statt den medialen Transformationsprozeß zwischen Subjekt und Objekt,
Mensch und Welt, als Abtrennung, Abstraktion oder Distanzierung zu beschrei-
ben,[113] faßt er ihn als unmittelbarste und direkteste Beziehung überhaupt: Partizipation im Kino wird als Vermittlungsakt verstanden, der den Menschen an die
Welt binde, statt ihn von ihr zu trennen. Bild und ZuschauerIn gehen dabei ein
„Verhältnis gegenseitiger Anpassung"[114] ein, das den Bilderfluß durch einen, wie
Morin es nennt, ‚Ersatzbewußtseinsstrom' des Zusehens regelt. Statt des einsei-
tigen Vorgangs Dinge *wahr zu nehmen*, läuft ein paradoxer Prozeß synchroner
Anverwandlung *und* Subjektspaltung: Im Kino findet sowohl eine Vereinigung
von Betrachtungssubjekt und betrachtetem Objekt zu einem kollektiven *Mensch-
Ding-Tier-Wir* statt, als auch die *Subjektspaltung* in BetrachterIn und imaginären
Körper.

　　So erweist sich die Morin'sche Ableitung des Kinos aus dem Geiste der Magie
als medienanthropologischer und medienpolitischer Befund, der in seiner Wirk-

---

113　Wie dies die großen Entwürfe der philosophischen Anthropologie von Portmann und
　　　Gehlen, auf andere Weise auch Lacan, vollziehen.
114　Morin, Der Mensch und das Kino, S. 117.

mächtigkeit den großen semiologischen, psychoanalytischen oder kognitivistischen Entwürfen der Filmtheorie der zweiten Hälfte des Zwanzigsten Jahrhunderts durchaus gleichberechtigt beiseite gestellt zu werden verdient. Sie knüpft
an anthropologische Erkenntnisse ebenso an wie – wenn auch nur implizit – an
Warburgs kulturwissenschaftliche Fragestellungen, um davon ausgehend nicht zuletzt auch bildpolitische Beiträge im Rahmen aktueller filmtheoretischer Diskurse
vorzubereiten.

3.6   Filmanimismus heute

Auch wenn die Versuche der Klassiker von Warburg bis Morin, eine nahezu animistisch inspirierte Bild- und Laufbildanthropologie zu entwerfen, schnell in Ver-
gessenheit gerieten, so scheinen sie doch gerade im letzten Jahrzehnt wieder vermehrt nachzuleben. Neue Spuren einer anthropologisch informierten Bildpolitik
werden gelegt, die eine konsequente Entwicklung der Bildfunktionen von der *Anschauung* des Bildes über den *Anspruch* an seine ethischen Dimensionen bis zum
Anstoß für konkretes, politisches Handeln zu modellieren versuchen. Etliche von
ihnen gehen mit einer Neufassung der philosophischen Anthropologie aus dem
Geiste der Phänomenologie einher, die in den 1980er Jahren etwa Hans Blumenberg betrieben hat. Er geht von einer Transformation des Körpers vom reinen Instrument zum Medium von Gemütsbewegungen aus, das schließlich auch apparati-
ve Züge zur Stimulierung von Handlungen annehmen kann:

> „Je weniger der Körper selbst Instrument, *Vollzugsorgan* von Handlungen ist, um so
> umfassender kann er zum reinen *Ausdrucksträger* werden, der durch das Repertoire
> seiner mimischen und gestischen Informationen Handlungen zu ersetzen, zu ver-
> meiden, abzuwehren oder auszulösen vermag."[115]

Mit dem Körperbild als handlungsauslösendem Momentum handlungsgeleiteter
Bewegungen rückt die politische Dimension ein weiteres Mal in der Theoriegeschichte des Bildanimismus ins Blickfeld. Das Bild erweist sich als Agentur der
Einmischung, die ihren kontemplativen Mantel der reinen Anschauung und Darstellung, des bescheidenen Gestus von Zeigen und Erzählen, abgelegt hat. Filmbild-
denkerInnen wie Rey Chow, Jacques Rancière, Gertud Koch oder W.J.T. Mitchell
versuchen – von extrem unterschiedlichen Theoriehorizonten ausgehend – diese
Bildmacht zu umschreiben.

---

115 Blumenberg, Beschreibung des Menschen, a.a.O., S. 596.

Schon im Jahr 1995 hat Rey Chow mit dem Begriff der ‚*primitiven Leiden-schaften*' die Spur dieses Bildanimismus als wohl eine der Ersten wieder auf-genommen. In ihrer Arbeit zum festlandchinesischen Film seit den 1980er Jah-ren wird das Kino als privilegierter Ort der Inszenierung bildlicher Extreme von Fehlen und Fülle, von Ursprungsphantasien und Gigantomanien beschrieben. Chow verweist auf jene „‚invisible violence' of [...] primitive passions"[116], die die Kehrseite der Unfähigkeit darstellen, von der Vergangenheit vollständig zu lassen. Mit einer kleinen Episode aus den Aufzeichnungen von Lu Hsun versucht sie, die Entwicklung einer eigenständigen, selbstbewußten Identität des modernen China aus einer Art von bildlicher Urszene zu erklären, die der wohl bedeutendste chi-nesische Schriftsteller im Form einer Filmvorführung erlebte. Die Bildmacht do-kumentarischen Filmbildmaterials einer Enthauptung chinesischer Zivilisten im Sino-japanischen Krieg bringe Lu Hsun zu jenem Schritt, der für ihn und China als Loslösung von dem ständig nachgelebten phantasmagorischen Formenkanon der Erfindung von „origins and primaryness"[117] gewertet werden könne.

Auch Jacques Rancière schlägt eine Anreicherung der Bildfunktionen um prag-matische, prozeßorientierte Faktoren vor. Am Beispiel von Bressons Eselsfilm Au HASARD BALTHAZAR (F/1966) weist er nach, dass die dort vorgelegten *Bildopera-tionen* grundsätzlich auf ihrer Fähigkeit beruhen, auf Anderes hinzuweisen, *das Andere* zu markieren und über die dadurch erzeugte Alterität unmittelbar wirksam zu werden. Bressons Bilder „sind Operationen, die das Sichtbare mit seiner Be-deutung und das Wort mit seiner Wirkung verbinden oder voneinander trennen, die Erwartungen hervorrufen oder enttäuschen."[118] Mit seinem Vorschlag, das Bild als Operation zu fassen, soweit es sich dabei um ganz konkrete Erscheinungs- und Wirkungsweisen handelt, hat er ein deutlich markiertes *Bildverständnis der Ein-mischung* vorgelegt.

1995, also im selben Jahr wie Rey Chows bildanimistischer Versuch, liest Ger-tud Koch aus Béla Balázs' ‚Sichtbaren Menschen' eine „neue anthropomorphe Ästhetik"[119] der Moderne und des Kinos. Diese sei durch die Fähigkeit der Auf-nahmeapparatur gegeben, nicht nur die Dinge zu zeigen, wie sie sind, sondern um-

---

116 Rey Chow. Primitive passions. Visuality, sexuality, ethnography, and contemporary Chinese cinema. Film and culture. New York: Columbia University Press, 1995, S. 52.

117 Ebd., S. 37.

118 Jacques Rancière. Politik der Bilder. Übers. von Maria Muhle. Berlin: diaphanes, 2005 [2003], S. 11.

119 Gertrud Koch. Nähe und Distanz: Face-to-face-Kommunikation in der Moderne. In: Auge und Affekt. Wahrnehmung und Interaktion. Frankfurt am Main, 1995. S. 272–91, S. 272.

gekehrt ihnen einen menschlichen Ausdruck aufzuprägen. Das Kino versetze uns,
so Koch nach Balázs, in die Lage, uns die Welt in gewissem Maß anzuverwandeln
und sie dadurch zu animieren.[120] Auch diese doppelte Bewegung, den Dingen ihr
Bild abzunehmen und ihnen zugleich unseres aufzuprägen entstammt – wenn auch
in diesem Fall merkwürdigerweise über den Umweg der Frankfurter Schule auf
uns gekommen – dem Repertoire der klassischen Ethnologie und Anthropologie.
Koch nimmt den Ball eines prälogischen Wir auf und beschreibt jenes Subjekt,
das sich im Kino daraus formt. Der aus den vielfältigen Partizipationen im Saal
hervorgehende demiurgische und durchaus freundliche Kinogeher, der die Welt
nach unserem Bilde *animalisch-animistisch* animiert, habe eben – schreibt sie –
auch einen dunklen Zwilling: den schrecklichen Wüstling als „Abkömmling wilder Stammesväter [, der die] zeitlose, animalische Natur in allen menschlichen
Wesen"[121] hervorkehrt.

Ganz anders und dennoch mit vergleichbaren Effekten scheint auch W.J.T.
Mitchell direkt an diese Magie der Bilder anzuknüpfen. In seinem repräsenta-
tionskritischen Entwurf eines ‚Lebens der Bilder' beginnt er damit, dem Blick
des Betrachters ein Eigenleben zuzuschreiben. An Nelson Goodman anknüpfend,
versteht er Bilder als „Weisen der Welt*erzeugung*"[122], die tatsächlich in der Lage
seien, „*als* Lebewesen auf[zu]treten"[123], um dann zügig zu seiner zentralen These
zu gelangen:

> „Ich glaube, dass in der modernen Welt magische Haltungen gegenüber Bildern
> ebenso machtvoll sind, wie es in den sogenannten Zeiten des Glaubens der Fall
> war."[124]

Was also mit dem Blenden und Dröhnen, den rhythmisierten und ritualisierten
Exzessen aus den Bildern dringt, ist nicht nur der sei es raffinierte, sei es hilflose
Versuch akustischer und optischer Unterfütterung der erzählten Geschichten. Es
zeigt auch eine Symptomatik des Bildes, die kaum wo deutlicher zum Ausdruck
kommt als in Gesellschaften, in denen sich die Widersprüche kultureller Funktionen krisenhaft zugespitzt haben. Wenn sich die Bilder aufzulösen scheinen, wenn
sie grenzenlos werden wie die sie begleitenden Töne, dann zeigen sie sich im Zu-

---

120 Ebd., S. 280.
121 Ebd., S. 282.
122 W. J. Thomas Mitchell. Das Leben der Bilder: eine Theorie der visuellen Kultur. Mün-
     chen: Verlag C.H. Beck, 2008, S. 13.
123 Ebd., S. 22.
124 Ebd., S. 23.

stand ihrer anthropologischen Wirkmächtigkeit. Sie treiben die Zusehenden über ihr Zusehen hinaus, *behandeln* sie und behaupten sich als eine Kraft, die über die reine Funktion als Werkzeug des Menschen hinausweist. Bilder erfassen uns in ihrer Präsenz und induzieren ihre Bewegung in unseren Körpern. In ihrer rituell immer wiederkehrenden Bearbeitung bildanimistischer Funktionen öffnen sie Augen und Ohren, um eine nicht selten verdeckte Facette des Kinos überhaupt erst einmal in ihrer anthropologischen Funktion erkennen zu können. Warburg und Eisenstein, Deren und Morin haben uns gelehrt, die Bilder als Orientierungshilfen und Denkinstrumente im Hier und Jetzt zu sehen: Bilder bewegen nicht nur – sie *handeln*, auch wenn diese dunkle, aber nichtsdestotrotz politische Seite der Bilder nicht selten versteckt bleibt.

Der filmische Raum als Handlungsort des imaginären Menschen

4

Jener filmische Raum, in dem ruchlose Banditen von Zugwagons ballern, unschuldige Mädchen entführt und geopfert werden oder andere HeldInnen ihr trautes Heim gegen die Existenz als ZirkusartistInnen tauschen, wurde in den beginnenden kinoanthropologischen Diskursen des ersten Jahrzehnts der Kinematographie noch von einem anderen überlagert: Bevor sich dieser Ort der Einbildung als Gegenstand filmischen Forschens etablieren konnte – also noch vor der Wende zum Zwanzigsten Jahrhundert – beschäftigten sich die ersten Kommentare, Kritiken und theoretischen Stellungnahmen zu dem neuen Medium zunächst mit der Frage, was denn mit den BesucherInnen der neuen Etablissements, Zelte und Schaubuden geschähe, sobald sie sich dem Licht des Projektors ausgesetzt sähen. Der geschlossene und dunkle Saal mit der ihm eigenen Erfahrung bewegter Bilder war also der erste und für rund zwanzig Jahre wichtigste Raum, mit dem sich die im Entstehen begriffene Filmtheorie und Kinoanthropologie beschäftigte. Mit schlafwandlerischer Sicherheit und naiver Klarsicht orteten bereits die frühen systematischen Stellungnahmen den ästhetischen, sozialen und politischen Brennpunkt der neuen Kunst der Kinematographie noch *außerhalb* und *vor* den Bildern und den von ihnen dargestellten Räumen. Der *Kinosaal* wurde als *Wahrnehmungsraum* erlebt und erkannt, der Ungesehenes, Aufregendes und oft auch den eigenen Körper Affizierendes berge.

Vielfältigen Befunde aus dem Denken der Zeit des frühen Kinos im Konzert mit anderen Schau- und Schaustellerkünsten belegen, wie mühsam und langwierig es war, die Schwelle zwischen dem ZuschauerInnenraum und den auf der Leinwand gezeigten Orten miteinander in Einklang zu bringen. Diese Erfahrungsberichte aus dem neuen Kontinent technisch verfertigter Menschenbilder in eigens dafür hergestellten Erfahrungsräumen beziehen sich aber nicht nur auf das Kino, sondern auch auf andere Vorrichtungen und stammen nicht zuletzt auch aus dem Grenzgebiet zwischen Anthropologie und Phänomenologie. Einer davon stammt von einem Denker, der zwar keine Zeile über Film, jedoch zeitgleich mit dessen Ausformung zu einer Institution als humane Sichtbarkeitsmaschine Entscheidendes über die Wahrnehmung des menschlichen Körpers für sich und für andere beigetragen hat.

4.1   Husserls Wachsfigurenkabinett oder die maschinelle Fremderfahrung des Menschen

Im Sommer 1923 besuchte Edmund Husserl ein Berliner Wachsfigurenkabinett. In der einzigen Szene aus seinem Alltagsleben, die der Gründer der Phänomenologie je in seine Untersuchungen einfließen ließ, sieht er sich einer Vorrichtung ausgesetzt, in welcher der Raum und die Menschen in ihm nicht eindeutig von jenem zu unterscheiden sind, in dem sich die künstlichen und künstlerischen Darstellungen bewegen. Wie in Panoptika, begehbaren Camerae obscurae und nicht zuletzt im Kino, rückte dabei auch für Husserl die Wahrnehmung der Bilder und jene der Menschen, die diese darstellen, bis zur Ununterscheidbarkeit zusammen. Darstellungsraum und dargestellter Raum werden zumindest für Augenblicke nahezu ident:

> „Im Panoptikum die Schaulust einmal befriedigend, sehe ich neben mir unter anderen Zuschauern ein Mädchen, das, den Katalog in der Hand, interessiert dieselben Schaustücke ansieht wie ich. Nach einer Weile kam mir das Mädchen verdächtig vor. Ich erkannte, daß es eine bloße Figur war, eine auf Täuschung berechnete mechanische Puppe."[125]

Es war wohl nicht nur, wie Hans Blumenberg in seiner Paraphrase dieses merk- und denkwürdigen Besuchs vermutet, „die geübte Weltfremdheit eines angehend Professors […], sich durch das Winken und den zur Tatzeit unvermeidlichen erotischen Stich der Szene in Verlegenheit setzen zu lassen."[126] Blumenberg hebt in seinem Vergleich der Nacherzählung dieses Ereignisses durch Hans-Georg Gadamer und den persönlichen Aufzeichnungen des Gründers der Phänomenologie deshalb auch jene technisch implementierten Folgen der Husserlschen Schaulust-

---

125 Husserl, Gesammelte Werke (Husserliana) XI, S. 350f. Cit. Blumenberg, Beschreibung, a.a.O., S. 753.
126 Ebd., S. 753f.

befriedigung hervor, die genau an der Schwelle zwischen unmenschlicher Puppenhaftigkeit eines menschlichen ‚Schaustückes' und den partizipierenden Besuchern angesiedelt sind:

> „Delikater ist Husserls Fassung, weil die Puppe sich in das Kollektiv der Zuschauer einfügt, gleichsam als äußerste Steigerung der Intensität des Idealen Zuschauers".[127]

Diese immersive Intensität durch Einfügung in die Gemeinschaft wird also genau dadurch erreicht, dass sich das technisch verfertigte Menschenbild mitten im ZuschauerInnenraum befindet. Auch wenn die Täuschung nur wenige Augenblicke anhält und sogleich von der Enttäuschung verdrängt wird, hebt Blumenberg – Husserl folgend – die Bedeutung dieses komprimierten Erfahrungsmoments hervor. Sie besteht vor allem in dem Effekt, dass sich die Verwechslungen und Vermischungen des Menschenbilds mit dem Menschen im Wahrnehmungsraum des Wachsfigurenkabinetts nicht auf Grund einer rationalen Entscheidung vollzieht. Husserl ist vielmehr an jenem Moment interessiert, der vor jeglicher kognitiven Umformung in der Erfahrung unmittelbarer Evidenz besteht:

> „Dieses Interesse wird ganz absorbiert von dem Problem der vorprädikativen Modifikation der Anschauung, die sich zuerst ganz auf die Täuschung einläßt, dann Momente des Schwankens und des Zweifels aufnimmt, um schließlich die Durchstreichung der ursprünglichen Gegebenheit durch neue Evidenz vorzunehmen, also die Negation unterhalb der Urteilsebene zu vollziehen."[128]

Befanden sich also Husserl und das von ihm beobachtete Mädchen zunächst in einem gemeinsamen Raum wechselseitiger Evidenz, wird erst in einem zweiten Schritt die Trennung in den Wahrnehmungsraum im Saal und dem Raum der vermeintlich als Menschen wahrgenommenen Puppe vollzogen.

Blumenberg versucht nun ganz behutsam und nebenher, auch die allgemeineren, medienanthropologischen Aspekte einzuweben. Zunächst fasst er die Erfahrungen Husserls im Wachsfigurenkabinett als Frage eines organisierten Ereignisses auf:

> „Wachsfiguren sind Schaustücke, die eine an ihnen selbst nicht erkennbare Intention der Vorführung, nur im Grenzfall der Täuschung voraussetzen, also Subjekte, die dies als ihre ‚Veranstaltung' betreiben."[129]

---

127 Ebd., S. 754.
128 Ebd., S. 753.
129 Ebd., S. 759.

Die Performanz in institutionellem Rahmen sei keine rein inter-personale Beziehung, sondern eben eine Veranstaltung. Die aus dieser anderen „Stufe von Fremderfahrung, die der Mittelbarkeit"[130], fließende mediale Präsenzerfahrung bedarf technischer Voraussetzungen, also der Abstimmung einer Reihe von Artefakten:

> „Um die empirisch präsente Welt der falschen Anderen legt sich, dies in der späteren Sprache der Phänomenologie ausgedrückt, ein Horizont von abwesenden Anderen, die nicht über Leiber appräsentiert werden, sondern mittels solcher Realien, die ihren motivierenden und technischen Ursprung nur in Subjekten haben können."[131]

Neben den institutionellen und apparativen Prämissen vergisst Blumenberg aber auch nicht, der ökonomischen Determinanten dieser Vorrichung Erwähnung zu tun. Ohne das „Eintrittsgeld für die Befriedigung seiner Schaulust", die Momente des „auf Menschen abgestellten Güterverkehr[s]" und die „maximale Attraktion im Interesse der Veranstalter"[132] sei die medial vermittelte Fremderfahrung im Rahmen der Schaukünste der Moderne undenkbar.

Was für Husserls Wachsfigurenkabinett gilt, hilft also weitgehend auch für die Beschreibung der Raumerfahrung der ZuschauerInnen im frühen Kino. Dort wird die Wahrnehmung menschlicher Schaustücke auf der Leinwand, mit all ihren Evidenzmomenten der Intensität und Präsenz, des Zweifels und Verdachts, der Täuschung und Enttäuschung, allerdings zu einem gedehnten Vorgang der Vorführung, der sich über die gesamte Länge eines Films oder Programmablaufs erstrecken kann. Dieses Schwanken und Wanken zwischen den beiden Räumen imaginierter und realer Menschen wird sogar, wie später auch etliche Studien der Filmtheorie der 1970er Jahre belegen werden, zu einer *raison d'être* der Kinoapparatur.[133] Dem hatte sich das frühe Kino allerdings erst zu stellen. Die Attraktionsfunktionäre drängten darauf, es zu einem Gesamterrechnis zu ordnen und dies dem noch unerfahrenen Publikum auch zu lehren. Es ist also nicht überraschend, dass gerade das frühe Kino besonderes Augenmerk auf die Orchestrierung der Übergänge und Überlappungen zwischen diesen beiden Räumen zu legen hatte. Um die von der Phänomenologie beobachtete Differenz von Eigenleiblichkeit und Fremderfahrung abzubauen, entwickelte es ein breites Repertoire von Techniken,

---

130 Ebd., S. 759.

131 Ebd., S. 759f.

132 Ebd., S. 760.

133 Vgl. etwa die Debatten, die die Studie des Anthropologen und Psychoanalytikers Octave Mannoni herbeigerufen hat: Octave Mannoni. Je sais bien, mais quand même. In: Clefs pour l'imaginaire ou l'autre scène. Paris: Éditions du Seuil, 1969, S. 9–33.

die sowohl bei der Herstellung als auch bei der Vorstellung der Filme zum Einsatz kamen. Nicht nur an der nuancierten Konstruktion von Blickbeziehungen zwischen Kinositzenden und Filmfiguren, nicht nur an der Verwaltung der Bildränder und Toncluster im Vorführrraum wurde deshalb unablässig gefeilt. Auch die von Blumenberg an den Schaukünsten zur ‚Tatzeit' des Husserlschen Damenbesuchs beobachtete „stereotype Mechanik"[134] findet sich gerade im Kino wieder. Von den Slapsticks Fatty Arbuckles über Buster Keatons Kampf mit den Apparaten der Lokomotion bis zu Douglas Fairbanks Swashbucklern erinnerte es unablässig an diese maschinelle Vermittlung von Ich und Du. Ihre Artistik und Artifizialität, ihre Schnelligkeit, Virtuosität und technische Präzision war eines der Symptome dieses prekären Zusammenhangs von Mensch und Maschine. Die bei Husserls Begegnung mit der wächsernen Puppe inszenierte Gratwanderung zwischen den Räumen des imaginären und des realen Menschen in den öffentlichen Etablissements der Schaustellerei war also genau jene Attraktion, die eine dieser Vergnügungsstätten bereits zu ihrem zentralen Moment ausgebaut hatte: die anthropologische Versuchsstation Kino.

Die anthropologische Dimension technoider Menschenbilder, die durch die Filmerfahrung umgekehrt auch verstärkt wurde, ist selbstredend nicht erst durch die Kulturtechniken der Moderne des 19. Jahrhunderts akut geworden. Gezielt arbeitet Blumenberg deshalb an einem Subjektbegriff, der bereits bei Descartes zu finden ist und führt ihn bis in seine apparativen Momente fort:

> „Die Vorstellungen der alten Cartesianer vom Mechanismus des Leibes mögen auch Husserl historisch obsolet erschienen sein, aber doch nur, weil sie einen höchst grobschlächtigen Begriff von dem hatten, was man einen Apparat oder eine Maschine zu nennen hatte. Im Prinzip aber, wie weit ins Mikroskopische entrückt auch immer die mechanischen Strukturen geworden sein mögen, ist der Leib das Hantierungsgerät des Subjekts geblieben, ein Gerät der Selbsterhaltung im biologischen, ein Gerät der Ermittlung von Wahrnehmungsdaten im theoretischen Sinn."[135]

Was immer man auch von dieser eher reduktionistischen Sicht des Körpers als Datensuchhund halten mag: Ein Aspekt ist dabei für die weitere Erkundung des Kinos als Gerät prothetischer Externalisierung der Leiblichkeit nicht zu unterschätzen. Die filmische Ermittlungfunktion von Wahrnehmungsdaten könnte gerade durch ihre Mittelbarkeit dazu dienen, andere oder vielleicht sogar treffendere Erkenntnisse über den Menschen zu liefern:

---

134 753.
135 754.

„Es wäre möglich, daß solche mittelbare Fremderfahrung in Verbindung mit anderen Realien genauere Auskunft von dem Status der Zeitgenossen gibt, als diese auf das heute so geschätzte Instrument der Befragung von sich selbst hätten geben können."[136]

Wenn Blumenberg dabei sogar ohne Einschränkungen für „den Vorzug der mittelbaren Fremderfahrung"[137] plädiert, so liegt dies an der Fähigkeit der kinematographischen Datensuchmaschinen, sich vom Körper des Menschen zu lösen, von ihm abzuheben oder ihn zu überfliegen:

„Das wäre auch anthropologisch von höchster Bedeutung, denn es würde den Prozeß der Auslagerung von Funktionen des Leibes in die Sphäre der kulturellen Realien mit einzigartiger Prägnanz vorstellig machen."[138]

Besonders effektiv bei diesem Ablösungsprozess der Wahrnehmungsdatenermittlungsgeräte vom Körper des Wahrnehmenden seien dabei jene Körperteile, die im Dienste bildlicher Bestandsaufnahmen stehen. Mit der Kamera wird zu diesem Zweck ein Gerät bereitgestellt, das sich vom Körper gelöst hat und dennoch die Funktionen des Auges zu übernehmen in der Lage ist. Um diese Beobachtung zu stützen, kann Blumenberg wiederum eine direkte Anleihen bei Husserl nehmen:

„Vorstellen könnte ich mir ja auch, daß mein Leib visuell fortfliegt, während die Erscheinungen so ablaufen, daß ich immerfort vom Hier aus sehe und der Leib dann in den bekannten perspektivischen Wandlungen und Verkürzungen schließlich am Horizont verschwindet."[139]

Dieses von Husserl in den Jahren 1914–15 beschriebene ‚Hinausschieben des Leibkörpers', das wohl mindestens ebenso als Filmerfahrung wie als Traum gewertet werden kann, war seit der Pariser Weltausstellung 1900 durch Aufnahmen aus einem Fesselballon in einem 360°-Panorama aus zehn synchronisierten 70mm-Projektoren wohl bekannt. Auch andere filmische Flugaufnahmen – allen voran L'EROISMO DI UN AVIATORE A TRIPOLI von Elvira Notari, einem der ersten Fliegerfilme aus dem Jahr 1912 – erfuhren nicht erst durch den Ersten Weltkrieg

---

136 760.
137 761.
138 761.
139 Husserliana XIII, S. 418. Zit. Blumenberg, S. 765.

zunehmend an Verbreitung.[140] Husserl begnügt sich in seinen – im besten Sinne – Spekulationen aber nicht nur mit dem Fortfliegen des Leibes. An anderer Stelle ventiliert er auch jene später von Morin detailliert beschriebenen animistisch informierten Verfahren der Vervielfachung von Menschenbildern durch Mehrfachbelichtungen, Doppelgängerplots und Auffächerungen von filmischen Figurendarstellungen durch Montagekomplexe:

> „Man könnte das Problem erwägen, ob es denkbar ist, daß ein Ich in der Tat mehrere Leiber hat."[141]

Voraussetzung für Husserls überraschende proto-filmischen Entwürfe der *mise en image* von Fremdkörper und Eigenleib bleibt allerdings die von den Phänomenologen konstatierte Differenz zwischen der relativen Immobilität des menschlichen Körpers während des Wahrnehmungsvorgangs und den Bewegungserfahrung der vermittelten Fremdwahrnehmung menschlicher Körperbilder. Obwohl seine wächserne Dame ebenso unbeweglich wie der auf sie schielende zukünftige Philosoph ist, schreibt er ihr – nach den Worten Blumenbergs – eine imaginierte Bewegtheit und Lebendigkeit zu, die das Kino auf den Leinwänden bereits darstellbar gemacht hat:

> „Daher ist auch der zuschauende Student im Panoptikum so leicht in die Gesellschaft einer Puppe zu versetzen, weil er der unbewegte Zuschauer von Schaustücken ist, der Prototyp des phänomenologischen Subjekts, das metaphorisch noch so unbewegt den Bewegungen seines eigenen Bewußtseinsstroms gegenübersteht."[142]

Auch Blumenberg bleibt also mit seiner Analyse von Husserls Begegnung mit der wächsernen Dame in den ersten Jahren des Ersten Weltkriegs trotz seiner weiten Perspektive philosophischer Anthropologie nicht weit abseits von jenen spezifischen Prämissen der Filmwahrnehmung, welche die Kinomaschine mit ihrem Bewegungsverbot den Sitzenden im Saal zuweist.

---

140 Jeffrey Geiger. Making America Global: Cinematicity and the Aerial View. In: Cinematicity in media history. Hg. von Jeffrey Geiger und Karin Littau, 2013, S. 137.

141 Husserliana XIV, S. 483, zit. Blumenberg, S. 763.

142 754.

4.2   Zur Theoriegeschichte filmischer Raumkonstruktion

Erst um die Mitte der 1910er Jahre büßte dieser Erlebnisort als wichtigster Forschungsgegenstand der allmählich Gestalt annehmenden Filmanthropologie seine
Bedeutung ein: Für ein gutes halbes Jahrhundert verlor sich der Schauplatz Kino
als Gegenstand theoretischer Reflexionen zum Kino-Menschen in den imaginären
Weiten jenseits der Leinwand. Untersucht wurde zusehends weniger die sozialen
oder architektonischen Orte der *Äußerung*, als vielmehr die vielgestaltigen Räume des Ausgesagten mit ihren Darstellungen des ganzen Universums und aller
seiner Teile. Damit war der *filmische Raum*, also das Produkt der Einbildung der
ZuschauerInnen, als bevorzugtes Objekt der *Filmanthropologie* ge- und erfunden.
Erst in den letzten Jahren des Zwanzigsten Jahrhunderts sollten die bewegten Bilder und die sie erhellenden Theoreme im Zuge der Migration filmischer Sub-For-
men einerseits in multimediale Kino- und Entertainment-Center, andererseits in
Museen, Kunsthallen und Galerien, sowie der Projektion des Laufbilds in hellen,
öffentlichen Räumen an diesen Ort des Sehens und Hörens zurückfinden und sich
damit der *Anthropologie des Kinos* erneut öffnen.

Der filmische Raum war folglich nicht das Ergebnis einer ‚Entdeckung' durch
geniale Filmkünstler oder umsichtige Wissenschafter. – Dieser zweite, imaginäre
und vielleicht nachhaltigere Erfahrungsgegenstand wurde vielmehr in einem kom-
plizierten Vorgang ständigen Erstellens und Verstellens, Probierens und Variierens
von FilmmacherInnen und FilmdenkerInnen *konstruiert*: Er entstand in einem
weitläufigen und transnationalen Feld einander überlagernder und sich durchkreu-
zender Diskurse anthropologischer und globaler Dimensionen.

Grundsätzlich wird dieser filmische Raum durch zwei prinzipiell zu unter-
scheidende Verfahrensweisen erzeugt: Erstens durch die genau kalkulierte und behutsam abgestimmte Koordination von Gegenständen und Figuren mittels Licht
und Bewegung *im Inneren der filmischen Einstellung*. Diese Binnengliederung im
zeiträumlichen Kontinuum zwischen zwei Schnitten bleibt einer langen Tradition
der Bildkonstruktion in den euro-amerikanischen Kulturen seit der Renaissance
verpflichtet. Sie wird nicht selten mit Kodes perspektivischen Sehens erklärt, die
in diesen Diskursen ihrerseits auf Analogien und Affinitäten zu optischen Gerätschaften bezogen werden. Raumillusion wird dabei durch Beleuchtungstechniken
und Lichteffekte, durch Schärfentiefe bis in die letzten Winkel illusorischer Räumlichkeit, durch Kamera- und Figurenbewegung in der Vertikalen, der Horizontalen
und parallel zur Blickrichtung der ZuschauerInnen, durch die Auswahl besonderer Filmemulsionen und Ähnliches erzeugt und vertieft. Erst der dosierte Einsatz
dieser Methoden und Effekte sowie ihre kalkulierte Kombination führt zu jenem
Reichtum an räumlichen Nuancen, über die das Kino seit seinen Anfängen verfügt.

Das zweite Verfahren filmischer Raumkonstruktion geht von der Erfahrung aus, dass zwei oder mehrere hintereinander gefügte Einstellungen dem Kino-Menschen zwei oder mehrere Teilansichten *eines homogenen und kontinuierlichen* Handlungsraums zur Verfügung stellen. Diese als *Editing* oder *Découpage*[143] bezeichnete Montage-Technik wurde vielfach als genuin filmisches Verfahren beschrieben, da es nur im Kino und in anderen Laufbildmedien zu finden ist. Dabei wird der Sprung zwischen den Einstellungen durch die produktive Wahrnehmungsleistung der Zusehenden übersehen und in die Vorstellung eines fließenden und in die Zeit sich ergießenden Raumgebildes übergeführt. In der vielfältigen Kombination und subtilen Variation dieser beiden Techniken der Konstruktion und Verkettung des Filmbildes liegt im Grund das ganze Vermögen der Herstellung des filmischen Raums: Angeregt von den Bildern auf der Leinwand entsteht ein imaginäres Feld, in dem die uns vertrauten Raumdimensionen von oben/unten, vorne/hinten, links/rechts vorhanden zu sein scheinen und logische Handlungscluster und chronologische Erzählstränge ablaufen können. Dieser Ort der Vorstellung ist jenes Territorium, in dem die Kino-Menschen im Saal sich selbst als ihr eigenes Double betrachten können.

Der – mit dem ersten Jahrzehnt des 20. Jahrhunderts sich langsam aufbauende und verfestigende – imaginäre Bildraum bedurfte nur mehr seiner Ergänzung durch den *Ton*, um jene umfassende synästhetische Dichte zu erreichen, mit der die Filmerfahrung seit je verbunden ist. Denn nicht erst seit der Verbreitung der ‚Talkies', also der Sprechfilme als erster Phase des Tonfilms der späten 1920er Jahre, bringt die Bild/Ton-Kombinatorik aus Wahrnehmung und Vorstellung jene räumlichen Realitätseffekte hervor, die mit einem Begriff aus der aristotelischen *Poetik* gerne als *Diegese* bezeichnet werden. Bereits seit den ersten Tagen des Kinos leistet die Klanglichkeit und Hörsamkeit der Kinosäle mit ihren analogen oder digitalen Prothesen einen mindestens ebenso großen Beitrag zur diegetischen Raumentfaltung wie das Bild. MusikantInnen, GeräuschemacherInnen und FilmerzählerInnen trugen schon wenige Jahre nach der ersten öffentlichen Filmvorführung 1895 zur Konstruktion eines ebenso dichten wie plastischen Vorstellungsraums bei. Sie nutzten den Effekt omnidirektionaler Ausbreitung der Schallwellen und ihre ganzkörperliche Wahrnehmung durch den Zusehenden und Zuhörenden geschickt aus, um im Einklang mit den Bildern den anderen, abwesenden, imaginär-diegetischen Raum des Morinschen Doubles zu erzeugen.

Aus der hier angedeuteten Vielschichtigkeit der Raumerfahrungen des Kino-Menschen erklärt sich auch die zwitterhafte Funktion filmwissenschaftlicher

---

143   Vgl. dazu Kapitel ‚Découpage. Der rote Faden durch Kozinzews Wohnung' in diesem Band.

Raumtheorien seit dem Bestehen des Films. Um sich im Konzert der Wissenschaften zu positionieren und die Dimensionen ihres Gegenstandsbereichs auszuloten, nahmen die – verglichen mit anderen kulturwissenschaftlichen Fächern sehr jungen – filmwissenschaftlichen Denkrichtungen aus den ersten beiden Jahrzehnten des vorigen Jahrhunderts zunächst wichtige Impulse und Anregungen von anderen *kunstwissenschaftlichen* Disziplinen: Ricciotto Canudo etwa beschrieb den Film als Kunst musikalischer Raumrhythmen;[144] Hugo Münsterberg verwies auf den Theaterraum zur Erörterung filmischer Tiefenwirkung;[145] Vachel Lindsays *sculpture-in-motion*[146] und Elie Faures[147] *cinéplastique* orientierten sich an der raumfüllenden Wirkung der Skulptur. Sie alle versuchten dabei die jeweils raumrelevanten Faktoren der einzelnen Künste mit jenen der Kinematographie abzugleichen.

Ab den 1920er Jahren orientierte sich die Untersuchung filmischer Raumkonstruktion der später als klassische Filmtheorie zusammengefassten Tendenzen eher an *humanwissenschaftlichen* Disziplinen wie der Gestaltpsychologie (Rudolf Arnheim), einer phänomenologisch und soziologisch beeinflussten Materialästhetik (Siegfried Kracauer) oder einer lebensphilosophischen Ethik (André Bazin), bis sich mit Edgar Morin und der Filmologie in der Mitte des vorigen Jahrhunderts langsam der Kern einer eigenen filmanthropologisch informierten Methodologie der Raumforschung herauszubilden begann.

Schon bei einer flüchtigen Durchsicht der Raumparadigmen dieser Klassiker der Filmtheorie von den 1910er bis in die 1950er Jahre fällt die Gewichtung in *drei Typen* filmtheoretischen Raumverständnisses auf. Es gibt zunächst jene Theoretiker wie Hugo Münsterberg, Jean Epstein[148] oder Louis Delluc, die in ihren systematischen Ansätzen so etwas wie einen *totalen ästhetischen Raum* vor Augen haben: Er wird als mehrdimensionales, vielgestaltiges und bewegtes Gebilde beschrieben, das keinerlei physikalischen Gesetzen zu gehorchen hat. Frei, ja sogar willkürlich sind seine Vektoren allein nach den Prinzipien der menschlichen Einbildungskraft ausgerichtet. Münsterberg fand sein Paradigma der Raumgestaltung als Ausdruck des reinen Spiels ästhetischer Ideen in der kantischen Kritik der Urteilskraft, Epstein und Delluc entwickelten ihre Begriffe nach eigenen Prämis-

---

144 Ricciotto Canudo. L'usine aux images. Paris: Séguier+arte, 1995 [1908–1923].

145 Hugo Münsterberg. Das Lichtspiel. Eine psychologische Studie. Übers. von Jörg Schweinitz. Wien: Synema, 1996 [1917].

146 Vachel Lindsay. The Art of the Moving Picture. New York: Liveright (Macmillan), 1970.

147 Elie Faure. De la cinéplastique. Paris: Séguier, 1995 [1920].

148 Jean Epstein. Bonjour cinéma. In: Écrits sur le cinéma. Bd. 1. Paris: Seghers/Cinémaclub, 1974 [1921], S. 71–104.

sen jener von ihnen selbst entworfenen, schwer fassbaren Theorie filmischer Darstellung durch Licht und Bewegung, die sie *Photogénie* nannten: Ihr fließendes,
sich ständig veränderndes Raum/Zeit-Gefüge bietet sich deshalb auch am ehesten
als Ort an, in dem sich anthropologische Konzepte der Verdopplung des Ich in
einem gespiegelten imaginären Raum einnisten konnten. Trotz ihrer ästhetischen
Autonomie blieben sie einer figurativen Räumlichkeit verpflichtet, welche die Entfaltung filmischer Erzählungen ermöglichte.

Ein zweiter Typus könnte als Gegenposition zum totalen ästhetischen Raum
begriffen werden. Er leitet sich von einer sehr engen Anlehnung an die konkreten
Raumvorstellungen alltagsweltlicher Erfahrung ab: Diese *Räume sozialer Verant-
wortung* können eher kontemplative Ausformungen wie bei André Bazin finden,
oder aber operative Effekte wie bei Walter Benjamin zeitigen. Beide stark auf der
produktiven Einbildungskraft der Zusehenden beharrend, setzt der erste auf den
Überblick eines souveränen Subjekts. Ihm wird ein in sich abgerundeter, durch
Dauer und Kontinuität gezeitigter Raum angemessen. Was technisch etwa in den
Filmen von William Wyler oder Orson Welles aus den 1940er Jahren durch den
Einsatz von Tiefenschärfe und langen, ungeschnittenen Sequenzeinstellungen vor-
bereitet wird, bedarf eines entsprechend ausgeprägten und letztlich auch ethisch
fundierten Sensoriums auf Seiten des Publikums, um in seiner Vielgestaltigkeit
und seinem Facettenreichtum als Realitätseindruck erfahrbar zu werden. Benjamin wiederum entwirft ein Raumverständnis, das den Film, wie er es in einer Gelegenheitsarbeit genannt hat, als „eine neue Region des Bewußtseins"[149] begreift.
Durch technische Eingriffe wie Großaufnahme oder Zeitlupe wird der von ihm
filmisch erzeugte Raum dehnbar, formbar, brauchbar; nicht zuletzt auch im Sinne eines unmittelbaren, politischen Eingriffs. Auch dieser operative Raum setzt
eine bestimmte, hier klassenspezifisch ausdifferenzierte Wahrnehmung voraus,
um sich in seiner ästhetischen, aber auch politischen Brisanz entfalten zu können.

Die dritte Raumgattung schließlich, die von den klassischen Filmtheorien entworfen wurde, befindet sich typologisch in der Mitte der beiden Kategorien des
totalen ästhetischen und des sozialen ethischen Raums: Sie setzt auf die Dynamik der Vermittlung zwischen der sozialen Lebensraumerfahrung und dem imaginären Universum des Kinos und versteht den daraus entstehenden filmischen
Raum als Übergangsphänomen oder als Grenze mit anthropologischer Tragweite. Dieser vielleicht als *Vermittlungsraum* zu bezeichnende Typus setzt zunächst
bei den sinnlich erfahrbaren Elementen der Filmwahrnehmung an, also bei jenen
Teilen des Sichtbaren, die sich auf der zweidimensionalen Fläche der Leinwand

---

149 Walter Benjamin. Erwiderung an Oscar A. H. Schmitz. In: Medienästhetische Schriften. Hg. von Detlev Schöttker. Frankfurt: Suhrkamp, 2002 [1927]. S. 348.

abzeichnen. Die *sichtbare Oberfläche* der auf der Leinwand dargestellten Gegenstände und Menschen ist es, die nach den jeweils sehr unterschiedlichen Ansätzen
von Béla Balázs' Theorem des reinen Raumerlebnisses durch Fahraufnahmen,[150]
Rudolf Arnheims reduktionstheoretischem Gestaltraum[151] und Siegfried Kracauers Raum physischer Existenz[152] die filmische Erfahrung des Kino-Menschen
aufbaut. Durch die Filmbetrachtung vermählen sich die beiden Oberflächen der
Leinwand und der dargestellten Objekte zu einem Hybrid aus dem Freiraum des
Geistes menschlicher Subjektivität und den Erscheinungsformen des Realen. Die
Bildfläche fungiert dabei gleichsam als *Schnittstelle mit Eigensinn*, die die beiden
Idealtypen zu verkoppeln imstande ist. Mit einem Gutteil von Eigengesetzlichkeit
ausgestattet, ist sie die Zentralagentur filmischer Verräumlichung. Die Leinwand
als Vermittlungsinstanz setzt bei Balázs Äußeres mit Innerem, bei Kracauer Wirk-
lichkeit mit Bild und bei Arnheim Realität mit Kunst zueinander in Beziehung und
macht die daraus entstehenden, sehr unterschiedlichen Oberflächen zur Ultima
Ratio filmischer Raumvorstellung.

　　Nach diesen – hier typologisch zusammengefassten – klassischen Theoremen
setzte mit den späten 1950er Jahren eine nicht zu hoch einzuschätzende Wende zur
Entwicklung entsprechender *Untersuchungstechniken* des filmischen Raums ein.
Mit der zunehmenden Aufmerksamkeit gegenüber den konstruktiven und formalen
Bausteinen der Raumkonstruktion bei André Bazin[153] und Jean Mitry[154] sowie der
Schule der französischen Filmologie wurden die Grundlagen zur modernen Filmanalyse und damit auch zu einer spezifischen *Morphologie* des filmischen Raums
gesetzt. Terminologisch war dieser Aufbruch zur Moderne innerhalb der Film-
raumforschung gewiss maßgeblich durch die systematischen Untersuchungen der
FilmologInnen um Anne und Etienne Souriau im Paris der 1950er Jahre vorberei-
tet. Diese waren es auch, die den in der Folge immer wichtiger werdenden Begriff
der *Diegese* als Mentalkonstruktion des imaginären Raums filmischer Erzählungen
in den wissenschaftlichen Diskurs eingeführt haben. Mit dem diegetischen Univer-

150　Béla Balázs. Der Film. Werden und Wesen einer neuen Kunst. Übers. von Alexander
　　　Sacher-Masoch. Wien: Globus, 1949, S. 153f.

151　Rudolf Arnheim. Film als Kunst. TB 3656. Frankfurt/M.: Fischer, 1979 [1932], S.
　　　24–47, besonders S. 68, wo Arnheim das Bild als „so unzureichend als möglich" be-
　　　schreibt.

152　Siegfried Kracauer. Epilog. In: Theorie des Films. Die Errettung der äußeren Wirk-
　　　lichkeit. Frankfurt/M: Suhrkamp, 1975 [1960], S. 369–402.

153　André Bazin. Le Crime de M. Lange (1935). In: Jean Renoir. München: Hanser, 1977
　　　[1958], S. 26–32.

154　Jean Mitry. Esthétique et psychologie du cinéma 1. Paris: éditions universitaires, 1963,
　　　S. 149–194.

sum wird den narrativen Kausalketten fiktiver Ereignisse ein räumlich vorstellbares Feld zur Verfügung gestellt: Es verdichtet sich zum Inbegriff des filmischen Raums als jenes Ensemble, in dem die Konkretion fotografischer Bilder des Faktischen mit der Abstraktion alles Denkmöglichen in der Fiktion verschmilzt.

Erst die auf dieser Grundlage einsetzende Welle umfangreicher und umfassender Filmanalysen führte zu genaueren Erkenntnissen über die Funktion diskursiver Verfahren und technischer Gestaltungsmodi filmischer Raumkonstruktion. Die ersten Ansätze zu dieser methodologischen Schärfung des Blicks auf den Formenreichtum spatialer Entfaltung sind etwa 1958 in Bazins Erkundungen der Funktion des raumzeitlichen Kontinuums und seiner dramatischen Konsequenzen in der einschlägigen Szene des Innenhofs der Batala'schen Druckerei aus Renoirs LE CRIME DE M. LANGE (F/1936) zu finden: Sie zeigt die Ermordung Batalas durch Lange in einem über 360° laufenden Rundschwenk entgegen der Bewegungsrichtung von Lange (dass Bazin einen Einstellungswechsel beim Heraustreten Langes übersieht, tut nichts zur Sache). Diese aufnahmetechnisch äußerst aufwendige Konstruktion erfaßt damit – so Bazin – den *puren Raumausdruck dieser Bildregie.* Sie ist vor allem an der Darstellung einer kleinen Pariser Gemeinschaft aus der städtischen Topographie interessiert, die sich um den Innenhof eines Wohn- und Arbeitsgebäudes bildet und nicht zuletzt auch für die sozialpolitischen Strukturen der Volksfrontzeit im Paris der 1930er Jahre steht.[155] Fortgesetzt wurden diese Filmraumanalysen unter anderem in der nicht minder sorgfältigen Untersuchung von Verräumlichungstendenzen in den Filmen Fritz Langs von Raymond Bellour.[156] Diese Arbeit aus dem Jahr 1966 stellt den Versuch einer detaillierten Kodifizierung von Raumkonstituenten wie Tempo, Fragmentierung und Tiefenkonstruktion dar. Mit diesen Filmraumanalysen entstanden methodische Verfahrensweisen, die sich zunächst einer filmimmanenten und phänomenalen Beschreibung sicht- und hörbarer Erscheinungen zuwenden, um dann ihre Befunde in größere theoretische und ästhetische Modelle einzubetten. Die Morphologie des filmischen Raums wurde zum Quellkode aller modernen Raumtheorien des Kinos: Sowohl die strukturalistisch und poststrukturalistisch beeinflussten, aus Literaturtheorie und Linguistik stammenden Filmraumanalysen, als auch feministische Arbeiten etwa von Laura Mulvey[157] oder

---

155 André Bazin. M. Lange, S. 30.

156 Raymond Bellour. Sur Fritz Lang. In: L' analyse du Film. Paris: Éditions Albatros, 1979 [1966], S. 56–63.

157 Laura Mulvey. Visuelle Lust und narratives Kino. In: Frauen in der Kunst. Hg. von Gisling Nabakowski, Helke Sander und Peter Gorsen. Bd. 1. Frankfurt am Main: Suhrkamp es 952, 1980, S. 30–46.

Mary Ann Doane[158] zum geschlechtsspezifisch präformierten Gender-Raum, der vom männlichen Blick auf den weiblichen Körper zusammengehalten wird, zehrten bis in die 1980er Jahre davon.

Erst wieder gegen Ende der 1960er Jahre war ein vergleichsweise nachhaltiger Impuls zur Untersuchung filmischer Spatialisierung zu verzeichnen: Im Zuge der Beiträge zum filmischen Dispositiv von Jean-Louis Baudry[159], Jean-Louis Comolli[160] und anderen in den Zeitschriften *Cinéthique* und *Cahiers du Cinéma* wurden die Probleme der Perspektivkonstruktion, ihre Voraussetzungen in der Filmtechnologie sowie die Konsequenzen für die Subjektkonstruktion im Kino heftig diskutiert. Diese vor dem Hintergrund der 1968er-Studentenbewegungen in Europa und den USA entstandenen Apparatus-Theorien sahen, beeinflusst von der Lacanschen Relektüre der Psychoanalyse Freuds, in der filmischen Raumkonstruktion immer auch einen Akt der psychisch-ideologischen Verortung des ZuschauerInnensubjekts. Gemeinsam mit der kurze Zeit später einsetzenden feministischen Revision psychoanalytischer Theoreme in Bezug auf die Funktion des (männlichen) Blicks für die filmische Bedeutungsstiftung wurde damit die essentialistische Vorstellung des filmischen Raums als vorfindbare Tatsache endgültig durch die Theoreme zur *Konstruktion* dieses imaginären Raums als produktive Leistung des *ZuschauerInnensubjekts* ersetzt. Der filmische Raum als Gegenstand wissenschaftlicher Forschung war ab nun – so lässt sich diese kinoanthropologisch und politisch bedeutende Wende zusammenfassen – nicht mehr einfach da, sondern wird als je durch die subjektspezifischen Leistungen innerhalb eines technokulturellen und sozioökonomischen Feldes erzeugt betrachtet.

Mit dieser filmraumtheoretischen ‚Neuen Welle' kündigte sich ein Problem an, das sich bereits rund zwanzig Jahre vorher für die Morinschen Filmanthropologie gestellt hatte und folglich diesem Repertoire entliehen wurde. Wenn der filmische Raum tatsächlich kein einfach Gegebenes darstellt, sondern sich als das Produkt einer Konstruktionsleistung zeigt, so bleibe zu klären, wie sich in diesem Konstrukt die sichtbaren und nicht sichtbaren Teile zu einander verhalten; wie sich, nunmehr aus der Perspektive einer Anthropologie des Kinos gesehen, überhaupt das Verhältnis von Anwesenheit und Abwesenheit, von Präsenz und Absenz im Bild gestaltet. Morin ist bei dieser anthropologischen Grundfrage eher zurückhal-

158   Mary Ann Doane. The Voice in the Cinema: The Articulation of Body and Space. In: Yale French Studies 60 (1980), S. 33–50.

159   Jean-Louis Baudry. Ideologische Effekte erzeugt vom Basisapparat. In: Eikon. Zeitschrift für Photographie & Medienkunst/5 (1993), S. 34–43.

160   Jean-Louis Comolli. Technique et idéologie. Caméra, perspective, profondeur de champ. In: Cahiers du Cinéma 230 (1971), S. 229–41.

tend geblieben und hat, auf Erkenntnisse aus Sartres *L'imaginaire* zurückgreifend, zunächst auf die zeitlich-räumliche Ambivalenz dieses Verhältnisses hingewiesen:

> „Das Bild ist eine erlebte Gegenwärtigkeit und eine reale Entrücktheit, eine Anwesend-Abwesendheit."[161]

Für den Film betont Morin zusätzlich noch das Moment der Bewegung, das dazu beiträgt, dass diese ambivalent abwesend-anwesende Bildlichkeit überhaupt nur in ihrer ständigen Veränderung begriffen werden kann. Denn schließlich gehöre der Film zu jenen Techniken, „die in der praktischen Welt eine magische Welt wiederherstellen, eine Welt also, in der die Wirkung in die Ferne, die Ubiquität, die abwesende Gegenwärtigkeit, die Metamorphose herrschen."[162] Ausgehend von diesem Problemfeld entzündete sich wenige Jahre später eine Debatte zwischen Noël Burch, Stephen Heath und Pascal Bonitzer über die konkrete Ausformung dieser Metamorphose. Das im jeweiligen Moment der Filmwahrnehmung *nicht* sichtbare Raumsegment könne zwar, so wurde argumentiert, zugleich dem diegetischen Erzählraum *und* dem diskursiven Herstellungs- und Vorstellungsraum, also dem Set im Studio oder dem Kinosaal als Repräsentanten des Abwesenden, zugeordnet werden. Doch bleibe dabei die Frage offen, wie diese Ambiguität in den Fluss der Bilder und ihrer Lektüre eingebaut werden könne. Burch beginnt 1969 mit einer präzisen Analyse der Raumanschlussfiguren in Renoirs NANA (F/1926) und weist erstmals in dieser Deutlichkeit auf die entscheidende Funktion des nicht sichtbaren Raums der diegetischen Welt filmischer Bilder hin.[163] Nach etlichen weiterführenden Beiträgen repliziert Bonitzer in den *Cahiers du cinéma* mit dem politisch brisanten Argument, Burchs Dialektik vernachlässige in seinen bahnbrechenden Raumstudien die Funktion jenes Raums, in dem sich die konkrete Produktion des Films abspiele.[164]

Im Jahr 1976 setzt Heath diese Debatte der Unterscheidung von nicht sichtbarem Feld der dargestellten Welt, dem *hors-champ*, und dem nicht sichtbaren

---

161 Morin, Der Mensch, a.a.O., S. 29. Im französischen Original zitiert Morin Sartres etwas ungenau, im Grunde trifft er aber Sartres Bestimmung des image mentale durchaus pasend. Vgl. Morin, l'homme, a.a.O., S. 31; Jean-Paul Sartre. L'Imaginaire. Paris Gallimard, 1940, S. 122. Siehe zu dieser Problematik u.a. auch Hans Ulrich Reck. Traum Enzyklopädie. München, Paderborn: Fink, 2010. S. 235.

162 Morin, Der Mensch, a.a.O., S. 238.

163 Noël Burch. Theory of Film Practice. Princeton: Princeton University Press, 1981 [1969].

164 Pascal Bonitzer. Le regard et la voix. Paris: Union Générale d'Éditions, 1976.

Raum der Herstellung und Vorstellung des Films, dem *hors-cadre*, fort.[165] Seine großangelegte Synthese fasst die relevanten Argumentationsstränge von den kunsttheoretischen Voraussetzungen in der Perspektiv-Forschung Erwin Panofskys bis zu den – auch hier bisher ausgeklammerten – Ansätzen der Filmavantgarde zur Kritik am Raumbegriff des Erzählkinos unter dem Begriff des *narrative space* zusammen. Damit bringt er diesen bis heute geläufigen Leitbegriff in den filmraumtheoretischen Diskurs ein. Er geht von der entscheidenden Funktion des filmischen Erzählens für die Homogenisierung der zunächst fragmentarisch vorhandenen Bilderfolge aus. Der Blick von einem – wiederum auf der Leinwand unsichtbar bleibenden – Ort auf ein filmisch erzähltes Geschehen synthetisiere dieses zu einem Raum, der ausschließlich durch und für den Blick des Kino-Menschen existiere. Der Heath'sche Erzählraum betont damit die konstitutive Funktion des ZuschauerInnensubjekts, das der Erzählung bedürfe, um sich selbst im Geschehen als handlungsleitende Instanz, als transzendentales Subjekt des Filmraums und der Filmerzählung zu etablieren: als – um es in kinoanthropologischen Begriffen zusammenzufassen – als imaginärer Mensch auf der Leinwand.

4.3　Moderne Kinoanthropologien: Bewegungsbilder und Diagramme

Auch diese produktionszentrierte, wenn man so will: materialistische, Wende hin zum abwesenden Raum sollte in der Folge nicht ohne Einfluss auf die 1980er und 90er Jahre bleiben. Vor allem zwei Stimmen erhoben sich, die grundsätzlich als Plädoyer zur Aufhebung des tradierten, topologischen Raumverständnisses im Kino gelesen werden können. Zum einen der seit Kracauers und Mitrys Beiträgen aus den 1960er Jahren erste großangelegte Versuch einer umfassenden und systematischen Filmtheorie durch Gilles Deleuze, zum anderen die aus den Theorien zu ‚Neuen Medien' in die Filmtheorie übertragenen Konzepte zum virtuellen Raum. Sowohl Deleuzes Typologie des Filmbilds als auch die Überlegungen zur Bildwerdung des Realen von Lev Manovich und anderen gehen von Verzeitlichungsphänomenen aus.

Deleuze hat diesen Weg durch eine radikale Beschränkung seines Gegenstandsbereichs auf das Bild beschritten und geht dabei bis hart an die Grenze der Auflösung des Raums. So ersetze etwa der Moderne Film in den ersten Jahren nach dem Zweiten Weltkrieg die aus dem klassischen Hollywood bekannten qualifizierten

---

165　Stephen Heath. Narrative Space. In: Questions of Cinema. Bloomington: Indiana University Press, 1981 [1976], S. 19–75.

Räume durch reine Situationen, in denen sich die Personen nur noch in leeren, ab-getrennten Feldern, handlungs- und affektlos, bewegen. Wenn sich Deleuze über-haupt auf spatiale Fragen im engeren Sinn einlässt, wie mit seinem Konzept des *espace quelconque*, also des *beliebigen Raums*, so habe dieser zumindest seine Koordinaten verloren.[166] Deleuze hat also – im Wortsinn – radikal *aufgeräumt*, um der Bewegung und der Zeit im Film und als Film zu ihrer Hegemonie zu verhelfen.

Die Konzepte zum virtuellen Raum seit den 1980er Jahren gehen im Grund vom entgegengesetzten Ende des Bildbogens aus, um schließlich zu einem durch-aus vergleichbaren Ergebnis zu kommen: Sie konstatieren zunächst die zunehmen-de Bedeutung verschiedener digitaler und immaterieller Bildwelten im Zuge der technologischen Revolutionen der Bilderstellung. Mit der medialen Diversifizie-rung des Laufbilds zwischen Kino, Bildschirmen und Netz, den Umstellungen der Produktion und Postproduktion von Filmen auf digitale Verfahren oder der Aus-weitung des filmischen Raums auf Videodisplays und LED-Fassaden an öffentli-chen Orten der Metropolen des dritten Jahrtausends hatten sich schließlich auch die Fragen der Raumkonstruktion mit diesen neuen Bildern neu gestellt. Aus den verschiedenen Formen und Konzepten filmischer Räume sind Sites, domains, chat-rooms und andere topographische Modelle und Metaphern erwachsen, die ihrer filmtheoretischen und kinoanthropologischen Bearbeitung harrten. Einige dieser Raumtheoreme wie jene von Lev Manovich gingen dabei gezielt von filmischen Formen aus und entwickelten sie, angereichert durch Erkenntnisse der Computer-wissenschaft und Medienkunst, der Architektur und Bildtheorie, in die verschie-densten kulturellen Felder und anthropologischen Debatten weiter. Sowohl in sei-nen theoretischen als auch in seinen künstlerischen Arbeiten untersucht Manovich die Wechselwirkungen zwischen den medialen Formen auf die Raumkonstruktion über die imaginären Räume des Kinos hinaus in virtuelle Konfigurationen.[167] Pa-rallel zur theoretischen Beschreibung dieser Prozessualisierung ist tatsächlich auf der Leinwand und am Schirm eine Rückbildung des filmischen Raums auf die Dimensionen von Displays und Funktionen von Diagrammen zu beobachten. Die-se Transformation des realen und filmischen Raums in einen Datenraum kommt einer Befragung oder sogar Vernichtung des illusionistischen Filmraums gleich und definiert die Fläche der Leinwand – durchaus im Einvernehmen mit den im Gegenwartskino zu beobachtenden bildgenerierenden Verfahren – eher als *Schalt-*

---

166 Gilles Deleuze. Das Bewegungs-Bild. Kino 1. Frankfurt am Main: Suhrkamp, 1989, S. 152.

167 Lev Manovich. Navigable Space. Raumbewegung als kulturelle Form. In: Onscreen/ Offscreen. Grenzen, Übergänge und Wandel des filmischen Raumes. Hg. von Hans Beller. Ostfildern bei Stuttgart: Hatje Cantz Verlag, 2000, S. 185–207.

stelle oder Armatur.[168] Damit wiederum tritt der Zuschauerraum gegenüber dem diegetischen, nach rund fünfzig Jahren Latenz, wieder in seine Rechte – wenn auch als Ort, von dem der Film eher bedient oder verwendet als erlebt oder betrachtet wird.

Angesichts dieser Breitseiten gegen das Raumdenken in der Filmphilosophie und Medientheorie der 1980er Jahre unternahm André Gardies zu Beginn der 1990er Jahre eine Rückkehr in den Binnenhafen erzähltheoretischer Raumvorstellungen.[169] In seiner semiotisch-narratologischen Synthese der morphologischen Raumanalysen arbeitet er mit vier ineinander verflochtenen Raumkonzepten: einem kinematographischen, das die baulichen und ideologischen Rahmenbedingungen jener Projektions- und Artikulationsvorrichtung umfasst, die seit den 1970er Jahren als Dispositiv oder Basisapparat bestimmt wurde; einem diegetischen, das die Vielfalt der Erscheinungsarten und Konstruktionsweisen des imaginären Raums zu untersuchen befähigt; weiter einem narrativen Konzept, das die Aufmerksamkeit auf das Erzählen als Prozess lenkt und damit den imaginären Raum nicht nur als notwendiges Beiwerk der Handlung fasst, sondern als dessen Motor, der zum umfassenden Raumeindruck ebenso viel beiträgt wie die Figuren; und schließlich viertens einem Konzept des ‚spektatoriellen' Raums des Kinomenschen im Saal, in dem die ZuschauerInnen als spielerisch tätige und aktiv mitbeteiligte Subjekte die drei genannten Raumtypen überhaupt erst realisieren. Gardies rückt damit auch wieder die Fragen der Anthropologie des Kinos nach dem sehenden und erzählenden Menschen im Zuge filmischer Raumbildung ins Zentrum.

Inzwischen konnten im Rahmen einer durchaus bewegten transatlantischen Debatte über den Status genau dieser Subjektivität im filmischen Raum vermehrt kognitionstheoretisch argumentierende Erklärungen des Raumsehens im Kino auf sich aufmerksam machen.[170] Die einflussreiche Untersuchung zur Stilistik und Produktionsweise des ‚klassischen' Hollywood-Kinos von David Bordwell, Janet Staiger und Kristin Thompson versuchte den *narrative space* rund ein Jahrzehnt nach seiner Formulierung durch Stephen Heath einer vorgeblich objektivierten Revision auf wahrnehmungstheoretischer Grundlage zu unterziehen. Von den subjekt- und ideologiekritischen Spuren geläutert, weichen die nicht zuletzt auch politisch argumentierenden Ansätze zum Verständnis des

---

168 Karl Sierek. Windows. Vom Rahmen zum Werkzeug. In: Störzeichen. Das Bild angesichts des Realen. Hg. von Oliver Fahle. Weimar: Verlag und Datenbank für Geisteswissenschaften VDG, 2003, S. 207 – 22.

169 André Gardies. L'espace au cinéma. Paris: Meridiens Klincksieck, 1993, S.12f.

170 Vgl. dazu nächstes Kapitel ‚Zur Theoriegeschichte filmischer Subjektivität' in diesem Band.

Erzählraums von Burch, Bonitzer, Heath und anderen bei den auch als *School of Wisconsin* bekannten Neoformalisten einer pragmatischen und kognitivistischen Bestimmung filmischer Raumvorstellung. Diese sei durch eine Rückkoppelung zwischen filmischer Raumkonstruktion und dem Apriori der Alltagswahrnehmung gewährleistet und sichere dergestalt das Verständnis und die Orientierung im diegetischen Universum des jeweiligen Films. Die auch unter dem Label des Neoformalismus firmierende *Kognitionstheorie filmischen Sehens* unterschlägt die Problematik der Subjektkonstruktion und ihre kulturellen und historischen Determinanten für die Entstehung filmischen Raums zugunsten pragmatischer Erfahrungswerte der Adressierung der ZuschauerInnen. Hauptziel der Raumkonstruktion nach dem hegemonialen Code-System der US-Filmindustrie sei dessen Orientierung im Bildraum nach wahrnehmungspsychologischen Schemata und kognitiven Modellen. Die deutliche Dominanz der Prämissen filmischen Erzählens führe dabei zur Unterwerfung des Raums unter das Regime narrativer Kausalität. Um dies zu erreichen, bilde der ,klassische Hollywoodfilm' eine Reihe von Verfahren wie Bildzentrierung, ausgewogene Komposition, Reframing und *continuity editing* aus, die schließlich als Konstanten und Handlungsanleitungen hypostasiert werden.

Die inzwischen tonangebenden Ansätze der sogenannten Neoformalisten wiesen – abgesehen von ihrer betörend einfachen Schematik – den Vorteil hoher Plausibilität bei der Erklärung transkultureller und medienanthropologischer Prozesse des globalen Laufbildtransfers auf. So hält Bordwell etwa die frappante Reduktion der Raumtiefe im europäischen Autorenfilm seit den 1960er Jahren für ein deutliches Zeichen der Distanzierung zum zeitgleichen New Hollywood mit seinen opulenten Environments.[171] Er knüpft damit an die Vorarbeiten zur Raumkonstruktion von Edward Branigan, ebenfalls aus dem Umfeld der kognitivistisch argumentierenden *School of Wisconsin*, an: Branigan untersuchte schon seit Mitte der 1970er Jahre die Funktion von Kamerawinkeln, Anschlussfiguren und anderen Verfahren des *point-of-view* im Dienste der Verräumlichung des Flächenbildes anhand von Filmen japanischer Regisseure.[172] Er trug damit auch zum Verständnis der, gegenüber der Hegemonie der US- und EU-Blockbuster randständig angesiedelten Kinematographien, wie etwa der ostasiatischen, bei.

Damit hat Branigan sehr früh auf ein Problem aufmerksam gemacht, das sich in den nächsten Jahren mit Gewissheit zu einem wichtigen Thema entwickeln wird:

---

171 David Bordwell. Modelle der Rauminszenierung im zeitgenössischen europäischen Kino. In: Zeit, Schnitt, Raum. Hg. von Andreas Rost. München: Verlag der Autoren, 1997, S. 17–42.

172 Edward Branigan. The Space of Equinox Flower. In: Screen 17/ 2 (1976), S. 74–105.

Da die Theorien filmischer Raumkonstruktion weitgehend auf kulturellen Kodes ‚westlichen' Zuschnitts aufbauen, können sie nur bedingt für die Untersuchung filmischer Raumkonstruktionsverfahren anderer Kulturkreise herangezogen werden. Deshalb vermag nur die Berücksichtigung *transkultureller Determinanten* filmischer Raumbildung der zunehmenden Verflechtung des Weltkinos auch in ästhetischer Hinsicht gerecht zu werden. Eine dergestalt global erweiterte Filmanthropologie als postkoloniale Kulturtheorie setzt sich mit dieser Erkenntnis in die Lage, an die in den Kulturwissenschaften zur Zeit heftig diskutierten Fragen von Transnationalität, Diaspora und Bilderglobalisierung anzuschließen.

Wenn heute die ersten Anzeichen dieses Dialogs zwischen verschiedenen kinematographischen Raumauffassungen im globalen Maßstab nicht mehr zu übersehen sind, so ist dies unter anderem einer gewissen Abflachung der Hierarchien auf den internationalen Filmmärkten und folglich der zunehmenden Dynamik globaler Bilderwanderung zuzuschreiben. Die topologischen Raumbilder der 'westlichen' Kulturen teilen sich nicht mehr nur einseitig dem ‚Rest' der Kino- und Medienwelt mit. Neue Kinometropolen mit ihren *filmischen Heterotopien* treten vielmehr zunehmend selbstbewusst in einen Dialog mit den US/EU-dominierten Raumsichten. Das japanische und koreanische Kino sowie die drei chinesischen Kinematographien Taiwans, Festlandchinas und – auch die nach der Angliederung 1997 weiter selbständig produzierende Filmkultur – Hongkongs etwa entwickeln gerade in den letzten Jahren eigenständige Standards filmischer Raumkonstruktion, die an ihre je spezifischen Bild- und Repräsentationskulturen anknüpfen und diese auf dem Gebiet des Films fruchtbar machen. Die sehr viel konkreteren, am Ort der Dinge und nicht an der Beziehung zwischen Beobachter und Beobachtungsgegenstand ausgerichteten Raumdenkweisen halten massiv Einzug auch in die diskursiven und diegetischen Welten laufender Bilder. Sie leiten damit eine globale kinoanthropologische Wende des filmischen Raumverständnisses ein und liefern Modelle filmischer Raumkomposition, die inzwischen auch im US- und EU-Kino vielfach mit Erfolg reflektiert, kopiert und variiert werden.

An zwei Merkmalen wird diese Erschütterung der Hegemonie des topologischen Raumverständnisses auf techno- und kulturhistorischer Grundlage zentralperspektivischer Räumlichkeit im internationalen Feature-Film festzumachen sein: An der immer deutlicher sich abzeichnenden Verflachung kinematographischer Bildwelten im Sinne der *kompakten Raumschichten des Flächenstils* nach Heinrich Wölfflin[173] und an der ebenso deutlich sich bemerkbar machenden Virulenz filmischer Farbgebung. Beide Phänomene eröffnen zwar nachhaltige und tief-

---

173 Heinrich Wölfflin. Kunstgeschichtliche Grundbegriffe. Das Problem der Stilentwicklung in der neueren Kunst. München: Bruckmann, 1918, S. 244.

greifende Bedeutungsfelder und Interpretationsmöglichkeiten, verschließen sich aber einer Reduktion auf ihre narrative Funktion. Die Raumentwürfe in den erwähnten ostasiatischen Kinematographien verstehen sich vielfach nicht als nachgereihte Funktion im Dienste filmischen Erzählens, sondern emanzipieren sich gleichsam und finden den Zweck des filmischen Diskurses in sich selbst. Weder reine Erzähl- noch Handlungsräume werfen sie ab, stattdessen etabliert sich die Leinwand als energetisches Feld, das den Betrachterkörper gleichsam induktiv auflädt und mit seiner physischen Potenz den Kino-Menschen auch in die Lage versetzt, den kontemplativen Zustand des traditionellen Filmraums zu verlassen und mit den Bildern in partizipativen Dialog zu treten. Was dem euroamerikanischen Bilderzählungszentrismus daran unvorstellbar erscheint, ist in anderen Bild- und Raumkulturen durchaus vertraut: das Laufbild wird zur Agentur pragmatischer Wirkkräfte, die über den Rahmen optoakustischer Signale hinaus in den sozialen Raum reichen. Wie Displays und Diagramme zeigen sich diese neue Ausformungen des operativen Filmraums als Oberflächen, die zu direktem, nicht zuletzt auch politischem Eingriff animieren. Die zunehmende Präsenz des ostasiatischen Kinos, inzwischen nicht nur auf Festivals, sondern auch in der breiten Filmauswertung, schlägt sich also in einer deutlichen Hybridisierung in der Konstruktion unterschiedlicher Typen filmischer Raumkonstruktion nieder. Regionalkulturelle Charakteristika etwa der Raumauffassung in der chinesischen Hochkultur ebenso wie in den populärkulturellen Manifestationen des Hongkong-Kinos hinterlassen ihre Spuren im weltweiten Dialog der Bildkulturen.

Durch diese anthropologische Wende des Weltkinos seit Beginn des dritten Jahrtausends ist zu erwarten, dass sich in den nächsten Jahren jene anthropologisch informierten Theoriefelder kinematischer Raumentfaltung besonderer Prosperität erfreuen werden, die sich gegenüber den Tendenzen globaler Bilderwanderung und Diagrammatisierung im transkulturellen Raum öffnen. Eines wird dazu allerdings unabdingbar sein: die Konzentration auf spatiale Fragen allein wird dazu ebenso wenig genügen wie die Dominanz der Verzeitlichungsparadigmen, welche die 1990er Jahre bestimmt haben. Es werden vielmehr Überschneidungen und wechselseitige Durchkreuzungen von Zeit- und Raumparadigmen zu diskutieren sein, die etwa Michail Bachtin, einflussreich nicht nur als Text- und Literaturtheoretiker der ersten Hälfte des zwanzigsten Jahrhunderts, als Chronotopen bezeichnet hat. Die mit diesem Begriff ansatzweise skizzierten Bausteine filmischer Darstellung wären als integrale Raum/Zeit-Komponenten zu fassen, die zur Klärung kultureller Verwerfungen in den aktuellen Migrationsbewegungen laufender Bilder bis hinein in die Diskurse globaler Hybridisierung von Text- und Bildkulturen beitragen könnten. Mit diesem Konzept einer Anthropologisierung internationaler Filmstudien erschiene es denkbar, die noch immer einander ausschließenden Objektfelder film- und kulturwissenschaftlicher Forschung zu Raum und Zeit miteinander zu verknüpfen und damit einer technoästhetischen Entwicklung Rechnung zu tragen, die in einer globalisierten Bildkultur ohnehin längst eingeleitet ist.

Teil III

Kinoanthropologie II

Dialogische Subjektivität, Erregungsbild und negative Anthropologie

Zur Theoriegeschichte filmischer Subjektivität

5

(Neo)Formalismus und dialogische Anthropologie des Kinos

Mit der ersten Veröffentlichung von Aufsätzen russischer Literaturtheoretiker zum sowjetischen Kino der 1920er Jahre und deren Übersetzung in den frühen 1970er Jahren in Deutschland sowie einige Jahre später in den USA rückten die literatur- und texttheoretischen Diskussionen des sogenannten Formalismus ins Zentrum filmischer Theoriebildung.[174] Als man in den 1980er Jahren mit dem sogenannten Neoformalismus von einem Paradigmenwechsel in der Filmtheorie zu sprechen begann, erreichte die fruchtbare Auseinandersetzung mit den Theoremen Boris Ejchenbaums, Viktor Šklovskijs, Jurij Tynjanovs und anderer einen einstweiligen Höhepunkt. Auch wenn die Intensität dieser Debatten in der Filmwissenschaft inzwischen zugunsten bildpolitischer, medientheoretischer und nicht zuletzt auch kinoanthropologischer Perspektiven merklich nachgelassen hat, sind einige entscheidende theoretische und methodologische Fragen zum Stellenwert des Formalismus in der Literaturtheorie und deren Folgen für die Untersuchung von Filmen entweder kaum gestellt worden oder unbeantwortet geblieben. Einige davon kreisen um die Wahrnehmung filmischer Bilder, die Konstitution und Verknüpfung von Bedeutungsketten sowie deren Kontextualisierung, also um Aspekte, die alle den Begriff des filmischen Subjekts bzw. den der Subjektivität und somit auch den des Kino-Menschen berühren.

---

174 Vgl. etwa Wolfgang Beilenhoff (Hg.). Poetik des Films. München: Fink, 1974; Herbert Eagle (Hg.). Russian Formalist Film Theory. Michigan: University Press, 1981.

© Springer Fachmedien Wiesbaden GmbH, ein Teil von Springer Nature 2018
K. Sierek, *Filmanthropologie*, https://doi.org/10.1007/978-3-658-22448-6_5

Dieser blinde Fleck ist umso bemerkenswerter, als gerade die für bewegte Bilder entscheidenden Defizite formalistischer Literaturtheorie bereits seit Mitte der 1920er Jahre und in den frühen 1930er Jahren Anlass zu Disputen gaben. Besonders die als Bachtin-Kreis bekannt gewordenen Literatur-, Kultur- und Texttheoretiker Valentin N. Vološinov, Pavel Medvedev und Michail Bachtin selbst haben dazu beigetragen. Neben der bekanntesten kritischen Aufarbeitung formalistischer Literaturtheorie durch Medvedev[175] findet sich etwa in einer frühen Kritik des Bachtin-Kreises an der Psychoanalyse, in den Arbeiten zur Romantheorie sowie in Bachtins späteren Monographien über Dostoevskij und Rabelais eine Vielzahl von Versuchen, die formalistischen Ansätze durch die Verbindung mit einem dynamischen und multiplen Subjektbegriff weiterzuentwickeln. Der entscheidende Punkt dabei: Wie können die angerissenen Problemfelder angesichts der evidenten medialen Unterschiede zwischen Literatur und Film auf der Grundlage eines weiteren anthropologischen Horizonts diskutiert werden und wie steht es um einen in der Literaturtheorie verwendeten Bildbegriff, der zugleich den spezifischen Anforderungen der Filmanalyse zu entsprechen vermag? Ein Resümee der Diskussionen zwischen den Formalisten und dem Bachtin-Kreis könnte daher nicht nur einen Beitrag zur Klärung des Begriffs des filmischen Subjekts als bedeutungsgenerierender Agentur und Effekt des filmischen Texts leisten. Es wäre auch eine Vorarbeit zu einer noch ausstehenden Diskussion über das Verhältnis des Subjekts zum Gegenstand einer Anthropologie des Kinos, die bisher von neoformalistischen und kognitivistischen Paradigmen aktueller Filmtheorien in den Hintergrund gedrängt worden ist.

Eine interessante Wende nahm die Diskussion zum Subjektstatus im kunstwissenschaftlichen Diskurs mit dem Erscheinen der von Vološinov – einem der Freunde und Kollegen Bachtins – zwischen 1925 und 1927 verfassten, populärwissenschaftlich gehaltenen Kritik an der Psychoanalyse mit dem Titel *Freudianismus*.[176] Menschliche Subjektivität wird darin als Arena unterschiedlicher Redeinstanzen und als Beziehungsgeflecht von Bedeutungszirkulationen zwischen sinnstiftenden Kräften gefasst. Das Subjekt, das im Zentrum der Überlegungen des Bachtin-Kreises steht, zeigt sich bereits in dieser frühen Arbeit nicht als eine in sich idente Agentur menschlichen Handelns oder als grammatische Funktion. Egal ob als Trägerin gesellschaftlicher oder individueller Bewusstseinszustände – Subjektivität wird als dialogische Beziehung und Bewegung von Bewußtseinsakten

---

175 Pavel Medvedev. Die formale Methode in der Literaturwissenschaft. Stuttgart: Metzler, 1976 [1928].

176 V. N. Volosinov. Freudianism: A Marxist Critique. Übers. von I. R. Titunik. New York/San Fransisco/London: Academic Press, 1976.

begriffen, die nach dem Bild sozialer Redesituationen auch das Innere der Psyche dynamisiert:

> „Vom objektiven Standpunkt aus sind beide Motivsätze, sowohl jener des inoffiziel-
> len als auch jener des offiziellen Bewusstseins, einander in innerer und äußerer Rede
> völlig gleichzusetzen. Sie sind nicht die Ursache des Verhaltens, sondern ihre Kom-
> ponente, ihr integraler Bestandteil."[177]

Subjektivität ist also als Dynamik innere und äußere Redeakte begriffen, die aufs Intimste miteinander verwoben sind. Als Elemente menschlicher Tätigkeit bleiben sie in ständiger Bewegung auf das je Andere bezogen. Diese Konzeption wird – gerade für die Untersuchung von Filmen – weitreichende Konsequenzen haben. Denn einerseits ist damit die Substanzialisierung und Hypostasierung des Subjektbegriffs als handlungstreibender Kraft unterbunden: Subjektivität versteht sich nicht als feststehende Größe und Schlüssel des Menschen zur Welt, sondern als ein sich ständig erneuernder Prozess, der wie das filmische Bild seine Effekte erst in fortschreitender Bewegung zeitigt. Andererseits umgeht dieser Subjektbegriff jene Schwierigkeiten, mit denen später die Filmolinguistik der Saussureschen Filiation zu kämpfen haben wird: Statt einer apriorischen Abschottung der Sprache als Zeichensystem gegenüber der gelebten Rede (*parole*) nach dem Vorbild Ferdinand de Saussures leitet Vološinov in *Freudianismus* den Subjektbegriff aus der anthropologischen Einbindung in kommunikative und reflexive, soziale und kulturelle Praktiken ab. Die Differenz zwischen dem Ich und dem Anderen wird dabei nicht über eine Hierarchie zwischen Subjekt und Objekt abgehandelt.

Diese bewegten Subjektivitäten werden noch durch eine weitere Eigenschaft in die Zeit gesetzt. Das im Dialog schematisch vorgezeichnete Verhältnis von Ich und Du, Eigenem und Fremdem erfährt im *Freudianismus*-Buch eine Ausweitung um eine dritte Instanz, die das von ständiger Abschließung bedrohte Verhältnis des Einzelnen zum Umfeld aufreißt und die Funktion eines beobachtenden Dritten integriert. Die dritte Instanz gewährleistet nicht nur die Anbindung an den sozialen Raum, sondern lässt sich auch „als historisches kollektives Gedächtnis"[178]

---

177 Vgl. Ebd., S. 85–86: „From the objective point of view, both sets of motives, those of the unofficial as well as the official conscious, are given completely alike in inner and in outward speech and both alike are not a cause of behavior but a component, an integral part of it."

178 Herta Schmid. Bachtins Dialogizitätstheorie im Spiegel der dramatisch-theatrali-schen Gattungen. In: Dramatische und theatralische Kommunikation: Beiträge zur Geschichte und Theorie des Dramas und Theaters im 20. Jahrhundert. Hg. von Herta Schmid und Jurij Striedter. Tübingen: Gunter Narr, 1992, S. 36–90, S. 86.

verstehen. Verschärft wird diese Pluralisierung und Dynamisierung innerhalb und außerhalb des Subjekts sowie innerhalb und außerhalb der Künste in Bachtins Arbeiten zum Werk Dostoevskijs. Erstmals Ende der 1920er Jahre erschienen, leiten sie aus den großen Romanen des bis dato meist ausschließlich als Realisten gelesenen Autors einen neuen Typ künstlerischen Denkens ab, der nun als polyphone Schreibweise charakterisiert wird. Diese Technik fasst den Roman nicht nur als Arena des Zusammenklangs verschiedener Stimmen auf, sondern zerlegt die Sujetkonstruktion monologisch-ganzheitlicher Positionen und Perspektiven der Helden in eine Vielzahl und Vielfalt von ‚Bewußtseinen'. Den gewöhnlich nur im Singular existierenden Begriff in den Plural setzend, entwirft Bachtin die menschliche Subjektivität als dialogisches Geflecht vielfältiger Austausch- und Transformationsprozesse in einer „Welt fremder Bewußtseine"[179].

5.1 Reden sehen: Subjektivität im Bild

Im Laufe der 1930er Jahre wurde das Verständnis von Subjektivität als dynamischer Wirkkraft partieller Redesubjekte vom Bachtin-Kreis zu einer translinguistischen Subjekttheorie ausgebaut, die im Sinne allgemeiner Ästhetik und Anthropologie weit über die Literatur hinaus auch für andere Kunstgattungen Gültigkeit beanspruchen kann. Sie schließt auch nonverbale Äußerungen wie Gebärden, Gesten sowie Gegebenheiten der gebauten oder naturwüchsigen Umgebung, in der die Äußerungen stattfinden, notwendig mit ein. Jede Äußerung – ob akustischer oder visueller Materialität und Medialität – wird als intersubjektiver und auch als ästhetischer Vorgang sinnlicher Wahrnehmung mit der sozialen Situation korreliert, in der sie stattfindet. Damit wird diese Art, Subjektivität zu denken, zur Voraussetzung für den Versuch einer Annäherung des Prinzips Bachtinscher Dialogizität an bildende Künste und visuelle Medien.

Den Schritt von der Literatur zum Film an der Hand der Formalisten zu tun, fällt entschieden schwerer. Trotz der wertvollen Pionierarbeit, die schon in den 1920er Jahren den Film als Forschungsgegenstand wahrgenommen hat, bleiben ihre Studien zu Filmstilistik und innerer Rede, Sujet und Fabel, Filmsprache und Ästhetik, weil sie die Ereignishaftigkeit filmischer Wahrnehmung radikal ausklammern, dem Kino als der neuen Bildkunst der Moderne merkwürdig fremd. Viele Argumente, die rund fünfzig Jahre später gegen die Filmlinguistik vorgebracht wurden, scheinen unmittelbar an die Kritik Pavel Medvedevs an der forma-

---

179 Michail Bachtin. Probleme der Poetik Dostoevskijs. Übers. von Adelheid Schramm. TB 35228. Frankfurt am Main: Ullstein, 1985, S. 13.

listischen Sicht der poetischen Konstruktion als „nackte Kehrseite einer fiktiven alltäglich-praktischen Sprache"[180] anzuknüpfen.

Ein weiterer Unterschied zwischen den formalistischen Arbeiten über den Film und den Voraussetzungen des Bachtin-Kreises, Film zu denken, liegt im unterschiedlichen Problembewusstsein gegenüber dem Status bewegter Bilder im ästhetischen Diskurs. Während sich die Formalisten weitgehend auf Fragen poetologischer und narratologischer Dimensionen beschränken, weist der weitere und offenere Horizont der Intellektuellen um Bachtin auf die Probleme, aber auch die Möglichkeiten einer theoretischen Bezugsetzung von Bild und Wort auf grundsätzlicher Ebene hin. Medvedev widmet in seiner (teils etwas krude geratenen) Kritik an den Formalisten ein ganzes Kapitel dem „Problem des Sehens"[181]. Er bezieht sich darin auf Kunstwissenschaftler wie August Schmarsow, Adolf von Hildebrand, Heinrich Wölfflin, Wilhelm Worringer, Konrad Fiedler und Ernst Cassirer, ohne dabei Hinweise zur Bedeutung des Hörens in der Musikwissenschaft etwa bei Eduard Hanslick zu vergessen. Der Fokus seiner Aufmerksamkeit verlagert sich auch hier von den Konstruktionsprinzipien der Werke auf die Akte produzierender und wahrnehmender Subjektivitäten in der dialogischen Auseinandersetzung zwischen Material und Leser: „Neu war nicht das Sichtbare, sondern die Form des Sehens selbst"[182].

Bachtin und Volosinov wiederum versuchen bei ihrer Ausweitung des Konzepts der Dialogizität auf die allgemeine Ästhetik das je eigene Bild des Autors, Helden oder Lesers mit dem Bild des je Anderen in Bezug zu setzen und somit eine der wichtigsten Hürden der Differenz von Ich und Du, Eigenem und Anderem, Subjekt und Objekt einzuebnen. Dabei knüpfen sie an die in Vološinovs Freud-Buch bereits angedeuteten Affinitäten zwischen Sach- und Wortvorstellungen an. In diesen Beziehungsketten von Blicken und Reden fließen sowohl visuelle Sachvorstellungen als auch Wortvorstellungen zusammen. Gemeinsam und doch eigensinnig konstituieren sie das, was man füglich den *dialogischen Bildtext widerstreitender Subjektivitäten* nennen könnte. Nach dem Muster der Rede organisiert, generiert diese

---

180 Medvedev, formale Methode, a.a.O., S. 128. Vgl. etwa Deleuzes Hinweis, die Erzählhandlung sei „keine Gegebenheit der sichtbaren Bilder" (Gilles Deleuze. Das Zeit-Bild. Kino 2. Frankfurt am Main: Suhrkamp, 1991, S. 47); siehe auch Martin Jays an die frühen Schriften von Christian Metz gerichteten Vorwurf des „antiocularcentrism" (Martin Jay. Downcast Eyes. The Denigration of Vision in Twentieth-Century French Thought. Los Angeles/Berkeley/London: California University Press, 1993, S. 437).

181 Medvedev, formale Methode, a.a.O., S. 63ff.

182 Ebda., S. 53.

Textur Wort- und Bildwolken, die im Dialog mit anderen Subjektwolken bewegte und tätige Entstellungen von Vorstellungen des Anderen im Einen vornehmen:

> „Indem ich mich meiner selbst bewusst werde, versuche ich, mich sozusagen durch die Augen einer anderen Person, eines anderen Repräsentanten meiner sozialen Gruppe, meiner Klasse, zu betrachten."[183]

Der Denkfigur des Einen im Anderen kommt dabei eine Schlüsselrolle zu. Im Rahmen der uns prägenden Identitätsphilosophien nicht leicht vorstellbar, beruht sie auf einem zunächst vielleicht paradox erscheinenden Gedankengang, der zugleich den entscheidenden Unterschied zwischen Dialogik und Dialektik markiert: Jede einzelne Äußerung wird, wie dies in der Buberschen Anthropologie vorgeprägt ist, als in sich differenziell gedacht, aus Ich-Anteilen ebenso wie aus Anteilen des Redepartners zusammengesetzt.[184] Ohne den – dialektisch verstandenen – Schritt der Aufhebung des Einen im Anderen verharren beide Dialogeinheiten in ihrer Differenz und sind dennoch aufs Engste aufeinander bezogen, ineinander verwoben. Die Bachtinsche Translinguistik beharrt zwar auf der unterschiedlichen Materialität und Medialität von Bild und Wort, geht aber gleichwohl von einem engen Bezugsnetz in künstlerischen Werken und außerkünstlerischen Artefakten aus, das sich über jeden Akt der Äußerung spannt. Jede Mitteilung kann von Sprechsubjekten ebenso ihren Ausgang nehmen wie von Blicksubjekten. Sehen wird dabei nicht als linearer Vorgang verstanden,, der von einem Gegenstand der Sicht ausgeht und auf ein Auge fällt, in dem sich das Licht sammelt. Wie die Rede, so verstehen die Denker dieser dialogischen Anthropologie des Bachtin-Kreises auch das Sehen, Wahrnehmen und Erkennen von Bildern als wechselseitigen und vibrierenden Vorgang des Austauschs, des Dialogs. Blicksubjekte wandeln sich in fortwährendem Blickwechsel zu Gegenständen des Blicks, wie auch Redesubjekte im Dialog ständig zwischen redender und angeredeter Position, zwischen Sprechen und Angesprochenwerden oszillieren. Dieser genuin sozio-ästhetische Vorgang nimmt zwar bei den materiellen, das heißt visuell und akustisch perzipierbaren Oberflächenerscheinungen seinen Ausgang, kann aber grundsätzlich nur als materialungebundener, flüchtig-schwebender Vorgang verstanden werden: Die ästhetische Komponente – nennen wir sie einstweilen Bild – ist also weder ein Begriff

---

183 "In becoming aware of myself, I attempt to look at myself, as it were, through the eyes of another person, another representative of my social group, my class" Vološinov. Freudianism, a.a.O., S. 87.

184 Vgl. dazu nächstes Kapitel ‚Martin Bubers ‚Erregungsbild' im Kinematographentheater'.

noch ein Wort oder eine visuelle Vorstellung, sondern ein besonderes ästhetisches Gebilde, das in der Dichtung mit Hilfe des Wortes, in den bildenden Künsten mit Hilfe des visuell wahrnehmbaren Materials verwirklicht wird, jedoch nirgendwo mit dem Material oder mit irgendeiner materiellen Kombination identisch ist.[185] Der Begriff filmischer Subjektivitäten ist auf diese Weise aus der schroffen Antinomie zum Objekt gelöst und in eine oszillierende Wechselwirkung zu je anderen Subjektivitäten überführt. In der Betrachtung werden sie als dynamische Prozesse der *Bilderrede* erfahrbar, als dialogische Akte bildlich-klanglicher Enunziation.

5.2 Von der Einstellung zur Zweistellung

Von dieser Konzeption ausgehend wäre das in der strukturalistisch informierten Filmtheorie seit den 1970er Jahren entwickelte Schema filmischen Aufbaus über die sukzessive Anordnung von Einstellungen, die – grob gesprochen – dem aufeinander folgenden Schema von Blicksubjekt/Blick/Blickobjekt gehorchen, zu revidieren und neu zu denken. Einige der Probleme, etwa das Verständnis filmischer Abläufe in extrem bewegten und kaum nach dem Muster der Blick-/Objekt-Logik nachzuvollziehenden Konstruktionen oder auch die durch Techniken des *Computer Generated Imagery* (CGI) verstärkt möglich gewordenen ,a-logischen' Blick-/ Raum-Anordnungen, dürften dadurch in ihrer Konsistenz und Brillanz theoretisch darstellbar werden.

Dem dialogischen Verständnis des Bildtextes jenseits des Subjekt-/Objekt-Schismas folgend, wäre etwa bereits jede einzelne Einstellung als prinzipiell polyphon zu begreifen, in der eine Vielzahl und Vielfalt von ,Bewußtseinen' oder Subjektivitäten zueinander in Dialog treten. Die Einstellung erweist sich folglich nicht als *eine* Stellung, sondern als deren viele, von denen aus die Zuordnung zu blickenden und erblickten Subjekten erfolgt. Sie kann in sich sowohl die Position des Zeigenden, etwa jene der Kamera, als auch in reziproker Weise jene des Gezeigten, des Blickobjekts markieren. Sichtbare und hörbare Materialpartikel werden in polyphone Ketten der Bildrede integrierbar und entwickeln einen Dialog zwischen Subjekten auf Augenhöhe. Am augenfälligsten bewährt sich dieser methodologische Begriffshorizont der Definition einer *Zweistellung* wohl bei komplexen Bild- und Tonfolgen, wie sie etwa Robert Altman kultiviert hat. Inbegriff klanglicher und bildlicher Polyphonie und Polyglossie, sind diese Verfahren ohne

---

185 Michail M. Bachtin. Inhalt, Material und Form im Wortkunstschaffen. In: Untersuchungen zur Poetik und Theorie des Romans. Berlin/Weimar: Aufbau, 1986 [1937], S. 55.

den theoretischen Hintergrund und den analytischen Begriffshorizont dieser dialogischen Filmanthropologie nur in Ansätzen reflektierbar. Doch auch einfachere,
glattere filmästhetische Entwürfe wie die Filme von Jean-Marie Straub und Da-
nièle Huillet erweisen ihre Brillanz und Singularität erst im Licht solcher Ana-
lyseinstrumente.

Erste Ansätze zum Verständnis der bildlichen Polyphonie lieferte Robert Stams
Analyse von Woody Allens ZELIG (USA 1983), die sich jedoch weitgehend auf
die narrativen Aspekte konzentriert und die hier angedeuteten Dimensionen des
polyphonen Bildbaus unberührt lässt.[186] Auch der jüngere Versuch von Martin
Flanagan geht in diese Richtung.[187] Das wohl am weitesten gediehene Verfahren
bildanalytischer Ausdifferenzierung in verschiedene Subjektivitätskomponenten
legte aber Edward Branigan vor. Das von ihm entwickelte Schema von sechs Elementen des Point-of-View-Shot (PoV), also vereinfacht gesagt sogenannter subjektiver Einstellungen, zur Analytik filmischer Subjektivität kann als pragmatisch
angelegter Versuch verstanden werden, der Komplexität einander widerstrebender
Komponenten von PoV-Strukturen mit leicht operationalisierbaren Kategorien gerecht zu werden.[188] Doch genau in dieser Pragmatik liegt auch das Problem von
Branigans Subjektivitätstheorie. Während nämlich Bachtin seine Pluralisierung
der Subjektivität in einen ästhetischen, kulturhistorischen sowie kritisch politischen Argumentationszusammenhang bettet, stellt Branigan seine Hypothesen-
theorie nur als Antithese und Weiterentwicklung des behavioristischen Verfahrens
von *trial and error* vor. Er entgeht zwar einer kruden Antinomie von ‚richtigen'
oder ‚falschen' Perzeptionsakten, doch verharrt er im Schema der Abgleichung
‚erfolgreicher' Bedeutungszuweisungen als ausgrenzende Verfahren: Hypothesen
werden gebildet, um anschließend durch den Fortlauf der Geschichte angenommen oder verworfen, verifiziert oder falsifiziert zu werden. Im Unterschied dazu
ist das dialogische Verstehen von Bildläufen als kumulativer Vorgang aufzufassen,
der das je Andere im Verständnis nicht als Irrtum aufhebt, sondern als eine der
möglichen, jedoch nicht zwangsläufig unter eine narrative Logik subsumierbaren
Optionen zulässt und produktiv macht.

---

186 Robert Stam. Subversive Pleasures. Bakhtin, Cultural Criticism, and Film. Baltimore/
     London: John Hopkins University Press, 1989, S. 187–218.

187 Martin Flanagan. Bakhtin and the movies. New ways of understanding Hollywood
     film. Basingstoke: Palgrave Macmillan, 2009.

188 Vgl. Edward R. Branigan. Point of View in the Cinema. A Theory of Narration and
     Subjectivity in Classical Film. Berlin, New York, Amsterdam: Mouton Publishers,
     1984, S. 103–121.

Diese vielseitig aufgefächerten Diskurse multipler Subjektivitäten widersetzen sich also einer eindimensionalen – der Aufeinanderfolge von Sätzen analogen – Erstreckung. Sie entfalten stattdessen einen mehrdimensionalen Wahrnehmungsraum, der aus den verschiedenen Seiten und widersprüchlich verlaufenden Vektoren von Bild- und Kopfbewegungen sowie Blickachsen entstehen kann. Statt Widerspruchslosigkeit produziert dieser Bildtext einen ästhetischen Facettenreichtum, der sich auch jenseits vermessbarer Dimensionalität des filmischen Raums und abseits narrativer Stringenz entfalten kann.

5.3 Bildtext und produktive Sicht: AutorIn/HeldIn/Figur

Zum Zeitpunkt der ersten Publikation seines Dostoevskij-Buchs und der darauf folgenden Verbannung nach Sibirien im Jahr 1929 hatte Bachtin mit seinen Partnern die markantesten Differenzen zur formalistischen Methode bereits formuliert. Sie lassen sich – im Hinblick auf die Konstruktion pluraler Subjektivitäten – in vier Bewegungen zusammenfassen: Erstens vom sprachlichen System zum Prozess der Enunziation: Das Zeichen wird aus seiner Funktion „im Prozeß der lebenden Wechselwirkung"[189] der Äußerung verstanden. Zweitens von der Geschlossenheit zur Offenheit des Bildtexts: Was sich wie ein Vorgriff auf Umberto Ecos *Opera Aperta*[190] liest, erweist sich als wichtige Prämisse einer Ästhetik, die den hermeneutischen Zirkel der Sanktionierung eines Werks durch das letzte Wort des Autors unterbindet:

„Jede Vollendung, jeder Abschluß ist hier relativ, oberflächlich und in den meisten Fällen durch äußere Gründe bedingt und nicht durch die innere Vollendetheit und Perfektheit des Objekts selbst"[191].

Drittens vom Stil zur Polyphonie: Bachtins Hauptwerk *Das Wort im Roman* fördert das Verständnis vielfach übereinandergreifender Rede- und Zeigepraktiken unterschiedlicher ‚Bewußtseine' und macht dadurch die Würdigung polyphon angelegter Filme erst in ihrer umfassenden Vielfalt begreifbar. Ohne diese Perspektive verharrte die Analyse des Bildtexts bei kleinmaschigen Detailerkenntnissen und stilistischen Merkmalen:

---

189 Michail M. Bachtin. Das Wort im Roman. In: Untersuchungen zur Poetik und Theorie des Romans. Berlin/Weimar: Aufbau, 1986, S. 77–261, S. 96.
190 Vgl. Umberto Eco. Das offene Kunstwerk. Frankfurt a.M.: Suhrkamp Verlag, 1973.
191 Medvedev, formale Methode, a.a.O., S. 169.

„Wenn die Redevielfalt, der Dialog der Sprachen in der jeweiligen Epoche, nicht ein-
gehend verstanden wurde, kann die stilistische Analyse des Romans nicht produktiv
sein"[192].

Viertens vom Einzelwerk zu Werkgruppe und Intertext: Ohne die Herauslösung
des Einzelwerks aus seiner Immanenz und ohne seine Einbettung in größere Korpora ließe sich die prinzipielle Unabgeschlossenheit und dialogische Offenheit
künstlerischer Welten nicht adäquat abbilden. Gattungen und Genres als Korpora
solch werkübergreifender Untersuchungseinheiten werden erst dadurch auch als
Formen des historischen Gedächtnisses der Künste begreifbar:

„Die Gattung lebt in der Gegenwart, ist jedoch immer ihrer Vergangenheit, ihres
Ursprungs *eingedenk*"[193].

Wie wirkt sich diese Dynamisierung der Erforschung von Schrifttexten und Bild-
texten auf die von den Formalisten in den Vordergrund gerückten Beziehungen
zwischen den verschiedenen Ebenen im Inneren eines Texts – ob Roman oder
Film – aus? Wie verhalten sich AutorInnen und Figuren in diesem differenziellen
Spiel? Wie gestaltet sich die Dynamik zwischen dem Textkörper und den BetrachterInnen im Kinosaal, vor dem TV-Schirm oder am Computer? Und schließlich:
Wie verteilen sich die verschiedenen Subjektivitätsformationen auf das, was die
Kinoanthropologie unter dem Begriff des Kino-Menschen zusammenfasst?
       Für alle drei Subjektsphären, die der AutorInnen, der innerdiegetischen Figu-
ren und der BetrachterInnen gilt es, ein „fremdes ‚Ich' nicht als Objekt, sondern
als anderes Subjekt anzuerkennen"[194]. Die dreigleisig verlaufenden, einander über-
kreuzenden Dialoge der ZuschauerInnen mit dem Werk, der innerdiegetischen Figuren miteinander sowie schließlich drittens die Beziehung des Autors zu ‚seinen'
HeldInnen werden nicht in monokausale oder hierarchische Subjekt-/Objekt-Be-
ziehungen gebunden, sondern treten einander gleichwertig gegenüber.

---

192 Bachtin. Das Wort im Roman, a.a.O., S. 255.
193 Bachtin, Poetik Dostoevskijs, a.a.O., S. 118.
194 Ebda., S. 14. Wie weit diese Prämisse vom dialogischen Prinzip Martin Bubers beein-
       flusst wurde, ist meines Wissens noch nicht hinreichend untersucht worden. Jedenfalls
       fällt die zeitliche Koinzidenz der Entstehung dieser beiden großen Dialogizitätstheo-
       rien in der ersten Hälfte des 20. Jahrhunderts auf: 1923 hat Buber *Ich und Du* fertig-
       gestellt, 1929, also im selben Jahr wie Bachtins Dostoevskij-Buch, erschien *Zwiespra-
       che*. Vgl. Martin Buber. Zwiesprache. In: Das dialogische Prinzip. Gerlingen: Lambert
       Schneider, 1994 [1929], S. 137–87.

Diese Aufwertung des Materials zu einer lebendigen, streitbaren und eigenwilligen Bewegung reißt die produktive Dynamik der AutorInnen sowie der BetrachterInnen zu den Elementen ‚ihres' Texts – seien es die raum-zeitlichen Elemente oder die Figuren aus der erzählten Geschichte – mit sich fort. Beide Beziehungen sind vom genuin dialogischen Prinzip getragen, das unmissverständlich als ein soziales – oder genauer: als ein von bestimmten sozioanthropologischen Verhältnissen geprägtes – erscheint. Alle Mitwirkenden an diesem Diskurs treten zueinander in Beziehung, antworten aufeinander und fechten in dieser bildtextuellen Arena oder Agora ihre Konflikte aus.[195]

Dabei geht Bachtin von den je vorhandenen Gegebenheiten aus, die den Dialog mit dem Werk begleiten und einrahmen. Die radikal translinguistische Perspektive dieses Theorems zum Verständnis sowohl der Herstellung als auch der Vorstellung von Bildtexten lässt sich also ohne Weiteres auf filmanthropologische Paradigmen übertragen. Die FilmbetrachterInnen zeigen sich im Kino als produktive Agenturen der Textwerdung, als Subjekte neben anderen Subjekten, die am Vorgang der Filmherstellung und Filmvorstellung beteiligt sind. Sie setzen ihre Akzente, schaffen ihre Bezüge und ordnen die semischen Elemente des Werks je nach individuellem perzeptiven Hintergrund neu.[196] Diese TextproduzentInnen haben sich vom empirischen Subjekt der AutorInnen und FilmbetrachterInnen emanzipiert. Deshalb wird jegliche direkte Bezugsetzung zwischen AutorInnen und Text von Bachtin als „kruder Biographismus"[197] abgelehnt. Statt autorentheoretisch die Spuren des Lebens der AutorInnen zu lesen oder hermeneutisch deren Intentionen zu ergründen, stiften die Bildtext produzierenden Subjektivitäten Vorbehalte, bauen Hürden, gehen auf Distanz oder bringen unverhofft direkte Nähen sowohl zum beschriebenen Gegenstand als auch zum empirischen Gegenüber. Mit anderen Worten: Die BetrachterInnen wechseln von einer monistischen, formalistischen Subjektkonstitution, in der die potentiellen Verständnismöglichkeiten zwecks Operationalisierbarkeit und Messbarkeit begrenzt sind, zu einer dialogischen, die die Vielgestaltigkeit, Vielseitigkeit und Mehrdeutigkeit in einem Äußerungsraum als Voraussetzung anerkennt. Ihre Subjektivitäten differenzieren sich in dem aus, was den Kino-Menschen in seiner Vielstimmigkeit ja: bestimmt.

---

195 Vgl. Karl Sierek. Ophüls/Bachtin. Versuch mit Film zu reden. Nexus. Frankfurt am Main: Stroemfeld, 1993, S. 170–176.

196 Mit diesem Hinweis auf die Gestalttheorie sei an die Anknüpfungspunkte Medvedevs erinnert, der den Begriff „Gestaltqualität" (im russischen Original auf Deutsch zitiert) in seine Kritik am Formalismus einbringt; vgl. Medvedev, formale Methode, a.a.O., S. 63.

197 Michail Bachtin. Rabelais und seine Welt. Volkskultur als Gegenkultur. Frankfurt am Main: Suhrkamp, 1995, S. 482.

Diese sozialen Subjektivierungsakte bleiben jedoch nicht frei schwebend und ohne konkrete vektorielle Ausrichtung im Raum der Äußerungen. Statt in abstrakte Systeme eingebettet zu werden, gelten Äußerungen aus Sicht der Translinguistik immer als an AdressatInnen gerichtete Redeakte, die in konkreten Situationen ablaufen und nur aus diesen heraus verstanden werden können. Auch die Bilderrede hat „immer einen Adressaten, hat es mit einem Gesprächspartner zu tun, mit dem, für den oder über den sie spricht"[198]. In seiner grundlegenden Arbeit zur Theorie des literarischen Chronotopos aus den Jahren der Verbannung betont Bachtin, dass jedes Werk, als rhetorische Agentur verstanden, prinzipiell an den Hörer und Leser gerichtet ist und dessen mögliche Reaktionen in gewissem Maße vorwegnimmt. Gerichtet, weil die akustischen und visuellen Aussagen auf LeserInnen, HörerInnen und SeherInnen unmittelbar bezogen sind; zugleich sind sie jedoch auch richtend, weil der Bildtext die Antworten des Publikums vorwegzunehmen in der Lage ist. Lesen, Hören, Sehen: Prinzipiell wird bei diesem Vorgang anthropologischer Tragweite kein Sinnesorgan privilegiert und kein Ort der Interaktion – Lesezimmer, Orchestersaal oder Kinoraum – als determinierender Faktor unterschlagen. Der Kontext der jeweiligen Äußerung ist weit.

Bei seiner Beschäftigung in den 1930er und 40er Jahren mit der Lachkultur der Renaissance gelang es Bachtin schließlich, dem Subjektbegriff eine weitere, für die heutige Diskussion im Rahmen einer Anthropologie des Kinos äußerst nachhaltige Facette hinzuzufügen. Dabei knüpfte er an die Vorstellungen einer offenen, die Objektwelt gleichsam überflutenden Subjektivität an und übertrug sie auf die Diskurse menschlicher Körperlichkeit. An den Beschreibungen physischer Akte aus Rabelais' *Gargantua* faszinierte ihn jene radikale Volte, die die Aufmerksamkeit des Lesers von den physischen Präsenzen weg auf ihre Kehrseite, die fehlenden Teile des Körpers, die Mängel, Öffnungen, Verhüllungen und Maskeraden lenkt. Das daraus entwickelte Subjekt schließt also erstens seine Körperlichkeit ein, um zweitens diese sogleich aus ihrer Abwesenheit zu bestimmen. Eine solche Inversion ermöglicht eine ungeheure Dynamik der Darstellung menschlicher Subjektivitäten, die einem ständigen Sog von Präsenzen zu Absenzen, einer Dynamik vom Hier zum Dort, einer Erweiterung vom Eigenen zum Fremden unterliegt. Wie ein Wirbel beginnt sich eine textuelle Parforcejagd abzuzeichnen, in der das Subjekt sich vom Innersten, Intimsten und Geistigsten ausweitend und grenzüberschreitend auf die pur materiellen und physischen Manifestationen von Ich und Umwelt erstreckt.

Mit diesem letzten Schritt der Öffnung des Subjektbegriffs nunmehr auch hin zu den Theorien entgrenzter Leiblichkeit, deren Spuren bis heute in divergenten

---

198   Ebd., S. 456–457.

ästhetischen Diskursen von der Phänomenologie über die Theorien des filmischen Körpers bis zur historischen Anthropologie von Körper-Inszenierungen zu finden sind,[199] hat sich der Beitrag Bachtins zur Subjektivitätsforschung in den Text- und Kunsttheorien endgültig von den luziden Vorarbeiten der Formalisten distanziert. Kein Wunder, dass diese Sezession bis heute für manche Paradigmen der Filmtheorie nicht leicht hinzunehmen ist, vor allem nicht für jene, die besondere Affinitäten zur formalistischen Literaturtheorie der frühen sowjetischen Jahre pflegen.

5.4 Form/Dialog/Neoform

Eine durch körperliche Erfahrung hindurch sich bildende und ausdifferenzierende Subjektivität? Vielleicht ist es gerade dieser Gedanke, der eine Berücksichtigung entscheidender Kritikpunkte des Bachtin-Kreises an formalistischen Theoremen auf dem Feld der modernen Filmtheorien behindert hat? Dafür spräche jedenfalls die Tatsache, dass eine der wohl einflussreichsten filmtheoretischen Tendenzen seit den 1970er Jahren, der Neoformalismus der *School of Wisconsin*, sich mit seiner Orientierung am Kognitivismus deutlich von der Einbeziehung physischer Partizipationsmodi distanziert hat. Die erstaunliche Kombination von Formalismus und Kognitivismus, die bis heute nicht ohne beträchtliche Verbiegungen in ein konsistentes Set filmtheoretischer Prämissen gefügt werden konnte, war zunächst mit einer durchaus vernünftigen Ausweitung von textanalytischen Fragen auf zuschauertheoretische Probleme verbunden. Statt aber, wie in der Weiterentwicklung formalistischer Axiome durch den Bachtin-Kreis, die Aktivitäten des Lesersubjekts aus komplex vernetzten Bildredeweisen innerhalb eines konkret bestimmten Ensembles sozialer, kultureller und physischer Umgebungen abzuleiten, wählten Kristin Thompson, David Bordwell und andere NeoformalistInnen einen Ansatz der angewandten Psychologie. Filmverstehen wird dabei, ausgehend von zentralen Thesen des Behaviorismus, auf einen Mechanismus der Reizverarbeitung von Achtungssignalen (*cues*) und Anpassungsleistungen (*accomodation*) an vorab gelernte Schemata beschränkt: „Film has attractions too, and these function

---

199 Vgl. etwa Vivian Carol Sobchack. Carnal thoughts. Embodiment and moving image culture. Berkeley: University of California Press, 2004; Laura U. Marks. The skin of the film. Intercultural cinema, embodiment, and the senses. Durham: Duke University Press, 2000; Claudia Benthien. Im Leibe wohnen. Literarische Imagologie und historische Anthropologie der Haut. Zugl. Berlin, Humboldt-Univ., Diss., 1998. Berlin-Verl. Spitz, 1998; Raymond Bellour. Le corps du cinéma: hypnoses, émotions, animalités. Paris: P.O.L., 2009.

as stimuli for spectatorial response"[200]. Der kognitivistische Ansatz des Stimu-
lus-Response-Schemas gibt sich mit seinem allzu bescheidenen Konzept („more
modest"[201]) individueller Kommunikationsprozesse in kontrollierten Situationen
zufrieden, wo filmanthropologische Dialogizitätstheoreme eine begriffsgeschicht-
lich und transdisziplinär angelegte Theorie menschlicher Subjektivität vorausset-
zen, um davon ausgehend eine der Komplexität des Kino-Menschen zumindest
ansatzweise entsprechende Theorie anstreben zu können. Während die Vertreter
des Bachtin-Kreises zum Verständnis der vielschichtigen Austauschprozesse zwischen unterschiedlichen Subjektivitäten die Erkenntnisse der Kulturphilosophie
und Kunstwissenschaft des späten 19. und frühen 20. Jahrhunderts kritisch mit
einbeziehen,[202] begnügen sich Thompsons und Bordwells reduktionistische Ansätze – unter dem Schlagwort „middle-level research"[203] – mit lernpsychologischen
Theorien mittlerer Reichweite, die auch nach dem Cognitive Turn der 1960er Jahre
von den Modellen des Stimulus-Response nicht grundsätzlich abrückten:

> „Neoformalismus als Ansatz bietet eine Reihe allgemeiner Annahmen darüber, wie
> Kunstwerke konstruiert werden und wie sie über den Einsatz von Zuschauerreaktion
> funktionieren."[204]

To operate in cueing audience response: deutlicher kann diese Anlehnung an die
Trickkiste positivistischer Psychotechnik kaum formuliert werden. Formale Kriterien der Werkkonstruktion und die darauf folgende Reaktion des Publikums – mit
diesem Schema halten neoformalistische Untersuchungsstrategien an einer wissenschaftstheoretischen und methodologischen Paradigmatik fest, der die Exponenten
dialogischer Theoreme um Bachtin bereits gegen Ende der 1920er Jahre eine etwa
an Konrad Fiedler orientierte Konzeption des Bildersehens entgegenstellten. Diese
ist auf einer differenzierten Wahrnehmungstheorie von Kunst ohne Abstriche bei
der Untersuchung formaler Konstruktionsmerkmale einzelner Werke begründet

---

200 David Bordwell. Narration in the Fiction Film. Madison: University of Wisconsin
    Press, 1985, S. 14.
201 David Bordwell. Contemporary Film Studies and the Vicissitudes of Grand Theory.
    In: Post Theory: Reconstructing Film Studies. Hg. von David Bordwell und Noel Car-
    roll. Madison: University of Wisconsin Press, 1996, S. 3.
202 Vgl. Medvedev, formale Methode, a.a.O., S. 2.
203 Vgl. Bordwell, Contemporary Film Studies, a.a.O., S. 3.
204 "Neoformalism as an approach does offer a series of broad assumptions about how
    artworks are constructed and how they operate in cueing audience response". Kristin
    Thompson. Breaking the Glass Armor. A Neoformalist Approach to Film Analysis.
    Princeton: University Press, 1988, S. 6.

und sogar dazu fähig, die Sinn- und Bedeutungsgehalte gegenständlicher Werke wie etwa narrativer Filme abzuleiten: „Die realistische Kunst ist genauso konstruktiv wie die konstruktivistische"[205].

Im Grunde gewinnt man den Eindruck, der Kognitivismus der *Wisconsin School* schleppe in einigen zentralen Prämissen noch immer das Erbe jenes Positivismus in den Textwissenschaften mit sich herum, den man bereits mit den Diskussionen gegen Ende der 1920er Jahre für erledigt gehalten hatte. Denn auch der Positivismus ersetzte, so Medvedev, das umfassend wahrnehmende Subjekt durch ein Rezipientenmodell, das „die Gefühlsqualität zu einem physikalischen und physiologischen Moment degradiert und das Auge, das für ihn ein abstrakter physiologischer Apparat war, in Opposition zum sichtbaren Gegenstand, für ihn eine abstrakte physikalische Größe, gebracht"[206] hat. Was aber Kristin Thompson in ihrer programmatischen Studie gegen Ende der 1980er Jahre dennoch mit großer Sorgfalt aus den literaturwissenschaftlichen Texten der Formalisten destillieren konnte, ist kaum zehn Jahre später in den Beiträgen Bordwells als Schema übrig geblieben, in dem das Subjekt in Anlehnung an die soziologische Anpassungstheorie des Strukturfunktionalismus von Talcott Parsons aus den 1930er Jahren[207] auf eine Rolle im sozialen Netz reduziert wird: „subject is, most obviously, a role in the social system"[208].

Gewiss, die Analyse von Schlüsselreizen und Schemata stellt ein geeignetes Bezugsraster dar, um relativ einfache Prozesse des Filmverstehens zu erklären. Es reicht aber nicht, um ihre Nuancen auszuloten und die komplexen Funktionen in ihrer partizipatorischen Dynamik zu orten. Denn diese ästhetisch relevanten Funktionen bestehen bei Filmen eben nicht in der Lösung von Problemen, sondern dienen dazu, überhaupt erst einmal ein bestimmtes Problembewusstsein zu schaffen. Und genau diese problemorientierte, ja widersetzliche Lektüre basiert auf einer produktiven Beziehung zwischen Herstellung und Vorstellung filmischer Texte sowie auf ebenso dynamischen Subjektivitäten. Es geht ihr nicht um ein abstraktes Verständnis des Films „als spezifische Kategorie von Phänomenen"[209], sondern um das Wie der Herstellung dieser Phänomene und ihre Veränderung.

---

205 Medvedev, formale Methode, a.a.O., S. 61.

206 Ebd., S. 63.

207 Vgl. Talcott Parsons. The structure of social action; a study in social theory with special reference to a group of recent European writers. McGraw-Hill publications in sociology. New York: McGraw-Hill Book Company, 1937.

208 Bordwell, Contemporary Film Studies, a.a.O., S. 14.

209 Thompson. Breaking the Glass Armor, a.a.O., S. 7.

Deshalb sollte in Anlehnung an Bachtins Kriterienbündel zur Analyse literarischer Texte auch die Filmanalyse von fünf untersuchungsstrategischen Voraussetzungen ausgehen, die in der dialogischen Bildtext-Produktion zusammenwirken:
zunächst von den klanglichen und bildlichen Materialwerten, die Bachtin als „im
engeren Sinn musikalisches Moment"[210] umschreibt; zweitens vom denotativen
Zeichencharakter mit all seinen konnotativen Spielarten und Nuancen; drittens
von den kontextuellen Momenten der verbalen und visuellen Aussagen in ihrem
zeitlichen Fluss; weiterhin von jener Palette bildlicher und klanglicher Intensitä-
ten der Intonation und Färbung während der Vorstellung, die heute etwa mit dem
Begriff ,Immersion' erklärt wird und dazu dient, den Film als „Festival der Gefühlsregungen"[211] vorstellbar zu machen; und schließlich fünftens vom gesamten
Empfinden der Ausdrucksbreite der Körperbilder seitens der BetrachterInnen, von
deren Aufnahmefähigkeit von Gestik und Mimik der Figuren, vom Innewerden
der Ereignishaftigkeit filmischer Abläufe im „Gefühl der sprachlichen Aktivität"[212] der klangbildlichen Rede, die in der aktuellen Medien- und Filmanthropologie oft als Effekt des Erzielens von Präsenzwerten und in filmtheoretischen Beiträgen als Problemkreis der Enunziation untersucht wird. Dieses fünfschichtige
Set ist im Grunde bei jedem analytischen Unterfangen im Auge zu behalten. Es
versteht sich von selbst, dass die daraus gewonnenen Befunde reichhaltiger sind
als die Ergebnisse einer Untersuchungsstrategie, die sich auf das „Funktionieren
normgesteuerter Subsysteme als die Übermittlung von ,Hinweisen' [cues] an den
Zuschauer"[213] konzentriert.

    Dennoch: Ein Vorzug des neoformalistisch-kognitivistischen Theorie-Amal-
gams liegt – gerade bei der Diskussion des Stellenwerts filmischer Subjektivitäten – auf der Hand. Die Skepsis gegenüber einer inflationären Verwendung des
Subjektbegriffs, wie sie Bordwell in seiner Kritik an der „subject-position theory"[214] vorgebracht hat, könnte dazu beitragen, die Substanzialisierung und Hypos-

---

210 Bachtin, Inhalt, Material, a.a.O., S. 65.
211 So hat Barthes „ce festival d'affects" beschrieben; vgl. Roland Barthes. En sortant du
     cinéma. In: Communications/23 (1972), S. 104.
212 Bachtin, Inhalt, Material, a.a.O., S. 65.
213 David Bordwell. Kognition und Verstehen. Sehen und Vergessen in MILDRED PIERCE.
     In: Montage AV 1/ 1 (1992), S. 8.
214 Bordwell, Contemporary Film Studies, a.a.O., S. 3ff: Ob Bordwells Argumente als
     Skepsis oder als Pauschalverdächtigungen gegen die „French theory" (S. 19) zu werten
     sind, sei dahingestellt. Jedenfalls ist es nicht einfach, seine Ausfälle gegen den „esote-
     ric merger of antirationalist philosophy, unorthodox psychoanalysis, and the frequent-
     ly changing views of an official philosopher of the French Communist Party" (S. 14)
     nachzuvollziehen.

tasierung dieser Kategorie sowie ihre unscharfe Verwendung in etlichen filmtheoretischen Konzepten der 1970er und 1980er Jahre einzudämmen. Dass allerdings
der durchaus aparte Gedanke einer Subjektivität ohne Subjekt nicht leicht durch-
zuhalten ist, beweist Bordwells und Thompsons eigene – dann doch in ihrem Werk
gar nicht so selten zu findende – Verwendung. Die vielschichtigen Konzepte pluraler Subjektivitäten auf manipulierbare Größen und operationalisierbare Variab-
len aus der angewandten Psychologie reduzierend und auf die zwei Größen von
„perceptual and mental subjectivity" festlegend, schreibt Thompson den Filmen
sogar wieder feststehende Eigenschaften zu, die zu *besitzen* die Filme auszeichnen
soll: „THE BIG SLEEP has little perceptual subjectivity, while THE BIRTH OF A NATION
contains numerous POV shots"[215]. Mit diesem „Haben" und „Beinhalten" wird aus
einer Kategorie, die zur Beschreibung einer Haltung, eines Vorgangs im Spiel zwischen einzelnen filmischer Aussageelementen dient, eine verdinglichte Größe, die
‚in' einem Film vorhanden sei oder eben nicht. Was Bachtin bereits 1924 gefordert
hat, scheint sich noch immer nicht – auch nicht in den Netzwerktexten des Neoformalismus – niedergeschlagen zu haben: Nicht die sinntragenden Momente in ihrer
Objektivität – also in ihrer völligen Loslösung von der sprechenden Persönlichkeit
des Subjekts – sind es, die sich unmittelbar wiederholen, die wiederkehren und
Bindungen eingehen, sondern das Moment der Beziehungen herstellenden Aktivität, das Moment des lebhaften Empfindens der eigenen Tätigkeit.[216]

Mit diesem Plädoyer für eine nicht nur aktive, sondern produktive Subjektivität
und Dialogizität lassen sich wohl auch die Voraussetzungen der aktuellen filmanthropologischen Debatte um den Stellenwert filmischer Subjektivitäten in drei
Theoremen zusammenfassen: Erstens können psychische Prozesse als Vorgänge
der *Rede* aufgefasst werden und unterscheiden sich als solche nicht grundsätzlich
von verbalen Äußerungen im sozialen und ästhetischen Feld. Diese Äußerungen
schließen zweitens neben dem Ausgesagten immer auch das (situative, imaginäre, soziale oder materielle) Umfeld ein, in dem diese Aussagen getätigt werden:
Sie sind als *Bildwerdungen* im Rahmen eines hervorbringenden Prozesses zu
verstehen, vergleichbar einem Text im Kontext. Die Ansätze des Bachtin-Kreises
erschöpfen sich schließlich drittens nicht in der Erläuterung der Beziehung zwischen psychischen Prozessen und solchen verbaler Natur, sondern beanspruchen
prinzipiell für alle Signifikantenbewegungen Gültigkeit, also auch für den Film.
Während die Formalisten literaturwissenschaftliche und linguistische Theoreme
heranzogen, entwickelten die Theoretiker um Bachtin aus diesen Prämissen eine

---

215 Kristin Thompson und David Bordwell. Observations on film art. In: <http://www.
    davidbordwell.net/blog/?p=2927> (letzter Zugriff: 19.4.2017).
216 Bachtin, Inhalt, Material, a.a.O., S. 67–68.

anthropologische Konzeption von *dialogischer Subjektivität*, die ähnlich gelagerte Diskurse aus der Philosophie und der Psychoanalyse, den Kunstwissenschaften und der Soziologie mit reflektierte.

Die Fragen, die bereits Mitte der 1920er Jahre Anlass zu heftigen Disputen boten, werden wohl auch die weitere Ausdifferenzierung einer Anthropologie des Kinos begleiten: Ist es sinnvoll, Filmforschung mit einem offenen Horizont in transdisziplinärer Perspektive zu betreiben? Ist es notwendig, den eigenen Ausgangspunkt des Forschens, der grundsätzlich in einer wie auch immer gearteten Subjektivität liegt, in die Forschungen einzubinden und mitzureflektieren? Ist es möglich, den weiten Horizont kulturtheoretischer Reflexion mit der Detailgenauigkeit filmanalytischen Suchens zu verbinden? Sollten diese drei Fragen nicht vorbehaltlos bejaht werden, droht die selbstgenügsame Beschränkung alter und neuer Formalismen, die in den 1920er Jahren zu ebenso genügsamen Ergebnissen geführt hat und bis heute führt.

Martin Bubers ‚Erregungsbild' im Kinematographentheater

6.1 Der Wahrnehmungsraum

Im Rahmen einer Abhandlung des 1923 erstmals erschienenen Traktats *Ich und Du* über die existenzielle Erfahrung der Beziehung des Menschen zum Anderen entwirft Martin Buber im selben Jahr wie Husserls Fremdwahrnehmungsszene im Panoptikum die Skizze einer Anthropologie des Kinos. Der wohl ausgewiesenste Theoretiker von Alterität und Dialogizität seiner Zeit geht dabei von einem Szenario aus, in dem sich ein Fenster zur Objektwelt öffnet, das schließlich über die Bildwerdung der umgebenden Welt zur Erfahrung des Aufhebens subjektiver ‚Verfremdung' führen kann. Diesen dialogischen Vorgang siedelt Buber äußerst anschaulich in einem Raum an, den man füglich als mediale Apparatur fassen kann. In ihm löst sich das Denken, zunächst „schaudernd, erwägend und richtungslos"[217] allmählich von der Angst isolierter Seinserfahrung:

> „Es ist ja die hohe Kunst des Gedankens, ein zuverlässiges und geradezu glaubhaftes Weltbild zu malen."[218]

Dieser Raum, in dem das Denken sein Weltbild malt, ist, wie vieles bei Buber, ‚zwiefältig' angelegt:

---

217 Buber, Ich und Du, a.a.O., S. 73.
218 Ebd., S. 73f.

© Springer Fachmedien Wiesbaden GmbH, ein Teil von Springer Nature 2018
K. Sierek, *Filmanthropologie*, https://doi.org/10.1007/978-3-658-22448-6_6

„Und der dienst- und kunstfertige Gedanke malt mit seiner berühmten Schnelligkeit eine – nein, zwei Bildreihen, auf rechte und linke Wand."[219]

Buber beschreibt die Bildreihen auf der einen Wand als bewegtes Panorama des Universums, in dem der Mensch seinen Ort zu bestimmen versucht. Doch zeigen diese Laufbilder die Schemen der Objektwelt nicht einfach als Vorstellung. Sie stellen sie als bewegtes Geschehen in einem medialen Raum dar, in einem Dispositiv:

„Auf der einen [Wand] ist (vielmehr: geschieht, denn die Weltbilder des Gedankens sind zuverlässige Kinematographie) das Universum. Dem Wirbel der Gestirne enttaucht die kleine Erde, dem Wimmeln auf der Erde enttaucht der kleine Mensch, und nun trägt ihn die Geschichte weiter durch die Zeiten, die Ameishügel der Kulturen, die sie zertritt, beharrlich wieder aufzubauen."[220]

Auf der anderen Wand des Buberschen Denkens als Kinematographentheater und seines Kinos der Gedanken erscheinen, wie „eines Fadens Gespinst",[221] seelische Regungen, die auf die kinematographischen Schemen der Welt antworten. Diese ebenfalls als ‚Bildreihen' bezeichneten „Empfindungen und Vorstellungen, oder gar Erlebnisse und Seelenzustände"[222] auf der zweiten Wand dialogisieren also mit der Vorstellung der Welt auf der ersten Leinwand:

„Wenn den Menschen fortan einmal in der Verfremdung schaudert und die Welt ihn ängstet, blickt er auf (rechtshin oder linkshin, wie es sich grad schickt) und erblickt ein Bild."[223]

Erst wenn die Bewegungen auf beiden Wänden – *rechtshin oder linkshin, wie es sich grad schickt* – im Denken koordiniert oder noch besser: *montiert* werden, entsteht jener tröstliche Zustand des In-der-Welt-Seins, den diese dialogische Vorrichtung der Bildwerdung von Welt in einem geschlossenen Raum ermöglicht. So entsteht ein Ort, in dem Welt und Subjekt, Bilder und Gefühle von zwei Bildwänden kommend aufeinanderprallen und in der Montage durch das Denken sich vereinen. Geschlossen ist dieses anthropologische Wahrnehmungsmodell vor allem deshalb,

---

219 Ebd., S. 73.
220 Ebd., S. 74.
221 Ebd.
222 Ebd.
223 Ebd., S. 74f.

weil die Bilder der einen Wand zwar, wie Buber schreibt, von kinematographischer
Zuverlässigkeit sind, nichts desto trotz aber durch ihr Dialogisieren mit den ebenso
konstitutiven Leistungen und Regungen des Ich – also den Empfindungen und Vorstellungen, Erlebnissen und Seelenzuständen – eine eigene, autonome Wertigkeit
erfahren:

> „Da sieht er, daß das Ich in der Welt steckt und daß es das Ich eigentlich gar nicht
> gibt, also kann die Welt dem Ich nichts anhaben, und er beruhigt sich; oder er sieht,
> daß die Welt im Ich steckt und daß es die Welt eigentlich gar nicht gibt, also kann
> die Welt dem Ich nichts anhaben und beruhigt sich. Und ein andermal, wenn der
> Menschen in der Verfremdung schaudert und das Ich ihn ängstet, blickt er auf und
> erblickt ein Bild; und welches er sieht, gleichviel, das leere Ich ist mit Welt vollge-
> stopft oder die Weltflut überströmt es, und er beruhigt sich."[224]

Das ‚Ich in der Welt' und die Welt im Ich: keine griffigere Definition von Dialogizität und Alterität ist bisher gefunden worden – auch nicht für jene Vorgänge,
die die Auseinandersetzung und Ineinssetzung des Menschen im Kino mit den
Bildreihen an den Wänden zu beschreiben versuchten. Doch mit diesem Disku-
rieren von Subjekt und Objekt, Ich und Es, ist es noch nicht getan. Keines dieser
Laufbilder kann für sich stehen. Erst in ihrer Konvergenz und Montage gewinnen
sie Gestalt und Existenz. Ansonsten wären beide Redepartner, die Bilder des Universums und jene ihrer bewegten Vorstellungen und Erlebnisse, in diesem Bilder-
dialog noch in isolierten Bildläufen befangen. Deshalb vergißt Buber nicht, unter
jeder der beiden Bildreihen eine Schrifttafel je gleichen Wortlauts anzubringen:
„Eins und alles". Die Weltbilder des ‚Wimmelns auf der Erde' und die emotiven
und imaginären Voraussetzungen der BetrachterInnen gleichermaßen stellen die
Bilder in ihrer existenziellen Singularität und universellen Totalität her. Erst dieser – im Wortsinn – *Anspruch ans Bilderdenken in zwiefältigen Bildreihen*, ihre
Montage und Synchronisierung im ästhetischen Akt partizipatorischer Betrachtung, führt zu jener augenblicklichen sinnlichen Erkenntnis, die die grundsätzlich
dialogische Natur des Menschen und sein Verhältnis zur menschlichen, belebten
und unbelebten Umwelt anbietet. Erst beide zusammen, Weltbilder und Bildvor-
stellungen, ergeben die Gesamtheit eines Bilderdialogs, der nicht ohne Grund von
Buber mit Begriffen des Kinos beschrieben wurde und seine zuträgliche Wirkung
erst in medialen Apparaturen entfaltet:

---

224 Ebd., S. 75.

„Aber ein Augenblick kommt, und er ist nah, da sieht der schaudernde Mensch auf und sieht in einem Blitz beide Bilder auf einmal. Und ein tieferer Schauder erfaßt ihn.“[225]

Die dialogische Wahrnehmung kann auf ein anthropologisch bestimmtes ‚Erleben eines Gegenüber' zurückgeführt werden, das im Wahrnehmungsvorgang die dem Kino-Menschen eigenen, durch ziemlich exaltierte Stimmungen ausgewiesenen Bilder erst hervorbringt. Sie sind keineswegs ident mit dem rein physiologisch Wahrgenommenen oder dem kognitiv Verstandenen, sondern von einer umfassenden und körperlichen Erfahrungsdichte dessen, was heute etwa mit dem Begriff der Immersion beschrieben wird: Das wahrnehmende und insofern auch mitwirkende Subjekt behält bei diesem Vorgang „nicht etwa die optische Vorstellung der wandernden Lichtscheibe und auch nicht die eines ihr irgendwie zugehörigen dämonischen Wesens, sondern zunächst nur das motorische, den Leib durchströmende *Erregungsbild*“[226].

6.2   Methodenhorizont einer dialogischen Filmanalyse

Dieser Abriß einer *Anthropologie des Kinos* aus dem Geiste der Dialogizität noch nicht genug, legt Martin Buber in *Ich und Du* eine *Methodologie* der Erschließung der Bilder um uns vor, die füglich als Anregung zu einer *dialogischen Filmanalyse* gelesen werden kann. Seine Systematik der dialogischen Beziehung zwischen Subjekt und umgebenden Objekten gewinnt gerade beim ersten Schritt jeder analytischen Annäherung an bewegte Bilder heuristischen Wert: bei der Bildbeschreibung. In dieser Hinsicht unterscheidet sich Bubers Analyseanleitung zwar fundamental von Michail Bachtins angewandter Dialogizitätstheorie, doch bietet sie auf dem Feld der Bildanalyse in ihrer einleuchtenden Klarheit und anschaulichen Systematik eine geradezu ideale Grundlage und Ergänzung zu Bachtins texttheoretischen Erkundungen.[227] Anhand der Betrachtung eines Baumes unterscheidet Buber sechs Modi der Annäherung, die zusammengenommen die Ganzheit des

---

225 Ebd.
226 Ebd., S. 23.
227 Bachtin waren übrigens die Buberschen Überlegungen zur Dialogik bekannt. Zur Weiterführung der Bachtinschen Dialogizität im Feld der Filmtheorie siehe Sierek, Ophüls/Bachtin, a.a.O., S. 42–49. Vgl. auch Thomas Mies. Dialog und Vielstimmigkeit: Martin Buber und Michail Bachtin Gruppenanalyse und Dialogphilosophie Teil 1 : Martin Buber. In: Gruppenpsychotherapie und Gruppendynamik 50/ 1 (2014), S. 30–70.

betrachteten Gegenstandes ausmachen: „Bild und Bewegung, Gattung und Exemplar, Gesetz und Zahl"[228]. Sie zusammen entsprechen dem *Eins und Alles* der Konvergenz von Weltbild und Bildersehen in Bubers Kinoraum der Welterfahrung.

Bild

Als erste Betrachtungsperspektive eines Gegenstands setzt Buber bei dessen Bildlichkeit an:

> „Ich kann [einen Baum] als Bild aufnehmen: starrender Pfeiler im Anprall des Lichts, oder das spritzende Gegrün von der Sanftmut des blauen Grundsilbers durchflossen."[229]

Dabei geht er von der *Erscheinung* des Gegenstands aus, wie immer dieser selbst auch beschaffen sein mag. Dieses Bild kann sich auf Teile des – so Buber – Universums beziehen, also auch auf Ausschnitte des Realen. Auch wenn dieser Bezug ,zuverlässig' ist – nicht ohne Grund beginnt Buber seine systematische Betrachtung keineswegs mit der Frage der ikonischen Übereinstimmung zwischen Bild und Referenten. Die Qualität des Bildlichen findet er vielmehr in der Oberflächenbeschaffenheit und dem, was diese reflektiert. Das Starrende und Spritzende, die Sanftmut und das Durchfließen: die materiellen Eigenschaften der Körperoberfläche geben in der Reflexion des ,Anpralls des Lichts' bestimmte Farben und Farbtöne wider: das ,Gegrün' und das ,blaue Grundsilber'. Das Bild führt jedenfalls ein Eigenleben, zunächst weder mit dem Gegenstand noch mit dessen Wahrnehmung durch den Betrachter gleichzusetzen. Mit diesem ersten Zugang zum Universum argumentiert Buber übrigens im Gleichklang mit den etwa zeitgleich entstandenen phänomenologischen Erkenntnissen Husserls, der ebenfalls strikt zwischen dem materiellen Bildgegenstand, dem Bildobjekt als Moment purer Sichtbarkeit am Bildobjekt und dem Bildsujet, also der Vorstellung des realen Gegenstands, unterscheidet.

Im Film entspräche die Distinktion zwischen Bildobjekt und Bildsujet dem Unterschied zwischen dem Bild auf der Leinwand und dem sogenannten profilmischen Ereignis. Mit der behutsamen Sichtbarmachung der Phänomene der Oberflächenbeschaffenheit lenkt Buber jedenfalls die Aufmerksamkeit zunächst auf die Effekte des Aufpralls des Lichts. Damit würde auch eine an dieser Methodologie orientierte Filmanalyse diese subtilen Ereignisse und Erscheinungen bereits als

228 Buber, Ich und Du, S. 11.
229 Ebd.

ästhetische Ereignisse behandeln. Um diese Vorgänge genau zu beschreiben, bedarf es also, wie auch in anderen Zusammenhängen von Bubers anthropologischer Wahrnehmungstheorie betont, einer scharfen Differenzierung zwischen dem abgebildeten Gegenstand auf der Leinwand und dem Sujet, das sich im Betrachter realisiert. Damit etabliert sich das Bild jedenfalls deutlich als das Andere seines Gegenstands. Als Zeichen dieser Alterität gegenüber der schlichten Feststellung kinematographischer ‚Zuverlässigkeit' führt diese klare Unterscheidung zu jener Kinoerfahrung, die mit der Wahrnehmung bildlicher *Oberflächen* beginnt:

> „Man sagt, der Mensch erfahre seine Welt. Was heißt das? Der Mensch befährt die Fläche der Dinge und erfährt sie. Er holt sich aus ihnen ein Wissen um ihre Beschaffenheit, eine Erfahrung. Er erfährt, was an den Dingen ist."[230]

Bewegung

Das zweite Kriterium der Bildanalyse nach Bubers Systematik wendet sich der *Bewegung* der Bildobjekte zu. Wenn Buber das zeitgebundene Kriterium der Betrachtung von Welt ins Auge faßt, so zeigt sich einmal mehr, wie perfekt seine Bildbetrachtung gerade bei der Untersuchung von Laufbildern an Relevanz gewinnt. Im Film verteilt sich die Bewegungsuntersuchung auf drei Typen: die Bewegungen *im* Bild, also jene der Figuren und Objekte, die Bewegungen *des* Bildes, etwa Kamerafahrten, Schwenks und Kranbewegungen, sowie jene Eigenbewegungen des Filmbildes, die den Eindruck ständiger Mobilität und Vibration vermitteln und deshalb *Bewegtheit* genannt werden können.

Das markanteste Merkmal dieser ästhetisch durchwirkten Konstruktion von Bewegung zeigt sich wiederum im Bereich der Evokation purer Sichtbarkeit, also der *Bewegtheit* des Bildes. Es schließt unabhängig von den gerichteten Bewegungen des Bildes und im Bild erstens jene Mikrobewegungen in Gestik und Mimik ein, die zeitgleich mit Bubers Bildanalytik etwa Béla Balázs als spezifische Kriterien filmischer Gestaltung beschreibt. Nicht nur das: zweitens findet sich in Bubers Katalog der Bewegungskriterien der Gegenstandswahrnehmung sogar die auf die Leinwand projizierte Eigenbewegung des Bildstreifens aufgehoben, ein nicht zu unterschätzendes Gestaltungsfeld filmischer Nuancierung. Statt vektorieller Gerichtetheit scheint sich die Bewegtheit des Bildes, egal ob durch Körnung, Vibration des Bildstreifentransports oder Pixelung, bis zu jenem Punkt als eigenständige

---

230 Ebd., S. 9.

und eigenwillige Qualität des gesamten Vorgangs der dialogischen Bezugsetzung des wahrnehmenden Ich mit dem Anderen der Welt zu entwickeln.

Gattung

Nach den beiden Dimensionen des Bildlichen und der Bewegung löst sich das betrachtende Denken in Bubers Bildanalytik von der einen Wand der Bildreihen, die seine Skizze eines Wahrnehmungsraums vorgibt. Es wendet sich der zweiten Wand seines Kinematographentheaters der Wahrnehmung zu. Diese stellt die *Beziehung* zwischen Bild und betrachtendem Subjekt in den Vordergrund. Im Geflecht zwischen den plastischen Qualitäten von Licht und Bewegung auf der einen Seite und den ‚Empfindungen und Vorstellungen' der Betrachtung andererseits werden Subjekt-Objekt-Relationen diskutiert, die ein höheres Maß an Aktivität und Produktivität des betrachtenden Subjekts einfordern. Sie umlagern gewissermaßen in ihrer wachen und wachsamen Geschäftigkeit die außerhalb des Subjekts befindlichen Erscheinungen wie ‚eines Fadens Gespinst'. Dabei befleißigen sie sich – und dies ist ganz entscheidend – einer präzisen und wissenschaftlichen Systematik: Sie reihen – so Buber – in Gattungen ein, untersuchen den Bau des jeweiligen Exemplars, suchen Gesetzmäßigkeiten und quantifizieren.

Zunächst also die dritte Wahrnehmungskategorie, das *Einreihen in Gattungen.* Was Buber darunter versteht, kann in zwei Richtungen verlaufen. Einerseits in die Herstellung von Bezügen des Bildsujets während der Betrachtung: ‚Empfindungen und Vorstellungen' fließen ein. Andererseits werden während der Vorstellung eines Films jene Bilder mobilisiert, die unmittelbar dem Erfahrungsschatz der BetrachterInnen entnommen sind. Selbstverständlich reihen sich auch diese in die jeweiligen Genre-Konventionen und Gattungs-Wahrscheinlichkeiten ein. Es kommt durch diesen Dialog zu einem virtuellen Pakt zwischen Herstellung und Vorstellung des Films, durch den das Verhältnis von Innovation und Redundanz im Genre-Kino reguliert wird. Dieser dialogische Pakt gewährleistet einerseits ein Mindestmaß an verbindlichen Genre-Werten, die Wiedererkennbarkeit, Ökonomie der Erzähl- und Darstellungsmodalitäten sichern und so die Akzeptanz und Attraktivität des Genre-Kinos verbürgen. Andererseits wird in diesem virtuellen Pakt zwischen Herstellungsinstanz und Wahrnehmungsinstanz auch sichergestellt, dass das Genre-System nicht durch die dauernde Wiederholung des Immergleichen ökonomisch kollabiert. Was etwa Rick Altman in seiner Genre-Theorie auf makrofilmsoziologischer Ebene beschreibt, findet in Bubers Kinematographentheaterdialog bereits 60 Jahre vorher sein Pendant auf der mikrosoziologischen Ebene der Kleingruppe im Kino sowie auch subjektiv im Wahrnehmungsvorgang des Kino-Menschen.[231] Das Ich, um mit Buber zu sprechen, gleicht die auf zwei Wänden angebotenen Bildreihen in einem ständigen Dialog miteinander ab und nistet sich zwischen den filmischen Weltbildern und den eigenen Erinnerungspotentialen gespeicherter Genre-Bilder ein.

Exemplar

Wenn Buber in *Ich und Du* die nächste Analysekategorie in engem Nahverhältnis zur Gattungsbetrachtung situiert, so weist er auf die große Distanz des Betrachters zum eigentlichen Wahrnehmungsobjekt, dem Bild, hin. Den Gegenstand der Analyse als *Exemplar* zu untersuchen heißt, die Aufmerksamkeit auf „Bau und Lebensweise"[232] des realen Gegenstands in seiner Einzigartigkeit als Teil des Universums zu richten. Damit weist er auf die Bedeutung dessen hin, was die moderne Filmtheorie seit dem *linguistic turn* unter dem Begriff der Referenzialität zu fassen versucht hat. Die Betrachtungsweise des Gegenstands als Exemplar rückt also wie keine andere vom Bild ab. Sie wendet sich dem radikal Anderen zu, dem, was Film *auch* zeigen kann: dem Bildsujet, Bildgegenstand oder, wie die Semiologie Saussures es nennt, dem Referenten. Damit rückt der Gegenstand, auf den das Bild verweist, zumindest kurzfristig in den Mittelpunkt der Aufmerksamkeiten.

Gesetzmäßigkeit

Mit der Zuwendung zum Objekt als „Ausdruck des Gesetzes"[233] rückt der Bubersche Analysehorizont wiederum weiter ab von der Konkretheit des Exemplars und schlägt die Untersuchung abstrakter Schemata und Strukturen vor. Auch wenn damit primär naturwissenschaftliche Bedingungen des Gegenstands angesprochen werden, bietet sich diese Suche nach *Gesetzmäßigkeiten* auch für die Untersuchung ästhetischer Wirklichkeiten des Wahrnehmungsgegenstands an. Wie sich etwa die Filmtheorie seit den 1960er Jahren bei ihren Analysemodellen zur Aufde-

---

231 Siehe etwa Rick Altman. The American Film Musical. Bloomington: Indiana University Press, 1987, S. 93f. In diesem Kontext betont Altman, durchaus filmanthropologisch argumentierend, die mythologischen Qualitäten der Hollywood-Genres (mythical qualities of Hollywood genres") und die damit verbundenen rituellen Verhaltensweisen des Publikums („the audience's ritual relationship to genre film"). Eine Zusammenfassung der genre-theoretischen Argumente finden sich auch in: Rick Altman. Film und Genre. In: Geschichte des internationalen Films. Hg. Nowell-Smith, Geoffrey. Stuttgart, Weimar: Metzler, 1998, S. 253–59.

232 Buber, Ich und Du, S. 11.

233 Ebd.

ckung axiomatischer Systeme in den Werken an konstruktivistischen und strukturalistischen Literaturanalysen etwa der russischen Formalisten orientiert und diese
auf dem Feld des bewegten Bildes den medialen Bedingungen des Films angepaßt
hat, so bietet Bubers Kategorie der Gesetzmäßigkeit die Möglichkeit, über die Singularität des Bildgegenstands oder seiner Teile hinausweisend, seine – so Buber –
„Diesmaligkeit und Geformtheit" zu überwinden und grundlegende Prinzipien
und Systematiken freizulegen. Wenn diese Muster eines Films, die Buber als fünfte Kategorie beschreibt und ‚Gesetzmäßigkeiten' nennt, als strukturale Prinzipien
mit beinahe mathematischer Präzision einmal durch die Analyse aufgedeckt sind,
so führt dies zur letzten Kategorie Buberscher Bildanalytik: der Zahl.

Zahl

Was die Regelmäßigkeiten und Gesetzmäßigkeiten der Bildkonstruktion und der
narrativen Entfaltung auf Signifikantenebene prägt, tritt mit der Zahl oder der
Zahlenkombination als motivisches Netz der Quantifizierung ganz manifest zu-
tage. Ob in Billy Wilders ONE TWO THREE (US/1961) als manifeste Anspielung
bereits im Titel, ob bei Ophüls in den ritualisierten Wiederholungsschemata der
Zahlenspiele von LA RONDE (F/1950) und LOLA MONTEZ (F/D/1955), ob in der Ultima ratio des Glücksspiels von SHANGHAI GESTURE (US/1941) mit den Anfeuerungs-
rufen von Mother Gin Slings „Two hundred more" oder Charteris' Rat: „Firstly I
recommend that additional funds should be added, let's say 200.000": In der nu-
merischen Kombinatorik von narrativen Elementen, Bildern und Dialogen können
sich – nach den methodologischen Anregungen Bubers – Lebensverhältnisse „zum
reinen Zahlenverhältnis verflüchtigen und verewigen"[234].

6.3   Verwirklichung in der Leibhaftigkeit der Kunst

Soweit die beschriebenen Momente der Begegnung mit Gegenständen, die sich
nach Buber dem Wahrnehmenden in einem dialogischen Akt offenbaren. Sie treten den BetrachterInnen – auch jenen eines Films – in sechs Modalitäten aufgefächert entgegen: Bild und Bewegung, Gattung und Exemplar, Gesetz und Zahl.
Doch noch gehören sie in Bubers *Ich und Du* der Sphäre der nicht vermittelten
Gegenstandswahrnehmung an. Sobald die Betrachtung die Schwelle zum media-
tisierten oder gar im Kunstwerk vollzogenen Dialog überschreitet, findet sie – in

---

234 Ebd.

Bubers Worten – *mit* dem Kunstwerk durch tätige, erfinderische Mitgestaltung ihre Vergegenwärtigung, Vollendung und Verwirklichung:

> „Ich führe die Gestalt hinüber – in die Welt des Es. Das geschaffene Werk ist ein Ding unter Dingen, als eine Summe von Eigenschaften erfahrbar und beschreibbar. Aber dem empfangend Schauenden kann es Mal um Mal leibhaft gegenübertreten."[235]

Der im Lichte heutiger philosophischer und außerphilosophischer Diskurse etwas pathetisch und atavistisch einherschreitende ‚empfangend Schauende' ist also nichts anderes als jener Kino-Mensch, der im Begriff steht, sich mit einem filmischen Artefakt auseinander- und in eins zu setzen. In seiner dialogischen Betrachtung werden seine Bilder als „Realphantasie"[236] ‚leibhaft', also lebendig, und ihr Anderes – die Gegenstände, auf die sie verweisen – in den ästhetischen Erfahrungszusammenhang bis zur Körperlichkeit integriert.

Bubers Konzept der Ich-Es-Beziehung kann also füglich als kinematographisches Wahrnehmungsdispositiv und sein Verfahren der Analytik des Partizipationsvorgangs als Methodenhorizont dialogischer Filmanalyse gelesen werden. Wie kein anderer Entwurf der Geschichte des Denkens nimmt sein *Kinematographentheater dialogischer Wahrnehmung* eine in den letzten Jahren immer bedeutsamer werdende Tendenz zur dialogischen Anthropologie als Metatheorie des Kinos vorweg. Während eine Reihe von Studien zur filmischen Dialogizitätstheorie aber von den Arbeiten Michail Bachtins ausgeht, kann mit dieser Lektüre nunmehr auch die Vorarbeit jenes Denkers der Dialogizität in den filmanthropologischen Diskurs eingebracht werden, der für Bachtin „der größte Philosoph des Zwanzigsten Jahrhunderts und vielleicht in diesem kümmerlichen Jahrhundert der einzige Philosoph überhaupt"[237] ist.

---

235 Ebd., S. 14.
236 Ebd., S. 286.
237 Maurice Friedman. Martin Buber and Mikhail Bakhtin: The Dialogue of Voices and the Word That Is Spoken. Übers. von Autumn. In: Religion & Literature 33/3 (2001), S. 25.

Schon in seinen frühen Entwürfen zu einer phänomenologischen Anthropologie aus den 1920er Jahren geht Ludwig Binswanger auf zwei Kategorien ein, die sich für die Idee einer Anthropologie des Kinos als nicht unwichtig herausstellen werden. Wenn auch noch zaghaft, macht er einerseits auf die entscheidende Bedeutung menschlicher Einbildungskraft zur Bestimmung anthropologischer Merkmale aufmerksam. In diesem Zusammenhang weist er der Kantschen Ästhetik eine Funktion als Leittext zu. Zum anderen betont er mit dem Hinweis auf Henri Bergson die Konvergenz zwischen der Imagination und dem, was er das Innewerden fremden Seelenlebens nennt.[238] *Bild und Gemeinschaft*: Diese beiden Kategorien zur Bestimmung des Gegenstands einer kulturellen Anthropologie hat auch ein anderer Kulturwissenschaftler mit anthropologischen Ambitionen zu einer tragenden Säule seiner bildethnologischen Ausführungen gemacht. Kaum ein Jahr vor dem Erscheinen von Binswangers *Einführung* hebt Aby Warburg als Patient bei Binswanger in dessen Klinik Bellevue bei Kreuzlingen in seinem Vortrag, der später unter dem Titel *Das Schlangenritual* bekannt werden sollte, den engen Zusammenhang zwischen mimetischem Akt, Ritual und Sozialverhalten hervor.

> „Die Nachahmung im pantomimischen Tiertanz ist also ein kultischer Akt andächtigsten Selbstverlusts an ein fremdes Wesen. Der Maskentanz bei den sogenannten primitiven Völkern ist seinem ursprünglichen Wesen nach ein Dokument sozialer Frömmigkeit."[239]

---

238 Ludwig Binswanger. Einführung in die Probleme der allgemeinen Psychologie. Berlin: Julius Springer, 1922, S. 171, 276.

239 Aby Warburg. Schlangenritual. Berlin: Wagenbach Verlag, 1988 [1923], S. 27.

© Springer Fachmedien Wiesbaden GmbH, ein Teil von Springer Nature 2018
K. Sierek, *Filmanthropologie*, https://doi.org/10.1007/978-3-658-22448-6_7

Aus diesem ‚andächtigsten Selbstverlust an ein fremdes Wesen' ist also ein Jahr später Binswangers ‚Innewerden fremden Seelenlebens' geworden.

Rund zehn Jahre später vertieft Binswanger seinen Entwurf einer phänomenologischen Anthropologie mit einer ähnlichen Engführung von Imagination und Gemeinschaftlichkeit, bevor er diesen Forschungsansatz zugunsten der Daseinsanalyse in den Hintergrund treten läßt. In *Traum und Existenz* macht er auf eine Polarität in der vorsokratischen Philosophie aufmerksam, die von der bekannten Unterscheidung zwischen der Doxa als Kategorie des beobachtenden und sinnlich wahrgenommenen Meinens und dem Logos als Vernunftprinzip gesetzmäßigen Wissens ausgeht, sich aber dann zu einem netzartigem Gefüge zweier Bezugssysteme auffächert. Auf der einen Seite die verschiedenen Ausprägungen der ‚doxischen Form', die nicht nur die vortheoretische subjektive Meinung sowie unterschiedliche Gefühlslagen einschließen. Diese Varianten anthropologischer Strukturen und Verhaltensmuster umfassen auch die nächtliche Welt der Träume und vor allem Entstehungszusammenhänge der Herstellung und Vorstellung von Bildern. In ihrer immer wiederkehrenden Ausrichtung auf Vereinzelungsstrebungen und Isolationswelten, die Binswanger als symptomatische Traumerfahrungen beschreibt, finden die Doxa ihre Personifizierung in der Figur des *Hekastos*. Ihren Ausformungen des nummernhaft Vereinzelten bzw. des *Quisque* stehen, so Binswanger, auf der anderen Seite so unterschiedliche Seins- und Denkformen wie Geist, Objektivität und Wahrheit gegenüber. Durch den Logos zusammengehalten, „in dem sich Alle als in etwas Gemeinsamem finden oder verständigen könnten"[240], sei diese zweite Erscheinungsweise deshalb wohl am besten mit dem Gemeinschaftssinn der *Koinona* zu umschreiben. Die Polarität von doxischer Bildlichkeit und logischer Gemeinschaftlichkeit wird von Binswanger also in ein enges Bezugsnetz eingebunden, in dem die beiden Begriffe zueinander komplementär gesetzt und zu tragenden Säulen einer phänomenologischen Anthropologie ausgebaut werden.

Binswangers Betrag zur anthropologischen Bestimmung besteht also in einer radikalen Kehrwende weg von dem polaren Schema. Er bricht die von den Vorsokratikern bis zur Moderne immer wieder behauptete Antinomie von *Hekastos* und *Koinona* auf und versucht die beiden Kategorien bildhafter Vorstellung und gemeinschaftlicher Abstimmung einander anzunähern. Wie das Imaginäre dabei aus seiner träumerischen Vereinzelung als Quisque gelöst wird, so erfährt die symbolischen Abstraktion logischer Konstrukte ein Moment körperlicher Durchdringung:

---

240 Ludwig Binswanger. Traum und Existenz. Neue Schweizer Rundschau XXIII 38/39 (1930), S. 773.

„[D]er Mensch [ist] noch etwas ganz anderes als nur ein Quisque, und ein solcher auch nur insofern, als er in der Welt des Traumes, der Bilder, der Gefühle aufgeht. Der Einzelne wird hier aus einer naiven realistisch~metaphysischen Substruktion zu einem Modus des Menschseins, zu einer Art und Weise, wie man Mensch sein kann, nämlich der ungeistigen Möglichkeit des Menschseins."[241]

Damit zeichnet Binswanger einen ‚Modus des Menschseins' vor, in dem die bildliche Doxa aus ihrer träumerischen Vereinzelung herausgeführt wird. Traumgesichte und Imaginationen gestalten sich zu einer Wirkkraft der ‚menschlich-göttlichen Gemeinschaft', die schließlich auch nicht mehr ausschließlich auf dem Logos beruht. Entscheidend daran ist, dass sich dieser bildgebende Modus auch von den physiologischen Bedingungen des Schlafs als Voraussetzung der Bildwelt des Traums gelöst hat. Er ist eben auch in anderen menschlichen Formen und Dispositiven des Imaginären vom Wahn bis zum Bildkunstwerk zu finden. Das ‚Privattheater' des Traums, wie es eine von Binswangers Patientinnen genannt hat, ist der isolierten Traumwelt des Hekastos entstiegen und hat bereits *vergemeinschaftete Formen* kultischer Rituale und Inszenierungen des Wissens angenommen:

„Es ist daher von tiefer Bedeutung, daß, während die Träume selbst durchaus der Nachtseite des griechischen Daseins zugehören, die kultische Traumdeutung, das Orakel allmählich dem Machtbereich der der Nacht verwandten alten Erdgottheit, der Gaia (vgl. z. B. die alte delphische Inspirationsmantik) entzogen und von dem neuen Gott, Phoibos Apollo, usurpiert wird. Der Traum der Atossa und das Orakel von Falke und Adler sind nicht geschieden nach innen und außen, nach subjektivem und objektivem Geschehen, sondern nach dem in der Nähe befangenen, dunklen und dumpfen, unklaren Reich der Nacht und dem Reich des wachsten aller Götter, des in die Ferne schauenden und zielenden klaren Sonnengottes Apoll."[242]

Die Polarität von Wachzustand und Traum, Objektivität und Subjektivität, Wahrheit und Schein weicht einem anthropologischen Zustand, in dem doxische Bildgebung und logische Vergemeinschaftung auch in Form von Ritualen und Inszenierungen, Artefakten und Kulturtechniken, Vorrichtungen und Apparaten veranstaltet werden. Die Imagination tritt aus dem Schatten ans Licht und wird schließlich zum Brennpunkt der Vergesellschaftung. Mit dieser metapsychologischen Theorie der dialogischen Verbindung von *Hekastos* und *Koinona* entwirft Binswanger aber nicht nur das Modell einer Kulturanthropologie, sondern auch ein Vorbild des – zur Zeit von Binswangers Entwurf gerade voll entwickelten –

---

241 Ebd., S. 772.
242 Ebd., S. 769.

Kino-Menschen, der in sich die Fähigkeit traumartiger Bildherstellung im Wachzustand mit dem Modus gemeinschaftlichen Bildvorstellung verbindet.

Doch Vorsicht: die Binswangersche Lektüre der Traumtheorien der Vorsokratiker soll und kann nicht einer vorschnellen Neuauflage der Dispositiv-Theorien des filmischen Apparats der 1960er Jahre dienen. Zwei entscheidende Faktoren führen nämlich zu einer nicht unbeträchtlichen Korrektur des Höhlengleichnisses, das etwa Jean-Louis Baudry zu einem der Angelpunkte seiner Abhandlung über den Basisapparat wählt.[243] Zunächst wertet Binswangers Zusammenführung von Imagination und Vernunft das Kino als realen Chronotopos der Vergemeinschaftung bedeutend auf. Zweitens entreißt sein entscheidender Hinweis auf die Traum- und Bildtheorien von Heraklit bis Parmenides die Imagination einer subjektzentrierten Logik, nach der Bilder zwangsläufig als Emanationen isolierter Einzelner zu fassen wären:

„Träumen heißt: Ich weiß nicht, wie mir geschieht. In dem Ich und Mir kommt zwar der Einzelne, der Quisque und Hekastos wieder zum Vorschein, aber keineswegs als derjenige, der den Traum macht, sondern als der, dem er, ‚er weiß nicht wie‘, geschieht."[244]

Damit wird die platonische Konstruktion der Fesselung des Subjekts durch die kollektive Ritualisierung gemeinschaftlicher Imagination ersetzt. Auch mit diesem Argument scheint Binswanger übrigens von dem Vortrag seines Patienten Warburg und den vielfältigen Gesprächen mit ihm in der Klinik Bellevue angeregt worden zu sein. Denn auch Warburg legt – nicht nur im *Schlangenritual* – größten Wert auf die Rolle kollektiver und subjektübergreifender Faktoren bei der Entstehung und Verwendung bildlicher Artefakte. Wenn also Binswanger seinen zweiteiligen Aufsatz *Traum und Existenz* mit einer Reflexion über das Motiv des Blitzes einleitet, so nimmt er auch auf Warburgs genuin anthropologisches Hauptthema der Untersuchung sozialer Akte der Daseinsfürsorge gegenüber den Naturgewalten Bezug.

Auch mit dem Verständnis der Bildgebung und Bildwahrnehmung als Ereignis und Handlung greift der Arzt Binswanger zentrale Momente der kulturanthropologischen Theoreme seines Klienten Warburg auf und spitzt sie zu. Er verknüpft, auf Georg Wilhelm Friedrich Hegel verweisend, den Chronotopos von Bild und Gemeinschaft mit dem Entstehen einer dynamischen Wissenschaft vom Menschen,

243 Jean-Louis Baudry. L'Effet Cinema. Paris: Editions Albatros, 1978, S. 31f. Auf Deutsch: Baudry. Ideologische Effekte, a.a.O., S. 34-43.
244 Binswanger. Traum und Existenz, a.a.O., S. 778.

die sich jeglicher Hypostasierung des ‚Menschseins' und der Festlegung seiner Artefakte und Werkzeuge als anthropologische Konstanten verweigert. Mit Heraklit sei nämlich, so Binswanger, nicht nur der – in allen Bedeutungen des Wortes – bewegende Gedanken des Übergangs von einem Denken des Seins zu einem des Werdens markiert. Mit ihm werde sogar der radikale Gedanke einer *Negativität* formuliert, der alles andere denn die Kehrseite menschlichen Seins darstelle:

> „Sein großer Gedanke war, vom Sein zum Werden überzugehen, seine große Einsicht, daß Sein und Nichtsein nur Abstraktionen ohne Wahrheit sind und das erste Wahre nur das Werden ist; dadurch ist bei Heraklit das Moment der Negativität, das zugleich aber das Prinzip der Lebendigkeit ist, immanent."[245]

7.1   Foucaults Binswanger-Lektüre: Das Bild als Anrede

Diese Einführung der Kategorie der Negativität in die abendländische Philosophie sollte noch beträchtliche Konsequenzen, auch auf die Formulierung einer zukunftsweisenden Konzeption einer Anthropologie des Kinos, haben. Doch vorher noch ein weiterer Beleg der Bedeutung der Binswangerschen *Dialektik von Bild und Gemeinschaft* für eine noch zu skizzierende Anthropologie des Kinos. Er ist der Einführung zur französischen Übersetzung von *Traum und Existenz* zu entnehmen und stammt von einem zur Entstehungszeitpunkt ebenso unbekannten wie aufstrebenden Theoretiker, dem man wahrscheinlich nicht auf den ersten Blick ein Nahverhältnis zu Binswangers phänomenologischer Anthropologie nachsagen würde: Michel Foucault. Sein ziemlich voluminös gewordener Kommentar aus dem Jahr 1954, der beinahe an die Dimensionen von Binswangers Arbeit heranreicht, stellt diese als nichts weniger denn als eminenten Beitrag zu einer „Anthropologie der Imagination"[246] vor. Mit *Traum und Existenz* löse der Schweizer Freund Freuds nicht nur die Traumtheorie aus den noch bei seinem Lehrer deutlich spürbaren Bindungen an die Psychologie. Der Traum als „absolut besondere Erfahrungsform"[247] bedürfe vielmehr einer wesentlich grundlegenderen Einbettung in den Kontext erkenntnistheoretischer und eben anthropologischer Überlegungen:

---

245 Ebd., S. 772.
246 Michel Foucault. Einführung zu ‚Traum und Existenz' von L. Binswanger. In: Schriften I. Frankfurt a.M., 2001. S. 145. Siehe auch S. 174: „Wir wollten einfach nur all das aufzeigen, was Binswangers Text über den Traum zu einer anthropologischen Untersuchung des Imaginären beitragen konnte."
247 Ebd., S. 126.

„Doch der Traum ist zweifellos allein schon deshalb etwas anderes als eine Rhapsodie von Bildern, weil er eine imaginäre Erfahrung ist; und von einer psychologischen Analyse lässt er sich – wie gerade gesehen – deshalb nicht ausschöpfen, weil er ebenso dem Bereich der Erkenntnistheorie untersteht."[248]

Wäre dies nicht schon genug für eine Revision der komplementären Beziehung zwischen Traum, Bild und Film, fügt Foucault auch noch eine zweite Bemerkung hinzu, der man durchaus denkrevolutionären Sprengstoff zumessen kann. Noch vor dem sogenannten *linguistic turn*, der ja bereits vor der Philosophie und den Geschichtswissenschaften mit Christian Metz in den Filmwissenschaften eingeleitet wurde,[249] markiert Foucault dessen Grenzen und skizziert eine bildtheoretische Wende zu dem, was man füglich eine *Bildpragmatik* nennen könnte. Traumgesichte seien, so Foucault mit einem Hinweis auf die *Logischen Untersuchungen* von Husserl, weniger als Zeichen oder Anzeichen zu verstehen, sondern als genuine Ausdrucksleistungen. In diesem Sinn können auch Bilder, ob träumerische, filmische oder welche immer, nicht (nur) als semiotische oder semiologische Systeme verstanden werden, sondern als *manifeste Akte und Handlungen*. Als solche sind sie von einer Imagination gespeist, die weniger als Einbildung, denn vielmehr als Ausdruckskraft zu bestimmen wäre:

„Das Bild kann sich nun von neuem anbieten, nicht mehr als Verzicht auf die Imagination, sondern im Gegenteil als ihre Vollendung; geläutert im Feuer des Traumes wird das, was an ihm nur Verfälschung des Imaginären war, zu Asche, aber dieses Feuer selbst vollendet sich in der Flamme. Das Bild ist nicht mehr Bild von etwas, voll und ganz auf eine Abwesenheit hin entworfen, die es ersetzt; es wird an sich empfangen und gibt sich als die Fülle einer Anwesenheit; es bezeichnet nicht mehr etwas, sondern wendet sich an jemanden."[250]

Mit der *Idee des Bildes als Anrede* formuliert Foucault einen Anspruch, der den Übergang von einer Zeichentheorie zu einer Kinoanthropologie markieren könnte, zu einer „Anthropologie des Ausdrucks, die unserem Verständnis nach grundle-

---

248 Ebd.

249 Christian Metz. Le cinéma: langue ou langage? In: Essais sur la Signification au Cinéma. Bd. 1. Paris: Éditions Klincksieck, 1968 [1964], S. 39–94.

250 Foucault, Einführung, a.a.O., S. 173. Was in diversen Präsenz-Theorien, etwa jener von Gumbrecht, nachgebildet scheint; vgl. Gumbrecht, Hans Ulrich: Diesseits der Hermeneutik. Die Produktion von Präsenz. Frankfurt am Main, 2004.

gender ist als eine Anthropologie der Imagination"[251]. Vor allem das bewegte Bild verstünde sich in diesem Sinn nicht nur als Zeichen von Bestehendem oder Gewesenem, sondern als prospektiver Akt, als Adressierung mit Ausdruckskraft. Mit diesen Ansätzen zu einer Theorie des Ausdrucks (Foucault: „ich imaginiere"), die über Zeichen und Kundgaben ebenso hinausgehen wie über die Husserlschen bedeutungsverleihenden und bedeutungserfüllenden Akte, öffnet sich auch das Tor zu einer Kinoanthropologie, die das bewegte und bewegende Bild als Handlung faßt: Es richtet sich an jemanden, um zu verändern.

Foucaults emphatische Erweiterung des Bildbegriffs macht also auf eine Eigenschaft des Bildes aufmerksam, die gerade für kinoanthropologische Grundlegungen von enormer Tragweite sein könnte. Sie betont, wenn auch in etwas anderem erkenntnistheoretischen Kontext, ebenfalls jenen Keim, den Warburg in Binswangers Abhandlung, der Patient in den Arzt also, gelegt hat. Denn kein anderer Denker der ersten Jahre des 20. Jahrhundert hat die Mobilisierung und Aktivierung bildhafter Anrede mit vergleichbarer Insistenz betrieben wie der in Binswangers Klinik Bellevue von den Obsessionen der Kriegsbilder bis in die frühen 1920er Jahre geplagte Warburg.

Die bisher skizzierten, traumtheoretisch inspirierten Ansätze legen allerdings zunächst nur so etwas wie eine Parallelgeschichte einer Anthropologie des Kinos vor. Sie beschäftigen sich nicht mit dem Kino selbst, sondern mit einigen seiner wichtigsten Kennzeichen und kulturtechnischen Verfahrensweisen: Imagination und Gemeinschaftlichkeit, Ausdrucksfähigkeit und Handlungsvermögen bewegter Bilder. Um von Warburgs Untersuchungen der Bewegtheit der Bilder in der Malerei über Binswangers Aufhebung der Polarität zwischen Logos und Imago und Foucaults Anregung zu einer Bildtheorie des Ausdrucks tatsächlich zur anthropologisch relevanten Konvergenz von Imagination, Gemeinschaftlichkeit und Handlung *im Kinosaal* zu gelangen, bedarf es noch einer Konkretion dieser abstrakten Bestimmungen des Humanum. Sie soll sowohl den anthropologischen Stellenwert der Werkzeuge und Artefakte, kurz: der Prothetik, dieser Konvergenz bestimmen, als auch *politisches Handeln der Bildagglomerate und Apparate* im Kontext konkreter soziohistorischer Situationen denkmöglich erscheinen lassen.

---

251 Ebd., S. 174.

7.2   Sonnemann: Okulartyrannis und transzendentale Akustik

Am wohl überzeugendesten wurde dieser Konkretion der Anthropologie von dem Sozialphilosophen Ulrich Sonnemann vorgearbeitet. Durchaus vergleichbar mit der libertären Emphase Foucaults, knüpft auch er an Binswangers frühe Schriften, vor allem *Traum und Existenz* und *Heraklits Auffassung des Menschen* an. Nach seiner Rückkehr aus der US-amerikanischen Emigration, in die er vor dem Holocaust fliehen mußte, beginnt er einen der wohl radikalsten Entwürfe anthropologischer Grundlegung seit dem Zweiten Weltkrieg zu skizzieren. Im Lichte und unter dem Eindruck der Menschheitskatastrophe, der auch er selbst nur knapp entronnen war, hält er sich nicht lange damit auf, den Gegenstand seiner Untersuchungen, also das Humanum, in dieser oder jener Weise positiv zu bestimmen und zu definieren. Er greift vielmehr einerseits auf Binswangers Heraklit-Lektüre zurück, die versucht, den Menschen nicht aus seinem Sein, sondern aus seinen Möglichkeit zu bestimmen:

> „Was der Mensch ist und wird, was er verwirklichen kann, liegt nicht beschlossen in seinem vitalen Dasein, sondern in dem, was er, sich zu ihm verhaltend, daraus macht."[252]

Andererseits erinnert Sonnemann an die Prämissen von der grundsätzlichen Unfertigkeit und Geworfenheit des Menschen, die von der deutschen philosophischen Anthropologie in teilweise höchst bedenklichem Naheverhältnis zum Nationalsozialismus entwickelt wurden. Allerdings führt er diese Thesen vom Menschen als ‚Mängelwesen' aus ihren teleologischen Verstrickungen des Biologismus und spitzt sie zu dem zu, was er als *Negative Anthropologie* systematisch ausarbeiten wird. Das Humanum leitet er dabei wie Binswanger nicht mehr von anthropologischen Konstanten ab, sondern aus der Vorstellung eines historischen Werdens, in dessen Entwicklung auch der Mensch, seine Produkte, Werkzeuge und prothetischen Apparate als unfertige Projekte gefaßt werden. *Noch nicht*: dieses Tempus bestimmt das Humanum, so überhaupt etwas daran zu bestimmen oder die Hypostasierung des Menschlichen denkbar wäre. Die daraus formulierte Negative Anthropologie versteht sich folglich „als Erschließung des Humanen aus seiner

---

252 Ludwig Binswanger. Heraklits Auffassung des Menschen. In: Die Antike. Zeitschrift für Kunst und Kultur des klassischen Altertums 11 (1935), S. 15.

Verleugnung und Abwesenheit"[253]. Denn man vergesse nicht: kaum zwanzig Jahre waren seit dem Holocaust vergangen, dessen ideologische Rechtfertigung in der Rassenlehre ihrerseits auf den Grundlagen biologistischer Anthropologie ruhte.

Von ähnlichen Entwürfen der Abkehr von den im Nationalsozialismus gepflegten biologistischen Ansätzen unterscheidet sich Sonnemanns Negative Anthropologie nicht nur durch ihre radikale Kritik an den physiologisch oder biologistisch getarnten teleologischen Entwicklungsgeschichten der Menschheit. Unter dem Eindruck des Holocaust vollzieht sie vor allem auch eine ebenso radikale Wende zu einer ethisch fundierten Orientierung an den Möglichkeitsbedingungen des Humanen, ohne dieses zu hypostasieren. Nicht nur die Verschiebung des Aufmerksamkeitshorizonts zur politischen Relevanz und Brisanz anthropologischer Untersuchungen, sondern auch die Zeitverschiebung des Gegenstands der Negativen Anthropologie zu einer Orientierung an prospektiven Ansätzen der Humanwissenschaften bestimmt den epochalen Ansatz Sonnemanns. Wenn er die Dominanz historisierenden Denkens in den Human- und Geisteswissenschaften konstatiert, dann vor allem, um ihren Mangel an Perspektiven für die Zukunft zu beklagen. *Zukunftsvergessenheit* nennt er diese vergangenheitsversessene Haltung, die im Übrigen auch die Filmwissenschaft erfaßt hat und bis heute prägt.

Was allerdings einen geringeren Stellenwert in Sonnemanns Negativer Anthropologie einnimmt, ist zweierlei. Zum einen fehlt es ihr an einer Ausarbeitung spezieller anthropologischer Fragestellungen, die etwa zur Klärung des Verhältnisses des Menschen zu seinen Produkten und Werkzeugen, des Stellenwerts menschlicher Artefakte und Instrumente, beitragen könnten. Zum anderen spielen ausgearbeitete Anschlußmöglichkeiten an ethnologische Forschungen eine vergleichsweise untergeordnete Rolle. Doch genau jene von Binswanger übernommenen Theoreme der träumerischen Bildwerdung und des Seins in der Menge in ihrer Radikalisierung im Werk Sonnemanns könnten diese Lücken schließen. Gerade wenn man an eine der epochalsten Kulturtechniken der Moderne denkt: an das Kino und seine digitalen Satrapenmedien, so drängen sich die dort angedeuteten Ansätze zu einer Anthropologie zukünftiger Handlungsmöglichkeiten des bewegten Bildes förmlich auf. In ihnen verbinden sich die Binswangerschen Kategorien mit Sonnemanns zukunftsorientiertem Entwurf menschlichen Seins aus der *Abwesenheit seiner Eigenschaften* zu einer Skizze einer Anthropologie des imaginären Menschen im und aus dem Kino.

Sonnemann bestimmt seine Kategorie der Negativität zunächst über eine sehr allgemeine und abstrakte Vorstellung der Abwesenheit, des Fehlens und des Mangels. Sein Versuch einer Reanimation des kritischen Potenzials der Frankfurter

---

253 Sonnemann, Negative Anthropologie, a.a.O., S. 227.

Schule knüpft allerdings nicht an die kulturpessimistischen und medienapokalyptischen Kassandrarufe der Adorno/Horkheimerschen *Dialektik der Aufklärung* mit ihrer Verdammung des Klassischen Hollywood an. Er läßt vielmehr gerade jene Perspektiven zu einer Konkretion ästhetischer Erfahrung offen, die in seinem Spätwerk unter dem Begriffen der *Okulartyrannis* und der *transzendentalen Akustik* zu einer Beschäftigung mit medialen Erfahrungshorizonten zwischen Sehen und Hören münden könnten. Aus diesen Theoremen könnte ohne große Modifikationen eine Anthropologie des Kinos als Vorschein eines gemeinschaftlich veranstalteten Dialogs der Bilder und Töne – allerdings jenseits der Reduktionismen kapitalistischen Mehrwertproduktion – entstehen. Dass sie gerade als solche an gesellschaftstranszendierende Praktiken wie den Traum und den Wahn anschließen kann, darauf hinzuweisen war das Verdienst Sonnemanns:

> „Wie immer, wo einander widersprechende topologische und perspektivische Bestimmungen eines Phänomens sich durchdringen, ihrem Gehalt nach aufeinander bezogen sind, kann eine Phänomenologie auch des Traums und der Beziehung seines Wesens zum Wahn, die für die weitere Erforschung beider Folgen hätte, nur als unabschließbare Prozeßbewegung von Theorie gedacht werden, die in Praxis gern umschlüge: solche einer beherzteren *Koinonia*, die über verändernde Griffe in die repressive Gesellschaft, die *Welt*, diese gleichsam tätig umwandernd sich auch ihre eigene Subjektivität schließlich neu schüfe"[254].

So kann man sich den bilderproduzierenden Apparat als Werkstatt und Modell der Bildung dieser ‚eigenen Subjektivität' gemeinschaftlicher Imagination, als unvollendetes Projekt im Rahmen einer Anthropologie des Kinos denken. Wegen seiner spezifischen Organisation der Wahrnehmung, der Anordnung des Sicht- und Hörfelds, der architektonischen Gegebenheiten und anthropologischen Erfordernisse an besondere rituelle Abläufe kann sich das Kino gerade durch die fundamentalen Differenzen zur Alltagswahrnehmung zu einer spezifischen Versuchsanordnung neuer Sicht- und Hörweisen entwickeln. Es arbeitet als Labor eines anderen Sehens und Hörens und als Teststation nie gesehener und unerhörter Wahrnehmungformen. Diese Produktionsmaschine Negativer Anthropologie leitet die Bildlichkeit des Abgebildeten aus ihrer Abwesenheit ab und macht Gemeinschaft gerade aus der Vereinzelung in der Menge erfahrbar. Negative Anthropologie als Abwesenheitstheorie findet somit im Kino als *Abwesenheitspraxis* ihren bevorzugten Reflexionsort und einen Promulgator neuer Lebens- und Denkweisen – und zwar nicht nur für das Kino.

---

254 Ebd., S. 112.

Die Figuren der Negativität dieses Dispositivs zeigen sich vielzählig und formenreich; etwa bereits bei den technischen Rahmenbedingungen der Fertigung des chemophysikalischen Materials. Nicht zufällig wird dieser Arbeitsschritt als Belichtung eines *Negativs* bezeichnet, welches dann erst in dem, was man Umkehrverfahren nennt, zu einer Positivkopie wird. Sie setzen sich im Phänomen der Bildbewegung fort. Auch die Transformation der ruckartigen Bewegung des Filmstreifens durch Kamera und Projektor in das kontinuierliche Fließen des wahrgenommenen Bildlaufs seitens der ZuschauerInnen ist als Vorgang der Aufhebung eines Zustands kinetischer Energie in einem projektiven und projektierten Raum der Imagination zu begreifen. Nicht zuletzt greifen die unterschiedlichen Annäherungen an eine Ästhetik der Nachträglichkeit des Kinos, ob in Form der Beschreibung von narrativen Zeitverschiebungen oder als Kinozustand der Melancholie, auf diese Negativitätsfiguren zurück.[255] Auch die erkenntnis- und diskurstheoretischen Überlegungen zum Film als Aufzeichnungs- oder Aufschreibeverfahren von Gewesenem finden den Ort ihrer Reflexion füglich im Kontext einer Negativen Anthropologie. Seit ihrem Bestehen hat sich die Kinematographie im Spannungsverhältnis von Bildpräsenz und Gegenstandsabsenz entwickelt und dergestalt ganz gut in ihrer Bestimmung als Spur eingenistet. Und was ist die Spur anderes als das Eingraben eines Negativbilds – etwa auch in der Gestalt der Bazinschen Moulage – in einen wie immer beschaffenen Support?

An diesen Erscheinungsformen filmischer Negativität sind selbst die Zeichentheorien nicht vorbeigekommen. Auch die verschiedenen Semiologien und Semiotiken bewegter Bilder argumentieren auf der Grundlage der Dopplung von Absenzen und Präsenzen, Positiva und Negativa. Auf dem Verweischarakter jeglichen Bildes aufbauend, orientieren sich die daraus entstandenen optischen Zeichensysteme prinzipiell und systematisch auf Anderes, Abwesendes, Negatives. Sie weisen und verweisen auf einen Gegenstand außerhalb ihrer selbst und weisen darauf hin. Aus einem Status der bildlichen Präsenz bezeichnen und benennen sie dies Andere folglich als Negativität. Das Bild ist eben nicht ident mit dem, worauf es zeigt, was es darstellt, sondern ihr Gegenüber, Gegenteil und manches mehr.

Ob – im Sinne der Referenzialitätsansprüche – der Film die profilmischen Gegenstände und Körper zeigt und in ihrer sinnlichen Unmittelbarkeit *präsentiert* oder ihr Hierundjetzt vielmehr zum Verschwinden bringt und insofern *absentiert*, diese Nuance mag letztendlich im Lichte einer dynamischen oder dialogischen Bestimmung der Funktionen des Kinos im kulturellen *Prozeß* als rhetorische Wahl gewertet werden. Entscheidend ist die Differenz zwischen Absenz und Präsenz,

---

255 Vgl. Marc Vernet. Figures de l'absence. De l'invisible au cinema. Paris: Edition de l'Etoile, 1988.

die das Kino in seiner zeitlichen Unbestimmtheit und Unbestimmbarkeit definiert. Diese Differenz ist es, die das Kino als *Kunst temporaler Verschiebung* definiert. Sie bemißt sich nicht am Sein, also am Produkt, sondern am Werden. Allerdings richtet sich diese Zeitdifferenz, die das Kino maßgeblich bestimmt, gemäß einer Negativen Anthropologie immer am Zukünftigen aus. Wie diese besteht auch die prozessuale Dynamik des filmischen Dispositivs in der „Konzentration auf die Kategorie der Möglichkeit, mit der Utopisches seine Topologisierung, Verwirklichungswege findet"[256]. Die Strategie hinter dieser *Konzentration auf Kommendes* ist klar: Wann, wenn nicht in der Zeit nach dem Holocaust ist es nötig, einen neuen Blick auf Zukünftiges auf der Grundlage einer Ethik des Miteinander zu entwickeln? Dies wiederum bedarf einer ‚originären Intelligenz', die sich, so Sonnemann, in einen zukunftsweisenden Geschichtsverlauf mit utopischen Ansprüchen einzubetten habe:

> „Ihr Wesen ist die Spontaneität kritischen Urteils, welches das menschlich Vorläufige am Verhaltensgefüge der Menschen der je in jenem selbst schon in ihren Umrissen aufdämmernden Utopie mißt."[257]

Noch nicht, also abwesend – doch möglich: Damit ist die Anthropologie des Kinos als *Keimungswissenschaft* humaner Möglichkeiten und humanoider Bildgebungsgerätschaften bestimmt. Ihr Gegenstand ist etwas Abwesendes, das vom Anwesenden ausgehend zu suchen wäre. Während viele filmwissenschaftliche Paradigmen, auch die Apparatus-Theorien, technohistorisch rückwärtsgewandt argumentieren, richtet eine so bestimmte Kinoanthropologie den Blick in die Zukunft: prospektiv. Nicht nur in die Zukunft des Kinos oder der Medien, sondern in die Zukunft menschlicher Verwendungen bewegter Bilder und ihrer habituellen Vorstellungsweisen. Kino wäre demnach nicht nur eine Bachelardsche Behausung der Seele, sondern ein ‚Denkraum' im Sinne von Warburgs Bildbegriff und schließlich ein Stiftungsort gemeinschaftlicher Rituale der Herstellung und Selbstdarstellung einer eigenen und zugleich anderen Subjektivität. Das Flüchtige an seinen Bildern wäre nicht als Vergangenes und Vergehendes zu fassen, sondern als das sich ankündigend Kommende. Mit ihm verschwindet nicht etwas Seiendes, sondern es kommt etwas noch nicht Dagewesenes, Unerhörtes. Im Rahmen einer Anthropologie des Kinos wäre diese temporale Einrichtung als jene Maschine der Zeitverschiebung, als Zeitmaschine zu entwerfen, an die Sonnemann in Anspielung an Benjamins Angelus Novus gedacht haben mag: „Was der Engel der Geschichte

---

256 Sonnemann, a.a.O. S. 322.
257 Ebd., S. 321.

demzufolge jetzt braucht, ist ein Rückspiegel. Der Gedanke von Geschichtskritik faßt eine solche Installierung ins Auge."[258] – Binswanger hat mit seiner Engführung der anthropologischen Kategorien der Bildgebung und der Gemeinschaftlichkeit ein erstes, durchaus brauchbares Gestell eines solchen zukunftsgerichteten Rückspiegels eingerichtet. Sonnemann hat es dann – gewiss noch ohne dabei das Kino im Sinn gehabt zu haben – mit den Ausführungen zur Imagination als sozialem Ereignis zeitgerecht radikalisiert.

---

258 Ebd., S. 277.

Teil IV

Filmanthropologie I

Bild Takt Geste

Mitrys ‚Totalbild' zwischen Phänomenologie und Semiologie

8

Wenn sich die Anthropologie des *Kinos*, wie im vorigen Kapitel gefordert, als Keimungswissenschaft im Sinne Sonnemanns etablieren soll, so hat sie die ständig sich verschiebenden Zeitschichten und Zeitbezüge zwischen Filmmachen und Filmdenken mit zu berücksichtigen. Denn nur das feine Spiel filmhistorischen und filmtheoriehistorischen Werdens mit seinen parallelen oder auch dissonanten und devianten Bewegungen rückt auch das Kommende filmischer Funktionen und Formen in den Blick. Die Spiegelung des Denkens der Bilder in den Bildern des Denkens bringt auch die noch verborgenen Potentiale konkreter filmischer Formen ans Licht. Aus dem Vorhandenen und Vergangenen treibt sie das Abwesende und Noch-nicht-Anwesende hervor. Um diese Funktion als Begleiterin des Kinos und Labor des Ungesehenen und Unerhörten erfüllen zu können, benötigt die Anthropologie des *Kinos* deshalb auch ihre Schwester, die *Film*anthropologie. Während sich jene als Generalistin bewährt, konzentriert sich diese durch minutiöse Betrachtung und systematische Analyse auf die kleinteiligen Merkmale einzelner Werke und ihrer Beziehung zur menschlichen Wahrnehmung. Gerade mit ihrer komparatistischen Untersuchung des Werdens filmischer Formen weitet sie die Perspektive auch auf eine *andere* Zukunft als jene des simplen Fortschreitens bekannter Filmformeln und repetitiver ästhetischer Modelle, seien diese auch eingebettet in medien- oder filmhistorische Globalentwürfe. Erst das geschwisterliche Zusammenwirken von Filmanthropologie und Kinoanthropologie trägt dazu bei, dass jene filmanalytische Präzision über ihren, wie Karsten Witte es ausgedrückt hat, Beitrag zur „Rettung des mikrohistorischen Details"[259] hinaus auch

---

259 Karsten Witte. Rechte Schatten, linke Linien. In: Europa 1939. Filme aus 10 Ländern. Hg. von Hans Helmut Prinzler. Berlin: Stiftung Deutsche Kinemathek, 1989. S. 11.

© Springer Fachmedien Wiesbaden GmbH, ein Teil von Springer Nature 2018
K. Sierek, *Filmanthropologie*, https://doi.org/10.1007/978-3-658-22448-6_8

der Fortsetzung und Fortschreibung in noch zu Werdendes dient. Auch wenn diese wegweisende Aufgabe gegen die Zukunftsvergessenheit der gegenwärtigen Filmwissenschaften nur einen kleinen Horizont umstreichen kann, kommt ihr doch entscheidender Wert zu.

Aus der Vielzahl solcher Paradigmata zukunftsweisender Konvergenzen von Filmmachen und Filmdenken soll als Einleitungskapitel des ersten analytischen Hauptteils dieses Bandes eines herausgegriffen werden, das für die weitere Entwicklung des Films im Europa der Nachkriegszeit von nicht zu unterschätzender Bedeutung war. Es berührt einerseits die theoriegeschichtliche Dimension der Ausfaltung filmtheoretischer Modelle im Frankreich der Libération bis in die frühen 1960er Jahre, also in einer Zeit, in der mit den Beiträgen Edgar Morins auch die Anthropologie des Kinos ihre bis heute umfassendsten Beiträge geliefert hat. Andererseits bringt dieser Versuch der Beleuchtung des Dialogs von Filmdenken und Filmmachen im Nachkriegsfrankreich die filmanthropologische Perspektive einer engen Tuchfühlung zum filmischen Material anhand dreier Filme ins Spiel, die diese theoretischen Debatten etwa zeitgleich begleitet haben oder die ohne sie kaum denkbar wären.

In einem dreistufigen Verfahren soll nach einem kurzen Überblick über den theoriehistorischen Kontext des Denkens filmischer Formen zunächst das Spannungsfeld zwischen Maurice Merleau-Pontys Phänomenologie und der in dieser Zeit im Entstehen begriffenen semiologisch inspirierten Filmanalyse am Beispiel von Jean Mitrys *Esthétique et Psychologie du Cinéma* dargestellt werden. Die Skizze dieses heute zu Unrecht kaum mehr wahrgenommenen filmtheoretischen Werks soll das Verhältnis von Filmerfahrung, Blick und Bildkonstruktion erörtern, das von den beiden wissenschaftssystematisch durchaus ähnlichen Schulen gänzlich unterschiedlich beschrieben und begriffen wird. In einem zweiten Teil werden diese Befunde in filmanthropologischer und analytischer Perspektive an zwei Filme herangeführt, die von den beiden Theoretikern Mitry und Merleau-Ponty selbst bereits kurz nach dem Zweiten Weltkrieg diskutiert wurden. Drittens wird ein durch Mitry erstmals in dieser Klarheit beschriebener Bildtypus anhand eines weiteren Films vorgestellt: das Totalbild, *l'image totale*. Diese Konstruktion beweist nicht nur das ästhetische Feingefühl des Theoretikers *und* Filmemachers. Sie wird auch das damals im Entstehen begriffene *Modern Cinema* – mit all seinen Spielformen des englischen Free Cinema, des brasilianische Cinema Novo und nicht zuletzt natürlich der französische Nouvelle Vague – auf nicht zu unterschätzende Weise prägen. Mit dieser Engführung des zeitlich begrenzten Rahmens von

---

Vgl. dazu auch Karl Sierek. Der lange Arm der Ufa. Filmische Bilderwanderung zwischen Deutschland, Japan und China 1923–1949. Wiesbaden: Springer VS, 2017, S. 19.

1945 bis 1963 und der räumlich-kulturellen Konzentration auf die diesbezüglichen Diskussionen verschiedener Pariser Filmtheoriezirkel kann also in einem überschaubaren Bereich anhand von drei Filmen ein konkretes filmanthropologisches Diskursfeld bestimmt und beschrieben sowie eine ebenso konkrete Folge für kommende Filmformen vorgestellt werden.

8.1 Mitry und Merleau-Ponty: Ein Vortrag am IDHEC und seine Folgen

Blenden wir also zurück und vergegenwärtigen wir uns zunächst die Zeit kurz nach dem Zweiten Weltkrieg bis in die frühen 1950er Jahre in Frankreich. Jean Mitry fungierte damals bereits als so etwas wie ein Relais zwischen den FilmologInnen um Anne und Etienne Souriau oder Gilbert Coen-Séat und den neueren Tendenzen einer zur Akademisierung tendierenden Filmtheorie, vertreten vor allem durch Christian Metz. Als Lehrer an der Filmschule IDHEC arbeitete Mitry zu dieser Zeit schon an seiner 900 Seiten umfassenden *Esthétique et psychologie du Cinéma*, die 1963/65 erscheinen sollte, und hatte Teile seiner auf fünf Bände angelegten *Histoire du cinéma* fertiggestellt.[260] Neben dieser wissenschaftlichen Arbeit ist er auch als Filmemacher hervorgetreten, etwa durch PACIFIC 231 (F/1949), der hauptsächlich wegen der Filmmusik von Arthur Honegger bekannt geblieben ist. Mitry war also zunächst ein Kristallisationspunkt in den vielfältigen und vielschichtigen Diskursen, die Filmemachen und Filmdenken in Beziehung setzten. Der Mitbegründer der Cinémathèque Française mit dem schillernden bürgerlichen Namen Jean-René Pierre Goetgheluck Le Rouge Tillard des Acres de Presfontaines hat dazu einen entscheidenden Beitrag geleistet. Neben dieser Annäherung bemühte er sich auch um die *systematische* Zusammenführung von Theorie und Geschichte des Kinos. Man könnte seine Geschichte des Stummfilms und die Veröffentlichung des voluminösen Theorieentwurfs der *Esthétique et psychologie du cinéma* beinahe als *New Film History* avant la lettre bezeichnen.

Trotz dieser wissenschaftshistorisch entscheidenden Rolle der doppelten Integration filmischer Diskurse wird Jean Mitrys Werk bislang kaum wahrgenommen. Im deutschsprachigen Raum etwa liegen bis heute keinerlei Übersetzungen vor. Auch in den USA wurde er erst mit großer Verspätung wahrgenommen. Die erste vollständige Übersetzung seines theoretischen Hauptwerks ins Englische wurde

---

260 Jean Mitry. Esthétique et psychologie du cinéma 2 Bde. Paris: éditions universitaires, 1963. Ab jetzt abgekürzt EPC I und II; alle Übersetzungen K.S; Jean Mitry. Histoire du cinéma 1895–1950. 5 Bde. Paris: Editions universitaires, 1968–1980.

erst 1997, also 35 Jahre nach seinem Erscheinen, vorgelegt.[261] Selbst in Frankreich wird Mitry als Filmtheoretiker bis heute notorisch unterschätzt. Daran mag die rasche Wissenschaftskonjunktur von den 1950er zu den 1970er Jahren nicht ganz unbeteiligt gewesen sein. Immerhin hat in diesem Zeitraum ein Paradigmenwechsel der Filmwissenschaft den anderen abgelöst: Zunächst der Boom der Filmologie mit der beginnenden Akademisierung der Filmtheorie, parallel dazu die verschiedenen ‚Schulen', die sich um die beiden Leuchtturmzeitschriften des Kinos, den *Cahiers du Cinéma* und *Positif* bildeten, und schließlich die ersten Lebenszeichen der beginnenden strukturalistischen Wende mit dem, was man später den *linguistic turn* in den Filmwissenschaften genannt hat.

In diesem bewegten Diskursfeld ortet Christian Metz, die vielleicht maßgeblichste Kristallisationsfigur verschiedener Ausprägungen der Filmtheorie und Kinoanthropologie bis heute, den Stellenwert Mitrys in einer ausführlichen Rezension der *Esthétique et psychologie du cinéma* genau zwischen dem, was er als interne Filmtheorie auf der einen Seite und externe Filmologie auf der anderen beschreibt.[262] Während erstere stärker Fragen des Herstellungszusammenhangs von Filmen einbindet, richtet die zweite ihr Augenmerk zusehends auf benachbarte Wissenschaftszweige der Sozial- und Humanwissenschaften, um über methodologische Anstöße die Validität von Aussagen über das Kino im Allgemeinen zu erhöhen. Zweiterem, eben der externen Orientierung, sind deshalb auch Ansätze verpflichtet, die sich von anthropologischen Gesichtspunkten leiten lassen. Ähnlich argumentiert auch der Filmwissenschaftshistoriker Dudley Andrew. Er betont in seinen 1984 erschienen *Concepts in Film Theory* die Unterscheidung von immanenten Filmtheorien, die das Kino als Ort zentraler Reflexion bestimmen, und exogenen Theorien, die andere Wissenschaftsdisziplinen als Paradigmen heranziehen.[263] Francesco Casetti weitet den Denkfächer, in dem sich Mitry bewegen und entfalten konnte, noch weiter aus. Obwohl er darauf hinweist, dass man bei den filmtheoretischen Entwürfen nach dem Zweiten Weltkrieg bis etwa Mitte der 1950er Jahre kaum von grundlegenden erkenntnistheoretischen Brüchen sprechen kann, nennt er zumindest vier charakteristische Veränderungen im Zuge einer breiteren Anerkennung dieser sich formierenden Disziplin: Die Akzeptanz des Kinos als kultureller und künstlerischer Faktor; die Spezialisierung der Filmtheo-

261 Jean Mitry. Aesthetics and Psychology of the Cinema. Übers. von Christopher King. Indiana University Press, 1997.

262 Christian Metz. Une étape dans la réflexion sur le cinéma. A propos de: Jean Mitry, Esthétique et Psychologie du Cinéma. In: Essais sur la signification au cinéma. Bd. 2. Paris: Éditions Klincksieck, 1968 [1964], S. 13 – 34.

263 Dudley Andrew. Concepts in Film Theorie. Oxford: University Press, 1984.

rie, mit der die Ausbildung einer eigenen Terminologie einherging; eine immer deutlicher werdende Unterscheidung zwischen theoretischen und journalistischen Ansätzen und die damit Einzug haltende Trennung zwischen Wissenschaft und Kritik sowie schließlich viertens die Internationalisierung der filmtheoretischen Debatte.[264] In seinem Versuch einer weiteren Differenzierung filmischer Diskurse auf dem Feld der Theorie greift Cassetti also die von Metz im Jahr 1964 getroffene Unterscheidung auf, bekräftigt damit aber nicht nur den epochalen Stellenwert des Metzschen Beitrags zur Theorie und Theoriegeschichte des Kinos. Die Unterscheidung zwischen einer ästhetische Orientierung, die Film als Kunst fasst, und einer sozialwissenschaftliche Dimension, die stärker methodenzentriert vorgeht, führt vielmehr direkt auf die Spur zurück, die auch Mitry angelegt hat.

Mitrys Position in diesen querlaufenden und einander bisweilen widersprechenden Diskursen der Filmtheorien der Libération bleibt dabei aber ebenfalls ambivalent. Einerseits trägt sie vor ihrem phänomenologischen Hintergrund zu der für die Formierung jeder Wissenschaft notwendigen *Ausdifferenzierung* in unterschiedliche methodologische und sachbezogene Leitlinien bei. Ob Anleihen bei zeitgenössischen Theoremen der Gestaltpsychologie Karl Bühlers, wissenschaftstheoretische Grundlagen Bertrand Russells und Rudolf Carnaps, ob Hinweise zur Physik und Mechanik von Einstein über Schrödinger zu Niels Bohr – seine psychologischen und naturwissenschaftlichen Positionen verfügen über eine Breite, die ansonsten innerhalb der Humanwissenschaften allenfalls von der Anthropologie vertreten wird. Andererseits sorgt er allein schon durch seine Zwitterstellung zwischen Machen und Denken des Films für einen *Integrationsprozess*, der auch der detaillierten, nach dem damaligen Status quo stark linguistisch-semiologisch orientierten Filmanalytik ihren Platz einräumte. Genotypische und phänotypische Merkmale, theoretische und analytische Methoden, anthropologische und semiologische Momente gleichermaßen würdigend, plädiert Mitry für integrale Diskursfelder, die für die Konstitution jeder wissenschaftlichen Disziplin unabdingbare Voraussetzungen darstellen.

Vor allem aber trägt Mitrys wissenschaftstheoretische Position zwischen den Stühlen der Phänomenologie auf der einen und der sich aus filmolinguistischen Ansätzen entwickelnden Filmanalytik auf der anderen Seite maßgeblich zur Formierung dessen bei, was wir heute als Disziplin der Filmwissenschaft kennen. Dass sie auch zu diversen Missverständnissen führte, die für die weitere Entwicklung der Filmwissenschaft und Filmanthropologie von weitreichender Bedeutung

---

264 Francesco Casetti. Coupures épistemologiques dans les théories du cinéma aprèsguerre. In: iris – numero speciale: Christian Metz et la théorie du cinéma/Christian Metz & film theory/ 10 (1990), S. 145–57.

sein sollten, sei genug Grund, sie in diesem Zusammenhang etwas ausführlicher darzustellen.

Wie kann Mitrys Position zwischen Phänomenologie und der semiologischen Analytik näher gefaßt werden? Auf den ersten Blick würde man seine Thesen eindeutig auf der Seite phänomenologischer Wahrnehmungstheorie orten, die zumindest zweierlei voraus setzt. Einerseits eine gewisse Konkordanz zwischen Bewusstseinsgegenständen und Bewusstseinserlebnissen, den *cogitationes*, und andererseits jene Intentionalität, auf die Edmund Husserl etwa in den Cartesiani-sche Meditationen hinweist. Davon wiederum leitet der Gründer der Phänomeno-logie den Grundsatz ab, dass Bewusstsein immer nur *Bewusstsein-von-etwas* sein kann.[265] Gerade dieser zweite Aspekt ist für Mitrys phänomenologische Lektü-ren von entscheidender Bedeutung. In einer leichten Abwandlung des zentralen Grundsatzes von Husserl zur Bestimmung des Bewusstseins nach Franz Brentano führt er deshalb den Gedanken der Intentionalität auf dem Feld des Filmverstehens fort:

„Ein Film, das sind *vor allem* Bilder und zwar Bilder *von etwas*."[266]

Im Bild schmilzt die Differenz zwischen Gegenstand, Blick und imaginierender Wahrnehmung. Es *zeigt, ohne* zwangsläufig und unmittelbar dabei *Sinn* oder Be-deutung zu produzieren und erweist sich damit als ‚objektivierte Wahrnehmung':

„Autrement dit l'image est la perception ‚objectivée'"[267].

Damit bezieht sich Mitry konsequenterweise auf die in den 1950er Jahren aktuelle Variante der phänomenologischen Wesensschau Maurice Merleau-Pontys. Ausge-hend von dessen Formel vom Bild als „Zu-Sich-Kommen des Sichtbaren"[268] greift

---

265 „Bewußtseinserlebnisse nennt man auch intentionale, wobei aber das Wort Intentio-nalität dann nichts anderes als diese allgemeine Grundeigenschaft des Bewußtseins, Bewußtsein von etwas zu sein, als *cogito* sein *cogitatum* in sich zu tragen, bedeutet." Edmund Husserl. Cartesianische Meditationen. Hamburg: Felix Meiner, 1995 [1929], S. 35.

266 „Un film, ce sont *d'abord* des images et des images de quelque chose." Mitry, EPC I, S. 53. Vgl. dazu auch EPC II, S. 185. Mitry wird dieses Argument kurz vor seinem Tod in seiner Streitschrift gegen die Semiologie aus dem Jahr 1987 wieder aufgreifen. Vgl. La sémiologie en question S. 34.

267 EPC I, S. 110.

268 Maurice Merleau-Ponty. Das Auge und der Geist. Philosophische Essays. Reinbek: Rowohlt, 1967, S. 34.

Mitry direkt auf Merleau-Pontys berühmten Vortrag über die neue Psychologie und das Kino am *Institut des Hautes Études Cinématographiques* am 13. März 1945 zurück. Vermutlich kam dieser einzige ausführliche Beitrag Merlau-Pontys zu filmtheoretischen Fragen sogar auf Mitrys Initiative zustande, der zu dieser Zeit schon am IDHEC lehrte.

Was bedeutet nun dieses Zu-Sich-Kommen des Sichtbaren? Woher kommt es und welchen Gewinn für das Verständnis des Films und seiner Wahrnehmung im Kino kann durch diese Vorstellung realisiert werden? – Zunächst wird damit die wechselseitige Annäherung und Verflechtung von Sehen und Gesehenem, Betrachtendem und Bild im körperlichen Vorgang prälogischer Wahrnehmung beschrieben. Die wahrnehmenden Körper nähern sich nicht nur den Bildern, sondern treten in diese ein, fließen mit ihnen zusammen und bilden die untrennbare Einheit eines Chiasmus von Subjekt und Objekt.

Merleau-Ponty hat dieses Theorem in *Das Auge und der Geist* aus der Auseinandersetzung der zeitgenössischen Malerei ebenso wie der Anthropologie und Ethnologie seiner Zeit mit animistischen Praktiken der Bildgebung entwickelt. Anhand der Arbeiten Cézannes geht er von einer unmittelbaren Körpererfahrung aus, die außerhalb begrifflicher Zuordnung und Erkenntnis liegt:

> „Die Kunst und namentlich die Malerei schöpfen aus jener Schicht unverarbeiteter Sinneserfahrung, von der das aktivistische Denken nichts wissen will."[269]

In einer erstaunlichen, weil äußerst präzisen Bildanalyse weist Merleau-Ponty nach, dass die Wahrnehmung nicht als Denkoperation zu verstehen sei, sondern als Zusammenspiel von Sehen und Bewegung, das vom menschlichen Körper als Bestandteil der sichtbaren Welt ausgeht. Daraus wiederum leitet er den Grundsatz seiner Wahrnehmungstheorie ab, der zu einem der wohl nachhaltigsten Voraussetzungen filmtheoretischer Debatten der nächsten Jahrzehnte werden sollte:

> „Das Rätsel liegt darin, daß mein Körper zugleich sehend und sichtbar ist."[270]

In einem magischen Kreislauf prälogischer Bewegungen der Subjekt-Objekt-Entgrenzung, wie sie die Anthropologie und Ethnologie der vorigen Jahrzehnte von Lévy-Bruhl bis Lévi-Strauss untersucht hat, wird der Körper des Malers und davon abgeleitet auch jener der BetrachterInnen in einen deliranten Zustand versetzt. Er gerät – wie man treffend sagt – außer sich und in eine Verfassung, in der „unsere

---

269 Ebda., S. 14.
270 Ebda., S. 16.

physischen Augen schon mehr sind als Empfänger für Lichter, Farben und Konturen: nämlich ‚Computers' der Welt, die die Gabe des Sichtbaren haben, wie man von einem inspirierten Menschen sagt, er habe die Gabe der Sprache."[271] Diesen ‚Computer' beschreibt Merleau-Ponty im Jahr 1964, als noch kaum von diesen Rechenmaschinen die Rede war, abwechselnd als drittes Auge, drittes Ohr sowie als „ein selbstbewegtes Instrument und als ein Mittel, das sich seine Zwecke selbst erfindet"[272]. Ausgestattet mit „Inspiration und Expiration, ein Atmen im Sein, eine Aktion und Passion, die so wenig voneinander zu unterscheiden sind, daß man nicht mehr weiß, wer sieht und wer gesehen wird, wer malt und wer gemalt wird", gewinnt dieser Computer der Wahrnehmung aber zusehends auch die Dimensionen einer Kraft, die das Subjekt einer animistischen Bildmacht ausliefert.[273]

Für Mitry war es also ein Leichtes, diesen Wahrnehmungsmodus auf die Filmerfahrung zu übertragen. Die physische Existenz der BetrachterInnen und ihre körperliche Verfasstheiten im Kino als Maschine des Sehens und der Bewegung werden damit auch zum Gegenstand in der Arena kinoanthropologischer Diskussionen. Mit dem Verständnis des Wahrnehmungsvorgangs im Kino reiht sich Mitry in eine im Frankreich der frühen 1960er Jahre verloren gegangene Tradition erneut ein. Sie beginnt bereits in den frühen 1920er Jahren mit den theoretischen Arbeiten Jean Epsteins und Pierre Portes und reicht über die Phänomenologie der Wahrnehmung bis zur Filmologie der 1950er Jahre. In jenem Teil seiner *Esthétique et psychologie*, die sich ausführlich dem widmet, was man zunächst oberflächlich aus ‚subjektive Kamera' bezeichnet, zitiert Mitry die Arbeiten des Filmemachers und Autors Porte aus den frühen 1920er Jahren, der diesen Bildtypus als partizipative Verwandlung mit beträchtlichen Anteilen einer animistischen Belebung beschreibt, die sich zwischen den Zusehenden und den Leinwandfiguren ereignet:

„Der Filmemacher muss also den Zuschauer in einer intimen Kommunikation mit den Figuren beleben. Er darf ihre Handlungen nicht beobachten als ob er ein ein-

---

271 Maurice Merleau-Ponty. Das Auge und der Geist, S. 18f.

272 Ebda., S. 19.

273 Iris Därmann verweist in diesem Zusammenhang auf die Beziehung zwischen Merleau-Ponty und Marcel Mauss sowie Lévi-Strauss, der *La pensée sauvage* dem Phänomenologen gewidmet hat. Vgl. Iris Därmann. Primitivismus in den Bildtheorien des 20. Jahrhunderts. In: Literarischer Primitivismus. Hg. von Nicola Gess. Berlin: de Gruyter, S. 85.

facher Zeuge wäre; er muss sie beobachten als sei er in den Figuren selbst, als ob er ihr Leben lebte."[274]

Schon 1921 spricht Epstein in *Bonjour Cinéma* von dieser physischen Wahrnehmungskomponente und baut sie zu einem theoretischen Konzept unmittelbarer Körperwahrnehmung als zentrale Komponente der Kinoerfahrung aus. Er beschreibt diesen Vorgang der Animation und Partizipation – durchaus auch in einem bildanimistischen Sinn – äußerst plastisch bis in die Details von Körperempfindungen. Am schönsten ist wohl das Bild vom Lidschlag des Zuschauerauges mit seinen Korrespondenzen von Flickereffekten und Schwarzfilmkadern, die in den filmischen Fluß eingebettet sein können.[275] Mitry wird, Pierre Porte zitierend, diese Wahrnehmungsformen ein Viertel Jahrhundert später als eine Art von *Resonanz* und *direkte Emotion* aufgreifen.[276] Zurecht würdigt er dabei auch Merleau-Pontys Argumente aus dem IDHEC-Vortrag, die direkt auf diese Praktiken Bezug nehmen. Er, Merleau-Ponty, sei es gewesen, der den Fund bei Epstein für sich buchen könne und zwanzig Jahre später wieder aufgenommen habe.[277]

Auch bei der daraus fließenden Distanz zu semiologischen Argumentationssträngen der Fremdwahrnehmung gehen der Phänomenologe und der Filmtheoretiker vorerst noch d'accord. Merleau-Ponty läßt in seinem Vortrag vor den Studierenden Mitrys keinen Zweifel daran, dass eine anthropologisch informierte, phänomenologisch ausgeführte Wahrnehmungstheorie weitgehend inkompatibel mit der Entfaltung zeichentheoretischer Bildfunktion ist:

---

274 „Le cinéaste doit donc faire vivre le spectateur en communication intime avec les personnages. Il ne doit pas regarder leurs actes comme s'il en était un simple témoin; il doit les regarder comme s'il etait dans ces personnages mêmes, comme s'il vivait leur vie."EPC II, S. 63.

275 „Je désire [...] que des interruptions de film opaque imitent jusqu'à nos clignement de paupières." Jean Epstein. Écrits sur le cinéma. 1 Bd. Paris: Seghers/Cinémaclub, 1974/75 [1921 – 1947], S. 95. Vgl. dazu auch Nicole Brenez. Ultra-modern. Jean Epstein – das Kino im Dienst der Kräfte von Transgression und Revolte. In: Jean Epstein. Bonjour Cinéma und andere Schriften zum Kino. Hg. von Nicole Brenez und Ralph Eue. Wien: Filmmuseum Synema Publikationen, 2008, S. 151. Sie beschreibt diesen Effekt als extreme Haptik, die sich in Epsteins theoretischem und praktischem Werk an vielen Stellen nachweisen läßt.

276 Mitry, EPC II, S. 64.

277 Vgl. Mitry, EPC II, S. 65.

„Es kann nicht die Rede davon sein, die Wahrnehmung als Zuschreibung einer bestimmten Bedeutung zu bestimmten sinnlich wahrnehmbaren Zeichen zu verstehen"[278].

Aus der – man kann sie wohl so nennen – Gelegenheitsarbeit Merleau-Pontys zum
Kino, vor allem aber aus einigen Grundsätzen der *Phénoménologie de la perception*[279] destilliert Mitry einen filmischen Bildbegriff, der ebenfalls mit einem
zeichentheoretischen Zugang zunächst schwer in Einklang zu bringen ist:

„Es ist offensichtlich, daß ein Film etwas ganz anderes ist als ein System von Zeichen und Symbolen"[280].

Allmählich allerdings beginnt die zunächst unüberbrückbar erscheinende Differenz zwischen der Wahrnehmung als rauschhafte Verschränkung von Körper,
Gegenstand und Anschauung einerseits und dem Bild als Träger von Zeichen andererseits abzubröckeln. Mitry greift dabei direkt auf die Phänomenologie Edmund Husserls zurück, in der solche Momente ebenfalls angelegt seien. Einerseits
öffne sich das Bild gegenüber dem an ihn intentional gerichteten Anspruch, andererseits aber könne es durchaus zum potentiellen Träger von Bedeutung werden. So zumindest kann die merkwürdige Verschränkung von Bewusstsein und
Film gedeutet werden, die zu jenem bereits zitierten Diktum der Bilder als *Bil-
der-von-Etwas* führte.

Zu dieser Sicht filmischer Bilder als Zeichenkomplexe kommt noch ein weiterer, nicht zu unterschätzender pragmatischer Aspekt. Was Mitry mindestens ebenso interessiert wie die wahrnehmungstheoretischen Grundlagen des *Kinos*, ist der
Film; genauer: seine Bauweise einschließlich der breiten Palette von Verfahren
der Bildkonstruktion sowie den Strategien filmischen Erzählens. Nicht zuletzt als
ehemaliger Filmemacher wollte er über die Einzigartigkeit jedes einzelnen Werks
Auskunft geben, über Stilentwicklungen von einem Film zum nächsten, kurz: über
die Ästhetik des Kinos und jedes einzelnen seiner Filme. Er versucht deshalb im
Kapitel über das Bild und das Wort seiner ‚Ästhetik und Psychologie des Kinos'
eine Theorie des *poetischen Ausdrucks bewegter Bilder* zu entwickeln. Die diskursiven Verfahrensweisen wie Montage und Kadrage, Wahl des Kamerawinkels

---

278 Maurice Merleau-Ponty. Das Kino und die neue Psychologie. In: Kritik des Sehens.
     Hg. von Ralf Konersmann. Leipzig: Reclam, 1997. S. 227 – 46, S. 232.
279 Maurice Merleau-Ponty. Phénoménologie de la perception Paris: NRF, 1945.
280 „Il est évident qu'un film est tout autre chose qu'un système de signes et de symboles."
     Mitry, EPC I, S. 53.

etc. stellen dabei ein Äquivalent zu den Tropen, Metaphern und rhetorischen Figuren literarischer Verfahrensweisen dar. Um diese Theorie poetischen Ausdrucks entwickeln zu können, führt er die Differenz zwischen *fotografischer Textur* und *filmischen Verfahren* ein. Er besteht also einerseits auf der – nur phänomenal zu erfassenden – *körperlichen Wahrnehmungsqualität* des Films, berücksichtigt andererseits aber ebenso die konventionalisierbaren *Umgangsweisen* mit diesen Bildern, die dann als *Zeichenfundus* auch einer detaillierten Analyse filmischer Formen und Kodes zugeführt werden können.

Mit dieser bipolaren Konstruktion greift Mitry auf die Versuche über die Prinzipien einer Kinophilosophie[281] von Gilbert Cohen-Seat aus dem Jahr 1946 zurück. Darin unterscheidet der als einer der Begründer der Filmologie bekannte Filmemacher und Filmproduzent zwischen *kinematografischen* Ausdruckweisen, unter denen er die apparativen Verfahren zusammenfasst, und ästhetischen Ausdrucksweisen, die er *filmische* nennt. Erst wenn die kinematografischen Techniken in komplexere repräsentative und narrative Strukturen münden, nehmen sie zusätzlich dazu die Funktion von Symbolen an. Es liegt also mit dem Kino kein apriorisches Zeichensystem vor. Dieses werde erst sekundär oder parasitär entwickelt.[282] Auch hier kommen jene Prinzipen zum Tragen, die schon Merleau-Ponty bei der näheren Bestimmung des Kinos verwendet: „Es ist, wenn man will, eine Sprache zweiten Grades."[283]

Am überzeugendsten beschreibt Mitry dieses dauernde Auspendeln der beiden Funktionen des Bildes zwischen Leibhaftigkeit und Zeichenbedeutung anhand von William Wylers Jᴇᴢᴇʙᴇʟ (US/1938) unmittelbar nachdem dieser Film in die französischen Kinos gekommen war:

> „Wir können ihre [Jezebels, K.S.] Erregung nur in jenem Maße teilen, in dem ihr Verhalten, objektiv beschrieben, uns davon den *Sinn* vermittelt."[284]

---

281 Gilbert Cohen-Séat. Essai sur les principes d'une philosophie du cinéma , I. Introduction Générale. Notions Fondamentales Et Vocabulaire De Filmologie. Paris: PUF, 1946.

282 Darauf weist übrigens auch Metz in einer Rezension von Mitrys Arbeit hin; vgl. Christian Metz. Une étape dans la réflexion sur le cinéma. A propos de: Jean Mitry, Esthétique et Psychologie du Cinéma. In: Essais sur La signification au cinéma. 1964. Vol. 2. Paris: Éditions Klincksieck, 1968. 13 – 34.

283 „C'est, si l'on veut, un langage au second degré." EPC I, S. 54.

284 „Nous ne pouvons partager son émoi que dans la mesure où son comportement, objectivement décrit, nous en donne le sens." Mitry, EPC II, S.74.

Das Teilen der Erregung und die Bedeutungszuweisung sind nunmehr nicht voneinander zu trennen, wenn nicht gar die Sinnzuweisung eine der Voraussetzungen partizipatorischer Anteilnahme ist.

Bei der Diskussion des Spannungsverhältnisses zwischen poetischer Sprache des Films und bildlicher Evidenz seiner Wahrnehmung soll allerdings nicht verschwiegen werden, dass diese Dualität im Laufe der Theoriegeschichte des Kinos keineswegs unwidersprochen geblieben ist. Gilles Deleuze etwa kann sie in dieser Weise nicht erkennen und beruft sich dabei auf Dziga Vertovs Montagetheorie. Diese habe gezeigt, dass der Blick des Menschen für eine derartige Unterscheidung kein Maß gebe:

> „Man muß schon sehr voreingenommen sein, um, wie Mitry es tut, Vertov einen Widerspruch vorzuhalten, den er einem Maler jedoch nicht vorwerfen würde: den scheinbaren Widerspruch zwischen Kreativität (der Montage) und Integrität (des Wirklichen)."[285]

Wenn Deleuze bei diesem Problemfeld aus Mitrys *Histoire du cinéma muet*[286] zitiert, so versucht er dieses Dilemma durch die Skizze eines dritten Weges aufzulösen, der trotz seiner Reserve gegenüber phänomenologischen Theoremen gar nicht so weit von Mitry entfernt verläuft. Sei es, fragt Deleuze mit einer deutlichen Anspielung an Merleau-Ponty, nicht denkbar, beide Seiten dieser Medaille als Konstruktionsleistungen zu beschreiben, wie sie etwa in der Malerei Cézannes vorgezeichnet sei?˙ Sowohl die Kreativität, die übrigens ebenso nah an Mitrys Theorem des poetischen Ausdrucks heranreicht, als auch der Vertovsche Objektivitätsbegriff, der mit dem Theorem des Kamera-Auges seinerseits nicht weit von Merleau-Pontys und Husserls Vorstellungen einer Wahrnehmung außerhalb anthropologischer Sichtweisen anzusiedeln ist, würden sich gleichermaßen auf eine Wahrnehmungsmodalität beziehen, in der sich die Polarität von Subjekt und Objekt des Blicks erübrigt:

> „Vom Standpunkt des menschlichen Auges aus ist die Montage zweifellos eine Konstruktion; unter dem Gesichtspunkt eines anderen Auges hört sie auf, Konstruktion zu sein, sie ist die reine Sicht eines nichtmenschlichen Auges, eines Auges, das in den Dingen wäre. Die universelle Veränderlichkeit, die universelle Wechselwirkung (Modulation) ist bereits das, was Cézanne die Welt vor dem Menschen nannte, ‚Dämmerung unserer selbst', ‚irisierendes Chaos', ‚Jungfräulichkeit der Welt'. Daß

---

285 Deleuze, Bewegungs-Bild. Kino 1, a.a.O., S. 115f.

286 Jean Mitry. Histoire du cinéma 1895–1950. Bd. 3. Paris: Editions universitaires, 1968–1980, S. 256f, zit. nach Deleuze. Das Bewegungs-Bild, S. 304, Fussnote 18.

wir sie zu konstruieren haben, ist nicht verwunderlich, denn sie ist für ein Auge gegeben, das wir nicht haben."[287]

Mit diesem nichtmenschlichen Auge, das auf die BetrachterInnen zurückblickt, wären beide Positionen tatsächlich in einer universellen Wechselwirkung aufgehoben. Dass Deleuze mit dieser modulierenden Wahrnehmung zwischen der Subjektivität des filmischen Produktionsprozesses und der Objektivität der fotographischer Abbildung gegenständlicher Wirklichkeit merkwürdig nah bei den Spekulationen des jungen Husserl zu liegen kommt, steht auf einem anderen Blatt.[288]

8.2 Kamerasubjektivität und Point of View

Die Deleuzesche Relektüre Mitrys führt jedenfalls geradewegs zurück zu dessen Unterscheidung zwischen sogenannten ‚objektiven' Einstellungen oder Einstellungsfolgen und der sogenannten ‚subjektiven Kamera'. Die Einführung von Bedeutungs-, Wert- und Zuordnungshierarchien von Bildern wurde – nach dem Stand des filmtheoretischen Wissens vor Mitry – von zwei unterschiedlichen Regulativen oder Kraftfeldern abhängig gemacht: entweder von einer der Figuren im diegetischen Raum, die für die BetrachterInnen das Sichtbare regelt; oder von der figurenunabhängigen Variable einer allgemeinen sinn- und bildgebenden Agentur, die gleichsam über dem Geschehen bzw. außerhalb der Diegese angesiedelt ist und gemeinhin als ‚Kamera' bezeichnet wird.[289] Diese tradierte Theorie der Bindung von Wahrnehmungs- oder Zuordnungsebenen an eine zeigende oder erzählende Determinante bedarf jedoch einer Voraussetzung. Sie beruht auf der eindeutigen Unterscheidungsmöglichkeit zwischen einer blickenden Instanz wie dem Auge und dem Gegenstand, auf die der Blick trifft. Ist diese Differenzierung zwischen

---

287 Deleuze. Das Bewegungs-Bild, S. 115.

288 Vgl. dazu die Bemerkungen zu Husserlsche Wachsfigurenkabinett im Kapitel zum filmischen Raum in diesem Band.

289 Diese impressionistische Gleichsetzung von ZuschauerInnenblick und Kamera findet sich etwa bei den Filmtheoretikern der vorigen Generation, die – wie etwa die Autoren verschiedener Filmgrammatiken – diese Frage eher im Sinne einer technischen Handlungsanleitung zum Erzielen bestimmter Effekte als in meta-theoretischen Kontexten diskutierten. Vgl. dazu etwa Raymond Spottiswoode. A Grammar of the Film. An Analysis of Film Technique. Berkeley/Los Angeles: University of California Press, 1959, S. 180: „The subjective camera unless handled with great skill and restraint, is likely to lose its way in vague romanticism."

Subjekt und Objekt der Blickkonstruktion unklar oder verzerrt, so kann es auch keine eindeutige Hierarchisierung zwischen einzelnen Wahrnehmungs- oder Wertungsebenen geben. Genau gegen diese reduktionistische Polarisierung läuft Mitry Sturm. Zunächst weist er auf ein grundlegendes Missverständis hin, auf dem diese apodiktische Polarisierung zwischen Welt und Bewusstsein beruhe. Wenn sich unser Bewusstsein tatsächlich auf Gegenstände außerhalb seiner selbst richte, so können sich diese Gegenstände als Bestandteile der uns umgebenden Wirklichkeit nicht zugleich auch *im* Bewusstsein befinden. Die wahrgenommene Wirklichkeit sei deshalb ein Tatbestand des Bewusstseins. Aus diesem Grund gestalte sich das Verhältnis zwischen dem Subjekt der Wahrnehmung und der Objektwelt – also der Wirklichkeit einschließlich der anderen Menschen – durchaus vielfältig und vielschichtig. Von einem reinen Subjekt oder einem reinen Objekt der Wahrnehmung zu sprechen sei jedenfalls nicht möglich. Beide sind vielmehr auf komplexe Weise ineinander verschränkt. Sie bilden, wie es der mit dem Werk des Hegel-Übersetzers Alexandre Kojève wohlvertraute Mitry andeutet, eine dialektische Beziehung, in der das Besondere das Allgemeine in sich fasst. In einem zweiten Schritt geht Mitry, gleichsam an der Hand Merleau-Pontys und ganz im Husserlschen Sinn, wiederum von der *unmittelbaren* Evidenz alles Gegebenen und der chiastischen Verflechtung des Menschen in ihm aus. Im Anschluss an die Existenzphilosophie und deren Ausformungen in Frankreich weist er auf den engen und körperlichen Zusammenhalt zwischen dem Menschen und seiner Umwelt hin. Schließlich beruhe, nach Merleau-Pontys Vortrag im IDHEC, ein wesentliches Moment phänomenologischen Denkens

„auf dem Staunen über diese Inhärenz von Ich und Welt und von Ich und Anderem und besteht darin, dieses Paradox und diese Verwirrung zu beschreiben, das Band zwischen Subjekt und Welt, zwischen Subjekt und den Anderen sehen zu lassen, anstatt es zu erklären"[290].

---

290 Maurice Merleau-Ponty. Das Kino und die neue Psychologie. In: Kritik des Sehens. Hg. von Ralf Konersmann. Leipzig: Reclam, 1997, S. 245; zitiert nach der Übersetzung von Ralf Konersmann, die übrigens von der dem Film gegenüber sensibleren von Frieda Grafe stellenweise markant abweicht und bisweilen von einer gewissen Ahnungslosigkeit gegenüber filmtheoretischen Konzepten und Begriffen zeugt. Dass sie überdies als „Deutsche Erstveröffentlichung" (S. 362) ausgewiesen wird, nachdem Grafe die Rede bereits fast dreißig Jahre vorher in der Zeitschrift *Filmkritik* veröffentlicht hat, ist immerhin bemerkenswert. – Siehe Maurice Merleau-Ponty. Das Kino und die neue Psychologie. Übers. von Frieda Grafe. In: Filmkritik/11 (1969), S. 695–702. Im Folgenden soll je nach Kontext und Qualität und nach Rücksprache mit dem französischen Original, aus beiden Übersetzung zitiert werden.

Statt einer bipolaren Konstruktion, bei der ein Auge den Blick auf die Welt wirft, rückt dieses Band zwischen beiden ins Zentrum der Aufmerksamkeit; und dies gilt nicht nur für die direkte Wahrnehmung der Welt, sondern auch für die durch das Kino vermittelte. Für die Filmanthropologie ist diese Inhärenzthese aufgrund der apparativen Gegebenheiten der Filmprojektion sogar noch verschärft. Die im Saal Sitzenden verharren durch die umgebende Dunkelheit zwar primär als Sehende und über die Kamera sogar als Allessehende, doch alle Anderen werden systematisch als gleichermaßen Sehende und Gesehene ins Bild gesetzt. Dieser Chiasmus der *Sichtbarkeiten* ist für das Kino bedeutsamer als die Tatsache, dass wir darüber hinaus auch in der Lage sind, uns *über* Denkvorgänge der Welt zu stellen und uns die Welt im Wortsinn *vor*zustellen. Gerade im Kino sind wir *in* der Welt und stellen uns diese nicht nur *vor*. Aus dieser Perspektive erweist sich das Kino als technisch implementierte und sozial ritualisierte Einrichtung jenes Merleau-Pontyschen Bandes zwischen Subjekt und Welt. Jede seiner Bildgebungsverfahren gehorcht und feiert nachgerade die verschiedenen Möglichkeiten, dieses Band zu flechten und zu entflechten, zu knoten und aufzulösen, kurz: in seiner geschützten Werkstätte den Zusammenhalt zwischen Subjekt und Welt unablässig, Film und Kino-Menschen zu erproben.

Anders die linguistisch oder literaturwissenschaftlich inspirierten Zeichentheorien des Kinos; ob in der Tradition von Saussure oder Hjelmslev, der russischen Formalisten oder des Prager linguistischen Zirkels[291] – alle diese Positionen gehen zunächst einmal von der konstitutiven Voraussetzung des Unterschieds von Sprechakten und Gesprochenem, Enunziation und Enunziertem, Blick und Objekt aus. Diese Prämissen zugrundelegend folgern sie dann, dass narrative Differenzierungs- und Schichtungsprinzipien auch klare Hierarchisierungen unterschiedlicher Bildtypen implizieren. Deshalb sind die polaren Zuordnungen auch die notwendige Voraussetzung für die Möglichkeit des Erzählens von klar strukturierten Bildergeschichten, die gewöhnlich ohne Figuren und ihre Blicke aufeinander und auf die sie umgebenden Gegenstände nicht denkbar sind. Was nicht erst seit THE GREAT TRAIN ROBBERY (Edwin S. Porter, US/1903) als filmhistorische Tatsache gelten kann, hat genau über dieses bewegte Beziehungsgeflecht schließlich zu einer enormen Ausdifferenzierung diskursiver Verfahrensweisen des Kinos beigetragen. Was es allerdings außerhalb dieser gut untersuchten filmtheoretischen Beziehungen noch näher zu untersuchen gilt, sind einerseits die wissenschaftstheoretischen und -historischen Grundlagen dieser Polarisierung und andererseits ihre filmanalytischen Konsequenzen. Zu Ersterem zählt die Frage nach den Ursachen

---

291 Anders ist dies für Dialogizitätstheorien des Kinos nach M. Bachtin. Vgl. dazu Kapitel 'Zur Theoriegeschichte filmischer Subjektivität' in diesem Band.

der reduzierten Paradigmatik der Polarisierung von Subjekt und Objekt, Blick und
Gegenstand, Aussage und Ausgesagtem; zu zweiterem die Entwicklung von Perspektiven einer offeneren, flexibleren Methodologie jenseits dieser Polarisierung,
welche nicht nur die anthropologischen und filmanthropologischen Axiome in den
Kanon zeichentheoretisch informierter Filmanalyse aufzunehmen in der Lage ist,
sondern auch dem immer weiter ausdifferenzierten Formenreichtum filmischer
Verfahrensweise genüge tut.

Um diesen Balance-Akt zu schaffen, besinnt sich Mitry zunächst ebenfalls
einer bipolaren Paradigmatik, wenn auch einer anders gelagerten. Einerseits entwickelt er einen differenzierten Bildbegriff, der den subtilen Übergängen und Zwi-
schenbereichen filmischer Aussagen Rechnung trägt. Andererseits sucht er einen
Ausweg in der Poetologie und Rhetorik, die aus dem sich allmählich formierenden
Diskussionsfeld im Grenzgebiet von Linguistik, Literaturwissenschaft und Strukturalismus gespeist wird. Aus diesen Bedingungen leitet er dann eine nuancierte
Typologie gradueller Differenzen filmischer Wahrnehmungs- und Aussageakte ab.
An den Schnittstellen zwischen Merleau-Pontys Phänomenologie und der aufkei-
menden semiologisch informierten Filmanalyse gelingt es ihm schließlich, anhand
der Analyse konkreter filmischer Formen die Waage zu halten zwischen phänomenologischer Aufmerksamkeit gegenüber körperlicher Bildwahrnehmung und
zeichentheoretischer Kodifizierung von Darstellungsweisen. Mit dieser Gleichbe-
handlungsthese kann Mitry wohl als einer der ersten FilmwissenschaftlerInnen
gelten, die eine *großangelegte Systematik* ihrer Disziplin entwerfen und zugleich
die Präzision bei der *Untersuchung singulärer Erscheinungen* nicht vernachläs-
sigen.

8.3   Schwachsicht und Höhenangst

Diese zwitterhafte Stellung Mitrys zur Frage der *Konstruktion von Subjektivitäten*
im Kino über Wahrnehmungsbilder von Figuren, Blickkonstruktionen, Mentalbil-
der und Point-of-View-Anordnungen kann in der Rekonstruktion einer Diskussion
anschaulich dargestellt werden, die so oder ähnlich im Anschluss an den Vortrag
Merleau-Pontys am IDHEC stattgefunden hat. Mitry fasst sie, teilweise sogar in
Dialogform, in der *Esthetique et psychologie du cinéma* zusammen. Der Versuch
des Reenactments illustriert den Spagat Mitrys zwischen phänomenologischer Ge-
samtschau des laufenden Bildes und objektivistisch-strukturalem Verständnis des
Films als Zeichensystem oder Sprache wohl am besten. Seine systematische und
synthetische Arbeit an den Grundlagen einer durchaus originellen Theorie der Se-
mio-Phänomenologie filmischer Subjektivitätsebenen untermauert Mitry mit einer

Vielzahl von Filmbeispielen aus dem Repertoire der eben angelaufenen Filme des Jahres 1945, die auch Merleau-Ponty erwähnt.

Zunächst wenden sich die beiden streitbaren Diskutanten André Malraux' SIER-RA DE TERUEL aus dem Jahr 1939 zu. Das wohl bekannteste Filmdokument des Spanischen Bürgerkriegs hatte soeben unter dem Titel ESPOIR seine Première in Frankreich erlebt, konnte in Spanien aber erst nach dem Ende der Franco-Diktatur und seiner Erstaufführung 1977 in Barcelona gezeigt werden. Die von Mitry und Merleau-Ponty analysierte Bildfolge ab Minute 24.30 der Laufzeit des Films besteht aus neun Einstellungen. Sie zeigt zunächst einen Volksfront-Offizier, der den Absturz eines Flugzeugs beobachtet:

Abb. 8 Einstellung 1   **Abb. 9** Einstellung 2

Der Offizier wendet sich ab um sofort mit seinem Auto zur Unfallstelle zu fahren:

Abb. 10   Einstellung 3   **Abb. 11**   Einstellung 4

Der Pilot des abgestürzten Flugzeugs ist – in einer narrativen Ellypse, die wir nicht sehen – inzwischen aus dem Flugzeug geklettert. Wankend entfernt er sich von dem Wrack und greift sich mehrmals mit beiden Händen an die Augen:

Abb. 12   Einstellung 5a   **Abb. 13**   Einstellung 5b

Dann sehen wir aus seiner Perspektive, verzerrt und unscharf die Absturzstelle und den nahenden Offizier. Der Flieger nimt seine Brille ab:

Abb. 14 Einstellung 6   **Abb. 15** Einstellung 7

Es folgt eine Wiederholung der Einstellung 6, allerdings nun scharf und ohne Verzerrung. In der nächsten Einstellung gehen die beiden aufeinander zu – Begrüßung:

 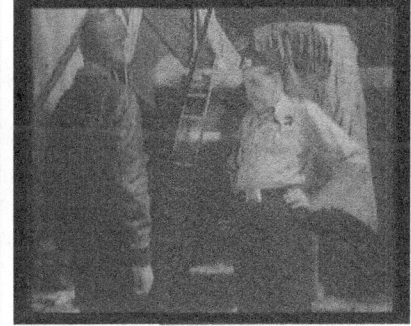

Abb. 16 Einstellung 8   **Abb. 17** Einstellung 9

[Abbildungen 8–17: Kaderfotos aus SIERRA DE TERUEL (André Malraux, F/Es/1939)]

Die kurze Szene in der Länge von 45 Sekunden mit der Sehschwäche des abgestürzten republikanischen Piloten weist also zwei aufeinander folgende Blickkonstruktionen auf, die den narrativen Ablauf bestimmen: Ein Volksfront-Offizier beobachtet den Absturz des Flugzeugs; der Pilot sondiert, unterstützt von tricktechnischen Verfahren, die Absturzstelle mit dem sich nähernden Offizier. Auf einen einfachen und übersichtlichen PoV des Offiziers folgt also ein zweiter, der die Beeinträchtigung des Piloten sichtbar machen soll. Bemerkenswert daran ist, dass die Einstellungen des Blickobjekts des Piloten aus einem Take stammen, dessen erster Teil (Abb. 6) in der Postproduktion durch Tricktechniken unscharf und verschwommen, dessen zweiter Teil (Abb. 8) aber scharf erscheint. Zwischen diese beiden Einstellung ist noch eine zweite, kaum zweisekündige, montiert, die andeutet, dass der Pilot seine Fliegerbrille abgenommen hat. Dies läßt den Schluss zu, dass die Beeinträchigung der Sicht auf die verschmutzte oder beschädigte Brille zurückzuführen ist. Damit erhält dieser Montagekomplex der Einstellungen 5, 6, 7 und 8 eine narrative Funktion zugewiesen: Der Pilot nimmt den beschädigten Sehbehelf ab, um wieder deutlich sehen zu können. In ihrem Gespräch gehen die beiden streitbaren Diskutanten Merleau-Ponty und Mitry allerdings auf diese ebenso rasante wie aparte Motivationsbildung nicht weiter ein.

Die Diskussion anläßlich des Vortrags am *Institut des hautes études cinématographiques* am 13. März 1945 beginnt Merleau-Ponty:

„Malraux zeigt uns in ESPOIR die Schwachsichtigkeit des Fliegers bis zur Offensichtlichkeit, wenn dieser unbeholfen und kraftlos aus dem Cockpit klettert"[292].

Merleau-Ponty überantwortet also die gesamte Last seiner Diagnose der fünften Einstellung dieses Segments: Wir sehen den Piloten schwankend neben dem abgestürzten Flugzeug. Das genüge, um aus seinen Körperbewegungen und Gesten – und zwar „jusqu'à l'évidence" – seine Sehschwäche hinreichend abzuleiten. Sein Evidenz-Argument stützt der Phänomenologe dabei auf die Prämisse des In-der-Welt-Seins des Menschen, das sich in seinem Verhalten zeige:

„Das ,innere' Leben wird umso stärker widergegeben, je entschiedener es als Verhalten behandelt wird und je mehr es in der Welt selbst erscheint, auf die es sich immer in irgendeiner Weise bezieht."[293]

Merleau-Ponty greift mit dem Argument des In-der-Welt-Seins wiederum auf das grundlegende *Inhärenz-Argument* der existentialistischen Phänomenologie zurück. Er weist aber sogleich auf die unmittelbaren Konsequenzen für die Konstruktion von Blick-Beziehungen im narrativen Kino hin. Wenn Ich und Welt tat-

292 Merleau-Ponty, zit. Mitry, EPC II, S. 65. „Malraux, dans SIERRA DE TERUEL, nous fait
     percevoir jusqu'à l'evidence que l'aviateur y voit mal quand il nous le montre gauche et
     faible au sortir de sa carlingue".

293 „La vie ,interieur' est d'autant plus fortement rendue qu'elle est plus résolument traitée
     comme une conduite et qu'elle apparaît dans le monde même auquel, de près ou de
     loin, elle se rapporte toujours." Merleau-Ponty, zit. nach Mitry, EPC II, S.65.

sächlich über die Körpererfahrung derart eng und unmittelbar verschränkt seien, dann ließen sich auch Subjekt- und Objekt-Relationen im Kino, wie sie von den Einstellungen einer filmischen Szene hergestellt werden, nur in einem *flexiblen Feld* ohne scharfe Trennlinien abbilden. Es lässt sich keine scharfe Zäsur zwischen dem Außen und Innen der Wahrnehmung, zwischen Sehen und Gesehenem ausmachen. Genau aus diesem Grund spricht sich Merleau-Ponty gegen die üblicherweise stark bipolaren Verfahren der Subjektivierung durch Einstellungswechsel aus, die er als „innere Landschaft"[294] ablehnt.

Mitry gibt in seinem Bericht der Diskussion zunächst Merleau-Pontys Plädoyer für die sinnlich erfassbaren Oberflächenphänomene wörtlich wider:

> „Das Kino zeigt uns nicht [...] die Gedanken des Menschen, es zeigt uns sein Benehmen oder sein Verhalten"[295].

Das Augenmerk liege auf einer genauen Betrachtung „des Zur-Welt-Seins, die Dinge und die Anderen zu behandeln, die für uns in den Gesten, dem Blick, dem Mienenspiel sichtbar ist"[296].

Da bis zu diesem Zeitpunkt noch nicht abzusehen ist, ob die Sichttrübung des Piloten der Beeinträchtigung des Sehvermögens oder der Verschmutzung der Brille zuzuschreiben ist, bleibt dieses Argument soweit stichhältig. Es entspricht vollständig den Prämissen der phänomenologischen Wahrnehmungspsychologie, nach der „sich mir der Andere mit aller Evidenz als Verhalten mitteilt."[297] Der Andere, in diesem Fall der Pilot, äußert sich durch Körperbewegungen, Gestik und Mimik im diegetischen Raum und nicht durch die den BetrachterInnen gelieferte Art der Wahrnehmung mittels verschiedener diskursiver Varfahrensweisen wie exzessive Nahaufnahmen, gekippte oder verwackelte Kamera, Unschärfen oder ähnliches. Aus genau diesem Grunde ist denn auch die folgende unscharfe Einstellung (Abb. 6) überflüssig und könnte, so Merleau-Ponty, ersatzlos gestrichen werden:

294 Maurice Merleau-Ponty. Das Kino und die neue Psychologie. In: Kritik des Sehens. Hg. und übersetzt von Ralf Konersmann. Leipzig: Reclam, 1997, S. 227 – 46, S. 244.

295 Ebda., S. 244.

296 Ebda.

297 Maurice Merleau-Ponty. Das Kino und die neue Psychologie. Übers. von Frieda Grafe. In: Filmkritik/11 (1969), S. 695–702, S. 698.

„[A]ber wir bleiben unberührt, wenn er zum Point of View des Fliegers übergeht und uns eine gazeartig verschleierte Landschaft zeigt."[298]

Diese phänomenologisch lupenreine Argumentation sei aber – so kontert nun Mitry vor dem Hintergrund seiner ungeheuren Detailkenntnis der Palette filmästhetischer Optionen quer durch die Kinogeschichte – eine doch allzu dogmatische und normativ überspitzte Programmatik. Denn niemand könne ernsthaft die Existenz von Wahrnehmungsprozessen bestreiten, die auf den fließenden Übergängen der Skala von Subjektiv zu Objektiv beruhen. Personale und a-personale Sichten und Positionen sind nie isoliert und absolut zu setzen. Sie ergänzen einander, färben aufeinander ab und treten in ein wechselseitiges Resonanzverhältnis ein – auch innerhalb einer Einstellung:

> „Der filmische Ausdruck ist von dauernder Wechselseitigkeit zwischen Objekt und Subjekt geprägt, von einer deskriptiven Sicht, auf die subjektive Bilder eine persönliche Wirkung hinterlassen."[299]

Wenn Merleau-Ponty ein derart radikales Verdikt gegen den Einsatz der subjektiven Kamera ausspreche, so sehe er sich deshalb genötigt, dies in doppelter Weise zu korrigieren. Zunächst seien die von Merleau-Ponty gebrachten Beispiele, so Mitry, schlicht schlecht gewählt.[300] Gewiss, so könnte man einwenden, scheint dieses Argument etwas bemüht, weil der Werkzeugkiste normativer Filmästhetik und Filmkritik entnommen. Doch bereitet es eine durchaus interessante Beweisführung vor, die von wahrnehmungstheoretischen auf ästhetische Diskursebenen überführen wird. Unter gewissen Umständen nämlich erscheine es, so Mitry, durchaus gerechtfertigt und auch sinnvoll, geschichtete und hierarchisierte Aussageebenen zwischen ‚subjektiven' Perzeptionsbildern diegetischer Figuren und ‚objektiven' Aufnahmen aus ‚neutraler' Perspektive theoretisch zu unterscheiden und auch praktisch anzuwenden. Mitry stößt damit erneut beide Flügel des Tores zur filmanalytischen Zeichentheorie auf. Denn einerseits könne die Relativierung und Berücksichtigung der Zwischentöne personaler und a-personaler Bilder eben nur auf der Basis der Konventionalisierung filmischer Aussagen als arbiträre Zeichen

---

298 Merleau-Ponty, zit. Mitry: „[M]ais nous demeurons insensibles quand il passe au point de vue de l'aviateur et nous presente un paysage voilé par une gaze." EPC II, S. 65.

299 „L'expression filmique est de la constante complémentarité de l'objet et du sujet, de la vision descriptive à laquelle des images subjectives viennent donner une incidence personelle." Mitry, EPC II, S. 66.

300 „Tout d'abord les exemples sont mauvais." Mitry, EPC II, S. 65.

erfolgen; und andererseits versichert er sich damit für detailliertere Studien des Instrumentariums der Subjektivitätskonstruktionen nach dem Modell linguistisch informierter Enunziationstheoreme.

Dazu fügt Mitry noch einen weiteren Einwand gegen Merleau-Pontys Evidenz-Argument. Verwackelte und unscharfe Einstellungen wie jene des Pilotenblicks auf das Flugfeld aus Malraux' republikanischem Manifest beruhen nämlich, so Mitry, gar nicht auf Wahrnehmungen oder Visionen der Filmfigur. Denn niemand, der von einem Schwindel erfasst wird, sähe die Landschaft tatsächlich gekippt oder verschwommen. Sie seien vielmehr als *visualisiertes* Gefühl, also als *Zeichen* eines Zustands, zu behandeln. Und diese semiotisierten Wahrnehmungen könnten besser durch Bilder konkreter Handlungen wie den schwankenden Gang des Piloten, seine Hand vor den Augen oder ähnliches dargestellt werden.

Mit seiner Lektüre des Malraux-Films weiß sich Mitry also durchaus ausgewogen zwischen den Fronten von Phänomenologie und der im Entstehen begriffenen Filmsemiologie zu bewegen. Trotz der deutlichen Kritik an Merleau-Pontys Detailbeobachtungen bekennt er sich klar zu den erkenntnistheoretischen Prämissen phänomenologischer Wahrnehmungstheorie, ohne bei der analytischen Auseinandersetzung mit der Spezifik filmischer Bauweise die Ästhetik und Poetologie des Kinos als ‚Sprache zweiten Grades' aus dem Auge zu verlieren.

Ähnlich verlaufen die Argumentationen auch bei der analysierten Episode aus Louis Daquins Bergsteigermelodram PREMIER DE CORDÉE (F/1944). Die melodramatische Grundstruktur spannt hier einen Bogen zwischen gesunder, jungfrischer Kletterideologie von Bergfexen und einer rätselhaften Erkrankung des Helden Pierre. Seine Höhenangst muss, um den Genrekriterien zu entsprechen, einen tatsächlichen, möglichst todbringenden oder wenigstens unheilbaren Schicksalsschlag darstellen, damit sich die melodramatischen Elemente in ihrer körperaffizierenden Wirkung entsprechend entfalten können. In diesem Heimatfilm à la française ist die Ko-Präsenz von Point-of-View-Konstruktionen und der auf die Zusehenden übertragenen Körperempfindung des Protagonisten noch folgenschwerer, da sie über die bedrohliche Vertikalität hängender Felswände thematisiert werden, in denen sich Pierre bewegt. Wohl deshalb auch sind hier etliche Subjektive eingebaut, die über verschwommene Bilder den Zustand Pierres illustrieren sollen.

In dem nach rund einer halben Stunde Laufzeit des Films beginnenden, etwa fünfminütigen Syntagma der Alleinbesteigung einer senkrechten Felswand durch Pierre sind die BetrachterInnen mit einer Häufung verschiedener Subjektivitätsebenen konfrontiert. Die dreißig Einstellungen wechseln in rhythmischer Abfolge von Bildern des Kletternden und seiner zunehmenden Erschöpfung zu solchen des Berges mit einem kleinen Steinschlag und insgesamt sieben Einstellungen des

Abgrunds ins Tal, davon die erste und letzte scharf und die fünf dazwischen platzierten verschwommen und teilweise bewegt.

Nach einem Sequenzübergang durch wenige Sekunden Schwarzfilm und einer Totalen der Felswand, die Pierre emporklettert, folgt die erste Nahaufnahme Pierres mit einem Blick nach oben:

Abb. 18   Einstellung 2

Die folgende Einstellung zeigt jedoch nicht das Blickobjekt Pierres. In einer langen bewegten, rund 15 sekündigen Flugaufnahme erscheint vielmehr der Blickende selbst, als winziger Punkt in der Felswand:

Abb. 19   Einstellung 3

Nach einem Blick ins Tal und dem weiteren Aufstieg in der Wand stellt sich der erste leichte Schwindel Pierres ein, der durch das Senken seines Kopfes angedeutet wird:

Abb. 20 Einstellung 5

Erst auf die siebente Einstellung dieser Szene mit einem Blick in die Tiefe folgt die
erste der Serie der verschwommenen Bilder:

Abb. 21 Einstellung 7   **Abb. 22** Einstellung 8

Dieses Prinzip des Wechsels zwischen Nahaufnahmen des Blickenden, Halbnahen
bis Halbtotalen des Aufstiegs von Pierre, unterbrochen von einem kleineren Steinschlag, wird die folgenden knapp vier Minuten beibehalten und leicht variiert. Mit
dem erschöpft am Gipfel Angekommenen endet das Segment:

Abb. 23 Einstellung 30

[Abbildungen 18–23: Kaderfotos aus PREMIER DE CORDÉE (Louis Daquin, F/1944)]

Von Malraux' Flugzeug-Crash unterscheidet sich Daquins Bergsteiger-Episode vor allem durch die komplexeren narrativen Effekte der verglichenen Szenen. Über die gehäuften Unschärfe-Einstellungen erzählt sie den schrittweise zunehmenden Anfall der Höhenangst, den verzweifelten Kampf gegen die Gefahr des Absturzes und schließlich deren Bewältigung. Während Malraux die Schwachsicht mit der beschädigten Brille begründet und somit a priori eine stärkere Motivierung in der psychischen Verfasstheit des Piloten ausschließt, thematisiert Daquin ausführlich die Gefühlsregungen des Helden. Dabei ergänzen drei Modi der Subjektivierung in rhytmischer Folge einander wechselseitig: Erstens die – nach Mitrys Terminologie – a-personalen Einstellungen mit dem verzweifelten und dann wieder zügig hochkletternden Pierre sowie zwei Arten personaler Bilder in die Tiefe oder auf den weiteren Kletterweg in die Höhe, nämlich zweitens die scharf gestellten Takes und drittens jene in der Postproduktion behandelten Unschärfen.

In der langen dritten Einstellung (Abb. 19) wird diese theoretisch scharf gezogene Unterscheidung zwischen personalen und a-personalen Sichten allerdings unterwandert. Die – durch den deutlich markierten Blick in der vorigen Einstellung – eindeutig als personale Perspektive ausgewiesene Ansicht der Felswand verwandelt sich durch das Erscheinen von Pierre in eben dieser Einstellung in eine a-personale Sicht: zunächst sieht er die Felswand und dann – innerhalb der raumzeitlichen Kontinuität der Einstellung sich selbst. Dieses Verfahren, das übrigens – etwa von Michelangelo Antonioni – in den eben im Entstehen begriffenen verschiedenen Neuen Wellen zu einem markanten Stilem des *Modern Cinema* ausgebaut werden wird, ist auch für die weitere Entwicklung filmtheoretischer Diskurse von entscheidender Bedeutung. Es unterstreicht die Möglichkeit des Arbeitens mit fließenden Übergängen zwischen den verschiedenen Subjektivierungsverfahren auch innerhalb einer Einstellung: Der Wechsel von personaler und a-personaler Sicht wird hier ohne Einstellungswechsel vollzogen, sodass Pierre einige Momente lang als Blickobjekt seiner selbst erscheint.

Zur Differenzierung zusätzlicher Subjektivitätsebenen erweitert Daquin sein filmdiskursives Repertoire in der Höhenangst-Szene aber vor allem durch die Verwendung verschiedener Ton-Verfahren. Während bei Malraux diese Techniken vollständig außen vor bleiben, verstärken expressiv und dramatisch vorgetragene Tutti der extra-digetischen Filmmusik und zwei verschiedene, aus dem diegetischen Off hörbar werdende Stimmen die Effekte der partizipatorischen Bindung emotiver Regungen an die Subjektivität des Protagonisten ganz massiv. In der fünften Einstellung (Abb. 20) wird das Geschehen in der Felswand zunächst durch die Off-Stimme Alines, der Freundin Pierres, um eine weitere Aussage-Ebene erweitert, an die sich Pierre zu erinnern scheint: „Man muss kämpfen, man muss sich selbst überwinden".[301] Dazu fügt sich die Stimme des Rivalen Pierres, von der offen bleibt, ob sie als Erinnerung Pierres, als Zeichen seiner Höhenangst oder als im Augenblick von Pierre selbst generierte ‚innere Stimme' zu werten sei. Diese Intervention, die Pierre abspricht, ein wirklicher Bergführer zu sein, stimuliert schließlich einen veritablen Dialog, in dem Pierre lippensynchron auf diese Stimme aus dem diegetischen Off antwortet: „Was, mein Herr, ich bin kein wahrer Bergführer? Sie werden sehen!"[302] So wachsen dem Segment durch die Tongestaltung noch weitere Differenzierungen der Subjektivitätsebenen zu.

Aus dieser komplexen Struktur verschiedener Schichtungsmodi filmischer Enunziation nimmt Mitry, wie bei L'ESPOIR auch, nur eine Ebene aufs Korn: die fünf Einstellungen der Sicht des Protagonisten, deren Verzerrungen und gleitende Kamerabewegungen direkt in die materielle Bildstruktur eingeschrieben sind. Er greift in seiner analytischen Skizze zunächst Merleau-Pontys Kritik an der Psycho-Kiste der ‚inneren Landschaft' auf. Man könne, so Mitry, der phänomenologischen Annahme durchaus einiges abgewinnen, nach der die Darstellung von Mentalbildern – sofern es so etwas überhaupt gibt – grundsätzlich problematisch erscheint. Denn würden diese als Bilder wie andere auch existieren, entspräche dies einer Materialisierung oder Hypostasierung des Bewusstseins, die – zumindest aus Husserlscher Perspektive – undenkbar sei. Mitry erkennt die Konsequenzen dieser Prämisse und versucht ihnen durch eine geschickte Volte gerecht zu werden. Deshalb fasst er die erwähnten Subjektiven bei Malraux und Daquin überhaupt nicht als Darstellung subjektiver Vorstellungen auf, die ja in der Tat unmög-

---

301 „Il faut lutter, il faut se surmonter".

302 „Quoi Monsieur, je ne suis pas un vrai guide? Vous allez voir!"

lich als solche nach außen auf die Leinwand zu bringen seien, da sie mit dem Akt
der Externalisierung ihre Form und Konsistenz ändern würden:

> „In keinem Fall kann man ein Mentalbild darstellen, weil es in dem Augenblick kein
> Mentalbild mehr wäre."[303]

Bei den unscharfen Bildern handle es sich folglich nicht um Objektivierungen
innerer Verfaßtheiten des Protagonisten, also um filmische Bildwerdungen von
Pierres Angstzuständen, sondern im Gegenteil um nachträgliche Subjektivierun-
gen der filmischen Darstellung seitens der ZuschauerInnen:

> „Die Intention ist, nicht eine einfache ,psychologisch wahre' Realität zu übersetzen,
> die im Übrigen unmöglich zu bestimmen ist, sondern dem Zuschauer mittels einer
> ästhetischen Äquivalenz den Eindruck zu vermitteln, dass er ,wie die Figur des Dra-
> mas sieht oder fühlt'."[304]

Diese *ästhetische Äquivalenz* ist also keine Darstellung eines Bewusstseinszu-
stands oder eines inneren Bildes, sondern die mediale Vermittlung einer Erfahrung und somit die Interpretation eines Zeichens. Und als solches, als Zeichen,
gesteht Mitry der Konstruktion Daquins durchaus die Möglichkeit zu, die Band-
breite filmischer Verfahrensweisen zu verbreitern: wie gesagt, die *Möglichkeit*, das
heißt die Verwendung der Zeicheneffekte nach einem wohlüberlegten Kalkül des
Regisseurs. Mitry verschiebt also das Problem von einer phänomenologischen Bestimmung des Bildes auf die Seite des ästhetischen Ausdruckspotentials. Als Instrument des Angebots filmischer Verfahrensweisen an die Dekodierungsleistung
der ZuschauerInnen beruhe es nicht auf einer wie immer gearteten ikonischen
Ähnlichkeit. Es kann vielmehr nur als rhetorisches und damit konventionelles Verfahren im Sinne der Semiologie oder der Linguistik gelten. Auf die perhorreszier-
ten Blicken Pierres in die Tiefe folgen also die ästhetischen und medialen Transformationen eines psychischen Zustands im Zuge der Lektüre des Films:

---

303 „En aucun cas on ne saurait représenter une image mentale puisque, dès l'instant
      qu'elle le serait, ce ne serait plus une image mentale." Mitry II, EPC S. 65.
304 „L'intention n'est pas de traduire une réalité ,psychologiquement vrai', et d'ailleurs
      impossible à déterminer, mais de donner au spectateur – grâce à un équivalent esthéti-
      que – l'impression qu'il voit ou qu'il ressent ,comme' le personnage du drame." Mitry,
      EPC II, S. 65.

„Diese vollständig innere Empfindung ist keine besondere ‚Sicht' der Dinge, sondern ein Sog in die Leere, gegen die man verzweifelt ankämpft, also ein Gefühl der
Angst."[305]

Deshalb wäre es tatsächlich angemessener, zur Darstellung von Pierres Krise in
PREMIER DE CORDÉE nur einige Einstellungen der in der Tiefe sich ausbreitenden
Landschaft zu zeigen, ohne tricktechnischen Firlefanz und die Vorspiegelung ex-
ternalisierter Wallungen. Um die Angst des Helden in der Felswand auf die Zu-
schauerInnen zu übertragen, genügten Detailaufnahmen eines Fußes, der in der
Luft nach Halt sucht, oder eine sich an den Felsvorsprung klammernde Hand. Und
tatsächlich: in PREMIER DE CORDÉE fehlen solche Details, die etwa aus Hitchcock's
SABOTEUR, fertiggestellt 1942, also nur zwei Jahre vorher, allseits bekannt waren.

Die auf der Grundlage der Inhärenz-These vorgenommene kritische Einschät-
zung von Point-of-View-Konstruktionen wird übrigens auch in der seit den 1990er
Jahren bemerkbaren Renaissance phänomenologischer Filmphilosophien gern
aufgegriffen und stiftet einige – gewiss ganz wohltätige – Verwirrung. Vivian
Sobchack etwa, die viel zu dieser Erweiterung des Spektrums film- und medien-
wissenschaftlicher Paradigmen beigetragen hat, bringt ihre Skepsis gegenüber
dem herkömmlichen Begriff der subjektiven Einstellungen sehr deutlich ein und
zweifelt seine Brauchbarkeit im filmwissenschaftlichen Diskurs an:

„Obwohl der Point-of-View ein bevorzugter Begriff bei Filmtheoretikern ist, gibt es
eine solche Abstraktion im Kino nicht. Eher gibt es so etwas wie konkrete Situationen des Sehens – besondere und mobile Eingriffe verkörperlichter, verweltlichter
und georteter Subjekte/Objekte. Ihre sichtbare Tätigkeit sucht und gliedert ein ver-
änderliches Sichtfeld einer Welt, deren Horizonte immer weiter sind."[306]

---

305 Ebd., S. 65: „Cette sensation tout intérieure n'est pas d'une ‚vision' particulière des
      choses, mais d'une attirance du vide contre laquelle on lutte désespérément et, donc,
      d'un sentiment d'angoisse."

306 „Thus, although it is a favored term in film theory, there is no such abstraction as
      point of view in the cinema. Rather, there are concrete *situations of viewing* – speci-
      fic, mobile and invested engagements of embodied, enworlded, and situated subjects/
      objects whose visual/visible activity prospects and articulates a shifting field of vision
      from a world whose horizons always exceed it." Vivian Sobchack. The Scene of the
      Screen. Envisioning Photographic, Cinematic, and Electronic ‚Presence'. In: Denson
      and Leyda (Hg.), Post-Cinema: Theorizing 21st-Century Film (Falmer: REFRAME
      Books, 2016). http://reframe.sussex.ac.uk/post-cinema/2–1-sobchack/, S. 16. Verglei-
      che dazu auch die ältere Version in: Materialities of Communication. Hg. Von Hans
      Ulrich Gumbrecht und K. Ludwig Pfeiffer. Stanford: Stanford University Press, 1994,
      S. 83–106.

Sobchack lehnt den PoV-Begriff allerdings nicht rundweg ab, sondern beschreibt die aus diesen Situationen abzuleitenden Verhältnisse von Sehen und Bedeuten, Wahrnehmung und Sinnzuweisung durchaus nuanciert. Mit einem Verweis auf den Technikphilosophen Don Ihde unterscheidet sie prinzipiell zwischen Wahrnehmungsmodi auf makro- und solchen auf mikroperzeptueller Ebene. Makroperzeptuelle Wahrnehmung beziehe sich vor allem auf Interpretationen im hermeneutisch-kulturellen Zusammenhang, was durchaus auch auf das hier untersuchte semiologische Abenteuer Mitrys Anwendung finden kann. Mikroperzeption hingegen meint die leibliche Ebene der Körperwahrnehmung, die wesentlich enger an die von der Phänomenologie untersuchten Vorgänge anknüpft. Subjektwahrnehmungen im Sinne makroperzeptueller Aktivitäten sind aus anthropologischer Perspektive den primären mikroperzeptuellen Erfahrungen dabei also sogar eindeutig nachgereiht, da bei den prälogischen Anteilen filmischer Erfahrung sehendes Subjekt und sichtbares Objekt in einem ganzheitlichen, raumzeitlich verdichteten Erfahrungsraum zusammenfallen:

> Zugleich präsentierend und repräsentierend, sehendes Subjekt und sichtbares Objekt, von Vergangenheit und Zukunft durchdrungene, gegenwärtige Präsenz, kontinuierliches Werden, das zeitliche Heterogenität als Kohärenz verkörperlichter Erfahrung synthetisiert: Das Filmische verdichtet den dünnen abstrahierten Raum der Photographie zu einer konkreten und bewohnbaren Welt.‘‘[307]

Die wahrnehmenden Aktivitäten im Kino werden also zunächst in die eines intentionale Stroms von Sichtbarkeiten übergeführt, bevor sie sich in einer sinnvollen Darstellung und Erzählung zeigen. Diese semiotisierten Formen filmischer Subjektivierungsstrategien sind logisch nachgeordnet und folgen auf eine primäre verkörperlichte Erfahrung. Erst aus dieser Anordnung entstehen die Schichtungen und Differenzierungen von Subjektivitätstypen, die letztlich die Grundlage für das Verständnis repräsentativer und narrativer Abläufe darstellt:

> „Auf diese Weise wird das neuartige und sichtbare filmische Subjekt (jedoch physisch anonym) auf mikroperzeptueller Ebene als in der Lage wahrgenommen, visuelle und körperliche Situationsveränderungen aufzuzeichnen, zu träumen, zu hallu-

---

307 „Simultaneously presentational and representational, viewing subject and visible object, present presence informed by past and future, continuous becoming that synthesizes temporal heterogeneity as the coherence of embodied experience, the cinematic thickens the thin abstracted space of the photograph into a concrete and habitable world“ Ebd., S. 16.

zinieren, zu phantasieren, zu erinnern, seinen Aufenthaltsort und seine Erfahrung in der Welt zu bewerten."[308]

Es wird also die zunächst und vor allem phänomenologisch erlebte und gelebte Szene, wie wir sie etwa auch in PREMIER DE CORDÉE vorfinden, in einem „Vorgang subjektiver, verkörperter Sicht"[309] nachträglich semiotisiert.

Ohne die Debatte um den Stellenwert der sogenannten ‚subjektiven Kamera' sowie die – gleichermaßen signifikante –Überzeugungskraft phänomenologischer Argumentation im Rahmen einer zu entwerfenden Kinoanthropologie weiter zu schildern, kann man also die entscheidenden Punkte in Mitrys Spagat zwischen Phänomenologie und Semiologie vorläufig zusammenfassen: Der große Synthetiker filmwissenschaftlicher Paradigmen in den 1950er und frühen 1960er Jahren verdankt sein Grundgerüst zweifelsfrei der phänomenologischen Anthropologie Merleau-Pontys; doch wenn er in die Details filmischer Raum- und Zeitkonstruktion und in das breite Spektrum filmischen Darstellens und Erzählens einsteigt, spießt es sich. Der Grund: Das am singulären Objekt geschulte analytische Vorgehen des Avantgardefilmers Mitry ortet rasch die Grenzen des phänomenologischen Bild- und Körperbegriffs bei der Untersuchung filmischer Bauweisen. Deshalb werden Subjektivierungsstrategien klar als Kodifizierung und Konventionalisierung im Sinne symbolischer Systeme behandelt und die phänomenologischen Wahrnehmungstheoreme durch die Untersuchung von Sinngebungsverfahren ersetzt:

> „Ebenso wie die Rückblende uns nicht das zeigt, was der Held denkt, sondern das, *woran* er denkt, zeigt uns die subjektive Einstellung nicht, was er [der Pilot oder der Bergsteiger] sieht und wie er es wirklich sieht, sondern wie man *meint, dass er sieht*."[310]

Damit skizziert Mitry den Übergang von allgemeinen Wahrnehmungsbedingungen im Sinne der Phänomenologie zum Einsatz poetologischer und rhetorischer

---

308 „Thus this novel and visible cinematic subject (however physically anonymous) is perceived at the microperceptual level as able to inscribe visual and bodily changes of situation, to dream, hallucinate, imagine, remember and value its habitation and experience of the world." Sobchack Scene, S. 12.

309 „process of subjective, embodied vision" Sobchack, S. 16.

310 Mitry. Esthétique et psychologie du cinéma 2, S. 65f: „De même que le flash-back ne nous montre pas ce que pense le héros mais ce *à quoi* il pense, de même l'image subjective ne nous montre pas ce qu'il voit, *tel* qu'il le voit réellement mais comme il est *sensé le voir ...*"

Erkenntnisinstrumente. Mit dem Shift vom Zeigen zu jenem ‚Meinen' rücken auch diskursive Verfahren der Bildkonstruktion in den Fokus, wie sie zeitgleich von den verschiedenen Ausformungen des Modernen Films entwickelt wurden. Erst rund zwanzig Jahre später soll diese epochale Auffächerung des Bandes zwischen personalen und a-personalen Filmbildern entsprechend adaptiert und nuancierter weiter untersucht werden.[311]

8.4   Das ‚totale Bild'

Wenn Merleau-Ponty und in nuancierter Weise auch Mitry die Emotionalisie-rungsmaschinerie der ‚inneren Landschaften' so deutlich ablehnen, welche Konsequenzen hat dies für das weitere Werden der Konstruktion filmischer Bilder in kinoanthropologischer Perspektive? Welche Art von Kino, welche Bildtypen und welche Stilistik zeichnet sich bei einer derartigen Abwehr der Innerlichkeit ab? – Der Blick des Anderen fällt nur auf die *Oberfläche* der Erscheinungen, prallt gleichsam an dieser Leinwand der Sichtbarkeiten ab. Er dringt nicht vor in ein wie immer zu bestimmendes Wesen ‚seines' Objekts; der Blick des Anderen findet den Einen, sein Objekt, bereits als Teil der Wirklichkeit vor:

„Heute bemerken die Psychologen, dass die Introspektion mir fast nichts gibt."[312]

Merleau-Ponty plädiert damit für ein *Kino der Anschauungen und Erscheinungen*, das fernab psychologischer oder moralischer Tiefgänge die Oberflächen – nicht zuletzt auch die des menschlichen Körpers – zu ihrem Ausgangs- und Endpunkt macht. Falls ein Film sich dieser Prämisse nicht beuge, sei er zumindest ästhetisch fragwürdig. Statt der Darstellung eines inneren Gefühls setzt er auf die Beobachtung eines *äußeren Verhaltens*:

„Wenn ich zu interessanten Feststellungen komme, so weil ich mich nicht damit begnügt habe, mit einem Gefühl übereinzustimmen, sondern es geschafft habe, es wie

---

311   Aus der Plethora jener Ansätze, die dazu in den 1980er Jahren ihren Beitrag geleistet haben, nur zwei Titel: François Jost. L'Œil-Caméra. Entre film et roman. Lyon: Presses Universitaires, 1987; Edward R. Branigan. Point of View in the Cinema. A Theory of Narration and Subjectivity in Classical Film. Berlin, New York, Amsterdam: Mouton Publishers, 1984.

312   Merleau-Ponty. Das Kino und die neue Psychologie, a.a.O., (Übersetzung: Frieda Grafe), S. 698.

ein Verhalten zu studieren wie eine Veränderung meiner Beziehungen zum Anderen und zur Welt"[313].

Nicht Gefühl, sondern Verhalten: genau mit dieser weiten anthropologischen Perspektive kann dann auch Mitry seine Kompetenzen als Filmanalytiker ausspielen. Das Studium des Verhaltens und seiner Beziehung zum Gegenüber – was ist das anderes als eine genauere Betrachtung der bildlichen Oberfläche, also der Bauweise jener Folie, auf der sich die Arten und Weisen der Darstellung zeigen? Dass er dies nicht aus Grundlagenstudien der Wahrnehmungslehre seiner Zeit ableiten konnte, liegt auf der Hand. Mit dem Entwurf einer *Typologie der filmischen Einstellung* markiert Mitry also endgültig den Übergang von einer phänomenologisch orientierten Bildtheorie der ‚psychologisch wahren Realität' zur Rhetorik oder Poetik der Konstruktion filmischer Bilder als Zeichen und Aussagen.

Mitry geht bei seinem Versuch einer Typologie zunächst von den bekannten Merkmalskategorien des objektiv-deskriptiven und des subjektiv-analytischen Modus der Bildkonstruktion aus. Entscheidend ist allerdings, dass er zwei weitere Typen dazwischen fügt, welche die bipolare Organisation von Objektiv und Subjektiv abflachen und als *Grauzonen des Übergangs* in der Tat besondere Aufmerksamkeit verdienen. Zum einen spricht er von einer raumstrukturierenden Wirkung des Autors, deren Ergebnis er als das *persönliche Bild* bezeichnet. Dieses sei, im Unterschied zum ‚beschreibenden Bild' (*image descriptive*), in der Lage, dem konstruierten Bildraum Bedeutung zu verleihen, „durch Sinngebung den Raum zu strukturieren"[314]. Das ‚persönliche Bild' übernimmt also genau jene Funktion der Ausdrucksprägung, die über die phänomenologische Bestimmung des Bilds hinausweist.

Ebenso der zweite, zwischen subjektivem und objektivem Bild eingeschobene Typus; Mitry nennt ihn das halb-subjektive oder *assoziierte Bild* und schreibt ihm die Möglichkeit zu, alle anderen Bildtypen gleichsam in sich aufzusaugen. Am Besten könnte dieses Assoziationsbild wohl mit einem Dabeisein einer blickenden Instanz beschrieben werden. Nicht Figur und auch nicht auktoriale Instanz, weder passiv noch aktiv, erstellt dieser Blick als Repräsentant des filmischen Mit-Sehens ein Bild, das objektiv bleibt, zugleich aber die analytische Funktion einer Figur übernimmt.

Dieses, wie man es nennen könnte, ‚lassende Bild' kann sogar mit dem *persönlichen Bild* des Autors verschmelzen und in ein „totales Bild"[315] übergehen. Damit

---

313 Ebd.
314 „structurer l'espace en lui donnant un *sens*." Mitry, EPC II, S. 77.
315 Ebd., S. 78.

stellt es einen Typus der flüssigen Übergänge dar, der tendenziell die Ausdifferenzierung in Subjektive und Objektive, Wahrnehmungs- und Mentalbild wieder zu-
rücknimmt. Erst hier, beim *image totale* oder *Totalbild*, verbindet sich auch Merleau-Pontys Beobachtung einer regelrechten „Durchdringung von Bewußtsein und
Welt" mit der Tatsache, dass dieses „im höchsten Grade kinematographisch"[316] sei.
Insgesamt stellt dieses Totalbild deshalb für Mitry auch den wohl überzeugendsten
Typus dar.[317]

Mit dem sicheren Gespür eines Denkers, den die festgefügten Subjekt-Objekt-Relationen immer zu genauerem Hinsehen und Nachdenken brachten, hat
übrigens auch Gilles Deleuze diese Art der schmiegsamen Anverwandlung in
Mitrys Typologie besonders hervorgehoben: „die Kamera verschmilzt nicht mit
der Person", so beschreibt er dieses Bild mit einem expliziten Hinweis auf Mitry,
„sie ist auch nicht außerhalb, sie ist mit ihr. Es ist eine Art des im eigentlichen
Sinne kinematographischen Mitseins."[318] Diese bildliche Kopräsenz bleibt strikt
an der Oberfläche der Erscheinungen und inszeniert keinerlei psychologische Tie-
fenschau, keine ‚inneren Landschaften'.

8.5   Nachsatz zur Verachtung: Mitsein ohne Tiefe

Ein Beispiel aus einem Film, der genau im selben Jahr wie Mitrys *Esthétique et
psychologie* fertiggestellt wurde, bestätigt dies. Der Beginn der mehr als fünf-
zehnminütigen Wohnungsszene in Rom nach etwa einer halben Stunde Laufzeit
aus Godards Le Mépris aus dem Jahr 1963[319] wird eingeleitet mit einer klassischen,
nach der Terminologie Mitrys als personale Sicht zu bestimmenden Sicht Camilles
(Brigitte Bardots) und Pauls (Michel Piccolis) von der Straße hinauf zu den Fenstern der Wohnung. Auf das objektiv-deskriptive folgt das subjektiv-analytische:

---

316 Maurice Merleau-Ponty. Das Kino und die neue Psychologie. In: Kritik des Sehens.
     Hg. von Ralf Konersmann. Leipzig: Reclam, 1997, S. 227 – 46, S. 246.

317 „la plus convaincante de toutes." Mitry, EPC II, S. 78.

318 Deleuze, Bewegungs-Bild. Kino 1, a.a.O., S. 105.

319 Zur besseren Orientierung sind den Kaderfotos einige der Timecodes beigefügt, be-
     ginnend mit dem Blick von Camille und Paul die Hausfront empor.

Abb. 24 Einstellung 1   **Abb. 25** Einstellung 2 (0:00)

Im Inneren des Gebäudes dominieren zunächst *deskriptiv-objektive Bildstrategien*:

Abb. 26 Einstellung 3

Bald aber entfalten sich immer deutlichere Verfahren der *Überlagerung der vier Bildtypen* Mitrys. Sie bleiben vorerst noch schüchtern und ansatzweise. So wird etwa der Blick Pauls nicht durch einen Einstellungswechsel auf Camille sanktioniert, sondern verfolgt Paul, bis auch Camille noch in derselben Einstellung ins Bild gleitet. Die dadurch innerhalb der Einstellung ermöglichte größere Orientierungsmöglichkeit im Raum entspricht also dem, was Mitry dem Einfluss des ,Autors' zuschreibt und das er deshalb als ,persönliches Bild' bezeichnet:

Abb. 27 Einstellung 4a (0:50)   **Abb. 28** Einstellung 4b (0:54)

Die Überlagerung der Bildtypen wird alsbald zum ästhetisch bestimmenden Modus wechselseitiger Durchdringung. Sie mutiert zunächst – noch immer innerhalb derselben Einstellung – zu immer wiederkehrenden ‚assoziierten' bzw. halb-subjektiven Bildern, in denen die BetrachterInnen etwa über Pauls Schulter seinem Blick auf Camille folgen können:

Abb. 29   Einstellung 4c

Durch eine Vielzahl akzentuierter, jedoch nicht durch die Bewegungen einer der beiden Figuren motivierter Kamerabewegungen entfaltet sich allmählich das, was Mitry als *Totalbild* beschreibt:

> „Im äußersten Fall kann die infragestehende Figur als Vermittlung dienen, indem ihr Blickpunkt (PoV) mit dem des Autors zusammenfällt. Man erreicht damit das, was wir ein Totalbild nennen können, das heißt zugleich beschreiben (durch das, was es zeigt), analytisch (identifiziert mit der Sicht der Figur) und symbolisch (durch kompositorische Strukturen, die daraus entstehen)."[320]

So nähert sich die Kamera etwa ohne Einstellungswechsel der analytischen Sicht Pauls, folgt aber in ihren Fahrten einmal ihm, dann wieder Camille, um sich zwischendurch der eigenen Autonomie als persönliches Autorenbild zu versichern. Es kann sich kurzfristig auch von beiden Figuren lösen und in seiner kompositorischen Autonomie beinahe an ein Stilleben oder an einen Ausschnitt aus einem Gemälde Edward Hoppers erinnern:

---

320 „A la limite, le personnage en question peut servir de truchement, de telle sorte que son point de vue coincide avec celui de l'auteur. On obtient alors ce que nous appellerons une image totale c'est-à-dire à la fois descriptive (par ce qu'elle montre), analytique (identifiée à la vision du personnage) et symbolique (par les structures compositionelles qui en découlent)." Mitry, EPC II, S. 78.

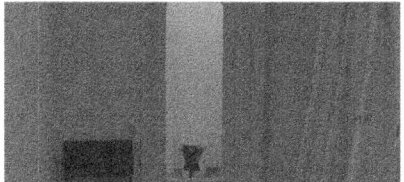

Abb. 30 Einstellung 4d

Deshalb entschlägt sich diese Bildfolge einem Statuswechsel zur Subjektiven auch in den Momenten, in denen die Geschichte dies nachgerade kategorisch einfordert. Das Bild erweist sich – um im Begriffsraster Mitrys zu bleiben – semi-subjektiv, sogar wenn Camille einen Bildband zur Hand nimmt und die ZuschauerInnen nur dezent an diesen Bildern mitnaschen können, ohne sie voll zu Gesicht zu bekommen:

Abb. 31   Einstellung 4e (1:16)

Mit der Statue, die in den folgenden Einstellungen immer wieder ins Bild gerückt wird, scheint sogar im Wortsinn Mitrys hybride Ästhetik in Erinnerung gerufen zu werden, nach der „das Filmbild immer durch Subjektivität gefärbt ist."[321]

Abb. 32   Einstellung 5   **Abb. 33**   Einstellung 6a

---

321 „Conséquence d'un certain choix, l'image filmique est toujours teintée de subjectivité." Mitry EPC II, S. 61.

Auch ein steinernes Abbild des Menschen kann, wie an anderer Stelle des Woh-
nungs-Dialogs aus LE MÉPRIS deutlich wird, als Stellvertreter dieses Hauchs in
den Filmtext verwobener Welthaltigkeit fungieren und im Dialog mit den Figuren
zwischen den Polen von Subjektivität und Objektivität pendeln:

Abb. 34   Einstellung 6b   **Abb. 35**   Einstellung 6b

Dass in dieser von allen Bildtypen saturierten Sequenz auch ein Spiegel diese Hy-
bridform des Totalbilds reflektiert, ist nur konsequent. Als Emblem subjektiver
Selbstwahrnehmung wird er ebenfalls in den kontinuierlichen Fluss deskriptiver,
analytischer und persönlicher Bildtypen aufgenommen, und zwar ohne etwa in ein
Wechselspiel personaler und a-personaler Schuss-Gegenschuss-Rituale aufgesplit-
tert zu werden:

Abb. 36   Einstellung (2:48)

[Abbildungen 24–36: Kaderfotos aus LE MÉPRIS (Jean-Luc Godard, F/1963)]

Diese Bildfolge in der Länge von mehr als einer Viertelstunde kann in der Diskussion des Spannungsverhältnisses von Filmphänomenologie und Bildanalyse auch
deshalb als besonders aussagekräftig gelten, weil sie nicht im Bazinschen Sinn als
Plansequenz angelegt ist. Ohne in diesem Zusammenhang Bazins Realismustheo-
reme grundsätzlich infrage zu stellen, spielen hier Fragen um den Status erlebter
Wirklichkeit im Sinne der Bergsonschen Kategorien von *durée* und *simultanité*,
also von Dauer und Gleichzeitigkeit, die bei Bazin als wahrnehmungstheoretischer
Hintergrund immer mitschwingen, nur eine sekundäre Rolle. Mit Mitrys präziser

Beschreibung des Totalbilds rückt vielmehr Merleau-Pontys Beobachtung einer regelrechten Durchdringung von Bewusstsein und Welt als Prototyp des Modernen Kinos mit seinem wichtigsten Exponenten der Nouvelle Vague in den Vordergrund. Die Beschreibung dieses Hybridisierungsprozesses von vier Bildfunktionen über Einstellungsgrenzen hinweg ermöglicht, auch in dichten Montagekomplexen deskriptive, persönliche, assoziative und analytische Bildfunktionen zueinander in engen Bezug zu setzen und ihre Schichtung in einen theoretischen Rahmen zu betten.

Was Mitrys theoretischen Entwurf eines Totalbild als Parallelaktion zu Godards Le Mépris dabei so produktiv macht, ist die strikt undogmatische Herangehensweise, sein Mut zum Hybriden, sein Selbstbewusstsein als Filmemacher, sich für unterschiedliche inszenatorische Problemstellungen unterschiedlicher Lösungsstrategien zu bedienen – auch wenn diese verschiedenen Schulen, Stilemen oder Lagern angehören mögen. Diese von filmpraktischem Feinsinn gespeiste theoretische Autonomie, Offenheit und Neugierde gegenüber verschiedenen Strömungen der Bild- und Filmtheorie seiner Zeit geht deshalb auch weit über den Streit zwischen Phänomenologen und Semiologen hinaus. Sie begleitete in den 18 Jahren von der Diskussion am 13. März 1945 im IDHEC bis zum gleichzeitigen Erscheinen der *Esthétique et Psychologie du Cinéma* und der Première von Godards Le Mépris im Jahr 1963 und darüber hinaus das Entstehen des Modernen Kinos, das sich maßgeblich durch den qualifiziert neuen Bildtypus des Totalbildes bestimmen lässt.

Mit dieser – auf dem ersten Blick doch recht unerwarteten – Allianz zwischen den Ausfransungen phänomenologischer Bildtheorie und einer der Phänomenologie doch distanziert gegenüberstehenden Positionierung semiologischer und strukturalistischer Paradigmen erweist sich die Notwendigkeit einer Relektüre von Mitry wohl am besten. Sie setzt genau dort an, wo Mitrys größte Stärke liegt: in der detaillierten Durcharbeitung phänomenologischer Grundaxiome am singulären filmischen Material. Seine bisweilen ambivalente und sprunghafte Argumentation begleitet deshalb auch jene ästhetischen Strategien, die zur gleichen Zeit als verschiedene *Neuen Wellen* bekannt geworden sind: radikale Einebnung der Tiefenschichten von abgründiger Wesensschau und triefendem Psychologismus filmischer Inszenierungspraktiken mit dem Ziel einer Ablösung jenes verpönten Pseudo-Naturalismus, der kennzeichnend für viele Tendenzen des US-Kinos, aber auch vieler Produkte des europäischen ‚Qualitätskinos' der 1950er Jahre und seiner Folgen bis heute war.

Und tatsächlich: die Programmatik eines radikalen Kinos der Moderne, die das *Bild als Bild* nimmt, ohne Wenn und Aber eines psychologischen Realismus oder eines ästhetischen Relativismus, findet sich in vielerlei Varianten des mit Mit-

rys Kinodenken synchron verlaufenden Autorenkinos, etwa in der Filiation von
Bresson bis Straub, aber natürlich auch bei Antonioni oder Godard ebenso wie
bei Glauber Rocha oder Karel Reisz: ein Kino, das sich strikt an die Oberfläche
der Erscheinungen hält und keine ‚inneren Landschaften' inszeniert. Erst von dieser Konzentration auf die damit einsetzende *Neue Oberflächlichkeit* öffnen sich
schließlich auch die Perspektiven zu einem kinoanthropologischen Denken, das
die bis heute weitest verbreiteten Theoreme zur repräsentativen Funktion des Film
relativiert und eine neue Lesart von Filmen ermöglicht. Dabei ist es nur konsequent, dass gerade Merleau-Ponty auch an der anthropologischen Funktion des
Kinos als Instrument zur Symbolisierung von Gedanken keine Zweifel ließ:

> „Der Film, zur Aufnahme sich bewegender Gegenstände oder zur Bewegungsdar-
> stellung [représentation du mouvement] erfunden, hat zur Entdeckung weit mehr
> als der bloßen Ortsveränderung geführt, nämlich zur Entdeckung einer neuartigen
> Handhabe der Gedankensymbolisierung und der Vorstellungsbewegung [mouve-
> ment du représentation].“[322]

---

322 Maurice Merleau-Ponty: Die Welt der Sinnlichkeit und die Welt des Ausdrucks, in:
     Vorlesungen, Berlin, De Gruyter, 1973, S. 57. Zit. nach Stephan Günzel. Deleuze und
     die Phänomenologie. In: Phainomena XXII/ 84–85 (2013), S. 169, Fußnote 43.

Béla Tarr 9

Plansequenz und Kontingenz

Weite ungarische Landschaften, Fahrten durch ruinöse Reste kollektivierter Land-wirtschafts- und Industriebetriebe, Durchblicke hinaus aus verkommenen Behau-sungen; die Kamera bewegungslos verharrend, in langsamem Fluß, die Objekte ihrer Sicht kalt fixierend, zunächst daran klebend und bisweilen schmiegsam da-rin aufgehend. Eine einsame Figur, oder mögen es zwei sein, Mensch oder Tier, schreitet und schreitet, entweder beharrlich von einer gleichförmig bewegten Ka-mera in einer Traversalfahrt begleitet oder zügig im Fluchtpunkt des Bildes ver-schwindend. Öde und Leere. Nichts. Ob KÁRHOZAT, SÁTÁNTANGÓ, WERCKMEISTER HARMÓNIÁK oder A TORINÓI LÓ, seit seiner rund einstündigen Fernsehadaption von MACBETH aus dem Jahr 1982, die nur aus zwei Einstellungen besteht, bleiben diese und ähnliche Bildläufe zwischen Landschaft und Kreatur, Einöde und Starrsinn beinahe unverändert und minutenlang verweilend in einzelnen Einstellungen der Filme Béla Tarrs gefangen im Bild. Beinahe unverändert.

Plansequenzen werden sie oft genannt oder notdürftig als ‚lange Einstellungen' bezeichnet, diese Bilder zeitlicher Dehnung und Dauer, in denen kaum etwas ge-schieht. Mit der Zeit und der Genauigkeit ihrer Betrachtung allerdings ändert sich dieses Bild. Es zeigt sich, dass nur die wenigsten dieser kontinuierlichen Kon-struktionen eine Zuordnung zu der filmtheoriegeschichtlich und terminologisch klar festgelegten Kategorie der Plansequenz rechtfertigen. Und auch die etwas vage Bestimmung als lange Einstellung kommt den nachhaltigen und komplexen Gebilden Tarrscher Zeitkonstruktion bei Weitem nicht nach. Sie sind weder mit den schmiegsam an den Figuren und ihren Handlungen klebenden sozialen Ver-fahrensweisen von Renoirs MADAME BOVARY (1934) vergleichbar, noch mit den dramatischen Arrangements aus Wylers THE BEST YEARS OF OUR LIFES (1946).

© Springer Fachmedien Wiesbaden GmbH, ein Teil von Springer Nature 2018
K. Sierek, *Filmanthropologie*, https://doi.org/10.1007/978-3-658-22448-6_9

Auch Hitchcocks Experiment mit den manieristischen Konstruktionen vorge-
täuschter Kontinuität des Appartements in THE ROPE aus dem Jahr 1948 und der
triumphale, programmatische und virtuose Gestus des Beginns von TOUCH OF EVIL
von 1958 werfen gänzliche andere ästhetische Effekte ab. Schließlich arbeiten
auch die analytischen und philosophischen Statements von Michael Snow aus den
1960er Jahren, die in lange Einstellungen gepackten Interaktionen zwischen größeren Menschengruppen und Kameras in Altmans THE PLAYER (1992) oder der
Odeur retrospektiver Melancholie der Plansequenzen von Johnnie Tos BREAKING
NEWS (2003) mit gänzlich anderen Raum- und Zeitkonzepten.

9.1   Drei Einstellungstypen: Stillstand und Bewegung, freie Kameragesten, Einstellungsketten

Besonders in seinen späteren Filmen entwickelt Tarr einen extremen Formenreichtum syntagmatischer Verfahren, von denen die geschlossene narrative Form
der Plansequenz nur eine, und bei weitem nicht die häufigste darstellt. Seine Ver-
quickung langer Einstellungen mit komplexen Einstellungsfolgen umfaßt, um nur
drei der wichtigsten Effekte zu nennen, die Polarisierung von *Bewegtem und Unbewegtem* in einzelnen Einstellungen innerhalb längerer Sequenzen, den Entwurf
freier, auch über topologische Grenzen hinwegschleichender *Kameragesten* und
die Konstruktion von *Ketteneinstellungen und Einstellungsketten*. Diese drei, aus
einem Universum weiterer diskursiver Einheiten herausgegriffenen Prinzipien der
Laufbildgestaltung entwickelt Tarr zu einer wahren Enzyklopädie der Formen langer Einstellungen und einstellungsübergreifender Syntagmen, die sich auf den inneren Bau dieser Einheiten ebenso wie auf ihre Abgrenzungen gegenüber vorigen
und nachfolgenden Einheiten beziehen. Was diese Typen von Einstellungsfolgen
miteinander verbindet, ist nicht die Tatsache ihrer technisch auf den Vorgang des
Drehs zurückzuführenden Charakteristik zeiträumlicher Kontinuität. Sie zeigen
vielmehr einen ausgeprägten Gestaltungswillen, der auf ein ästhetisches Prinzip
der Konstruktion einer schwer vorstellbaren, jedoch umso wirkmächtigeren Kombination von *Kontingenz* und der Aporie einer *Dauer ohne Veränderung* angelegt
ist. Die Arbeit an langen Einstellungen oder Plansequenzen im herkömmlichen
oder klassischen Verständnis ist daher nur von untergeordneter Bedeutung. Sie
ist nicht mehr als Mittel zum Zweck einer ästhetischen Konzeption und Programmatik, die mit der Bildung von Chronotopoi in Zusammenhang gebracht werden
können.

9.1.1   Stillstand und Bewegung in einzelnen Einstellungen innerhalb längerer Sequenzen

Zunächst also der erste der drei Typen von Einstellungen und einstellungsübergreifenden Bildkonstruktionen. Die Polarisierung von Bewegtem und Unbewegtem zeigt sich in der Form geschlossener und halbgeschlossener *Einstellungen*. Das, was eine geschlossene Einstellung genannt werden könnte, bietet dem Auge zunächst ein bewegungsloses Ambiente und klingt in ebenso unbelebtem Dekor wieder aus. Ein Stück öder Landschaft, ein verkommener Straßenzug, ein unbehaustes Zimmer: Oft brauchen diese Einstellungen rund zehn Sekunden, bis sich das Bild mit einer Figur bevölkert und Handlungsrudimente sich entfalten. Ebenso lange gibt sich die Einstellung, um in einer Phase des Stillstands durchzuatmen und sich von den gezeitigten Ereignissen wieder zu erholen. Einstellungsanfang und Einstellungsende beziehen sich also in ihrer Reglosigkeit aufeinander, schließen die bewegten Elemente in sich ein und kapseln sie in einer autonomen Einheit von der vorigen und nachfolgenden Einstellung ab. In der ersten Sequenz von DAMNATION etwa stellt sich die ebenso imposante wie verkommene Fassade eines Ballsaal, ungestört von lästigem Bewegungsbeiwerk vor, bevor Karrer an ihr vorbei in die Kneipe geht. Nach seinem Verschwinden ruht die Kamera weitere fünfzehn Sekunden beschaulich auf dem Bauwerk: ein symmetrisches Zeit-Triptychon aus Stillstand, Bewegung und Stillstand. Man könnte in diesen und ähnlichen statuarischen Zeitblöcken in Einstellungsform auch die Dreiheit von Anfang, Mitte und Schluß der dramatischen Einheiten der aristotelischen Poetik erkennen, wäre da nicht dieses Gewicht der leeren Anfänge und Schlüsse, die das eingeschlossene Handlungsmoment förmlich erdrückt und ihm die Bedeutungsschwere eines Minidramas entzieht. Der streng in die Einstellung gefügte Zeitblock scheint sich mit dieser Konstruktion gewissermaßen selbst aufzuheben und in einem beliebigen und zufälligen *Nicht-Ereignis* zu verschwinden:

Abb. 37 DAMNATION (KÁRHOZAT, Béla Tarr, Hu/1988) [8.53] Fassade des Ballsaals: sich
schließender, statuarischer Zeitblock.

Häufig scheint selbst diese Dreiheit vom Stillstand zur Bewegung und von dieser
wieder in den Stillstand einrastend ihre prekäre Stabilität und Symmetrie zu verlieren. Entweder zu Beginn oder am Ende der Einstellung verzichtet sie auf den
reglosen Teil und zeigt sich folglich als halb-offenes Gebilde. So verharrt nach der
ersten halben Stunde von WERCKMEISTERS HARMONIES die Kamera zunächst auf
der leeren nächtlichen Straße, bis der Schatten János' und schließlich auch dieser
selbst auf seinem Weg erkennbar wird, während unmittelbar nach seinem Verschwinden hinter einem Baum die Einstellung endet:

Abb. 38 WERCKMEISTERS HARMONIES (WERCKMEISTER HARMÓNIÁK, Béla Tarr, Hu/2000)
[25.36]. Leere der Straße, Schattenbewegung, Abbruch.

Und nach gut einer Stunde Laufzeit desselben Films bleibt das Bild am Einstellungsende, als Eszter und János das Haus verlassen, zwar ebenfalls gut zehn Sekunden sich selbst überlassen, doch der Einstellungsanfang hat bereits rund zwei-
einhalb Minuten vorher mit einem Schwenk auf den Koffer des Komponisten
durchaus bewegt begonnen. Entscheidend an diesen halb-offenen Einstellungen ist

aber, dass sie nicht als eigene in sich geschlossene Episoden ausgeführt sind. Sie werden alle eingebaut in größere Sequenzen und erhalten keinen eigenen Status als Plansequenzen. Ähnliches kennt man zwar aus Dreyers ORDET (1955) oder Straub/ Huillets MACHORKA MUFF (1963). Doch während Dreyer mit diesem Gestus an die Metaphysik des Bildes und Straub/Huillet an seine Materialität als Produkt von (filmischer) Arbeit appellieren, scheint Tarr nicht am Bild und seinen Grenzen, sondern am ästhetischen Ereignis des Ephemeren und Zufälligen, an der puren Dauer des Geschehens interessiert zu sein, die sich im Akt des Sehens realisieren.

Die in den späten Filmen Tarrs ausgeprägte Polarisierung von totalem Stillstand und sanfter Bewegung entwickelt sich in SATANSTANGO zum Auseinanderklaffen zweier gänzlich inkompatibler Zeitmodi. Im bildlichen Diskurs kommt es zu einer Art Entropie, während die diegetische Zeit in gemächlichem Fluss vergeht oder vielmehr verrinnt. Im dritten Kapitel mit dem Titel *Valamit tudni (Knowing Something)* etwa schlurft der Doktor im obersten Stockwerk unterm Dach gegen Ende seines Besuches bei der Prostituierten in den hintersten Teil der riesigen Halle, bis er dann, irgendwo im Dunkeln unsichtbar geworden, ein Stockwerk hinunter steigt. Die Kamera entläßt ihn, bleibt aber, nur durch einen minimalen Schwenk nach unten nachjustierend, in der Leere stehen. Im Bild breitet sich bewegungslose Dauer aus. Nur im Ton sind noch die Schritte des Doktors zu vernehmen, sodass dessen eigene Zeitlichkeit nur mehr akustisch in Erinnerung gehalten wird. Nach mehr als einer Minute beharrlicher Ruhe erscheint der Alte plötzlich in einer Öffnung des Bodens wieder und beendet dadurch den Stillstand. Filmzeit und gefilmte Zeit, Diskurs und Diegese, werden als getrennte Welten ins Bild gesetzt, jeweils nur ihrer eigenen Zeitlichkeit verpflichtet:

Abb. 39–40   SATANSTANGO (Béla Tarr, Hu/2000) [1.01.08, 1.01.38]: Inszenierung der Unvereinbarkeit diskursiver und diegetischer Zeitlichkeit.

Diese zeitliche Schleife des filmischen Diskurses pendelt den Bildlauf wieder in die Dynamik von Stillstand und Bewegung ein. Beide Zeiten sind Teile des ästhetischen Universums Tarrscher Bildgebung, beides reine Konstrukte und als solche auch deutlich ausgewiesen. Bereits vorher, zu Beginn des zweiten Kapitels *Feltámadunk* (*We'll Rise from the Dead*), hat es Irimiás in einer zweiminütigen unbewegten Einstellung im Wartesaal des Polizeigebäudes mit dem Blick auf zwei Wanduhren auch ausgesprochen: „The two clocks show different times. Both wrong of course." Er vergißt auch nicht hinzuzufügen, dass es sich bei diesen Zeitverschiebungen nicht um ein technisches Gebrechen handelt. Dieses Verfahren ist vielmehr eingebunden in ein ästhetisches und nicht zuletzt auch politisches Konzept, das auch auf Außerfilmisches zu verweisen imstande ist und noch näher zu beschreiben sein wird: „Instead of telling the time, the other one seems to point at our hopeless condition." (45.17).

9.1.2 Freie Kameragesten

Der zweite Bildtyp der Tarrschen Enzyklopädie zeitlicher Differenzierung löst die Polarität von Stillstand und Bewegung auf und setzt auf eine zunehmende Verräumlichung der Bewegungsimpulse. Zunächst kann dies zu einer schrittweisen Autonomisierung der Kamerabewegungen von den Handlungsansätzen der Figuren führen. In seiner vollen Ausprägung entstehen daraus *souveräne Kameragesten*, die sich über die topologischen Grenzen der diegetischen Innen- und Außenräume erheben.

Ansätze dieses akzentuierten Gestus handlungs- und figurenungebundener Kamera-Bewegungen zeigen sich bereits in früheren Arbeiten, so etwa in einer Einstellung aus ALMANAC OF FALL. Ein Schwenk nach rechts von der Abwasch in der Küche der labyrinthischen Wohnung öffnet einen Blick durch eine Tür auf Anna, die Tibor einen Hemdknopf einnäht, bevor ihr Kopf zwischen seinen Beinen versinkt. Kurz rastet die Kamera ein, bis sie gleichmütig von den beiden abläßt, um weiterzuziehen über einen Tisch zum Küchenherd. Lakonisch setzt die Kamera das schmutzige Geschirr, Näharbeit, den beginnenden Sexualakt und das Backrohr in eine syntagmatische Serie. Jedoch ist diese Reihung weder von narrativer Folgerichtigkeit noch von angestrengter Metaphorik belastet. In einem reinen Akt des *Registrierens von Kontingenzen*, der durchaus anders verlaufen könnte, werden Dinge und Geschehnisse vielmehr gleichwertend und ausgleichend in einem Universum der Äquvalenzen zusammengefaßt:

Abb. 41–43 Almanac of Fall (Öszi almanach, Béla Tarr, Hu/1985) [46.41–48.16]: Pure Kontingenzregistratur.

Diese ausschließlich kontingente Serialisierung der Bilder gehorcht weder einer psychologischen Folgerichtigkeit noch einer dramatischen oder historischen Notwendigkeit. Zwischen Ding und Mensch stiftet sie eine Beziehung, die man wohl, wie es rund zehn Minuten später einmal in einem Dialog heißen wird, am besten als „comfortable indifference" beschreiben könnte (58.00). Und dem ist auch so. Eine Art *Gleichbehandlungsgrundsatz zwischen Dingen und Menschen* beginnt zu walten, der auch die Grenzen zwischen Äußerem und Innerem einreißt. So ausgesucht die Drehorte auch sein mögen, die Geschehnisse, die Figuren und ihr Umraum könnten immer auch andere sein, es könnte sich alles auch woanders abspielen. Deshalb hört man auch in der vorletzten Sequenz von Damnation Karrers Monolog über Loyalität und Gesetzestreue vor dem Beamten der Polizeistation bereits aus intimer Nähe, während die Kamera draußen noch die Außenwand des Gebäudes abtastet. Seine Denunziation gilt überall und gleichermaßen: Hier, dort, irgendwo.

Außen und Innen werden durch diesen Gleichbehandlungsgrundsatz zu willkürlichen Zuordnungen, die angesichts der Ubiquität und Beliebigkeit des Geschehens ihre Bedeutung einbüßen. Eine perfekte Form nimmt diese topologische Austauschbarkeit nach rund zwei Stunden Laufzeit von Turin Horse an. Eine Ein-

stellung zeigt zunächst bildfüllend eine Stalltür, die geöffnet wird und durch eine
Fahrt *ins Innere* ein Pferd in Großaufnahme zeigt; Fahrt zurück, die Stalltür wird
geschlossen und bleibt als geschlossene beinahe 50 Sekunden bewegungslos stehen. Die nächste Einstellung beginnt mit einem Blick nach *Außen* aus dem Fenster;
wieder fährt die Kamera zurück, zeigt jetzt aber das *Innere* der Kate, bis das Bild
wieder mit einem Blick nach *Außen* durchs Fenster endet:

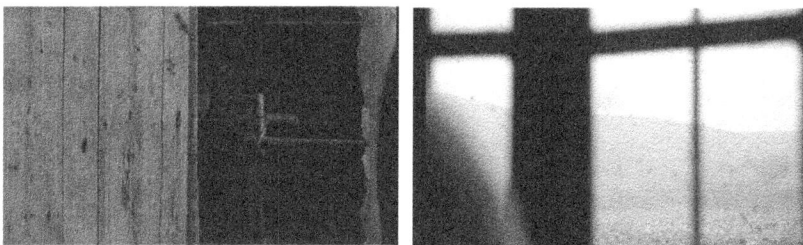

Abb. 44–45   Turin Horse (A Torinói ló, Béla Tarr, Hu/2011) [2.07.09–2.15.32]: Inversion
von Außen und Innen.

Beide Einstellungen schließen sich zu einer Einheit zusammen, deren zweite die
Inversion der ersten darstellt: von Außen nach Innen, dann von Innen nach Außen.
Die Zustände ubiquitärer Dauer und kontingenter Beliebigkeit werden also nicht
nur im Inneren einzelner Einstellungen erzeugt. Neben dem Durchfahren von
Wänden und dem Durchdringen von Fenstern und Türen können sie auch im Einstellungswechsel erfolgen. Seien es Einstellungsenden, die im Schwarz versinken
und in der folgenden Einstellung aus dem Schwarz wieder aufgeblendet werden
wie in Hitchcocks The Rope, oder seien es harte Schnitte, die ein Außen und Innen
über narrative Bögen zusammenschweißen: Diese Verfahren beweisen zur Genüge, dass Tarrs Sicht auf die Menschen, die Dinge und das Kino nicht von einer
technoiden Konzentration auf die lange Einstellung oder die Plansequenz als solche gerichtet ist, sondern auf ein übergeordnetes Prinzip raumzeitlicher Verdichtung über technische und topologische Grenzen. Die diskursleitende Logik dieses
zweiten Typs Tarrscher Laufbildkonstruktion ist also keineswegs der Respekt vor
der Kontinuität des Vorfilmischen oder einer wie immer definierten Alltagswahrnehmung sowie ihre technische Umsetzung in der Plansequenz. Sie entfaltet sich
über Einstellungsgrenzen hinweg ebenso wie im Inneren von Einstellungen.

9.1.3 Ketteneinstellungen und Einstellungsketten

Das Tarrsche Prinzip der Stiftung kontingenter Dauer findet in größeren Einheiten der Bildung von Ketteneinstellungen und Einstellungsketten seine Vollendung. Im ersten Typ, den *Ketteneinstellungen*, werden unscheinbare, aber für das jeweilige Syntagma diskursleitende Motive und Handlungsfolgen in eine einzelne Einstellung gebunden. Diese, wie man sie nennen könnte, Mikro- oder Ding-Geschichten gewinnen durch die Aufmerksamkeit, die ihnen seitens die Mise-en-scène innerhalb der Einstellung verliehen wird, zwar ein hohes Maß an episodischer Selbstständigkeit, ohne allerdings die Autonomie eines eigenen Syntagmas zu erreichen. Sie sind vielmehr in größere episodische und zeiträumlich kontinuierliche Einheiten mehrerer Einstellungen eingebunden und können deshalb nicht als Plansequenzen bezeichnet werden.

Auf diese Weise erzählt Tarr etwa den Besuch Bernhards bei Ohlsdorfer[323] am zweiten Tag von TURIN HORSE. Zunächst wird in drei Einstellungen in der Länge von jeweils vier bis sechs Minuten das Leben Olsdorfers mit seiner Tochter in einer öden Kate gezeigt: Entkleiden Olsdorfers, Holzhacken, Wäsche aufhängen, karges Mahl. Erst in der vierten Einstellung betritt Bernhard die Kate, um eine Flasche Talinka, also den ungarischen Marillenschnaps, zu kaufen. Nach Bernhards Eintritt in die Kate wandert die Flasche aus seiner Hand in die von Ohlsdorfers Tochter. Diese geht quer durch den Raum zum Fass im Bildvordergrund. Sie füllt die Flasche. Während sich im Bildhintergrund die beiden Männer am Tisch unterhalten, geht das Mädchen zu den beiden zurück, die Flasche in Großaufnahme in der Hand. Sie stellt die Flasche auf den Tisch, dann wird diese – ebenfalls in Großaufnahme – von Ohlsdorfer zu Bernhard gerückt. Es folgt, weiter in dieser Einstellung, ein langer Monolog Bernhards, an dessen Ende er die Flasche in die Rocktasche steckt. Er bezahlt, steht auf, verläßt die Kate. Ohlsdorfers Tochter nimmt das Geld vom Tisch. Die Kamera folgt ihr, fährt zum Fenster und blickt Bernhard nach, der in die Einöde schreitet. Er bleibt stehen, nimmt einen Zug aus der Flasche; Ende des zweiten Tages:

---

323 Bernhard und Ohlsdorfer: die beiden Protagonisten gemahnen in ihrer Namensgebung wohl nicht ganz zufällig an den Schriftsteller, der im oberösterreichischen *Ohlsdorf* ein einsames Gehöft bewohnte. Auch wenn der Drehbuchautor László Krasznahorkai jede Affinität zu Thomas *Bernhard* bestreitet, den er nichtsdesto trotz als „a giant peak in German-language literature" bezeichnet, wäre es durchaus lohnend, den Parallelen zwischen den kontinuierlichen Schachtelsatzkonstruktionen Bernhards und dem Tarrschen Universum genauer nachzugehen. Vgl. dazu etwa Gabriella Nagy, Towards new unrealities. An interview with László Krasznahorkai. In: Hungarian Literature online. <http://www.hlo.hu/news/krasznahorkai_interview> (letzter Zugriff: 12.04.2017).

Abb. 46–51   Turin Horse (A Torinói ló, Béla Tarr, Hu/2011) [59.37–1.06.57]: Ohlsdorfers
Flasche: die Geschichte des Dings in einer Einstellung.

Auch diese veritable *Geschichte des Dings* reiht sich nahtlos in den Gleichbehandlungsgrundsatz von Subjekten und Objekten durch die Bildung von Ereignisketten ein. In fast siebeneinhalb Minuten und in sanfter Anspielung an die Rückblen-
de in die Kindheit zu Beginn von Citizen Kane (Orson Welles, US/1941) sowie an
die Küchenszene aus den Magnificent Ambersons (Orson Welles, US/1942) wird
dabei wie auf eine Perlenkette Mikroereignis an Mikroereignis aus dem Leben
einer Flasche zu einer *Ketteneinstellung* aufgefädelt, zuerst dem Weg der Flasche
folgend und dann dem Berhards, des Trinkers. Im Vordergrund steht allerdings
nicht wie bei Welles die Virtuosität der raumzeitlichen Zusammenfassung entscheidender Details mit den Effekten dramatischer oder bildontologischer Dimensionen. Genau das Gegenteil, nämlich das *Ephemere und Unwichtige* wird
hier durch den Zusammenhalt in der Einstellung betont. Die Gleichbehandlung

von Sächlichem und Nebensächlichem, Ding und Mensch in ihrer Kontingenz und Dauer genügt sich selbst. Die Anthropologisierung der Kamera, die Verkettung von menschlicher Figur und Bildgebung, ein Voraussetzung so gut wie aller Spielfilme, wird damit radikal infrage gestellt. Man sammle nur einmal, um ein anderes Beispiel dieses Gleichbehandlungsgrundsatzes zu nennen, jene Tätigkeiten, die sich in Turin Horse zu Ereignissen kristallisieren um zu sehen, wie weit weg von jedem Pathos sogenannter ‚wichtiger' Verrichtungen, wie reduziert auf die grundlegendsten kreatürlichen Bedürfnisse diese Tätigkeiten sind: Ankleiden und Auskleiden, Einheizen und Wasserholen, Essen und Trinken, wobei sich die Nahrungsaufnahme vor allem auf Kartoffel und Schnaps beschränkt. Dabei kristallisiert sich so etwas heraus wie eine verschobene und verdichtete Referenzialität sekundärer Natur. Es entsteht eine Textwelt aus ebenso gleich gültigen wie gleichgültigen Zeichen und Bildern, die erst durch den *Lese- und Zeigeakt*, und nur ausnahmsweise durch die plastische Kontinuität der langen Einstellung, aktiviert wird.

Genau dies geschieht in den Arbeiten Tarrs mit radikaler Eindeutigkeit und halsstarriger Wiederholung. Seine Filme verformen die Zeitlichkeiten des Realen, wie immer diese auch zu fassen seien, mit derartiger Insistenz, dass das Reale bis in die Poren seiner Oberfläche die Grenzen und Unzugänglichkeiten der Wahrnehmung konkreter Situationen zu erkennen gibt. Nicht zuletzt auch die historisch-politische Realität zeigt sich in den Filmen durch ihre erschreckende Banalität und Unveränderbarkeit. Das Reale wurde aus dem historischen Prozeß, seiner Folgerichtigkeit, Bedeutsamkeit und Veränderbarkeit ausgeklinkt und auf ihre existentiellsten Verrichtungen reduziert. Die ihm Ausgelieferten haben ihre Fähigkeit zur Einmischung, ihren Status als Subjekte des politischen Prozesses, so sie diesen jemals hatten, vollends eingebüßt. Genau in diesem Status des *Ausgeliefertseins* zeigt sich der Titelheld von Turin Horse. Der Protagonist ist zu einem Pferd geworden; und – mit dem deutlichen Verweis auf eine der tragischsten Episoden der Philosophiegeschichte – nicht zu irgendeinem Pferd, sondern zu einem Tier, das nur ein einziges Mal als Subjekt, oder genauer als Wesen, das im Begriffe steht, seinen Subjektstatus zu erreichen, wahrzunehmen war: als das geschlagene Pferd, das in der norditalienischen Stadt von Friedrich Nietzsche, bevor er zusammenbrach, umarmt wurde.

Ebenso wie die Ketteneinstellungen erweist sich auch die zweite Art komplexer Verkettung von Handlungsrudimenten eher als Diskurskontinuum zur Stiftung kontingenter Dauer denn als Block des Realen oder als virtuoser Akt der Plansequenzkonstruktion. Sie erstreckt sich auf *mehrere Einstellungen* und entspricht am ehesten wohl einer „Sequenz durch Episoden" (*séquence par épisodes*) oder einer gewöhnlichen Sequenz (*séquence ordinaire*) im Sinne der Metzschen Syntagmatik.[324] So bringt etwa der Beginn von DAMNATION gleich nach dem Vorspann eine Erzähleinheit, die Karrers Weg aus seiner Wohnung in die der Sängerin zeigt. Es folgt ein kurzer Dialog der beiden sowie Karrers Abgang in die nächste Kneipe, in der dann die folgende Sequenz beginnt. Die sechs Einstellungen dieser in sich konsekutiven Handlungseinheit, die nur von kurzen Ellipsen unterbrochen ist, im Detail: 1. Karrer sitzt vor dem Fenster; 2. kurze Rasur; 3. er verläßt seine Wohnung; 4. er wartet kurz auf der Straße vor dem Haus seiner Freundin, um die Abfahrt ihrer Tochter und ihres Mannes zu beobachten; 5. eine kurzer Dialog vor der Wohnungstür der Freundin; 6. Karrer geht, am Weg in seine Kneipe, auf der Straße an der Fassade des Ballsaals vorbei:

324 Christian Metz. Semiologie des Films. München: Fink, 1972, S. 179.

Abb. 52–57   DAMNATION (KÁRHOZAT, Béla Tarr, Hu/1988) [2.51–8.23]: Diskurskontinuum
in sechs Einstellungen.

Trotz der Fragmentierung in sechs Einstellungen entwickelt diese Sequenz in Episoden eben auch über Einstellungsgrenzen hinaus jene Effekte extremer Dehnung,
die sich erst im Akt des Sehens voll entfalten können. Der Blick auf die Seilbahn
aus dem Fenster, der Blick in den Spiegel, der Blick auf den VW: nicht die Gegenstände der Sicht sind entscheidend, sondern so etwas wie die *reine Anschauung
purer Dauer* wird inszeniert. Dass das Geschehen in sechs Einstellungen aufgeteilt
ist, tut dem Entwurf gedehnter Dauer jedenfalls keinen Abbruch.[325]

Deshalb ist der Beginn von DAMNATION durchaus auch mit einer der vielen anderen Sequenzen vergleichbar, die eine ähnliche Verkettung von Handlungsparti-
kel in einer gewöhnlichen Sequenz, also wiederum *nicht* als Plansequenz, zeigen.
Eine davon findet sich etwa gleich nach der Überschrift zum ersten Kapitel von
SATANSTANGO mit dem Titel *A hír, hogy jönnek (The News is They are Coming)*. In
vier Einstellungen sieht man Futaki, der die Nacht bei Frau Schmidt verbracht hat.
Er steht auf, sie ebenfalls, sie erzählt einen Traum, bis ihr Mann erscheint. Futaki
flieht. Dieser Handlungsablauf imitiert in beinahe karikierender Weise die Prinzipien des klassischen Editing: Aufblende, Fukati am Fenster in Halbnah; Frau
Schmidt über der Waschschüssel in Amerikanischer; Frau Schmidt vor dem Fenster etwas näher; Fukati beobachtet in Nah das Ehepaar Schmidt durchs Türfenster,
bevor er durch die Tür verschwindet:

---

325   Diese Bestimmung wird durchaus nicht von allen AnalytikerInnen geteilt. So bezeichnet etwa Jacques Rancière – wider jegliche Evidenz – die erste Einstellung des Beginns von DAMNATION selbst schon als eigene Plansequenz. Vgl. Jacques Rancière. Béla
Tarr, le temps d'après. Actualité critique. Paris: Capricci, 2012, S. 31.

Abb. 58–61 SATANSTANGO (Béla Tarr, Hu/1994) [10.03–20.14]: Kondensatorfunktion ohne Plansequenz.

Trotz dieses konventionellen Aufbaus der Einstellungen gelingt es Tarr, durch das Timing der Einstellungen eine Verdichtung zu erzielen, die an die Bazinsche Kondensatorfunktion der Plansequenz bei Orson Welles erinnert, ohne rein technisch eine solche zu sein.[326]

Beide Sequenzen, jene aus DAMNATION und jene aus SATANSTANGO, zeigen also in sich geschlossene episodische Handlungsfolgen. Beide Einstellungsketten in der Länge von rund acht bzw. zehn Minuten unterscheiden sich, wie viele andere in Tarrs Œuvre auch, nur durch ihre zeitliche Dehnung von herkömmlichen Szenen, nicht jedoch durch die Unterlassung von Einstellungswechseln.

9.2   Ansprache und Kontingenz

Alle drei der hier vorgestellten Fügungsprinzipien, nämlich die Polarisierungen von Bewegtem und Unbewegtem, die freien Kameragesten sowie die Ketteneinstellungen und Einstellungsketten, finden sich demnach sowohl in einzelnen Einstellungen als auch in sequenziellen Einstellungsfolgen. Es geht in keinem

---

326 André Bazin. Orson Welles. Paris: Cahiers du cinéma, 1998 [1972], S. 80.

der Typen ausschließlich um die Frage der Syntagmatik und der technischen und drehbedingten Materialität dessen, was herkömmlicherweise als Plansequenz bezeichnet wird. – Was also hält dann diesen enormen Aufwand der Konstruktion zeitlicher Dauer zusammen? Welches ästhetische und anthropologische Kalkül reguliert ihre mörderisch suggestive Präzision und ihren melancholischen Duktus?

Vielleicht lassen sich diese filmanthropologischen Fragestellungen, welche die spezifischen ästhetischen Wahrnehmungsangebote Tarrs aufwerfen, am Besten durch die Ambivalenzen des im Deutschen gebräuchlichen Begriffs der ‚filmischen Einstellung' vergegenwärtigen. Einerseits umfasst diese Bezeichnung für die raumzeitliche Bildkontinuität zwischen zwei Schnitten die technische Fertigkeit des *Einstellens* der Kamera im Sinne des vorbereitenden Aufbaus und Einrichtens, Scharfstellens, Belichtens und Kadrierens während der filmischen Aufnahme. Andererseits wird dieser technisch-handwerkliche Vorgang des *Einstellungseinrichtens* durch ein zweites semantisches Feld erweitert, das tief in die Dimensionen der anthropologischen Wahrnehmungsbedingungen während der Filmbetrachtung reicht. Eingestellt wird schließlich nicht nur die Kamera, sondern auch der Mensch im Kino. Als sozialpsychologische und sozialanthropologische Kategorie bezeichnet die ‚Einstellung' einen Vorgang, der dem betrachtenden Subjekt eine bestimmte Haltung einem Gegenstand, einem anderen Menschen, einer Institution oder einem Bild zuweist und die dieser folglich den Erscheinungen gegenüber einnimmt.[327] Diese *Einstellungs-Haltung* schließt damit auch ein ästhetisches Verhältnis zur Welt ein. Erst wenn diese beiden Funktionen der Einstellung gleichmaßen Berücksichtigung finden und in ein bivalentes, offenes und flexibles Feld filmanthropologischer Betrachtung münden, kann der kontinuierliche Fluss der Tarrschen Bildfolgen entsprechend präzise gefasst werden.

Dieser um die subjektive Wahrnehmung erweiterte Einstellungsbegriff entspricht im Übrigen auch jener Beschreibung zeiträumlicher Verdichtung, die ausgehend von der Literatur- und Texttheorie des Bachtinkreises inzwischen auch von der Filmtheorie als die spezifische ästhetischen Kategorie des *Chronotopos*

---

327 Als mentaler Status der Wahrnehmungsorientierung, Reaktionsbereitschaft und Handlungsvorbereitung ist der Begriff der Einstellung bzw. *attitude* eines der wichtigsten Konzepte sozialpsychologischer Forschung seit den Anfängen der modernen Sozialpsychologie und Anthropologie. Er bestimmt bereits die anthropologischen und soziologischen Schriften Herbert Spencers der 1860er Jahre und findet seine besondere Konjunktur um die 1930er Jahren in den Arbeiten von Gordon Allport bis zur Würzburger Schule der Denkpsychologie sowie bei Karl Bühler wieder. Vgl. dazu etwa Lorenz Fischer und Günter Wiswede. Grundlagen der Sozialpsychologie. München: Oldenbourg, 1997, S.221f. Vgl. u.a. Wilhelm Arnold, Hans Jürgen Eysenck und Richard Meili (Hg.). Lexikon der Psychologie. Freiburg u.a.: Herder, 1980, S. 436.

bezeichnet wird. Die polysemische Auffächerung des Einstellungsbegriffs auf die beiden Seiten der Herstellung *und* Vorstellung filmischer Bildfolgen blieb aber auch filmtheoretischen Debatten seit den 1970er Jahren nicht unentdeckt. Während Godards Dialektik von Plansequenz und Montage in dem 1956 erschienenen *Montage mon beau souci*[328] noch in den technischen Aspekten der Einstellungsherstellung befangen blieb, verschoben sich die Diskussionen um den filmischen Raumbegriff ausgehend von Noel Burchs Analyse des Renoir-Films Nana (F/1926) in den *Cahiers du cinéma*[329] bald genau auf diese Problematik dialogischer Bezüge ästhetischer Filmwahrnehmung – ohne allerdings den Begriff der Einstellung selbst schon einer Revision zu unterziehen. Nachdem mit der Differenzierung des diegetischen Raums des *hors-cadre* und des diskursiven Produktionsraums des *hors-champs* ein weiterer Schritt gesetzt wurde, war es vor allem Pascal Bonitzer, der auf die Bedeutung eines homogenen imaginären Raums hingewiesen hat:

> „Das Augenmerk auf den Hors-champ als das *Andere* des Bildfelds zu legen heißt tatsächlich das Augenmerk vom Blick auf die Stimme zu lenken, die Stimme von ihrer Unterwerfung unter die realistische Szene des Auges zu befreien. Und die Stimme ist, wie man weiß, oft voller Forderungen."[330]

Durch die Berücksichtigung der akustischen Determinanten, die per se mit einem auf den Blick beschränkten Einstellungsbegriff inkompatibel sind, setzt Bonitzer den nächsten Schritt zur Annäherung an jenes Feld ästhetischer Wahrnehmungsmodalitäten, die über die technisch bedingten Kategorien filmischer Segmentierung hinausweisen: die *Forderung* durch eine Stimme. Mit dieser emanzipatorischen und partizipatorischen Bedeutung der *Stimme* als Forderung, eine Kategorie die um diese Zeit bereits aus den Diskussionszusammenhängen post-bachtinianischer Theoreme von Julia Kristeva und Roland Barthes in die Filmtheorie übernommen worden waren, wird der Bezug zu dialogischen Diskursmodellen aktiver und nicht zuletzt auch politischer Relevanzen offensichtlich.[331] Spätestens damit

---

328 Jean-Luc Godard. Schnitt, meine schöne Sorge. Übers. von Frieda Grafe. In: Godard/ Kritiker. Ausgewählte Kritiken. RH 83. München: Hanser, 1971 [1956], S. 38–40.

329 Noël Burch. Nana, or the Two Kinds of Space. In: Theory of Film Practice. Princeton: Princeton University Press, 1981 [1969], S. 17–31.

330 „Porter l'accent sur le hors-champ comme *autre* de l'espace-champ, c'est en effet déplacer l'accent du regard vers la voix, libérer la voix de son asservissement à la scène réaliste de l'œil. Et la voix, on le sait, est souvent revendicatrice." Bonitzer, regard, a.a.O., S. 23.

331 Es ist nicht unwichtig in diesem Zusammenhang darauf hinzuweisen, dass 1970, also kurz vor Bonitzers politisch brisanter Kritik an der Konzeption des Hors-champ,

war das Tor zu dem, was man als filmischen Chronotopos der *Einstellungs-Haltung* formulieren könnte, offen. Damit kommen Implikationen ins Spiel, die nicht nur die diegetischen Raumvorstellungen umfassen, sondern auch die ästhetischen Wertungen und politischen Implikationen, die aus dem Film erst ein ästhetisch relevantes Gegenüber der Lektüre machen.

Tarr scheint diese Ausweitung des Einstellungsbegriffs vom Produkt des technischen Einstellens und des Drehs ohne Unterbrechung zu einer ästhetischen und politischen ‚Haltung' zu bestätigen. Er geht von einem Konzept der Konstruktion von Chronotopoi aus, die jene Einstellungs-Haltung sogar als *Erwartung* an die ZuschauerInnen formuliert. Seine Konstruktionsprinzipien langer Einheiten – ob als autonome Einstellungen oder als Sequenz in Episoden ist zweitrangig – sind so facettenreich und vielfältig gebaut, dass sie förmlich einen *Anspruch* an die Welt der BetrachterInnen, eine Forderung und Herausforderung an sie, stellen. Haltung, Erwartung, Anspruch: Diese zunehmend forscher werdenden Forderungen der bildlichen Stimmen, die aus den Anforderungen an ihre Konstruktionsmerkmale hervorgehen, richten sich an die BetrachterInnen mit einer deutlichen Geste der Adressierung, sprechen sie an, um eine deutliche Antwort zu erwarten.[332] Tarrs Filme fordern den *Dialog*.

Die direkte *Ansprache* der ZuschauerInnen durch die Tarrschen Bilder in den vielfältigen Formen erstens der Polarisierung von Stillstand und Bewegung, zweitens der überdeterminierten Kameragesten und drittens der Ketteneinstellungen und Einstellungsketten mag unter anderem auch am Wegfall von ausgefeilten Schuß-Gegenschuß-Ritualen liegen. Über weite Strecken verweigern sich die Filme Tarrs den schmiegsamen Einbindungsversuchen dieses klassischen Verfahrens und den damit in Zusammenhang stehenden Effekten der Suture. Sie gehen statt dessen den geraden Weg von langen Konstruktionen in die Raumtiefe. Häufig eingesetzte, in den Hintergrund der Bilder verlaufende Richtungsvektoren von Kamera und Figuren bleiben dem Kino-Menschen als Subjekt der Betrachtung strikt gegenüber, verschleiern seine Position nicht durch Gegenschüsse und rufen damit eine Form der *Ansprache durch die insistierenden Bildläufe* hervor, die schlagartig evident erscheinen läßt, was filmische Dialogizität vermag. Genau daraus

---

Bachtins Dostojevski-Buch auf Französisch erschienen ist. Darin heißt es: „Tout membre d'une collectivité parlante trouve non pas des mots neutres ‚linguistique', libres des appréciations et des orientations d'autrui, emplis de la voix d'autrui, mais des mots habités par des voix autres." La poétique des Dostoievski, seuil 1970, S. 279.

332 Vgl. dazu die Ausführungen zur Foucaultschen Lektüre von Binswanger im Kapitel ‚Skizzen zu einer Negativen Dialektik' in diesem Band.

erklärt sich die immense Suggestion, die die gedehnten Bildläufe bei Tarr hervorrufen. Noch deutlicher wird diese suggestive raumzeitliche Verdichtung gedehnter
Dauer im Lichte der Chronotopos-Theoreme des Bachtin-Kreises. Bei den imaginär repräsentierten Raum-Zeit-Synthesen, die relativ unabhängig von formalen
und technischen Verfahren als Kontinuitäten wahrgenommen werden, stellen sich
technologisch definierte Plansequenzen nur als Initialzündungen raumzeitlicher
Kontinuitätsbildung auf der Ebene des filmischen Diskurses heraus. Bachtin hat
diese Verschiebung von syntagmatischen zu ästhetischen Wahrnehmungen für die
Literatur sehr anschaulich beschrieben:

> "Die Merkmale der Zeit offenbaren sich im Raum, und der Raum wird von der Zeit
> mit Sinn erfüllt und dimensioniert."[333]

Doch scheinen die daraus generierten Raum/Zeit-Beziehungen für den Film von
noch entscheidenderer Relevanz zu sein als für die Literatur. Chronotopoi erweisen sich nämlich als *Konkretionen* wechselseitiger Beziehungen der auf materieller Ebene bildlich oder sprachlich vorgegebenen Raum-Zeit-Verhältnisse. Chro-
notopisch ist nicht die trockene Nachricht oder Mitteilung von Geschehnissen
auf syntagmatischer Ebene und auch nicht die meßbare Dauer einer Einstellung
oder eines Segments. Erst ihre *Durcharbeitung in der sinnlichen Wahrnehmung*,
die tätige Teilnahme und aktive Teilhabe seitens der BetrachterInnen im Kino
transformieren die skelettösen Informationen zu chronotopischen Ereignissen.
Als verdichtender Motor von Zeit-Zeichen im Raum umhüllt der Chronotopos,
wie Bachtin schreibt, die Sujetereignisse mit Fleisch und füllt sie mit Blut. Diese
"Schatzkammer der Bilder"[334] kann sich aber erst dann öffnen, wenn eine trockene
Vermessung des Raums in die Zeit gesetzt und die Dynamik der Zeit ausgesetzt
wird:

> "Im künstlerisch-literarischen Chronotopos verschmelzen räumliche und zeitliche
> Merkmale zu einem sinnvollen und konkreten Ganzen. Die Zeit verdichtet sich hier-
> bei, sie zieht sich zusammen und wird auf künstlerische Weise sichtbar; der Raum
> gewinnt Intensität, er wird in die Bewegung der Zeit, des Sujets, der Geschichte
> hineingezogen. Die Merkmale der Zeit offenbaren sich im Raum, und der Raum wird
> von der Zeit mit Sinn erfüllt und dimensioniert. Diese Überschneidung der Reihen

---

333 Michail M. Bachtin. Formen der Zeit und des Chronotopos im Roman. Untersuchun-
     gen zur historischen Poetik. In: Untersuchungen zur Poetik und Theorie des Romans.
     Berlin/Weimar: Aufbau, 1986, S. 263.

334 Ebd., S. 456.

und dieses Verschmelzen der Merkmale sind charakteristisch für den künstlerischen Chronotopos."[335]

Auf der Grundlage dieser Bestimmung filmischer Chronotopik können nun auch die drei beschriebenen Konstruktionsweisen der Tarrschen Laufbildgestaltung konkretisiert und zusammengefaßt werden. Zwei Merkmalsbündel schälen sich aus diesen Verfahren heraus: Einerseits die zeitliche Verschachtelung isolierter Zeitmodi, die eine paradoxe Empfindung zeitloser *Dauer ohne Veränderung* hervorrufen; und andererseits jenes bereits erwähnte Gleichbehandlungsgesetz von Ding, Mensch und Tier, das einem Prinzip der *Achtung des Zufalls*, also der Kontingenz folgt. Beide zusammen erstellen schließlich das, was ich den *Chronotopos der Kontingenz* nennen will. Er stellt wohl das herausragendste Merkmal der Tarrschen Laufbildästhetik dar.

Zunächst verdichtet dieser Chronotopos Tarrs Bilderschatzkammer systematisch auf einen paradoxen Zustand schwebender Dauer, der verschiedene Zeitmodi zueinander in Beziehung setzt. Auf diese Weise entstehen quasi-musikalische, harmonische Gefüge zeitlicher Kontrapunktik, aber auch paradoxe Figuren synchroner Zeitschachtelung: Halsstarrig steuert Tarr dieses kaum Denkbare einer Dauer ohne Veränderung an, um auch das Scheitern dieser Vorstellung noch in seine ästhetischen Konzeptionen mit einzubeziehen. Denken wir nur an den Beginn von WERCKMEISTER HARMÓNIÁK. Im Tanz der Planeten um die Sonne, dargestellt von den volltrunkenen WirtshausbesucherInnen, wird die Eigengesetzlichkeit der Bewegungen jedes der ‚Gestirne' „im Reich unendlicher Leere und allgemeiner Bewegung", wie es Vasulka nennt, mit der sachten Bewegung der Kamera in eine harmonische Stimmung gesetzt. Dieses szenische Spiel findet in der nächsten Einstellung, die den Heimweg Vasulkas aus dem Wirtshaus zeigt, auf der Ebene der filmischen Signifikate seine Fortsetzung. Begleitet von den minimalistischen Wiederholungsschleifen einer Paraphrase der Klänge des barocken Musiktheoretikers Andreas Werckmeister durch die Filmmusik Mihály Vígs nimmt das Bild die ‚harmonische Stimmung' zwischen den Bewegungen der personifizierten Gestirne und jenen der Kamera zunächst auf. Doch allmählich löst sich die Kamera vom Bild des durch die Nacht schreitenden Vasulka. Die beiden Bewegungen der Kamerafahrt und der Figur werden zunehmend asynchron, da die Kamera der Figur Vasulkas immer weiter vorauseilt, bis der Inszenator des menschlichen Planetenballets in einen merkwürdigen Schwebezustand gerät und allmählich im Dunkel des Bildhintergrunds zurückbleibt. Tarr skizziert dergestalt das Auseinanderdriften verschiedener Zeitmodi, die gleichwohl beide in der Kopräsenz des Bildes

---

335 Ebd., S. 263.

verharren und in einen visuell äußerst aufregenden Schwebezustand fortlaufender Dauer ohne Veränderung übergeführt werden.

Die Eigenzeitlichkeit verschiedener Bewegungsabläufe, in der sich einzelne Zeitschichten übereinander zu schieben und an der Aporie einer Kopräsenz verschiedener Zeiten zu arbeiten scheinen, findet in der ersten, nicht ganz zweiminütigen Einstellung von SATANSTANGO, gleich nach dem Zwischentitel ‚Feltámadunk' (‚We'll Rise from the Dead'), einen sinnlichen Höhepunkt. Mit dem knallartig eingesetzten, hart geschnittenen Ton von Wind und Regen erscheinen Irimias und Petrina schnellen Schrittes mit ihrer Vorladung auf dem Weg zur Polizeistation. Die Kamera folgt ihnen in einer Fahrt vorwärts. Scharfer Wind von hinten bläst allerlei Unrat, Blätter, Papier an der Kamera und den beiden Figuren vorbei in den Bildhintergrund. Die einander potenzierende Bewegtheit von Kamera, Figuren und fliegendem Unrat steigert sich zu einem Paroxysmus der in seiner Dynamik die unbewegten Bildelemente wie die Straße und die desolaten Gebäude überlagert und alles, einschließlich den Raum zwischen den Objekten, mit der puren Bewegung fliegender Papierblätter füllt. Blätter, Abfall und Papier versetzen den Raum und die Luft zwischen Linse, Figuren und Dekor in Vibration. Der dadurch entstehende Zeit-Bild-Raum-Cluster hebt sich gewissermaßen in einem verdichteten Ganzen zitternder Bildpartikel selbst auf und stellt das feste Gefüge des filmischen Diskurses infrage. Es entsteht ein Chronotopos sinnlich erfahrbarer, konkret raumzeitlicher Dichte und Kontinuität der Wahrnehmung, in der verschiedene Bewegungsmodalitäten in gleichzeitiger Anwesenheit zu dialogisieren beginnen.

Abb. 62 SATANSTANGO (Béla Tarr, Hu/1994) [41.40–43.17] Vibrationen des Unrat-gefüllten Raums.

Das Schwirren und Schweben, das wechselseitige Durchkreuzen verschiedener, jedoch kopräsenter Zeit- und Bewegungsmodi ist mit einer Beschreibung der technischen Verfahren wie Einstellungskontinuität, Kamerafahrt und Einsatz von Windmaschinen allein kaum erschöpfend auszuloten. Als Bild gewordene Konzeption einer bestimmten ästhetischen Zeitlichkeit, die zwar dem Augenschein nach als Aporie empfunden wird, erweist es sich jedoch durchaus mit den Erkenntnissen der zeitgenössischen Naturwissenschaften kompatibel. Deshalb griff die Chronotopentheorie schon in ihren Anfängen in den 1930er Jahren auf Beschreibungen solcher Raum-Zeit-Verdichtungen zurück, die Aleksandr Uchtomskij vorgelegt hatte. An die Relativitätstheorie anknüpfend spricht der Physiologe und Anthropologe von zeitübergreifenden und totalisierenden Einheiten, die unsere überkommene Vorstellung von Vergangenem, Gegenwärtigem und Zukünftigem und die ihnen zugeordneten Wahrnehmungsmodi in neuem Licht erscheinen lassen:

„Wir leben im Chronotopos [...], irgendwo existieren jetzt noch vergangene Ereignisse, die sich nur alle von uns entfernen. Und irgendwo existieren schon kommende Ereignisse, die sich uns nähern"[336].

Bachtin greift diese phänomenale Beobachtung zwischen Naturwissenschaften und Kulturanthropologie auf, übernimmt von ihr den Begriff Chronotopos und macht sie zu einer entscheidenden Prämisse seiner Ästhetik chronotopischer Zeit/Raum-Relationen. Wie die Relativitätstheorie die Physik von den sinnlich wahrnehmbaren Erscheinungen des Physischen trennt, so auch Bachtins Chronotopentheorie. Er faßt die wahrnehmbaren Sprach- und Bildmaterialien als die eine Seite auf, die erst im Prozeß des Dialogs, der Lektüre, in ästhetische Werte übergeführt werden. Diese hier denkbar werdenden, der Linearität entrissenen Zeitformen, die in der Lage sind, schichtenartig verschiedene Zeitsphären abzubilden, sind also nicht einfach der Erfindung außerordentlicher und spektakulärer Einstellungstypen geschuldet, die formal oder formalistisch zu bestimmen wären. Sie bestehen vielmehr in der Übernahme und Annahme von enunziatorischen Formationen und ästhetischen Erfahrungen, mit anderen Worten, der Herstellung spezifischer Chronotopoi durch den Kino-Menschen.

Die zweite chronotopische Ausformung Tarrscher Ästhetik setzt ebenfalls an den einzelnen Konstruktionsmerkmalen jener drei diskursiven Typen an, die zu

---

336 Aleksej A. Uchtomskij. Dominanta. Sankt-Peterburg 2002,68,70), zit. nach Galin Tihanov: The Gravity of the Grotesque, Bakhtiniana Sao Paolo 7 (2, Juli/Dec 2012) 169. Vgl. auch Sylvia Sasse. Literaturwissenschaft. In: Raumwissenschaften. Hg. von Stephan Günzel. Frankfurt am Main: Suhrkamp, 2008, S. 233.

Beginn dieses Kapitels beschrieben wurden. Die Entropie von Bewegtem und Unbewegtem und ihre Häufung in zufälligen Nicht-Ereignissen, die einstellungsunge-
bundenen Verkettungen ephemerer Handlungsmomente, die Zonen des fließenden
Übergangs zwischen Außenräumen und Innenräumen sowie das Abtauchen in die
völlige Schwärze zwischen diese Räumen: Wäre da nicht die ungeheure Gleich-
mut gegenüber der puren Dauer, man könnte meinen, die entrückten Geschehn-
nisse zeigen sich einem unbekannten Mitspieler im Bilddialog, vielleicht einem
Bataillesche heiligen Auge, dem gegenüber sich die Welt nackt und schonungslos
als radikale Eigenwelt präsentiert und zugleich entzieht, oder jenem dritten Auge,
das Merleau-Ponty in Anlehnung an die Anthropologien von Lévy-Bruhl und Lévi-Strauss beschreibt. Wäre da nicht das ständige Abgleiten des Blicks in Neben-
sächliches, man könnte hinter der Kamera irgendeine humanoide Instanz vermu-
ten, die dieses Bildgeschehen regiert und reguliert. Doch die langsamen, mehr
existierenden als insistierenden Bewegungen weisen den Gedanken an irgendeine
Form von Beobachtung oder Kontrolle alsbald wieder von sich. Weder ein au-
genfälliges Kamerabewusstsein, noch ein Benjaminsches Kamera-Unbewußtes
scheinen den Rhythmus der Abfolge von diegetischen Leerstellen und narrativen
Zwischenräumen zu bestimmen.

Dennoch fließt das Bildgeschehen zu einem chronotopischen Gestus zusam-
men, der immer wieder auf die Frage nach einem Blick zurückkommt, der dieses
Geschehen regiert. Dieser Blick auf die Welt, der merkwürdig bestimmend, gleich-
wohl aber teilnahmslos und abwesend erscheint, folgt keiner wie immer gearteten
Logik des Geschehens und hat sich ebenso freigespielt von einem Glauben an die
Teleologik historischer Welterklärungen wie von den Heilsversprechen politischer
Agenturen. Mit der Autonomisierung dessen, was uns das Auge zeigt, in all seinen
Zufälligkeiten und Eigenzeitlichkeiten, entsteht eine Art von Parallel-Geschehen,
ein Nur-Bild, das zwar über Dauer verfügt, dem jedoch kaum ein nachvollziehbares Telos zu unterstellen ist. Das Bezugssystem der Tarrschen Kontinuitäten verschiebt sich zwar nicht vom profilmischen Geschehen selbstreflexiv auf den Be-
obachtungsvorgang, sehr wohl aber vom inszenierten Ereignis auf ein selbsttätiges
und kontingentes Geschehen: auf die autonome Bewegung des Kreatürlichen oder
das, was Hans Blumenberg als „das kontingente Faktum Mensch"[337] beschrieben
hat.

Und tatsächlich schließt dieses Sehen direkt an den *Blick des Kreatürlichen* an,
nämlich an jenen der vielen Tiere, die die Filme Tarrs an teilweise sehr prominen-
ter Stelle bevölkern. Ist es nicht ihre zur humanen Erfahrung asymptotisch verlaufende Wahrnehmung, welche die verschiedentlichen Verleitungen des Blicks, die

---

337 Blumenberg, Beschreibung des Menschen, a.a.O., S. 489.

dann irgendwo abseits des Geschehens im freien Raum enden, zu einem Chronotopos verdichtet? Nicht mit den Blicken der menschlichen Figuren rückgekoppelt und dennoch zu akzentuiert, um als auktorialer Gestus einer sinngeleiteten ‚objektiven Kamera' im Sinne Mitrys zu gelten, entsteht so ein Chronotopos der radikalen Metamorphose vom Menschen zum Tier. Die Okularisierungen in Tarrs Filmen wandern zügig weg vom Gottesblick des allessehenden Kino-Menschen, lassen auch bald den Menschenblick der innerdiegetischen Figuren vergessen, entziehen sich ebenso konsequent dem kalten, maschinellen Sehen von Kontrollkameras, um sich schließlich dem animalischen Blick gezähmter Kreatur anzuverwandeln. Von der Gestalt des mumifizierten Wals in WERCKMEISTER HARMÓNIÁK über den siebenminütigen Prolog von SATANSTANGO, in dem eine Kuhherde hinter verfallenen Ställen vorbei, gemächlich herumschweifend, von der Kamera begleitet wird, bis zum Titelhelden des letzten Tarr-Films, dem Turiner Pferd: Der Gleichbehandlungsgrundsatz zwischen Dingen und Menschen wird um das Tierreich erweitert. Er öffnet Sichtwege und Aufmerksamkeitsschneisen, die kein nachvollziehbares Ziel verfolgen, geleitet von akzidenziellen Ereignissen oder gesteuert von Zwecken purer Subsistenz.

Diese tierische Kontingenz und den Sprachverlust, dem die Figuren und mit ihnen die Kamera ausgeliefert werden, stellt Tarr schlicht im Bild fest. In Worten faßt sie Richard Rorty zusammen:

> „Angesichts des Nicht-Menschlichen, Nicht-Sprachlichen haben wir nicht mehr die Fähigkeit, Kontingenz und Pein durch Aneignung und Umwandlung zu überwinden, sondern nur noch die Fähigkeit, Kontingenz und Pein zu *erkennen*.“[338]

Was Rorty an der Konfrontation der Menschen mit dem Nicht-Menschlichen beobachtet, erkennt Tarr in genau dem Sinne an, wenn er sie nicht sogar zelebriert. Seine Entkoppelungsstrategien des Bildlichen rufen jene tierischen Perspektiven in Erinnerung, die Nietzsche – nach den Worten Rortys – ausfindig gemacht habe:

> „Er hoffte, daß wir […] im Augenblick des Todes Trost nicht darin suchen würden, daß wir die Grenzen des Animalischen überschritten haben, sondern darin, daß wir

---

338 Richard Rorty. Kontingenz, Ironie und Solidarität. Suhrkamp-Taschenbuch Wissenschaft. Frankfurt a. M.: Suhrkamp, 1992, S. 79. Vgl. dazu das noch deutlichere englischsprachige Original: „Faced with the nonhuman, the nonlinguistic, we no longer have an ability to overcome contingency and pain by appropriation and transformation, but only the ability to *recognize* contingency and pain.“ Richard Rorty. Contingency, irony, and solidarity. Cambridge, New York: Cambridge University Press, 1989, S. 40.

im Sterben ein Tier jener besonderen Art sind, die durch Selbstbeschreibung in eigenen Begriffen sich selbst geschaffen hat."[339]

Tarr inszeniert diese Selbstbeschreibung des sterbenden Tiers in Menschengestalt
in seinen Filmen, *als Film*. Seine Bild-Pfade verweigern sich der Eingliederung
in die eindeutigen zeitlich-logischen Ketten menschlicher Gesellschaft und rücken von historisch oder narrativ begründbaren Referenzen ab. Diese – wie ich
sie nennen würde – *ikonische Kontingenz* hat die Logik der Geschichte, der großen wie der vielen kleinen, hinter sich gelassen. Sobald sich auch nur Ansätze
dazu eröffnen, wird weggeschwenkt, abgeblendet, geschnitten – oder es wird die
Entscheidung zwischen diesem und jenem überhaupt offen gelassen. So etwa an
einer kaum zu überschätzenden, markanten Einstellung von WERCKMEISTER, in der
Valuska und Eszter auf eine Weggabelung im Bildhintergrund zugehen und sich
dort trennen: der eine geht links, der andere rechts, die Aporie einer eindeutigen,
einwegigen Entscheidung bleibt, bis beide auf ihrem je eigenen Weg verschwinden. Kein Vorher, das ihnen bestimmte Schritte nahelegt, kein Nachher, das mögliche Konsequenzen ihres Tuns zeigt. Es wird eine offene Perspektive gewiesen,
die keine Entscheidung vorgibt und keine Folgen nahelegt: kein Scheideweg, kein
Drängen in eine Richtung, sondern allein die Offenheit vielvektorieller Richtungs-
möglichkeiten ohne Optionen.

Abb. 63 WERCKMEISTERS HARMONIES (WERCKMEISTER HARMÓNIÁK, Béla Tarr, Hu/2000)
[1.12.50]: Weggabelung ohne Entscheidungsmöglichkeit.

---

339 Ebd., S. 58f. „He hoped that [...] we would seek consolation, at the moment of death,
not in having trancended the animal condition but in being that peculiar sort of dying
animal who, by describing himself in his own terms, had created himself." Ebd., S. 27.

Auch der lange Zeit ersehnte Abmarsch von Ohlsdorfer und seiner Tochter aus der elenden Behausung im TURINER PFERD, der schließlich doch erfolgt, ändert nichts. Schon wenige Minuten später sind sie wieder dort, von wo sie ausgegangen sind.

Tarrs *bildliche Kontingenz* ist somit auf die durchaus schmerzliche Erkenntnis gerichtet, dass sich der Verlauf der Geschehnisse der Einflußnahme der gezähmten Kreaturen längst entzogen hat und im Werden purer Dauer verharrt. Sie hilft uns, wie Richard Rorty diesen Zustand beschreibt, „an den Punkt zu kommen, wo wir *nichts* mehr verehren, *nichts* mehr wie eine Quasi-Gottheit behandeln, wo wir *alles*, unsere Sprache, unser Bewußtsein, unsere Gemeinschaft, als Produkte von Zeit und Zufall behandeln."[340] So erfindet Tarr in seinem, wie er sagt, letzten Film das Turiner Pferd als Titelhelden, der mit Nietzsche, dem ersten Philosophen der Kontingenz, den Blick auf die Welt teilt und diesen im Kino zu einem *Chronotopos der Kontingenz* formt.

 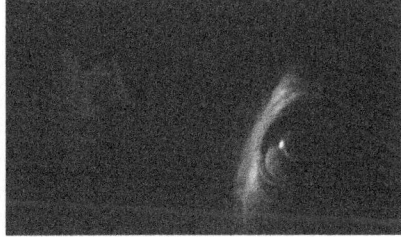

Abb. 64–65 TURIN HORSE (A TORINÓI LÓ, Béla Tarr, Hu/2011) [2.07.54]: Der Blick des geschundenen Titelhelden auf die Welt; Abb. 29 WERCKMEISTER HARMÓNIÁK: [18.46]: Das Auge des mumifizierten Wals.

---

340 Rorty, Kontingenz, a.a.O., S. 50. Rorty, Contingency, a.a.O., S. 22.

Ironie und Takt

Einstimmen und Abweichen in den Filmen der Coen Bros

La nuance encor'. Adorno nach Verlaine

Die Coens sind geschickte Spieler auf dem Feld des Paktierens und Taktierens mit den Zuschauenden. Kaum merklich und genau deshalb umso wirkmächtiger takten sich in ihren Filmen Gesichtsbewegungen und Gesten, Gewaltakte und Lächerlichkeiten, Farbgebungen und Raumkonstruktionen, vor allem aber Klang-Ensembles, in den Wahrnehmungshorizont eines bestimmten Publikums ein. Die Coen-Filme und *ihr* Publikum: im Gleichklang und im Takt stimmen sich beide in einem Modus der Ironie aufeinander ein. Sie modulieren sich wechselseitig durch leichte Abweichungen und lassen dergestalt eine Vielzahl festgefügter Bedeutungskonstellationen durch feine Nuancierung kippen. ZuschauerInnen und Filme, *diese* ZuschauerInnen *dieser* Filme, bilden eine verschworene Gemeinschaft auf dem Feld der Ironie.

Die merkwürdige Partnerschaft, die in der Geschichte des Kinos ihresgleichen sucht, beruht auf zumindest vier Techniken der Konstruktion von Ironie: der *zeitlichen Verschiebung*, der *semantischen Umkodierung*, der *klanglichen Intonation* und der *nuancierten Abweichung* von bekannten Bildmustern. Auch wenn diese vier Faktoren der Ironieproduktion eng mit filmischen Verfahren der Bild- und Tonkonstruktion verbunden sind, folgen sie doch einer Logik, die in der Literatur seit Langem erprobt ist. Während die Debatte um die Ironie seit dem frühen 19. Jahrhundert besonders in der deutschen Frühromantik rege geführt und im Umfeld des russischen Formalismus der 1920er Jahre fortgesetzt wurde, liegt das Feld in der Filmforschung seit ihren Anfängen bis heute brach. Deshalb soll mit einem

© Springer Fachmedien Wiesbaden GmbH, ein Teil von Springer Nature 2018
K. Sierek, *Filmanthropologie*, https://doi.org/10.1007/978-3-658-22448-6_10

Beispiel *literarischer* Ironieproduktion der Anfang gemacht werden. Dieser Griff in die Trickkiste der Schriftstellerei kann vielleicht dazu beitragen, den zentralen Fokus zu illustrieren, der bei der Untersuchung des Ironiepotentials im Kino, insbesondere in den Filmen der Coen Brüder, zu beleuchten wäre.

10.1   Der Pakt in der Literatur: Gontscharows *Abgrund*

Der *Abgrund*, ein Roman von Iwan Gontscharow aus dem Jahr 1868, der übrigens von Wladimir Wengerow unter dem Titel OBRYV (DIE SCHLUCHT, UdSSR/1983) auch einmal verfilmt wurde, beschreibt den Weg, den zwei Figuren aufeinander zu machen. Am Beginn ihrer Bekanntschaft stehen der Künstler Boris Raisskij und Mark Wolochow, Nihilist und Außenseiter der kleinstädtischen Gesellschaft, einander sehr reserviert gegenüber. Sie finden einiges an Gemeinsamkeiten und sehen sich schließlich, nach rund 460 Seiten, auch noch als Rivalen um die Liebe Weras kämpfen. Ein treibender Motor und nicht unwesentliches Regulationsprinzip dieser Beziehungsentwicklung in dem Roman mit spätromantischen Zügen ist auch hier das Paket von vier Abweichungen und Nuancierungen, die man gewöhnlich unter dem Begriff der Ironie zusammenfasst.

Zeitverschiebung

Eingebettet ist dieses Regulationsprinzip zunächst in eine temporale Modalität, die das gesamte ironische Potential überhaupt erst ermöglicht. Wolochow und Raisskij nähern sich in einer durchzechten Nacht an und treten einander allmählich als Intellektuelle mit künstlerischen und gesellschaftsverändernden Ambitionen auf Augenhöhe gegenüber. Ihr ironisches Zusammenspiel beginnt durch die Aufnahme des Leitthemas des Romans, vielleicht des ganzen Werks von Gontscharow, der Langeweile. In diesem Lebensgefühl schmilzt der Abstand zwischen den Beiden; die Distanz, die sie zu den sie umgebenden gesellschaftlichen Werten aufgebaut haben, wächst: „Sie langweilen sich gewiß."[341] Mark antwortet auf diese Beobachtung Raisskijs: „Ich versuche mich zu zerstreuen." So ist zunächst ein bestimmtes *Zeitregime* – das der Fadesse – gesetzt worden, das für den weiteren Verlauf der ironischen Beziehung zwischen den Romanfiguren von nicht zu unterschätzender, konstitutiver Bedeutung ist. Auf diesem Prinzip der Zeitfügung beruhend, wird

---

341   Iwan Gontscharow. Der Abgrund. Übers. von Erich Müller-Kamp. München: Goldmann, 1961 [1896], S. 242.

das Beziehungsgeflecht der Figuren dann durch drei weitere Modulationen, nämlich auf semantischer, klanglicher und schließlich gestischer Ebene, reguliert.

Semantische Umkodierung

Auf der Basis des temporalen Modus der Langeweile kommen die beiden Protagonisten einander schnell nahe. Ihre Übereinstimmung erweist sich bereits kurz nach der ersten Kontaktaufnahme in einem subtilen Dialog. Mark kann, im Vertrauen auf ihre gemeinsame Langeweile, von einer Begebenheit berichten, die seine Distanz zum gesellschaftlichen Umfeld illustriert. Er schildert die Erniedrigungen durch einen angesehenen Bürger, der ihn ins Zuchthaus bringen, ihn zu feinem Sand zermahlen und ihm das Fell über die Ohren ziehen wolle. Diese Brachialitäten bezeichnet er verharmlosend als ‚Zärtlichkeiten'. Raisskij nimmt diese Umkodierung nicht nur auf. Er verdoppelt sie auch noch, wodurch dieses Verfahren seinen Namen erhält: „Gehörte das zu den [...] Zerstreuungen?" fragte Raisskij mit leichter Ironie."[342] Beide haben also durch den ironisierenden Dialog der Umkodierungen ein wechselseitiges Grundverständnis aufgebaut, auf dem ihre Beziehung für die weiteren hunderten Seiten des Romans aufbauen wird. Sie verstehen einander auf dieser Ebene und nur auf dieser; sie wissen, dass in ihrem Ideolekt Zärtlichkeit eigentlich Brachialität bedeutet und ein gezielter Schuss auf einen Widersacher im Fach der Zerstreuungen firmiert. Mark und Raisskij haben also in jener Kürze, die sich von ihrem sonstigen Zeitmodus der langen Weile krass unterscheidet, mittels Evokation von Zwischentönen ein *Verfahren semantischer Unschärfen und Umkodierungen* entwickelt, das auch sie selbst als Ironie erkennen. Dieses Verfahren geht weit über die denotative Wortbedeutung hinaus und bemächtigt sich sogar normativer Umwertungen.

Klang und Intonation: die plastischen Werte

Ihr gemeinsamer Ironie-Diskurs benötigt allerdings neben der semantischen Dimension noch eine dritte Voraussetzung. Es kommt auch auf die *Art der Rede* an, auf das Wie des Gesprochenen. Dass mit den Denotationen etwas nicht stimmt, dass sie nicht als bare Münze zu nehmen sind, muss auch zu *hören* sein. Der Klang der Stimme, die Intonation, die Rhythmik und der Nachdruck ihres Tons setzen der ironischen Verschiebung des Bedeutungsgefüges noch zusätzliche Werte zu. Ihre Bedeutungen werden dadurch nuanciert oder können sogar in ihr Gegenteil

---

342 Ebd., S. 44.

umschlagen. Gontscharow benennt diese Modalität wenn er betont, dass Raisskij seine Worte eben auch ‚mit leichter Ironie' spricht.

Bild und Geste: zur Sichtbarkeit ironischer Rede

Selbstverständlich ist die Intonation der Rede auch noch von visuellen Indikatoren begleitet. Mark begnügt sich nicht mit dem, *was* er sagt, um die Ironie zum Ausdruck zu bringen, und auch nicht mit dem Wie einer bestimmten Intonation. Zur Freisetzung des ironischen Potentials bedarf es noch der Unterstützung der Rede durch *begleitende Gesten und räumliche Positionierungen*, die als vierte Voraussetzung des ironischen Dialogs mit einem bestimmten *Blickregime* verknüpft sind. Mark sprach, so heißt es im *Abgrund*, „halb ernst, halb ironisch und schaute Raisskij frech an."[343]

Der gemeinsame Pakt als der Effekt der vier Verschiebungen

Damit hat Gontscharow einen durchaus brauchbaren Musterkatalog der Werkzeuge zur Ironie-Produktion zwischen den Figuren als diskursleitendes Prinzip erstellt. Die Abweichungsstrategien *temporaler Verschiebung, semantischer Umkodierung, klanglicher Intonation* und *gestisch-bildlicher Indikation* bringen vor allem zwei Merkmale mit sich, die das Verhältnis der beiden Figuren zueinander und zu ihrem Umfeld bestimmten. Zunächst fördern sie die *Distanz zum umgebenden Kodesystem*. Mark, der sich als „Beamter fünfzehnten Ranges, unfreiwilliger Bürger hiesiger Stadt unter Polizeiaufsicht stehend"[344] beschreibt, stellt sich zusehends als Verrückter heraus und auch Raisskij erweist sich durch seine unsteten künstlerischen Ambitionen dem gesellschaftlichen Normen- und Wertsystem seiner Schicht gegenüber als alles andere denn konform. Der zweite Effekt der ironiebefördernden Quadriga ist die relativ stabile *gemeinsame Basis der Redepartner*, die die beiden Figuren aneinander bindet. Einige Wochen oder 131 Seiten nach ihrer ersten Begegnung kommt Mark wieder einmal zu Raisskij und dieser „sprach mit ihm nicht mehr anders als in ironischem Ton."[345] Mit der Distanz zum umgebenden Diskurssystem und ihrer gemeinsamen Basis haben die beiden Protagonisten des Gontscharow-Romans ein weiteres Prinzip jeglichen ironisierenden Diskurses vorgegeben: sie gehen einen *Pakt* ein, der sie zueinander in das besondere Verhältnis der Ironie setzt.

---

343 Ebd., S. 245.
344 Ebd., S. 236.
345 Ebd., S. 376.

10.2   Der doppelte Boden der Coen-Filme

Der in eine spezifische Zeitmodalität gebettete Musterkatalog semantischer, klanglicher und gestischer Verfahren aus der Gontscharowschen Manufaktur der Ironieproduktion gilt allerdings nur für die Regulierung des Verhältnisses der Figuren zueinander. Die in ihm angelegten Abweichungsstrategien gegenüber konventionalisierten Aussagemodi ermöglichen den ironisierenden Dialog also zunächst ausschließlich im diegetischen Feld. Wie solche Techniken nicht nur in den Diskurs mit der Leserschaft literarischer, sondern auch mit der SeherInnen- und HörerInnenschaft filmischer Texte eingebunden werden können, bleibt dabei noch außen vor. Allerdings geben diese Verfahren der Bereitstellung ironischen Potentials auf diegetischer Ebene eine Systematik vor, nach der auch der enunziatorische Vorgang der Ironieproduktion im Rahmen filmischer Äußerungssituationen organisiert sein kann. Und dies ist gerade im Kino, das sich durch seine immersive Kraft noch ironiefähiger erweist als die Literatur, von entscheidender Bedeutung.

Semantische Entkoppelung

Als Modus mit starker Bindung an eine aussagende Instanz, sei dies der Autor, eine erzählende Figur innerhalb der Diegese oder das, was für das Kino der große Enunziator genannt wurde, rückt die Ironie zunächst ab von objektzentrierten und referenziellen Aussagen: das Wie der Aussage ist ihr wichtiger als eine wie immer bestimmte ‚Wahrheit' der Aussage. Ironie löst die semantischen Bezüge auf und entkoppelt den Wort- und Bildkörper von seiner Bedeutung. Sie trägt damit zu einem höheren Maß an Komplexität des bildkonstruktiven und erzählerischen Gefüges bei. Die filmische Ironieproduktion beginnt also mit Entkoppelungsvorgängen auf semantischer Ebene, welche differenzieren und variieren, bis sie schließlich deutliche Abweichungen in den Lauf der Bilder fügen – und zwar auf verschiedenen Ebenen filmischer Präsentation. Wie Friedrich Theodor Vischer diese nicht unbedeutende Eigenschaft des Ironisierens in einer treffenden Paraphrase zu Hegels Ironiebegriff bereits 1837 für die Literatur auf den Punkt gebracht hat, so gilt sie mindestens in demselben Ausmaß bis heute – auch für den Film. Vischer beschreibt die ironische Modulation semantischer Verschiebungen als „Standpunkt, der es der Willkühr des Subjects überläßt, jede feste Bestimmung nach Belieben auf- und untertauchen zu lassen"[346]. Die Coens wissen sich dieses semiopragmatischen Wellenreitens auf dem Realismusbegriff souverän – und iro-

---

346 Friedrich Theodor Vischer. Über das Erhabene und Komische. Ein Beitrag zu der
     Philosophie des Schönen. Stuttgart: Imle & Krauß, 1837, S. 185.

nisch – zu bedienen. Am Beginn von Fargo (US/1996) etwa ironisieren sie bereits
mit dem Titelvorspann „Dies ist eine wahre Geschichte" eine nicht nur im klassischen Kino häufig verwendete Formel:

DIES IST EINE WAHRE GESCHICHTE.
Die in diesem Film dargestellten
Ereignisse beruhen auf einem Verbrechen,
das im Jahre 1987 in Minnesota geschah.

Aus Respekt vor den Überlebenden
wurden die Namen geändert.

Aus Respekt vor den Toten wurde
der Rest der Geschichte genau so erzählt,
wie sie sich zugetragen hat.

Abb. 66   Fargo (Ethan und Joel Coen, US/1996) [Vorspann 1.56]: Semiopragmatisches
Wellenreiten auf dem Realismusbegriff.

Selbstverständlich schürt dieser Hinweis den Zweifel an der indexikalischen
Funktion des Filmbilds mehr als dass er den ‚wahren' Charakter dieser irrwitzigen
Geschichte betont. Jedenfalls aber baut er ein Spannungsfeld zwischen der *Wahr-
heitsdeklaration* und den immer wieder aufblitzenden Absurditäten der Geschichte auf, bis die Grotesken in einem ironischen Bogen am Ende des Films schließlich
das gesamte Regime übernommen haben werden. Nicht der Wahrheitsgehalt, sondern die kleinen Details des Unwahrscheinlichen bestimmen das Geschehen einer
Geschichte um eine andauernd essende, hochschwangere Polizistin:

Abb. 67 FARGO (Ethan und Joel Coen, US/1996) [1.18.19]: Kleine Details des Unwahrscheinlichen – die dauernd essende Polizistin.

Natürlich bleibt es nicht bei dieser Abweichung vom Darstellungsmodus profilmischer Referenzbezüge. Die Devianzstrategie auf semantischer Ebene mit realismuskritischen Implikationen wird vielmehr auf die Befragung gängiger gesellschaftlicher, kultureller und ästhetischer Normen- und Wertsysteme ausgeweitet. Auf das – nach Vischer – „Doppelzüngige und Zweideutige menschlicher Verhältnisse"[347] hinweisend, bieten die Coens auch dazu eine breite Palette auf. Sie reicht vom vorsichtigen Spiel des Castings mit gängigen Schönheitsvorstellungen bis zu den Grenzgängen entlang der Ekelschwelle, etwa in der Szene desselben Films, in der Marge Gunderson ununterbrochen ihre Hautstraffungscreme bemüht und lebende Würmer, die ihr Mann zum Angeln benötigt, beinahe zum Essen serviert. Die Abweichungen von verbindlichen Kodesystemen werden also analog zu Gontscharows semantischer Umkodierung erstens über Modulationen auf referentieller Ebene durchgeführt, also gewissermaßen epistemologisch. Zweitens berühren sie durch Nuancierung von Normen- und Wertsystemen Geschmacksfragen, die nicht zuletzt auch in sozial- und kulturanthropologischen Kategorien angelegt und begründbar sind.

---

347 Vischer, Über das Erhabene und Komische, a.a.O., S. 145.

Intonation: Klangfärbung, Umfang und Intensität

Zur Bestimmung des ironischen Potentials genügt es jedoch nicht, den Gegenstandsbereich und die Richtung der Abweichung von referenziellen und normativen Bezügen zu bestimmen. Es ist ebenso nötig, *den Umfang, die Art und die
Intensität* dieser Strategie im Auge zu behalten. Vischer weist deshalb in seiner
Arbeit über das Erhabene und Komische aus dem Jahr 1837 auf eine entscheidende
Einschränkung hin: „Hegel selbst, der Erzfeind der Ironie",[348] so der treue Links-
hegelianer, habe deutlich auf die Grenzen der freischwebenden Selbstreflexivität
des Ironisierens verwiesen. Ohne sie werde man allzu schnell „an jene, von Hegel
fast zu eifrig bei jeder Gelegenheit angegriffene Ironie der Romantiker erinnert,
welche als reine Willkühr des Subjects die Gestalten beliebig erscheinen und verschwinden, und nichts Affirmatives, als eben dieses sich selbst beschauende Spiel
übrig läßt."[349] Deshalb gelte es, die pure Binnenschau selbstreflexiver Bewegungen
deutlich in die Schranken zu weisen und im ironischen Regime nur die *feine Differenz* zu pflegen. Statt willkürlicher – heute könnte man sagen: postmodernisti-
scher – Beliebigkeit im freien Fall sei der ironische Gestus nur innerhalb fester
Rahmenbedingungen und in den gegebenen Maßen des ‚Affirmativen' zu orten.

Die richtige Stimmung und Abstimmung, das Nicht-zu-Viel und Nicht-zu-We-
nig: Dieses Augenmaß bezüglich der Intensität und Qualität von Abweichungen
erweist sich auch im Klangbild filmtextueller Systeme. Es wurde deshalb in verschiedenen Ansätzen der Ironie-Forschung auch als *Intonation* beschrieben und
erhält wiederum im Film besondere Relevanz. Gerade für eine genaue filmanalytische Einkreisung scheint deshalb Pavel Medvedevs Beitrag zur Untersuchung dieses Regulativs ironischer Stimmungen und Schwebungen besonders fruchtbar. In
seiner kritischen Auseinandersetzung mit Boris Ejchenbaum und Viktor Schklow-
sky begnügt sich Medvedev nicht mit deren textimmanentem Ironiebegriff, der –
brav formalistisch und nicht eben maßlos originell – aus dem bekannten Prinzip
der ‚Entblößung des Verfahrens' abgeleitet wird. Er betont vielmehr das „Spiel
mit einer veränderlichen Alternation von Sprachgesten und Intonationen"[350], die
das formal angelegte ironische Potential erst mobilisieren. Dieses Spiel geht über
den textimmanenten *Skaz* oralen Dialogs hinaus und misst der Rede im Rahmen
konkreter Äußerungen zwischen Leser und Text besondere Bedeutung bei. Erst in
einem dialogischen Vorgang der von Sprachgesten und Modulationen erzeugten
Intonationen könne – wie Medvedev etwas später in einer Auseinandersetzung mit

---

348   Ebd., S. 186.
349   Ebd., S. 143.
350   Medvedev, formale Methode, a.a.O., S. 143.

einer Novelle O. Henrys erklärt – Ejchenbaums Feststellung beigepflichtet werden, dass „auf einer solchen durchgängigen Ironisierung und Hervorhebung der Verfahren [...] die ganze Novelle aufgebaut"[351] sei.

Mit der Betonung der performativen Akte der Intonation beim Entstehen ironischer Diskurse werden nicht nur die etwa von den Futuristen um Chlebnikow und Majakowski gepflegten Lautgedichte und theatralischen Aktionen theoretisch fassbar, sondern auch die Klang- und Bilddimensionen *kinematografischer Aufführungspraxen* und in besonderem Maße auch die enunziatorischen Regulierungsmodulationen ironischer Abstimmung in den Coen-Filmen. Erst die brummende und um einiges zu tief grummelnde Intonation von Grear Dicks Stimme beim Eintritt in den Fahrstuhl in HUDSUCKER PROXY (US/1994), der um eine Nuance zu laut tickende Wecker und das penetrante Knarzen des Schritts des Aufsichtsratspräsident Norvielle Barnes von Hudsucker Industries auf dem ledernen Polster vor seinem Fenstersturz und ähnliche plastische Modulationen des Klangbilds mobilisieren jene Stimmung ‚leichter Ironie', die Gontscharow im *Abgrund* beschrieben hat.

Bilddialog: Das Feine an der Ironie, oder der Pakt mit dem Anderen

Das Balancieren am schmalen Grat der Abweichung von Konventionen bildkonstruktiver und gestischer Verfahren ist der dritte Faktor aus dem Gontscharowschen Katalog, der über den Ironiekoeffizienten zu bestimmen hat. Dass er ebenso gut in Filmen Anwendung findet, liegt auf der Hand. Denn in welcher Kunst sind die Bildgrenzen fließender, die Bildbewegungen unentwegter und die EnunziationspartnerInnen deshalb auch enger aneinander gebunden als zwischen Leinwand und Saal? Die Coens arbeiten genau diese unscharfen Eigenschaften bildlicher Redevielfalt systematisch heraus. Vom Casting bis zum Schauspiel, von der Wahl des Fokus bis zur Wahl der Einstellungsgrößen – immer wieder zeigt sich jene Abweichung in der *Nuance encor'*.[352] Während der Aufsichtsratspräsident in HUDSUCKER PROXY tatsächlich um eine Spur zu feist erscheint und in seinem Na-

---

351   Ejchenbaum, zit. Medvedev, formale Methode, a.a.O., S. 149.

352   Verlaine hat dieses Merkmal der *Art poétique* im gleichnamigen Gedicht aus der Sammlung *Jadis et naguère* benannt, das Adorno dann zur Überschrift eines der Einträge der *Minima moralia* gewählt hat. Vgl. Paul Verlaine, Art poétique [franz. 1882]. In: Œuvres complètes Paris: Arvensa Éditions, 2014. „Car nous voulons la Nuance encor,/Pas la Couleur, rien que la nuance!" S. 295–96; Theodor W Adorno. Minima Moralia. Reflexionen aus dem beschädigten Leben. Frankfurt a. M.: Suhrkamp, 1976 (1951), S. 293.

delstreif um eine Nuance zu breit lächelt, so bewegen sich die überdrehten Inszenierungsmomente einer Strangulations-Szene aus FARGO bereits an den Grenzen
zur mimetischen Akrobatik. Wenn die SchauspielerInnen, wie etwa George Clooney in O BROTHER, WHERE ART THOU? (US/2000) oder in INTOLERABLE CRUELTY
(US/2003), zu outrieren beginnen, entfaltet sich die gesamte Palette der für den
ironisierenden Dialog konstitutiven Details und Abweichungen, Nuancen und Verbiegungen, Verschiebungen und Bewegungen:

Abb. 68   HUDSUCKER PROXY (Ethan und Joel Coen, US/1994) [7.52]: Lächeln um eine Nuance zu breit.

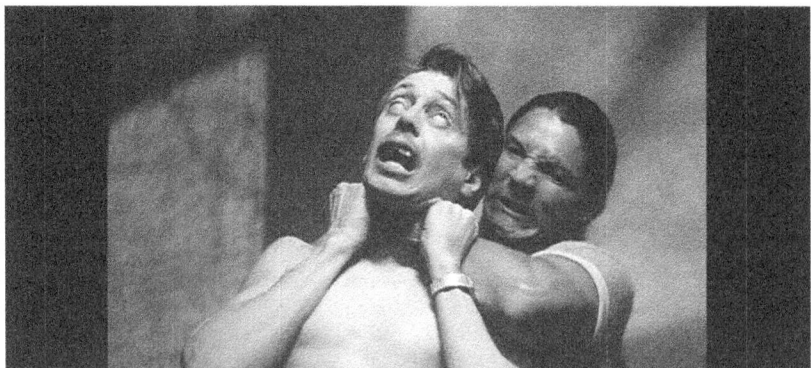

Abb. 69   FARGO (Ethan und Joel Coen, US/1996) [1.07.16]: An den Grenzen zur mimetischen Akrobatik.

Abb. 70 O Brother, Where Art Thou? (Ethan und Joel Coen, US/2000) [1.10.11]: Vom outrierten Spiel zu Verschiebungen und Verbiegungen.

Neben dieser Palette *gestischer Kodes* der Schauspielerei erweist sich die bildironische Abweichungsstrategie natürlich auch in der *mise-en-scène*. In überdeterminierter Bewegungslosigkeit, die durch einen Zoom nach vor noch leicht akzentuiert ist, scheinen beispielsweise die Angestellten des Airline-Schalters am Flughafen in Fargo aufgestellt und aufgefädelt wie auf einer Perlenschnur, als würden sie bereits seit ewigen Zeiten so dastehen um des einzigen Gasts zu harren:

Abb. 71 Fargo (Ethan und Joel Coen, US/1996) [56.01]: Aufgefädelt wie auf einer Perlenschnur.

Soweit einige Befunde zur *Sichtbarmachung* der ironischen Rede im Film, strukturiert nach jener Typologie, die aus Gontscharows *Abgrund* als vierte Kategorie abgeleitet werden kann. Die feinen bildkonstruktiven Kodeverschiebungen finden sich dabei zusammenfassend erstens in den Momenten von *Gestik und Mimik* sowie zweitens in Charakteristika der *mise-en-scène*.

10.3   Vom Pakt zum Takt

Karikatur und Parodie. Zur negativen Definition der Ironie

Es ist also ganz entschiedener Maßen die Nuance, die über den Absturz ins Grobe, dem Feind jeglicher Ironie, entscheidet. Die Grobschlächtigkeit, in welche die Ironie leicht abgleiten kann, würde sich dann nämlich schon Karikatur nennen lassen müssen. Sie fiele ins Genre der Komödie ab oder würde unter dem Begriff des Lächerlichen firmieren, über das, nach der berühmten Formulierung Vischers, nicht selten das Erhabene zu stolpern droht. Der Umfang oder das Maß der Abweichung ist aber auch jenes Kriterium, das die Ironie vor allem von der Parodie unterscheidet. Bachtin etwa beschreibt den Holzhammer der Parodie als Redevielfalt, die verschiedene Ideolekte oder Soziolekte einführt und sie dann „als verlogen, heuchlerisch, eigensüchtig, begrenzt, eng verstandesmäßig und der Wirklichkeit nicht adäquat entlarvt und destruiert."[353] Die Ironie spielt zwar ebenfalls mit verschiedenen Ideolekten oder Soziolekten, doch im Unterschied zur Parodie auf ungleich subtilere Weise, ohne bloßzustellen oder zu zerstören. Gerade in ihrer filmischen Erscheinungsweise schwingt sie nur sanft mit und weicht von den bildlichen Ideolekten und Soziolekten eben nur leicht ab. Sie lässt sich auf die bestehenden Leitdiskurse ein, augenzwinkernd vielleicht und auf alle Fälle mit einem höheren Maß an dialogischer Sorgfalt und Feinheit. Sie verläßt sich mehr als die brüskierende Parodie auf das je Andere, von dem sie sich gleichwohl zu unterscheiden und abzusetzen trachtet. Das Unflätige und Denunziatorische ist nicht das Ihre, sie grenzt sich nicht so sehr ab, sondern *verwendet* – im Wortsinn – dies Andere sogar, braucht und gebraucht es.

---

353   Michail M. Bachtin. Das Wort im Roman. In: Edward Kowalski und Michael Dewey. Untersuchungen zur Poetik und Theorie des Romans. Berlin und Weimar: Aufbau, 1986, S. 137.

Ein Pakt auf Augenhöhe

Diese Unterscheidung zwischen Ironie und Parodie kann also dazu herhalten, weitere Eigenschaften des Ironischen mit Blickpunkt auf filmische Diskurse der Coen Bros. herauszuarbeiten. Als Kategorie der Verhältnismäßigkeiten und Grauwerte, der Abstufungen und Nuancen, der sanften Färbung und des feinen Unterschieds bindet die Ironie im Gegensatz zur Parodie das Andere, die Rede- und ZeigepartnerInnen des filmischen Diskurses, stärker in die eigene Bilderrede ein. Damit baut sie auch die Grenzen zum Anderen im Diskurs ab und geht einen impliziten *Pakt* zwischen Film und Kino-Menschen ein. Dieser Pakt schärft das wechselseitige und dialogische Verhältnis zwischen den enunziatorischen Polen oder Partnern und ermöglicht das Verständnis nuancierter Abweichungen von gängigen kulturellen und filmischen Kodifizierungen. Anders als im Komödiantischen oder Lächerlichen, anders als bei Sarkasmus oder Parodie befinden sich im Ironischen die filmischen Enunziationspartner auf Augenhöhe und können einander deshalb auch – um im Bild zu bleiben – zuzwinkern oder anderweitig bildlich dialogisieren.

Ist die grundsätzliche Übereinstimmung der EnunziationspartnerInnen im Kino einmal gegeben, ist der Wille zum kinoanthropologisch bestimmten Spiel von Zeigen, Verbergen und Abweichen als bildlicher Ausdruck ironischen Dialogisierens kundgetan, so fließt daraus ein entscheidendes Moment wechselseitiger *Würdigung*. Während der Vorstellung im Saal werden nur jene Bilder wahrgenommen, die die BetrachterInnen *ansprechen* und jenes *an* den Bildern, das im gegenseitigen Einverständnis zeigenswert und zeigenswürdig erscheint. Und umgekehrt: es werden dem Kino-Menschen nur solche Bilder zum Dialog angeboten, die einem bestimmten und erwarteten Lektüremodus nahekommen. Diese unausgesprochene Übereinkunft nennt man *Takt*. Er geht über das semiotische Verständnis und kognitive Wissen und Erkennen von Gegenständen, Sachverhalten und Handlungen hinaus und baut auf das Vertrauen in das Urteils- und Verständnisvermögen Anderer. In seiner nuancierten Abstimmung von *Gesten und Intonationen* reguliert der Takt das Gefüge sprachlicher und bildlicher Bezüge ausgehend von konkreten Voraussetzungen sozialer Differenzierungen und Diskurse. Er ist somit, so bestimmt ihn Medvedev, eine wahrnehmungstheoretische Komponente anthropologischer Tragweite, die ganz wesentlich auch ironische Diskurse ermöglicht:

> „Der Takt bestimmt alle unsere Äußerungen, gleichgültig, wie es sich im einzelnen Fall auch darstellen mag. Es gibt kein Wort, das nicht durch den Takt beeinflußt wäre. Unter bestimmten Bedingungen schafft der sprachliche Takt bei einigen sozialen Gruppen günstige Voraussetzungen für die Herausbildung derjenigen Besonderhei-

ten von Äußerungen, die die Formalisten für typische Charakteristika der poetischen Sprache halten: Bremsungen, Umwege, Zweideutigkeiten, ‚verborgene' Wege
der Rede."[354]

Dieses dialogische Einverständnis reguliert im taktischen Einvernehmen mit den
objektiven Gegebenheiten des Textsystems die Feinheitsgrade der Nuancierung,
ihre Abweichungen und Einstimmungen, die sich schließlich auch in ironischen
Diskursen finden. Dies sieht übrigens, zumindest was das Lesen betrifft, auch
Georg Lukács so. Den Roman nennt er deshalb eine halboffene Kunst. Er erklärt
dies mit dessen prinzipiell prozessualer Anlage beim Vermitteln objektiver und
subjektiver Faktoren, die in dieser literarischen Gattung zusammentreffen und
zwischen beiden ein „schwebendes Gleichgewicht von Werden und Sein"[355] halten. Diese widersprüchliche Verfasstheit, die wegen ihres Prozesscharakters an
jene des Films heranreicht, fordere einen strengen normativen Rahmen, in dem
der Roman organisiert sei. Je schwieriger dieser Schwebezustand zu bestimmen
ist, je undefinierbarer und unformulierbarer, desto verbindlicher hätten aber auch
die Gesetzmäßigkeiten des Takts zu sein. Neben dem Geschmack, der in der Tat
unbestimmbar bleibe, trage der Takt ganz entschieden zum enunziatorischen Vorgang der Lektüre bei. Obwohl er üblicherweise nicht in die Sphäre der Künste
eingreife, erhalte er in dieser besonderen Konstellation eine regulative Funktion
zugewiesen. Er unterstützt gewissermaßen die pure Subjektivität und verschafft
ihr „episch normative Objektivität"[356]. Die Gesetze des Takts schaffen also einen
Ausgleich, der durch das feine Maß seiner Zwischenexistenz die Entfaltung einer
Art dialogischer Gemeinschaft zwischen Leser und Text befördere. „Takt und Geschmack [...] gewinnen eine große und konstitutive Bedeutung"[357] in diesem Spiel
von objektiven Faktoren und subjektiven Abweichungen. Nicht zufällig kommt
Lukács genau bei der Formulierung dieser regulativen Funktion des Takts auf die
Ironie zu sprechen, die aufs Engste mit ihm verbunden sei.

Wie nach Lukács der Roman zur Entfaltung ironischen Potentials diesen Vorgang des gemeinsamen Eintaktens zwischen Text und Leser benötige, so auch der

---

354   Medvedev, Die formale Methode, S. 124f. Ebenso ertragreich für eine ausführlichere
      Ironie-Debatte im Kino wäre es in diesem Zusammenhang, die platonische Kardinal-
      tugend der *phronesis*, also der ‚Angemessenheit des Verhaltens', mit einzubeziehen,
      die ebenfalls die nuancierten Mikrobewegungen des Einstimmens und Abweichens im
      Zusammenspiel von Takt und Klugheit meint.
355   Lukács, Theorie des Romans, a.a.O., S. 63. Offenbar hat Eco davon seinen Begriff vom
      (ganz)offenen Kunstwerk abgeleitet.
356   Ebd.
357   Ebd.

Film und seine BetrachterInnen. Auch sie setzen die Kompetenz zur nuancierten Abstimmung, also ein gewisses Feingefühl der filmanthropologischen Einstimmung zwischen Film und Kino-Menschen, voraus. Gerade filmische Ironie, eine besonders ausgeprägte Form der Einstimmung und Übereinstimmung, ist ohne diesen Takt nicht denkbar. Wer dabei übrigens auch an den von Roger Odin beschriebenen Vorgang der *mise-en-phase*[358] im Mikrobereich filmischer Semiosis denkt, liegt gewiß nicht ganz schief. Allerdings bedarf dieser von der Semiopragmatik geprägte und im Kino allgegenwärtige Vorgang noch konkreter Analysekategorien, um etwa die in den Coen-Filmen vorliegenden *Ab- und Einstimmungsangebote* im Spannungsfeld zwischen Takt und Ironie faßbar zu machen.

Zur taktischen Akzeptanz der kleinen Unverhältnismäßigkeiten

Eines dieser Angebote der Coens an ein spezifisches Publikum oder besser: an einen spezifischen Lektüremodus, ist jedenfalls die gezielte *Setzung bescheidener Unverhältnismäßigkeiten*. Mögen es, wie in RAISING ARIZONA (US/1987), Unverhältnismäßigkeiten auf narrativer Ebene sein wie eine überzogene Verfolgungsjagd in Zeitraffer mit mehreren Autos, quietschenden Reifen und einer Summe ähnlich dosierter Übertreibungen oder, wie in OH BROTHER, WHERE ART THOU?, die Rettung der drei entflohenen Kettensträflinge durch einen zehnjährigen Jungen aus einer brennenden Scheune unter dem dichten Kugelhagel der Belagerer: Das Auseinanderklaffen von Aufwand und Effekt, nicht zu weit, sondern mit Takt und Augenmaß, ist dabei erstens so angelegt, dass es als Unverhältnismäßigkeit erkannt und als Angebot akzeptiert werden kann. Es ist zweitens wohl dosiert und inszeniert, sodass es im Einvernehmen mit dem Anderen eben nicht ins Lächerliche oder Parodistische kippt. Die quantitative Abweichung von den Kodes der Wahrscheinlichkeitskonstruktion ist also immer mit einem deutlichen Trotzdem versehen. Der Exzess wird durch die kleine Nuance gezähmt. Die Coens bauen auf diesen Takt und bauen darauf, dass die Unverhältnismäßigkeiten auch tatsächlich in der pragmatisch-enunziatorischen Beziehung von den BetrachterInnen angenommen werden können.

FARGO kann aus dieser Perspektive als Gesamtkonzeption ironischer Unverhältnismäßigkeiten gesehen werden, die sich erst über die taktische Übereinkunft und nur für entsprechend getaktete Publika erschließt. Bildkompositorische *Verzerrungen* einzelner Einstellungen, die einer bildrealistischen Wahrscheinlichkeitskonstruktion nur mehr notdürftig gehorchen; die plakative und überdeterminierte

---

358 Roger Odin. De la fiction. Bruxelles: De Boeck Université, 2000, S. 39. Diesen Hinweis verdanke ich Guido Kirsten.

Verwendung motivischer Elemente wie die Übergabe der exakten Summe von genau einer Million Dollar an einen Erpresser; die dosiert vorgenommene Übertreibung der Körperbewegungen während eines Duells; der nicht enden wollende Dauermonolog des blonden Kidnappers während einer überdehnten Autofahrt, der sich schließlich im Kreislauf des Redens über das Reden verfängt: all diese in FARGO fast enzyklopädisch vorgeführten Unverhältnismäßigkeiten vermitteln sich als dialogische Angebote, die angenommen werden können oder eben – mit einem leichten Schulterzucken – auch nicht.

Abb. 72   FARGO (Ethan und Joel Coen, US/1996) [24,27]: Grenzen des Bildrealismus.

Natürlich haben andere FilmemacherInnen dieses Verfahren gezielter Unverhältnismäßigkeiten am Rande der Wahrscheinlichkeitskonstruktion noch markanter zu einem Markenzeichen ihrer Produktion stilisiert als die Coens. Die Inszenierung von, wie wir sagen würden, ,'sinnloser' Gewalt in Sam Peckinpahs STRAW DOGS (US/1971) oder Tarantinos Gewaltrituale in RESERVOIR DOGS (US/1992) arbeiten ebenfalls mit diesen Unverhältnismäßigkeiten. Doch gehen sie eben von der *nuancierten* Abweichung ab und inszenieren stattdessen jenen hündischen Exzess, der bereits in den Filmtiteln angedeutet wird und dann eher sarkastische oder parodistische Züge annimmt. Als taktische Einstimmungen aus der Werkzeugkiste der Ironiekonstruktion können sie jedenfalls kaum gelten.

Diese, von den Coen-Brüdern augenzwinkernd vorgenommenen Angebote schleichen sich ein in den filmischen Diskurs und untergraben allmählich durch

Häufung und Wiederholung den festen Boden geradlinigen Erzählens und referenzbezogenen Zeigens. Als schwebende, kaum merkliche Bild- und Tonresidua schleichen sie sich ein zwischen Leinwand und BetrachterInnenkörper und harren darauf, vom Kino-Menschen realisiert zu werden. Aus komplexen Bildaussagen generiert, ist Ironie also nicht einfach ein filmisches Ding, kein Objekt der Betrachtung rein semiotischer, im Text ausgetragener Möglichkeiten. Ironie entsteht vielmehr im Akt des Aussagens und Zeigens, als rituelle Bewegung in einem klar definierten diskursiven Gefüge. In dem weiten Feld filmischer Redevielfalt ist sie eine der raffiniertesten Aussagehandlungen, von der sich allerdings immer nur Angebote finden lassen an eine partizipierende ZuseherInnenschaft, die mit einem beträchtlichen Kompetenzkoeffizienten der Lektüre ausgerüstet zu sein hat.

Amah, Max und John

11

Mikrogestik und Mikromimik in drei Hollywood-Filmen der 1940er Jahre

---

11.1 Kino-Ritual und somatische Induktion

Mimische und gestische Bewegungen einer Filmfigur setzen nicht nur, wie die Untersuchung der Coen-Filme gezeigt hat, eine gemeinsamen soziale und humane Umgebung voraus, die eine adäquate Lektüre gewährleistet. Sie können neben ihrer handlungsorientierten Funktion auch als Versuche gedeutet werden, das eigene Körperbild mit dem einer anderen Figur auf der Leinwand in engen Bezug zu setzen und beide in einen gemeinsamen partizipatorischen Zusammenhang einbinden. Marcel Mauss hat, wie bereits in der Einleitung erwähnt, in Erinnerung an einen Krankenhausaufenthalt in New York einen Vorgang beschrieben, der dies sogar in transatlantischen Dimensionen illustriert. Erstaunt stellte er fest, dass er die Art des Gehens der Krankenschwestern bereits irgendwo gesehen hatte. Nach einigem Nachdenken ward ihm klar: „Je trouvai enfin que c'était au cinéma."[359] Körperhaltung, Gestik und Mimik waren also, so der Anthropologe, im Kino erlernt worden und setzten sich alsbald auf den Flügeln des Films auch über den Atlantik von seinem Krankenbett in New York bis nach Paris fort. Was Mauss als kinoanthropologischen Sozialisierungs- und Enkultationsprozess von Kör-

---

359 Vgl. Marcel Mauss. Die Techniken des Körpers. In: Soziologie und Anthropologie. München: Hanser, 1975, S. 199–220; zitiert nach Marcel Mauss. Les techniques du corps. 1934. <http://www.regine-detambel.com/images/30/revue_1844.pdf>, S. 7. (letzter Zugriff: 2.10. 2017). Siehe dazu auch Despoix. Afrikanische Silhouetten, a.a.O., S. 523–35.

pertechniken beschrieben hat, gilt aber auch im Kino zwischen Leinwandfiguren und ZuschauerInnen, ja auch für die Beziehung filmischer Figuren untereinander. Gesten färben gewissermaßen von einer Figur auf die andere ab. Ausgehend von dieser Erkenntnis aus dem Jahr 1934 ist das Augenmerk also auf das Wie, auf die genauen Modalitäten und Vorgänge, zu richten, durch die solche Abfärbungen von Gestik und Mimik im Detail vor sich gehen. Das Kino verfügt nämlich über eine Vielzahl von Techniken, die an die von Mauss beschriebenen Körpertechniken anknüpfen und sie auf dem Felde des bewegten Bildes und seiner Aufnahme und Verarbeitung durch Menschen im Saal fortsetzen. Dies beginnt bereits bei den technischen und baulichen Voraussetzungen des Kinos und besteht in der Art der Adressierung und Einbindung der BetrachterInnen bei jedem einzelnen Film.[360] Das gestische Spiel zwischen den Filmfiguren wiederholt sich im Spiel zwischen Leinwand und Kinosaal – anders als Mauss es beschrieben hat jedoch quasi in Echtzeit. Die BetrachterInnen der Filmfigur im Saal werden durch deren Gesten unmittelbar geprägt und verändert. Sie sehen, hören und verstehen nicht nur, sondern werden von den Filmfiguren ganzkörperlich affiziert. Ausgehend von filmologischen und phänomenologischen Erkenntnissen hat Jean-Pierre Meunier diesen Vorgang motorischer Identifikation als Mimetismus beschrieben:

> „Bei einem derartigen Verhalten kommt dem Mimetismus (der Körperhaltung) die wesentliche Funktion zu, die äußere Verhaltensweise der Figuren im Inneren des Zuschauers lebendig werden zu lassen und so ein Band der Zusammengehörigkeit zwischen dem Für-andere-Sein der Figur und dem Für-sich-Sein des Zuschauers herzustellen."[361]

Dieses Wechselspiel mimetischer Akte bestimmt jeden Moment der Beziehung zwischen Figur und ZuschauerIn, verändert sich nur innerhalb eng gesetzter Grenzen und Wiederholungsschemata und nimmt schließlich die Form von *Ritualen* an.

Wie alle Rituale sind auch die Kino-Rituale weder als Sprechakte noch als kognitive Wahrnehmungsvorgänge hinreichend beschreibbar und bis dato auch nicht durch neurophysiologische Theoreme wie jene zu den Spiegelneuronen auch nur annähernd zu erklären. Sie sind körperliche Akte, die vom Anderen angeregt sind

---

360 Vgl. dazu Karl Sierek. KinAgora. Vom Kinogehen, in: ders. Aus der Bildhaft. Filmanalyse als Kinoästhetik. Wien: Sonderzahl, 1993, S. 19–66.

361 „Dans une telle conduite, le mimétisme (la posture) a justement pour fonction essentielle de faire vivre dans l'intériorité du spectateur, la conduite extérieure du personnage et de constituer ainsi un lien d'appartenance entre l'être-pour autrui de celui-ci et le pour-soi de celui-là." Jean-Pierre Meunier. Les structures de l'expérience filmique. L'identification filmique. Louvain: Librairie universitaire, 1969, S. 114.

und sich auf Anderes richten. Als habituell gewordene Bewegungsmuster stellen sie Körper gewordene Dialoge dar. Diese ritualisierten Körper-Dialoge füllen den sozialen Raum der Herstellung laufender Bilder ebenso wie jenen ihrer Vorstellung im Kinosaal. Sie treten in unterschiedlichsten Kleidern auf und passen ihre Erscheinungsweisen ständig den kulturellen und historischen Bedingungen umgebender Räume an.[362]

Im Kino bedürfen gestische Körper-Dialoge zwischen den Filmfiguren auf der Leinwand und den ZuschauerInnen im Saal allerdings noch eines dritten Mitspielers. Nennen wir diese Funktion im gestisch-dialogischen Spiel der Körperbilder kurz die Kamera. So sehr die Körperschatten auf der Leinwand sich auch gestisch und mimisch einander zu- oder voneinander abwenden mögen, immer tritt diese bildgebende Partnerin dazwischen: ebenso gestikulierend oder zurückhaltend wie die Figuren, nicht minder in dieses Körperspiel einbezogen oder von ihm ausgeschlossen. Der Kamera-Körper nimmt nicht auf, sondern mischt sich – tatsächlich gestisch – in dieses Schau-Spiel ein. In rituellen Abläufen begeben sich Figuren-Geste und Kamera-Geste in wechselseitige Abhängigkeit zueinander. Sie stimmen sich aufeinander ein, gehen miteinander um und ineinander über. Im besten Fall gibt es in diesem menschmaschinellen Kreislauf keine Hierarchie, kein Gefälle der Gefälligkeiten. Figur und Kamera brauchen einander. Zwischen sie passt kein Blatt. Aber auch wenn Figur und Kamera einander nicht einig werden, ändert dies nichts an ihrem engen Bezug. Auch die Reibung zwischen beiden Gesten, der figürlichen und der bildgebenden, auch ihre Zuwendung und Abwendung, die wechselseitige Annäherung und Entfernung von schauspielenden Menschen und technischer Apparatur, kann sie nicht trennen. Sie bleiben, wie die beiden Seiten eines Blattes, einander verbunden. Dieser Dialog zwischen Körper und Maschine macht aus dem Ritual den historischen Spiegel eines spätestens seit Beginn des 19. Jahrhunderts zunehmend bedeutsamer werdenden anthropologischen Wandels. Die Kamera-Maschine tritt aus ihrer dienenden Funktion heraus und wird mehr und mehr zu einer gleichwertigen Partnerin und zu einem Bestandteil einer Kommunikation auf Augenhöhe mit den Menschen.

Wenn die in der Bild-Geste vereinigten Rituale zwischen Figuren-Gesten und Kamera-Gesten auf die BetrachterInnen im Saal treffen, reagieren auch diese mimetisch und gestisch. Sie halten den Stürzenden auf der Leinwand mittels einer überstürzten Handbewegung auf, neigen sich mit dem rasenden Fahrzeug

---

362 Darauf hat etwa Carlo Ginzburg hingewiesen, der deshalb jegliche „anthropologische Haltung" nur als dialogische für denkbar hält. Vgl. Carlo Ginzburg. Der Inquisitor als Anthropologe. In: Geschichte schreiben in der Postmoderne. Hg. von Christoph Conrad/Martina Kessel. Stuttgart: Reclam, 1994, S. 208.

in die Kurve, schrecken vor dem Raubtier hinter Gittern mit aufgerissenen Augen
zurück. Ihre Körper werden bis zum Tränen- und Speichelfluss von den Gegen-
stands- und Handlungsbildern vorne oben auf der Leinwand reguliert. Bild-Gesten
färben nicht nur auf die Betrachtenden ab, deren Empfindungen richten sich nach
ihnen, ihre Körper verwandelt sich den Bild-Gesten an. Daraus werden Gesten
der Warnung, der Empathie und Antipathie, des Hasses und der Liebe. Die Kette
dieser anthropomorphen Bewegungen von der Gestik der SchauspielerInnen zur
Figuren-Geste, von der Kamera-Geste zur Bild-Geste findet in der Körper-Geste
der ZuschauerInnen – im Kino-Menschen – ihren Resonanzraum. Aus der Perspektive der Kinoanthropologie zeigt sich also auch das Filmsehen und Filmhören
in den Funktionszusammenhang eines Mensch-Maschinen-Dialogs eingebunden.

Am subtilsten entfalten sich diese rituellen und ritualisierten Körper-Dialoge
im Kinosaal allerdings nicht als Exzesse des tosenden und vibrierenden Bilder-
sturms. Ihre Wirkmächtigkeit stellen sie vielmehr in den feinen Abstimmungen
von Körper und Gesicht unter Beweis, in den winzigen Bewegungen gestischer
und mimischer Nuancen. Was zeigt dieses Gestenritual besser als Nana und
Jeanne in VIVRE SA VIE (Jean-Luc Godard, F/1962), die eine im Saal, die andere auf
der Leinwand, verbunden durch die Träne in Nanas Auge? Anknüpfend an diese
Godard'sche Reflexionsfigur *somatischer Induktion* anthropologischer Tragweite
wäre deshalb beim gestischen und mimischen Ritual unscheinbarer Bewegungen
von kleinen, vermeintlich unwichtigen Figuren anzusetzen.

11.2 Figuren-Gesten, Kamera-Gesten und Zuschauerlnnen-Gesten

Drei DienerInnen in drei klassischen Filmen, zwei davon stumm und einer wort-
karg, alle aus den 1940er Jahren Hollywoods, sind Schau-Plätze dieses reduzierten
Repertoires apparativ vermittelter Körperdialogik: Max von Mayerling in SUN-
SET BLVD. (Billy Wilder, USA 1950), zwei Jahre vorher John in LETTER FROM AN
UNKNOWN WOMAN (Max Ophüls, USA 1948), und bereits 1941 die enigmatische
Amah in einem Film, der die Geste bereits im Titel trägt: THE SHANGHAI GESTURE
(Josef von Sternberg, USA 1941).

John tritt nur selten auf. Stumm richtet er Stefan die neue Wohnung ein und
trägt ihm die Nahrung auf und nach, meist in flüssiger Form von Champagner. Zunächst ist er seinem Herrn kaum mehr als eine Prothese der physischen Subsistenz.
Nicht John, sondern nur sein Körper harrt an der Tür, um sie, wenn Stefan näch-
tens heimkommt, wort- und regungslos zu öffnen. Seine verhaltenen Bewegungen
beschränken sich auf kaum wahrnehmbare Gesten. Die immer wiederkehrenden

Mikrobewegungen von Kopf, Torso und Hand begleiten seinen Dienst. John erfüllt seine Pflicht, vollzieht sein Ritual ohne selbstbestimmt und zielbewusst zu handeln. Er agiert nicht, sondern reagiert. Er dient, ohne seinem Herrn ein Gegenüber zu sein. Durch diesen gestisch-mimischen Minimalismus verschiebt sich auch das Verhältnis zwischen Kamera-Gestik und Figuren-Gestik. Je geringer der Anteil expressiven Schauspiels und je dringlicher die Wortlosigkeit des stummen Dieners, desto deutlicher melden sich die apparativen Momente der Bildgebung in diesem Mensch-Maschinen-Dialog zu Wort. Diese Verschiebung wiederholt sich im Saal. Der ZuschauerInnen-Körper stimmt sich zunehmend auf die subtilen Bildgesten auf der Leinwand ein.

Nur wenige Male verstößt John in LETTER gegen diese Mikro-Gestik und Mikro-Mimik, die den Kamera-Gesten den Vortritt läßt. Einmal im ersten Teil, als er während des Einrichtens von Stefans Wohnung mit der Andeutung eines Lächelns vorsichtig Lisas Wange streichelt; ein zweites Mal am Schluss, als er ebenso vorsichtig Stefans Arm berührt und – beinahe wieder – zu einem Lächeln ansetzt; und schließlich ein drittes Mal, wenn er mit einem unmerklichen Kopfnicken und einem Händeschütteln die Sekundanten zum schlussendlichen Duell begrüßt: Gestische Rudimente nur, deren Handbewegungen kaum zu Handlungen gerinnen, gleichwohl aber die beiden Getrennten, Lisa und Stefan, verbinden. Die Gesten bleiben in ihrer schematischen Wiederholung für den Fortlauf der Handlung folgenlos: keine Handlungen, sondern Rituale.

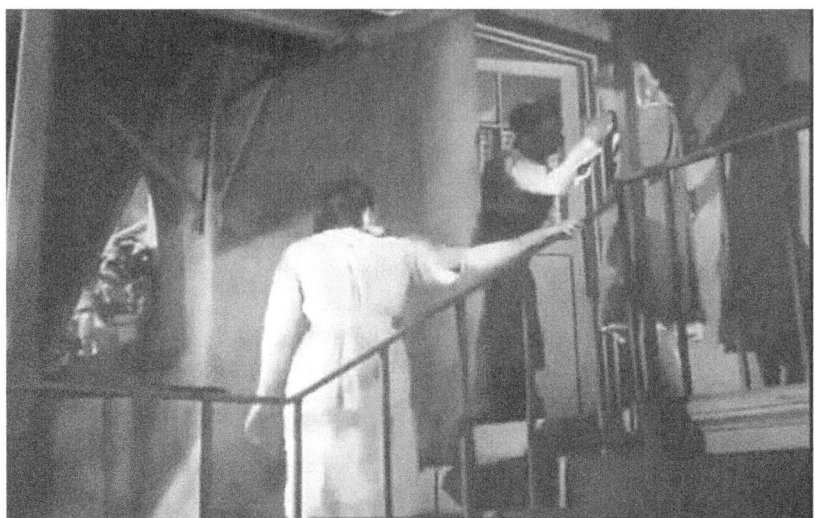

Abb. 73, 74   LETTER FROM AN UNKNOWN WOMAN(Max Ophüls, US/1948): folgenlose Rituale: das Streicheln von Lisas Wange [14.28], die Berührung von Stefans Arm [1.21.01].

Amah, die ebenfalls stumme Dienerin, ist noch seltener zu sehen als John. Gegen Ende von SHANGHAI GESTURE während des chinesischen Neujahrsfestes erstmals auftretend, entzieht auch sie sich weitestgehend den Intrigen der Geschichte und ihrer Hauptfiguren. Die alte Amme von Mother Gin Sling verharrt, nachdem sie ihre Herrin in den Speisesaal geleitet hat, stumm und starr hinter ihr und sendet kaum irgendwelche Signale nach außen. Ihre hermetisch geschlossene Körperoberfläche ist nur durch die stechenden Augen durchbrochen, die dem Geschehen aufmerksam folgen. Statt sich wie John in handlungslose Rituale zu verstricken, bleibt sie, noch radikaler, vom Geschehen um sie unberührt und in beunruhigender Alterität befangen.

Abb. 75 THE SHANGHAI GESTURE (Josef von Sternberg, US/1941) [1.14.06] Amah (rechts) in radikaler ritueller Reduktion: reglos, stumm und starr.

Max hingegen mischt schon öfter mit. Zunächst noch bewegungslos an der Tür des Eintretens von Gillis harrend, tritt sein Körper sogleich in Dialog mit dem Habitus des Drehbuchschreibers. Stroheims Statur kontrastiert mit Bill Holdens legerer Geschmeidigkeit, seine reglos hängenden Arme mit den vorgezogenen Schultern Gillis', seine weißbehandschuhten Hände mit denen des Eindringlings, die in den Taschen seiner weiten Hosen verschwinden. Doch erst im weiteren Verlauf wird aus Körper-Dialog und Körper-Kontrast eine unüberbrückbare Differenz. Max' undurchdringlicher Körperblock setzt sich gegenüber dem vibrierenden und fahrigen, offenen und verletzlichen Körperbild von Gloria Swansons Norma durch.

Kein Dialog mehr zwischen dem stiernackigen Regisseur und der exaltierten Gestik des Stummfilmstars. Der Bachtinsche Karneval der offenen Körper des Widerstands ist vorbei.[363]

Abb. 76   SUNSET BLVD. (Billy Wilder, US/1950): Stroheims geschlossener Körperblock.

Soweit einige Bemerkungen zum innerdiegetischen Dialog der Figuren über ihre
Körper-Gesten. Auf sie antworten die Kamera-Gesten. Sie akzentuieren und
dämpfen, heizen an und kühlen ab. In den drei Filmen allerdings bleiben auch sie
eher bescheiden. Auf die Statuarik der drei DienerInnen reagieren sie mit ebenso
angemessener Zurückhaltung. Gleichwohl intrigieren sie die Figuren durchaus ab-
gestuft in ein je spezifisches Ritual.

In LETTER FROM AN UNKNOWN WOMAN gestalten sich die John zugewandten Kamera-Gesten eher dezent. Sogar an der entscheidenden Stelle des Nicht-Dialogs
zwischen Stefan und John, als der Pianist langsam erinnernd das gesamte Desas-
ter seines Lebens erkennt und seinen Diener fragt: „You remembered her?“, bleibt

---

363   In seinem Rabelais-Buch geht Bachtin genau auf diese Offenheiten und Geschlossen-
        heiten des Körpers ein: Michail Bachtin. Rabelais und seine Welt. Volkskultur als
        Gegenkultur. Übers. von Gabriele Leupold. Frankfurt am Main: Suhrkamp, 1995, S.
        361.

die Kamera auf Distanz. Sie antwortet damit adäquat auf die ebenso minimalen Bewegungen Johns. Diese Zurückhaltung ist allerdings nicht nur dem mimetischen Einspielen des Rituals von Kamera-Gesten und Figuren-Gesten geschuldet, sondern auch der Studio-Ökonomie. Anders als die großen Gesten in seinen europäischen Nachkriegsfilmen, in denen die komplexen Kranfahrten zu einem ausgefeilten gestischen Ritual der Erhabenheit zwischen den Protagonisten und der Kamera ausbaut werden, muss sich der Exil-Regisseur in diesem Universal-Picture aufgrund des Studio-Drucks mit einem einzigen erhabenen Kamera-Gestus des großen Studiokrans begnügen, den er gleich zu Beginn während des Einrichtens der neuen Wohnung einsetzt.[364]

Während Ophüls seinen Diener kaum zur Kenntnis nimmt, unterstützt Wilders Kamera das Erscheinungsbild und den Habitus des zunächst schweigsamen Dieners ganz erheblich. Kein Wunder: wird die Apparatur doch auch im narrativen Gefüge schlussendlich zu einem entscheidenden Mitspieler werden. Sein Kran nähert sich Max neugierig, bis ihm die Kamera auf Augenhöhe gegenüber steht. Mit dynamischen Wechseln der Einstellungsgrößen, nuancierten Unter- und Aufsichten mischt sich der bildgebende Dialogpartner sichtlich ein. Er sucht den massigen Stiernacken des Dieners, nimmt im Blick durch die Rahmung der Windschutzscheibe der Limousine Stellung zu Max' heruntergezogenen Mundwinkeln, oder wendet sich nach einem kurzen Moment vom Kontrollblick des gläserputzenden Dieners demonstrativ ab.

---

364 Lutz Bacher schildert eindrücklich Ophüls' Kampf um jeden der finanziell aufwendigen Einsätze des großen Krans, der ihm für die Entwicklung diese Gestik nötig schien. Vgl. Lutz Bacher. Max Ophüls's Universal-International Films: The impact of production circumstances on a visual style. Detroit: Wayne State University, 1984, S. 102.

Abb. 77 Sᴜɴsᴇᴛ Bʟᴠᴅ. (Billy Wilder, US/1950): Einmischungen der Kamera-Gesten [36.08].

Dieses Spiel zwischen den Figuren und der Kamera lässt den BetrachterInnen-körper nicht unberührt. Erst in ihm werden die Gesten zu einem Ritual zusammengefasst und abgerundet. Man könnte diesen gestischen Austausch mit Münsterbergs Überlegungen zum Kino als Anstalt der Anverwandlung von Bildbewegungen auf der Leinwand und Körperbewegungen der Zusehenden erhellen.[365] Doch bleibt die erkenntnistheoretische Reduktion auf wahrnehmungspsychologische Abläufe in einem Schema befangen, das den rituellen Charakter dieses Vorgangs unterschlägt und damit die körperlichen Dimensionen des Gestenrituals eher verstellt.

Umfassender deutet diese elementare Bewegung Martin Bubers Beitrag zur Anthropologie des Kinos an. Er baut seine dialogische Anthropologie auf einem unmittelbaren Körperbezug auf, der „sich in einem schmalen Umkreis gegen-

---

365 Vgl. Hugo Münsterberg. The Photoplay, A psychological study. New York: Dover, 1970 [1916], S. 36. Siehe auch die filmanthropologische Einordnung von Münsterbergs Mimesis-Theorie im ‚Theoriehistorischen Abriss' des Kapitels ‚Anthropologie des Kinos' in diesem Band.

wartsstarker Akte"[366] realisiert. Zunächst, so Buber, treten dem Mensch die Erscheinungen um ihn nicht in vergegenständlichter Form mentaler Bilder entgegen, sondern als jene Erfahrung am und im eigenen Leib, die er als „Erregungsbild" beschreibt. Der Gegenstand als solcher lässt ihn kalt, bis dieser „leiblich auf ihn zu, ihm nahe kommt, ihn mit Gebärden bezaubert oder ihm mit Berührungen etwas antut, Schlimmes oder Süßes."[367]. Und ist nicht gerade das Kino jener Ort gegenwartsstarker Akte, der einprägsamer als alle anderen Apparate Erinnerungsspuren an solche gestischen Erregungsbilder in unseren Körpern hinterlässt? Leiten sich in ihm nicht auch alle anderen Beziehungen zwischen Leinwand und ZuschauerIn von diesem ersten Erregungsbild ab, das den ZuschauerInnenkörper mit Gebärden bezaubert? Das *Erregungsbild* ist die physische Grundlegung für alle weiteren Besetzungen, Benennungen und Bezeichnungen des Leinwandgeschehens.

11.3 Subjektgeschichte, Familiengeschichte, Filmgeschichte: Vom Erregungsbild zum filmischen Gedächtnis

In den drei Dienerfiguren jedenfalls meldet sich etwas von jenen in Bubers *Ich und Du* als ‚magisch' beschriebenen Gebärden zu Wort. Beinahe gesten- und handlungslos aus der Raumzeit der optischen Vorstellung gesetzt, in purer Präsenz verharrend, weckt die minimalisierte Mikrogestik von John und Amah Erinnerungsspuren an jenes Erregungsbild, von dem Bubers dialogische Anthropologie alle weiteren Beziehungen zu Mensch und Ding ableitet. Dienend stehen sie außerhalb des Geschehens und der Intrigen, teilnahmslos, aber beobachtend. Sie registrieren alles und gebärden sich dennoch so, als ob all das um sie herum sie nichts anginge. Eingebunden und erregt zu sein, jedoch nicht eingreifen zu können in den Lauf der Dinge um ihre HerrInnen: Genau in dieser Paradoxie befangen, finden sie sich auf der Seite des Kino-Menschen wieder. Deshalb auch gehen sie *uns* an, sie gehen, wie man sagt, ‚uns etwas an' oder, wie Buber schreibt, sie tun uns mit Berührung etwas an. Vor allem Amah, aber auch John und in der ersten Hälfte von Sunset Blvd. auch Max appellieren im Saal gerade durch ihre archaische Statuarik und die daraus resultierende Randständigkeit zur Geschichte an jenen „Leib, der noch von keinem Ich weiß"[368].

---

366 Buber, Ich und Du, a.a.O., S. 22. Vgl. dazu genauer Kapitel *Martin Bubers Erregungsbild* in diesem Band.
367 Ebd., S. 23.
368 Ebd., S. 25.

Die Bewegungsinversion der Leinwandkörper, ihr Stillstehen und Verharren, führt zu zeitlichen Effekten, die tief ins erzähltechnische Gefüge der Filme eingreifen. Die verzögerten, verlangsamten und bis zur Reglosigkeit erstarrten Gebärden ihrer Figuren leiten eine Verschiebung der temporalen Ordnung ein, die über das Körperbild hinaus den gesamten filmischen Diskurs bestimmt. Die Figuren fallen aus Erzählzeit und Erzählraum, um die diegetische Welt umso besser regulieren zu können. Vom archimedischen Punkt am Rande oder beinahe außerhalb der Geschichte beginnen John, Max und Amah auf je eigene Weise über *Erinnerung und Gedächtnis* zu verfügen.

In LETTER ist dies am offensichtlichsten. John, das Wesen, das die Wohnung seines Herrn eingerichtet hat, das die Türen öffnet und schließt, das den Herrn mit Nahrung versorgt, übernimmt neben diesen physischen Subsistenzpflichten auch die Gedächtnisleistung des Pianisten. Er weiß, wer kommt und geht. Lisa findet bei ihm immer offene Türen vor, da er, anders als sein Herr, die Geschichte der beiden erinnerlich hat. Er ist die Erinnerungsprothese Stefans, sein ausgelagertes Gedächtnis. Doch speichert John nicht nur die Erinnerungen des Protagonisten. Auch für den ZuschauerInnenkörper besorgt er die diskursive Ökonomie des Erinnerns. Als gestische Inkarnation des filmischen Gedächtnisses ermöglicht er die Einreihung des Films in das Body-Genre des Melodrams.[369] Sein narrativ funktionsloser Körper wird zum Quell jener Tränen, die der Tragik des Vergessens entspringen. Johns Hand hat Lisa erkannt, Stefans Körper hat sie vergessen. Da er als Sprachloser sich nicht des körperfernen Mediums der Rede bedienen kann, greift John, um Stefan schlussendlich doch zu unterrichten, zur Feder. Mit dem Schriftzug seiner Hand verfasst er eine Niederschrift des Gewesenen und zieht eine Spur mit dem Namen Lisas aufs Papier. Johns Handbewegung macht ihn zum Medium der subjektiven Erinnerung Stefans. Die Verwendung jener Kulturtechnik, die vor jeder anderen zur Schreibung der Geschichte, zum Wiedererinnern des Vergangenen ermächtigt, autorisiert ihn als *Geschichtsschreiber seines Herrn*.

Amahs Horizont in SHANGHAI GESTURE geht entschieden darüber hinaus. Auch wenn die Dienerin Gin Slings erst beim abschließenden chinesischen Neujahrsfest auftritt, ab da aber kein einziges Mal mehr von der Seite ihrer Herrin weicht, wird sie sofort zur Drehscheibe des gesamten Sternberg'schen Psychodramas. Obwohl sie insgesamt weniger als drei Minuten im Bild bleibt und davon fast immer nur im Hintergrund oder am Ärmel ihrer Kutte erkennbar ist, speichert sie nicht nur Gin Slings Leben, sondern die Vergangenheit des gesamten Clans. Wie John das Gedächtnis der *Subjektgeschichte*, ist Amah das Gedächtnis der *Familien-*

---

369 Vgl. dazu Linda Williams. Hard Core: Macht, Lust und die Traditionen des pornographischen Films. Nexus. Basel: Stroemfeld, 1995.

geschichte. Diese entscheidende Funktion im gesamten Gefüge des Films wird durch eine Reihe von Merkwürdigkeiten unterstrichen. Amah bleibt im diegetischen Geflecht des Films anonym. Kein einziges Mal wird ihr Name im Film ausgesprochen. Amah, die Bezeichnung für eine chinesische Göttin, die in Mandarin etwa gleichlautend mit ‚Mutter' oder ‚Kindermädchen' ist, wird ihr einzig durch den Vorspann zugewiesen. Dort aber ist Amah trotz der marginalen Rolle im Narrativ des Films durchaus prominent. Bereits an siebenter Stelle, gleich nach den handlungstragenden Figuren und Stars, wird sie angekündigt, bildfüllend und noch vor den in Gruppen zusammengefassten NebendarstellerInnen. Die beinahe physische Präsenz der anonymen Dienerin kann deshalb – wiederum – nur von ihrem Körperbild ausgehen. Ihre scharfen Züge klingen in der statuarischen Härte ihres Habitus nach, an der das Licht, sonst dispers und weichgezeichnet, wie an einem Marmorblock abprallt. Die ausgeprägte Mikrophysiognomie ihres Gesichts strahlt über die ganze Erscheinung bis in die Haltung ihres Körpers und von dort in den sie umgehenden Raum.

Die gerade durch ihre gestische Reduktion vermittelte Unnahbarkeit und Isolation verhilft Amah zu einer dreifachen Wirkmacht, die im Entwurf dieser Figur klar angelegt und präzise herausgearbeitet wird. Sie fungiert im diegetischen Raum als Instanz der *Beobachtung*, sichert sich über diese Rolle als Beobachterin hinaus die Funktion als Hort des *Gedächtnisses* und leitet daraus wiederum eine subtile, aber durchaus auch physische Folgen zeitigende körperliche Präsenz, die ihr sogar ein gewisses Maß an *Kontrollmacht* verleiht. Mit bedrohlicher Miene überblickt sie das Geschehen am Höhepunkt der Enthüllung des Vergangenen und Vergessenen der Dreierkonstellation von Gin Sling, Charteris und Poppy, also von Mutter, Vater und Kind. Ebenso beschützend wie dominant stößt sie eine andere Dienerin beiseite, die sich um Gin Sling kümmern will, und scheint sogar die Kontrolle über diese zu usurpieren, indem sie ihre Schutzbefohlene rüde auf einen Stuhl zerrt. Als Instanz der Beobachtung etabliert sich die stumme Dienerin inmitten der Spieler, Prostituierten und Gescheiterten zunächst durch die Kamera-Gestik, die sie im Raum positioniert. Einen Schritt hinter und seitlich der Hausherrin platziert, überblickt Amah, von der Kamera auf Distanz gehalten, das Geschehen und verfolgt die Gespräche mit Aufmerksamkeit und Misstrauen. Unter ihrem mimisch unterstützten Blick werden die Figuren ins Auge gefasst und einer nachträglichen Umkodierung des zeitlichen Verlaufs ihrer Biografien unterzogen.

Das Ritual zwischen Kamera-Geste und Amahs Beobachtung verschiebt das Geschehen sukzessive von der Gegenwart des Neujahrsfests auf die Vergangenheit der Feiernden. Während Kamera und Amah zusammenrücken, heben sich die ersten Schleier über den verschütteten Erinnerungen Charteris' an seine frühere Frau. Zunächst wird die Dienerin dabei durch eine subjektive Einstellung von Charteris in einem Zweierschuss mit Gin Sling zu einem Bild vereint. Und schließlich, nach Charteris' Schilderung der Kindheit Poppys mehr als zehn Minuten später, darf Amah zum anschwellenden Lärm des Feuerwerks außerhalb des Speisesaals ihr Gesicht ein einziges Mal sogar in Großaufnahme, und dies mit zumindest merklicher Regung, zeigen. Ihr leichtes Nicken des Kopfes bestätigt die Enthüllung der Lebensgeschichte Poppys durch den Vater. Von ihrem außenstehenden, interesselosen und unangefochtenen Punkt sanktioniert sie die Darstellung der Familiengeschichte.

Abb. 78 SHANGHAI GESTURE (Josef von Sternberg, US/1941) [1.34.46]: Bestätigung der Lebensgeschichte Poppys in der einzigen Großaufnahme Amahs.

Durch ihre minimale Gestik und Mimik, durch die genau abgestufte Einstellungsgrößenwahl und durch die subtile Blickkonstruktion in ein *Ritual der Erinnerung* eingebunden, wird Amah zur einzig tragfähigen Brücke, die die Gegenwart des familiären Horrortheaters im Speisesaal des Casinos mit der Vergangenheit der Figuren in Singapur, London, Shanghai und anderswo verbindet. In der namen- und bewegungslosen Amah laufen die verschiedenen Erinnerungsspuren von Poppy, Gin Sling und Charteris zusammen.

Amahs nur subtil angedeutete Gesten und mimische Regungen ordnen die biografischen Bruchstücke im Gefüge der Figuren. Sie ermöglichen, vorsichtig und aus dem Hintergrund, nicht zuletzt auch die Orientierung im Dickicht der narrativen Einzelmomente des Films. Als einigende *Instanz des Wissens* über die sonst nur partikulär eingebrachten Erinnerungsleistungen von Charteris, Gin Sling und Poppy behauptet sich die Namenlose als Regulativ der Erinnerung der filmischen Protagonisten und wird so zur Inkarnation des Gesamtgedächtnisses ihrer Biographeme. Damit ist die Dienerin als *Allegorie der Alteritäten* konstruiert: Extrem reduziert und doch vielsagend ihre Gestik, abweisend und doch bewahrend gegenüber ihrer Schutzbefohlenen, wissend und doch ihr Wissen nur durch ein kaum merkliches Kopfnicken beweisend, kaum wahrnehmbar und doch entscheidend für die narrativen und biographischen Geschichts- und Geschichtenlinien, ist Amah zwar an zentraler Stelle im narrativen Geflecht verankert, jedoch kaum mehr als der Schatten ihrer Herrin und aller HerrInnen dieser Welt.

Wenn Amah das Gedächtnis der Familiengeschichte ist, so erweist sich Max als das *Gedächtnis der Filmgeschichte*. Während John und Amah in minimalen Gesten verharren, entwickelt er sich aus seiner starren Haltung einer ägyptischen Stand-Schreitfigur mit angelegten Armen zusehends zur Drehscheibe und Schnittstelle des Geschehens. Statt Wiederholungsschleifen gleichförmiger und zirkulärer Rituale anzulegen, beginnt er, den Regiestuhl einnehmend, zu handeln. Sukzessive löst er sich aus dem Ritual repetitiver Gesten und lockert damit auch seine engen Bindungen an die anderen diegetischen Figuren.[370] Stattdessen entwickelt er zunehmend zielgerichtete und intentionale Handlungen: Max wird wieder Regisseur. Nachdem er bis etwa zur 50. Minute aus dem Hintergrund das Geschehen im zeitlosen Raum des verfallenden Hauses mit dem morbiden Glanz eines Stummfilmstudios motionslos und folglich emotionslos regiert hat, betritt er nun den Kunstraum der stummen Gestik und Mimik. Norma beschreibt die ritualisierten Körper-Dialoge des Stummfilms recht genau: „We didn't need dialogue. We had faces."

Was sich mit dem Cameo-Auftritt Buster Keatons, des Meisters ebenso reduzierter wie kontrollierter Körperbewegungen, während des – ebenfalls ritualisierten – Kartenspiels bereits im ersten Teil des Films angekündigt hat, wird nun manifest. Nach den halsstarrigen und isolierten Körper-Monologen als Diener tritt Max' Leib nun in einen Dialog zum Schauspielerinnen-Körper Normas. Die Kamera-Gesten formen daraus, unterstützt von den im Bild sichtbaren Newsreel-Apparaten, das Beschwörungsritual eines anderen, vergangenen Kinos: jenes, das Hortense Powdermaker als Reinkaration atavistischer Rituale von Urgesellschaf-

---

370 Auf diesen Zusammenhang weist auch die Interpretative Ethnologie und symbolische Anthropologie immer wieder hin. Vgl. etwa Clifford Geertz. The interpretation of cultures: selected essays. New York,: Basic Books, 1973, S. 142.

ten beschrieben hat.[371] Max von Mayerlings Maske trifft auf Norma Desmonds
Gesicht, die introvertierte Haltung des Regisseurs auf das exaltierte Spiel seines
Stars. Dieses dialogische Ritual eines Reenactments setzt den Glauben Normas an
die Kamera als Aufnahmeapparatur des Stummfilms ebenso voraus wie Mayerlings wiedererlangte Handlungskompetenz. Max inszeniert sich selbst, zwischen
den Newsreel-Kameras sitzend, nicht nur als Regisseur einer ganzen Epoche des
Kinos, sondern als Gedächtnis der Filmgeschichte.

Abb. 79   Sunset Blvd. (Billy Wilder, US/1950): Max Stroheim als Gedächtnis der Filmgeschichte.

Zusammenfassend zeigt sich bei diesen drei Filmen ein doppeltes Paradox: Drei
DienerInnen beherrschen die Geschichte; drei randständige Figuren werden zum
Angelpunkt und zur Schnittstelle des gesamten narrativen Geflechts. Hörend, aber
nicht oder kaum sprechend, sind sie auf ihre Körperoberflächen im Spiel der Figuren angewiesen. Ihre daraus fließende subtil reduzierte Gestik und nuancierte
Körperstarre befördert diesen Weg vom Ritual zur Handlung und weist ihnen ihre
klar umrissenen Funktionen als Subjektgedächtnis, Familiengedächtnis und Gedächtnis des Kinos zu. Von ihren gestischen Ritualen ausgehend und unterstützt

---

371   Vgl. Powdermaker, Hollywood, a.a.O., 80.

von einem unverkennbaren Zug zum Anthropomorphismus von Figur und Kamera, formieren sie sich im ZuschauerInnenkörper als Allegorien radikaler Alterität. Was also Marcel Mauss im Jahr 1934 in einem Krankenzimmer New Yorks zunächst sehr allgemein als eine der Funktionsweisen des Kinos beobachtet hat, findet in den drei Filmen seine Ausformung und Vertiefung. Nicht nur der Gang der Krankenschwestern paßt sich den Bewegungen auf den Kinoleinwänden an. Auch die sehr differenziert ausgefächerten Gedächtnisfunktionen, die sich auch in kleinsten Nebenfiguren der Filme einnisten können, bleiben nicht auf der Leinwand kleben, sondern finden sich in den Körperbewegungen der Zusehenden und Zuhörenden wieder: im Kino-Menschen.

Teil V

Filmanthropologie II

Hören und Sehen

Das Kino ist nicht erst mit Marcel Mauss' Aufenthalt in der New Yorker Klinik in die Krankenanstalten eingezogen. Seine Spuren hat es nicht nur in den Körpertechniken der PflegerInnen hinterlassen. In den Operationssälen und Forschungslabors ist es selbst zu einer Spur geworden; zu einer Spur der Körper der PatientInnen, die mittels dieser Aufzeichnungstechniken geheilt werden sollten. Auf 35 und später auf 16 Millimeter breite Streifen fixiert, wurden ihre Körperbilder dazu eingesetzt, die Funktionen und Dysfunktionen aufzuzeichnen, um ein Maß physischer Normalität davon abzuleiten, das dann Gesundheit genannt wurde. Die Kameras führte man dabei nicht nur von Außen an die Körper heran, um ihre sichtbare Hülle abzulichten. Um mehr und detailliertere Informationen über ihren Zustand zu gewinnen und diese archivieren zu können, drangen die Aufzeichnungsgeräte bald auch durch die Körperhülle hindurch. Mit der Anfertigung und Verwendung der Bilder vom Inneren des menschlichen Körpers wurden dazu auch Untersuchungsstrategien entwickelt, die eine Vielzahl von Disziplinen aus der Naturwissenschaft und ihrer Geschichte, der Filmanalyse und Medientechnologie, der Kulturtheorie und Medienarchäologie zu einer transdisziplinären Forschungs- und Archivierungssystematik in historischer und ästhetischer Blickrichtung zusammenführten. Ja mehr noch: die involvierten Forschungsdisziplinen drängten nach einem anthropologischen Diskurs, der diesem vielgestaltigen Gegenstandsbereich angemessen zu sein hatte. Dieser Diskurs geht weit über medizinische Lehr- und Forschungsfilme hinaus. Er schließt künstlerische Porträts und Akte am belebten und unbelebten Körper ebenso ein wie filmische Genres des fiktionalen Kinos, die nicht an der Oberfläche des Körpers haften bleiben, sondern häufiger, als man meinen möchte, auch Reisen durch das Körperinnere thematisieren.

Schon den klassischen Filmtheorien ist dieser Diskurs nicht fremd gewesen. Die Affinitäten zwischen medizinischer Anthropologie und Film waren ihren wichtigsten Vertretern mehr als pure Analogie. In ihrer sprachlichen Metapho-rik verweisen sie auf methodische und strukturelle Gemeinsamkeiten der sozialen Totalphänomene der Medizin und des Kinos und verfolgen sie bis in technische Verfahren ihrer Verwendung. Walter Benjamins bekannter Vergleich zwischen Chirug und Kameramann, die beide „tief ins Gewebe der Gegebenheit"[372] ein-dringen, verdeutlicht den operativen Zusammenhang zwischen Film und Histo-logie, die sich beide sezierend und analysierend ihren „Objekten" nähern, wobei in beiden Fällen das „Unsichtbare" durch den Schnitt freigelegt wird. Auch Béla Balázs rückt die filmische Technik in die Nähe medizinischer Forschung: „Vor dem Kinoapparat werden literarische Werke durchsichtig wie vor Röntgenstrah-len"[373]. Für Siegfried Kracauer hingegen war es vor allem die Großaufnahme, die Bewegungsabläufe quasi mikroskopisch sichtbar und damit den Film „in seinem Bemühen ums Kleine [...] den Naturwissenschaften vergleichbar"[374] macht. Durch die starke Fokussierung auf physiologische Phänomene und den Anspruch des Films, das Unsichtbare sichtbar zu machen, war es folglich nur eine Frage der Zeit und der technischen Möglichkeiten, bis der Film sich auch das Innere des Körpers einverleibte und das visuelle Bewusstsein um diesen Erfahrungsraum zu bereichern suchte.

Bei all diesen Klassikern des filmischen Denkens fällt auf, dass der erste Reiz der Darstellung der menschlichen Körperoberfläche durch laufende Bilder in der Reproduktion und Untersuchung seiner Bewegung liegt. Das konvulsivische Schwelgen körperlicher Massen ebenso wie die Akte des Einsehens und Ein-schneidens optischer und anderer Werkzeuge in das weiche Gewebe haben aber auch weit darüber hinaus massiv dazu beigetragen, das Körperbild als eine Art von Intertext zwischen populärkulturellen und professionellen Anwendungen zu ent-falten. Ob im Kino- oder im Operationssaal: an die Vibrationen des Körperinneren knüpfen sich vielschichtige Vorstellungen menschlichen Lebens und menschlicher Subjektivitäten. Das zweite Faszinosum mag – bereits mit Beginn des vorigen Jahrhunderts – in der Möglichkeit begründet gewesen sein, die Körperoberfläche als Grenze der Sichtbarkeit des Körpers infrage zu stellen. Der Weg ins Innere war gepflastert mit Zweifeln an der integralen Ganzheit der körperlichen Identität des Menschen. Beide Perspektiven – das Körperbild in Bewegung und die Sichtbarkeit

---

372 Walter Benjamin, Das Kunstwerk im Zeitalter seiner Reproduzierbarkeit. In: Gesam-
     melte Schriften. Bd. I/1. Frankfurt am Main: Suhrkamp, 1974 [1936], S. 31f.
373 Béla Balázs, Der sichtbare Mensch, S. 48.
374 Siegfried Kracauer, Theorie des Films, S. 82.

des kaum bekannten Inneren – waren ursächlich verknüpft mit Wünschen und Leidenschaften, Phantasien und Ängsten, die das dynamische Modell des ‚Lebens' in der Moderne hervorgebracht hat. Genau das wurde wiederum vom Kino, insbesondere vom erzählenden und darstellenden, aufgegriffen, variiert und weitergesponnen. Doch auch Wissenschaftsfilme, die in den Gelehrten Gesellschaften von der Royal Philosophical Society in Glasgow bis zur American Physiological Society gezeigt oder in universitären Archiven, etwa der Charité in Berlin oder der Universität Jena, aufgehoben wurden, erzählen davon.

Einige dieser filmischen Forschungs- und Lehrmittel, sie entstammen einer Sammlung von mehr als 400 Lehr- und Forschungsfilmen der Medizinischen Fakultät der Friedrich Schiller-Universität Jena, sollen für diese Thesen vom prekären und bewegten Status der Identitätsbilder des Körperinneren als Belege dienen. Dieser Filmkorpus umfaßt Produktionen unterschiedlicher Fachrichtungen und umspannt einen Zeitraum von den 1950er Jahren bis zum Ende der 1980er Jahre, teilweise aus eigener Produktion, teilweise aus Beständen der Universitätsklinik Charité in Berlin. Gemeinsam ist diesen Filmen, dass sie Bilder vom Inneren des menschlichen Körpers sowohl in einem breiten zeitlichen Rahmen als auch im Diskurssystem verschiedener medizinischer und anthropologischer Disziplinen auf vielfältige Weise vor Augen führen. Der Wissenschaftsfilm erweist sich dabei nicht nur als Werkzeug der Erkundung und Heilung körperlicher Leiden. Als bewegte Spur durch das Innere des menschlichen Körpers zeigt er auch eine Vielzahl von Phantasmen ihrer MacherInnen und SeherInnen auf, die ganz und gar nicht mit ihrem eingeschränkten Erkenntnisinteresse als NaturwissenschaftlerInnen ihr Auslangen finden. Er offenbart ein dichtes Diskursnetz von Bildkonstruktionen, die vor allem durch krasse Ambivalenzen zwischen Faszination und Repulsion, Anziehung und Abstoßung, bewegt werden. Durch diese Eigenschaften geben sie sich nicht nur als Werkzeuge der Wissenschaft zu erkennen, sondern als Gestalter nachhaltiger Phantasmen über das Wirken des menschlichen Körpers weit über wissenschaftliche Diskurse hinweg.

Nicht anders die unzähligen Spielfilme, die mit Bildern vom Inneren des menschlichen Körpers arbeiten; auch sie entwickeln – sogar in bedeutend offensichtlicherer Weise – Narrative, die zwischen Körperbezügen des Abscheus und der Bewunderung pendeln, ja nicht selten hin und her gerissen werden. Der Vergleich medizinischer Lehr- und Forschungsfilme mit mehr oder minder konventionellen Spielfilmen aus Hollywood kann deshalb Aufschluss über das Wechselverhältnis von medizinischer Anthropologie und Film im speziellen und den transdisziplinären Zusammenhang zwischen filmischer Darstellung und kultureller Wahrnehmung des Körperinneren im allgemeinen geben. Er zeigt auch, wo genau die Unterschiede, vor allem aber wo die bisweilen verblüffenden Parallelen

zwischen Wissenschaftsfilm und Fiktionsfilm liegen, vor allem was die merkwürdige, anthropologisch überwölbte Frage nach Identität und Repräsentativität
menschlicher Körper anlangt. Science und Fiction sind, so scheint es nach diesem
Befund, bisweilen denn doch gar nicht so weit voneinander entfernt.

Zunächst aber eine Klarstellung und Positionsbestimmung, die für die weiteren
Argumentationslinien bestimmend sein werden: die Bilder vom Körperinneren
sind in populärkulturellen und ästhetischen Kontexten seit dem 19. Jahrhundert
überwiegend an bereits metaphorisierte Konstruktionen gebunden. Wer von seinem Inneren spricht und sich dabei inbrünstig an die Brust klopft, meint gemeinhin nicht den Zustand seiner Lunge, sondern den Sitz von Seele oder Geist, Gefühl
oder Verstand. Davon wird hier allerdings nicht zu berichten sein. Während die
Gesten der Innerlichkeit vom Körper als Sitz ‚höherer Werte' ausgehen, widmet
sich die vorliegende Untersuchung jenen Erscheinungen, die mittels unserer Sinne
zu untersuchen, also auch zu filmen, ja überhaupt zu sehen sind: den *sichtbaren
Bildern*. Merkwürdig, welches Schattendasein sie seit Jahrhunderten führen: in
der Kunst von Leonardo da Vinci über Théodore Gericault bis Hermann Nitsch
zwar immer wieder präsent, blieben sie dennoch aus dem gesellschaftlichen Diskurs weitgehend ausgeblendet. Sie galten und gelten weder als zeigenswert noch
als salonfähig; sie waren einem massiven gesellschaftlichen Tabu unterworfen und
deshalb im Wortsinn *abstoßend*.[375]

Zugleich aber waren und sind Bilder des Körperinneren vor allem in der Literatur auch Gegenstand einer unbegreiflichen Faszination, die man etwa der Beschreibung eines Röntgenbilds in Thomas Manns *Zauberberg* entnehmen kann:

> „Der Konsul hatte seine Erlebnisse, gewann seine Eindrücke, – wir wollen ihn nicht
> weiter dabei belauschen. Er hob eines Tages in Hans Castorps Zimmer ein schwar-
> zes Glasplättchen auf, das unter anderem kleinen Privatbesitz, womit der Inhaber
> sein reinliches Heim geschmückt, gestützt von einer geschnitzten Miniaturstaffelei,
> auf der Kommode stand und sich, gegen das Licht erhoben, als photographisches
> Negativ erwies. ‚Was ist denn das?' fragte der Onkel betrachtend ... Er mochte wohl
> fragen! Das Porträt war ohne Kopf, es war das Skelett eines menschlichen Ober-
> körpers in nebelhafter Fleischeshülle, – ein weiblicher Torso übrigens, wie sich er-
> kennen ließ."[376]

---

375 Julia Kristeva hat dieses Abstoßende, das sie als das absolute Gegenteil des Ich ver-
     sucht einzukreisen, etwa in der Literatur von Sade und Dostojewski bis zur klassischen
     Moderne von Proust und Joyce u.a. unter dem Aspekt des Ekeligen, des Abjekten,
     untersucht. Vgl. Julia Kristeva. Pouvoirs de l'horreur. Essai sur l'abjection. Collection
     Tel quel. Paris: Éditions du Seuil, 1980, S.9f.

376 Thomas Mann. Der Zauberberg. Stuttgart, Hamburg, München: Deutschen
     Bücherbund, 1952 [1924], S. 551f.

Auch die Regung Bazaroffs aus Turgenjews *Väter und Söhne*, die angebetete Madame Odinzoff zum Studienobjekt eines Chirurgen zu erniedrigen, hält – neben ihren misogynen Konnotationen – die Schwebe zwischen Attraktion und Abjektion der Innen- und Außenansicht ihres Körpers: „Wie schön würde er sich auf einem Seziertisch ausnehmen."[377] Nicht zuletzt sind auch die an Hysterie grenzenden Erscheinungen, welche die Entdeckung der Röntgenstrahlen vor 100 Jahren begleiteten, oder die seit den 1990er Jahren durch Europa wandernde Ausstellung *Körperwelten*,[378] die bisher mehr als zwanzig Million Besucher anlockte, mit dem Wunsch erklärbar, zu wissen. Welches Geheimnis dieser gnoseologische Impuls dabei enthüllt, bleibt allerdings im Wortsinn enttäuschend. Statt zu entdecken, was dem bloßen Auge gewöhnlich entzogen bleibt, was die Hülle der Haut verdeckt, werden die Neugierigen gewahr, dass der Körper, den sie bewohnen, womöglich weniger Heim denn unheimlicher *Ort einer differenzlosen Substanz* ist, die alle soziokulturellen Unterschiede auslöscht. Denn innen sind wir – mehr oder weniger – alle gleich. Der Blick hinein enthüllt kaum jene Spezifik ureigensten Seins, keine unverwechselbaren Eigenschaften psychischer, emotiver oder intellektueller Art, sondern tilgt jedwede Differenz, ob sozialer oder ethnischer Identität.

Wie immer man den Reiz der Bilder des Körperinneren erklären mag, sie scheinen jedenfalls von einer tiefgreifenden Ambivalenz zu erzählen, die für anthropologische Diskurse um die Instrumentalisierung von Körperbildern kennzeichnend ist. Das Telos des Wissenwollens, des Aufdeckens und Enthüllens schließt also das Gegenteil der Wissensverweigerung und der Mystifikation, nämlich das Verbergen und Verhüllen, systematisch und prinzipiell mit ein. Wie der Blick ins Innere des menschlichen Körpers das Übersehen des Äußeren einschließt und voraussetzt, so kann in den damit befaßten Menschenwissenschaften nur die höchste Konzentration auf die Ambivalenz und wechselseitige Bedingtheit von Zeigen *und* Verbergen die Faszination und das Tabuisieren der Bildern des Körperinneren erhellen.

Die filmischen Reisen durch den Körper, die durch universitäre Filmvorführsäle und Kinopaläste gleichermaßen führen, sind folglich auch als *Rituale des Bergens und Verbergens* menschlicher Simulacra zu lesen. Man sollte sich deshalb in einer detaillierten filmanthropologischen Analyse von folgenden vier oppositionellen Begriffsfeldern leiten lassen:

---

377 Iwan Turgenjew. Väter und Söhne. Berlin: Schreitersche Verlagsbuchhandlung, o.J. [1861], S. 123.

378 Körperwelten https://koerperwelten.de/ausstellungen/.

- Erstens dem Gegensatzpaar von *Faszination und Abwehr*; diese metapsychologisch zu erklärende Polarität ist bereits angeklungen und soll nur mehr kurz weitergesponnen werden.
- Zweitens der Opposition von *Attraktion und Repulsion*; dies ist die auf kulturtheoretischer Grundlage argumentierende Kette. Anziehung und Abstoßung gegenüber den Bildern des Körperinneren werden hier als Regulative und Belege gesellschaftlicher Diskurse um den Körper betrachtet.
- Drittens der Polarität von *Nähe und Distanz*; sie könnte als Fortführung der kulturtheoretischen Debatte auf dem räumlichen, topischen Feld der Bilderherstellung und Bildervorstellung verstanden werden. Attraktion fordert Nähe, Repulsion bringt auf Distanz.
- Viertens der Spanne von *Innen und Außen*; Nähe und Distanz benötigen zu ihrer Bestimmung eine Festlegung von räumlichen Grenzen, also die Vorstellung eines Außen und Innen.

Nach einem topischen Entwurf dieser vier Kategorien wird sich zeigen, wie sie als *Bestimmungen von Eigenem und Fremdem, Identität und Differenz* auftauchen. Das Innere erscheint dabei in den Filmen, egal ob Science oder Fiction, als das Eigene und Idente, das Äußere zeigt sich als das Fremde und die Differenz.

12.1 Wissenschaftsfilm und Menschenbild

Bei diesen polarisierenden Denkbewegungen soll von den zwecks Demonstration von Forschungsergebnissen angefertigten Medizinfilmen der Jena-Sammlung ausgegangen werden. Die daraus gewonnenen Ansichten und Einsichten werden dann auf populärkulturelle Phänomene, vor allem aus dem Bereich des Fiktionsfilms, ausgeweitet. Dieses komparatistische Verfahren soll zeigen, wie eng verflochten und wechselseitig aufeinander bezogen anthropologische Wissenschaft und kommerzielle Filmindustrie sind – nicht nur im Hinblick auf den Entwurf körperlicher Innenansichten des Menschen, sondern auch auf die anthropologischen Vorgänge der Zuschreibung von Eigenem und Fremden. Die Filme aus den Operationssälen der verschiedenen Kliniken werden also nicht herangezogen, um neue oder alte Operationstechniken vorzustellen, sondern um die Funktion der Bilder im kulturanthropologischen und historischen Bezugsnetz menschlicher Identitätszuschreibung zu erläutern. In diachroner – also historischer – Perspektive gelesen, werden sie zeigen, dass heute die *kulturelle Funktion* von Bildern eine grundsätzlich andere ist als noch vor 30 oder 90 Jahren. In synchron-diskursanalytischer Perspektive betrachtet wird sich erweisen, wie ähnlich diese Bilder bei einem medizinischen Kongress auf der einen und beim wöchentlichen Kinobesuch auf der anderen Seite behandelt und verstanden werden. Kritische Filmanthropologie ist nämlich genötigt, Bilder in ein je *anderes* Licht zu stellen, als es dasjenige ist, dem sie entstammen. Sie ist auf *Dekontextualisierung* angewiesen und versucht zunächst – vergleichbar mit der Ethnologie – sich den Bildern gegenüber als Fremde einzurichten. Ausgerüstet mit diesem *fremden Blick* zeigt sich eine beträchtliche Verschiebung der Logik des wissenschaftlichen Films in bezug auf andere gesellschaftliche Diskurse. Medizinfilme gewinnen ihre spezifische Aussagekraft nicht nur aus ihrer Funktionalität für die Forschung, sondern maßgeblich auch aus den unterschwelligen, häufig unterdrückten Dimensionen kulturell verankerter Sichtweisen. Sie sprechen von der Lust des Schauens, von den mit ihrer Herstellung verbundenen Grenzüberschreitungen gesellschaftlicher Tabus, sie zeigen auch die grundlegenden ästhetischen Präferenzen jener Diskursfelder, denen sie entstammen.

Diese Perspektive setzt eine Klärung des Verhältnisses von Gegenstand und Bild voraus. Für die inneren Körperbilder kann diese als dreifache Distanzierung, als Gewinnen von Abstand beschrieben werden: Von purer *Aufzeichnung* über *Transformation* zur *Konstruktion*. Je näher die bildgebenden Maschinen an den Körper heran und je weiter sie in ihn hineinrücken, desto weiter scheinen sich die von ihnen hergestellten Bilder von dem Gegenstand zu entfernen, den sie vorgeblich zeigen. Je weiter sie sich entfernen, desto mehr verlieren sie ihre Gegenständlichkeit. Ein Paradoxon, ein Oxymoron? Jedenfalls mutieren die Bilder zu autonomen Konstruktionen, die spezifischen, von den beobachtbaren Phänomenen abgeschotteten Gestaltungskriterien gehorchen.

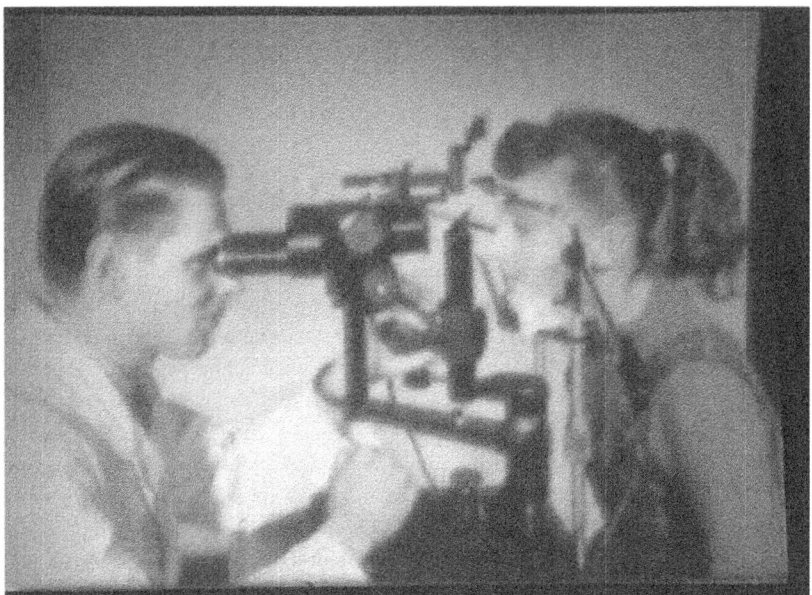

Abb. 88 AUGENÄRZTLICHE UNTERSUCHUNGSMETHODEN II: AN DER LAMPE (FSU, Sammlung
Medizinfilme): Aufzeichnung, Transformation, Konstruktion – Geräte schieben
sich zwischen Forschungssubjekt und Forschungsobjekt; die Distanz nimmt zu.

Dies wird zunächst unwidersprochen den medizinischen Körperbildern zugewiesen: sie wurden aufgezeichnet, sie dokumentieren einen bestimmten Status im
Inneren, welcher der Sicht gemeinhin entzogen bleibt. Sie machen gewöhnlich
Unsichtbares, ja Unheimliches sichtbar. Dieses Sichtbarmachen, und sei es nur
auf graphischen Oberflächen wie jenen des Kymographen oder des Tomographen,
bannt die ambivalenten Einstellungen und Gefühle gegenüber dem Körpereigenen
mittels visueller Strategien. Sehend machen des Unsichtbaren heißt auch: die unbekannten Kräfte, die sich in unserem Inneren freisetzen, das, was vielfach die
‚innere Natur' des Menschen genannt wurde, zu kontrollieren – und zwar bereits
vor oder überhaupt unabhängig von einer möglichen ‚Heilung'. Die untersuchten
medizinischen Lehrfilme belegen dies auf vielfache Weise: Die Patienten werden – etwa in dem an der Berliner Charité hergestellten Film AUGENÄRZTLICHE
UNTERSUCHUNGSMETHODEN II: AN DER LAMPE über Operationstechniken im Augen-
bereich – zu Schaustellern ihres eigenen Körpers und ihre Erscheinungsbilder
gehorchen den – bisweilen sehr rigiden – Inszenierungspraktiken einer körper-
dominierenden Ordnungsmacht. Dieser animistische Rest impliziert trotz des

Anspruchs auf pure Registratur und Wiedergabe folglich die *Transformation der Bilder* im Zuge ihrer mechanischen Aufzeichnung. Er verändert, richtet zurecht und richtet ein. Die Kinematographie als Teil der Labortechnik bringt nicht nur Dokumente des Objekts in Bewegung hervor, sondern *reguliert und diszipliniert* den studierten Körper im Bild und als Bild. In letzter Konsequenz kann sie – und die Geschichte der Medizin ist voll mit solchen Fällen – den Körper auch zerstören. – Wie aber werden die Körper zurechtgerichtet?

- Sie werden vor der Kamera positioniert und zurechtgerückt;
- Die Szenerie wird für die Aufnahme festgelegt, der zeitliche Ablauf bestimmt, die Patienten befragt;
- Die Körper werden physisch aufbereitet: Kontrastflüssigkeit wird gespritzt, die Oberfläche chirurgisch geöffnet;
- Die zu untersuchenden Teile werden für Licht- oder Röntgenstrahlen durchlässig, durch Kompressionstechniken flach gemacht;
- Und schließlich werden ihre Bilder dem herkömmlichen Verfahren der Entwicklung, Lichtbestimmung und Montage überantwortet.

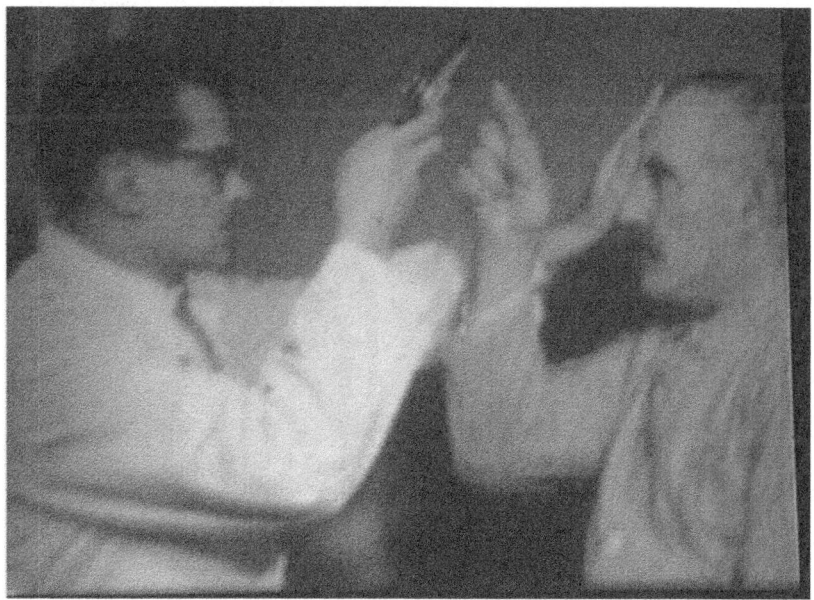

Abb. 81 Augenärztliche Untersuchungsmethoden II: An der Lampe (FSU, Sammlung Medizinfilme): Schausteller des eigenen Körpers nach der Inszenierung des Forschers.

Einsicht und Eingriff zur filmischen Darstellung chirurgischer Operation und ihrer Ergebnisse lassen sich folglich nicht voneinander trennen. Doch bei diesem Eingriff in den Textkörper des Bildes bleibt es nicht. Die Transformationsprozesse nehmen einen Weg, der noch weiter vom Objekt der Sicht weg und hin zu einer autonomen Konstruktion der Bilder nach eigenen Kriterien führt. Bildgebende Verfahren transformieren ihren Gegenstand nicht nur, sondern konstruieren Bewegungen und Gestalten, färben und formen ihn und situieren Bewegungsabläufe und Richtungsvektoren nach bildimmanenten Prinzipien und Mustern. So wurden in der Mikroskopie der zweiten Hälfte des 19. Jahrhunderts bestimmte Standards entwickelt, um die Vergleichbarkeit der dargestellten Phänomene zu gewährleisten. Friedrich Nobert etwa entwarf Standards für Testskalierungen jenseits eines Vergleichs mit der natürlichen Wahrnehmung, um unter Einsatz eines graphischen Registers die subjektiven Faktoren direkter Wahrnehmung auszuschalten. Das Vergleichkriterium zur Bestimmung des referenziellen Werts der Bilder war damit nicht mehr der Gegenstand selbst, sondern *seine Darstellung* inform eines Drucks, der von dem gesehenen Bild durch die mikroskopische Linse gemacht wurde.

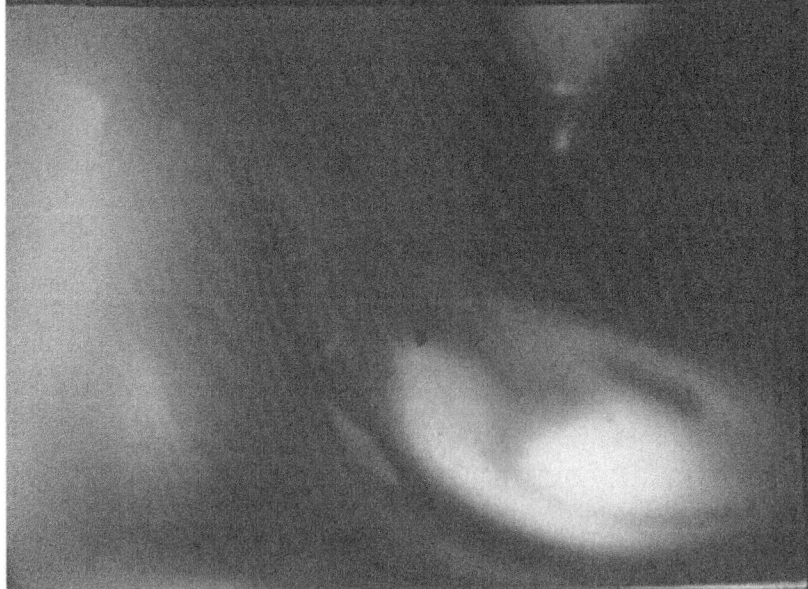

Abb. 82 AUGENÄRZTLICHE UNTERSUCHUNGSMETHODEN II: AN DER LAMPE (FSU, Sammlung Medizinfilme): Umformung und Umfärbung nach bildimmanenten strategischen Mustern, Zurichtung des Körpers als amorphes, abstraktes Gewölk.

Man könnte darin – in Fortführung einer Argumentation von Lisa Cartwright – ein Umschlagen von der induktiven Logik der Naturwissenschaft in eine deduktive erkennen.[379] Statt eines Vergleichs zwischen Urbild und Bild wurde ein Bild solange an ein anderes Bild angepaßt, bis daraus ein Modell für den Blick des menschlichen Auges entstand. Die Mikroskopisten waren mehr daran interessiert, die Genauigkeit ihrer Instrumente zu verifizieren, als die präsentative Integrität der mikroskopischen Szene darzustellen. So bildete sich eine logische Schleife, die vom Instrument ausgeht und dann dieses selbst zum primären Fokus des wissenschaftlichen Blicks macht. Der dargestellte Gegenstand, das gesehene Objekt, verschwand aus dem Blick. Lange bevor Künstler und Theoretiker des 20. Jahrhunderts diese reflexiven Fragen an den technologischen Apparat stellten, geschah dies durch die Mikroskopisten selbst. Damit lösten sich ihre Produkte, die Bilder, vom Referenten und zeigten eher ihre Herstellung, als sie eine Vorstellung ihres Gegenstands lieferten. Ihr Prinzip ist das der Distanz. Lesbar wird die abgewandte Seite dessen, was sie zu zeigen vorgeben.

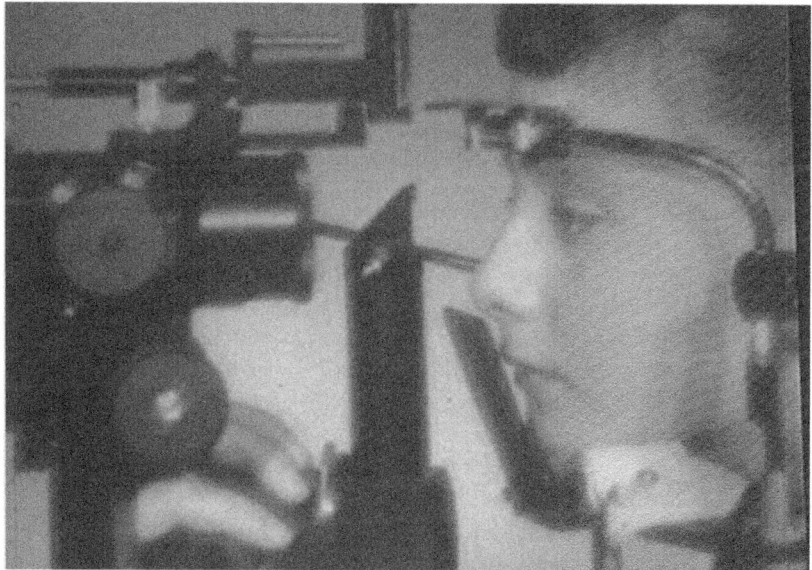

Abb. 83 AUGENÄRZTLICHE UNTERSUCHUNGSMETHODEN II: AN DER LAMPE (FSU, Sammlung Medizinfilme): Menschenobjekte, an Maschinen gefügt.

---

379 Lisa Cartwright. Screening the Body: Tracing Medicine's visual Culture. Minneapolis, London: University of Minnesota Press, 1997, S. 86.

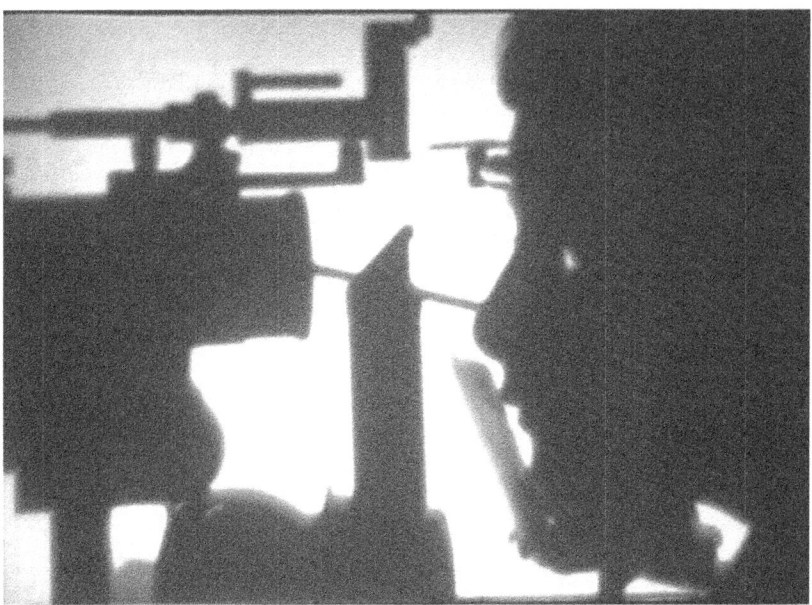

Abb. 84 AUGENÄRZTLICHE UNTERSUCHUNGSMETHODEN II: AN DER LAMPE (FSU, Sammlung Medizinfilme): transformierte Silhouetten als bild-endogene Darstellungsform.

Der Einsatz der Instrumente, die Positionierung der Kamera und ihrer Bewegungen, die verschiedene Betonung der Tiefenkonstruktion der Bilder oder das Scannen bei neueren, digitalen Verfahren der Bildgebung wirken als experimentelle Instrumentarien in einem komplexen apparativen Verfahren zusammen, das Technik, Signifikation und Bildgestaltung verbindet und daraus endogene Darstellungsformen entwickelt. Dies wiederum bestimmt letztendlich auch die ästhetischen Werte der Wahrnehmung und sinnlichen Erkenntnis. Die Analyse bzw. die Dekonstruktion besteht darin, dieses Amalgam des experimentellen und eingreifenden Apparates auseinanderzunehmen und im neuen Licht unseres kultur- und filmwissenschaftlichen Blicks zusammenzusetzen. So erweist sich etwa an dem Film über eine Augenoperation, wie sich das konstruierte Bild des Patientenkörpers an die Untersuchungsapparate anpaßt. Der Film zeigt Maschinen, denen sich der Menschen als Objekt fügt. Stark kontrastiert zeigt sich etwa die Silhouette der Patientin, die ihrerseits schon den Transformationen unterzogen ward. Die Unterdrückung der Grauwerte und Farbschattierungen entzieht den Bildern die Dichte und Massivität der äußeren Erscheinung. Die Zurichtung des Körpers beginnt. Was bleibt, ist amorphes, abstraktes Gewölk, das einer weiteren – symbolischen –

Zuordnung bedarf. Kommentar, Skizze und animierte Handzeichnung ersetzen in der weiteren Folge die fotographischen Bilder.

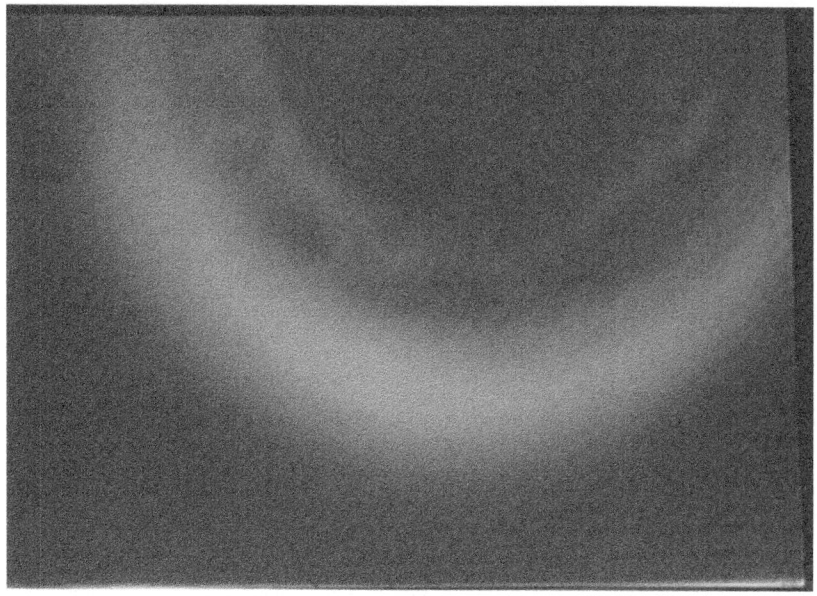

Abb. 85 AUGENÄRZTLICHE UNTERSUCHUNGSMETHODEN II: AN DER LAMPE (FSU, Sammlung Medizinfilme): Was bleibt, ist Gewölk.

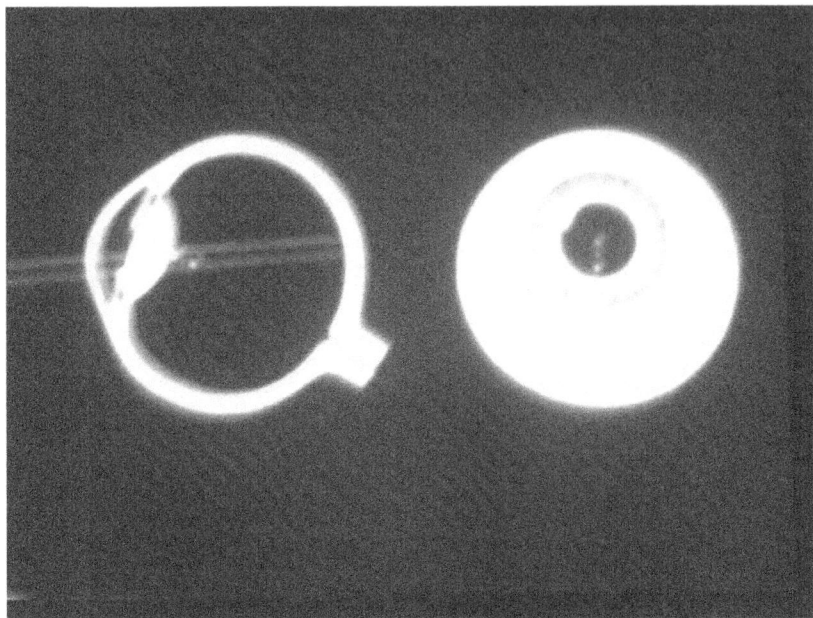

Abb. 86 AUGENÄRZTLICHE UNTERSUCHUNGSMETHODEN II: AN DER LAMPE (FSU, Sammlung
Medizinfilme): Skizzen und animierte Handzeichnungen.

Konsequent und durch eine Vielzahl ähnlicher Verfahren bestätigt, führt etwa eine
eingefügte Animationsszene vor, wie das Innere des Menschenkörpers und seine Prozesse sichtbar *gemacht* werden: als von Hand konstruiertes, am Tricktisch
zurechtgerichtetes Schema, das Vorgänge und Phänomene, die – um es pointiert
auszudrücken – überhaupt nicht über ein Bild ihrer selbst verfügen und folglich
als solche gar nicht darstellbar sind, *sichtbar macht*. Die Bilder allein geben keine
Vorstellung, keine Auskunft über den medizinischen, anatomischen oder histo-
logischen Sachverhalt. Dieses Schema prägt viele der gesichteten Filme. Dort, wo
das Faszinosum sich einstellt, entweicht das Bild seinem Gegenstand. Es diktiert
Repulsion.

Man erkennt daran, wie die Bildfolgen nach einem deutlich erkennbaren Schema der linearen Dimensionierung gebaut sind. Durch die rhythmische Abfolge
von Nähen und Distanzen zwischen Gegenstand und Kamera, Bild und Betrachtendem, werden Rituale der Bildvorstellung erzeugt, die der kulturanthropologisch
verorteten Polarisierung von Zeigen und Verbergen, Faszination und Abwehr,
Attraktion und Repulsion gehorchen. Je näher man einem Konzentrations- und

Kristallisationspunkt der Aufmerksamkeiten kommt, desto heftiger macht sich der Rückstoß, das Setzen von Distanz, die *Repulsion* bemerkbar. Die Gegenständlichkeit der Bilder schwindet, die Erkennbarkeit sinkt, der Wunsch erkennen zu wollen wird zurückgestoßen.

12.2 Körperbilder aus Spielfilmen: Fantastic Voyage/Strange Journey (Richard Fleischer, US/1965), Innerspace (Joe Dante, US/1987)

Der Umschlag vom gnoseologischen Impuls des Mehr-Sehen-Wollens zur Verweigerung der Sicht durch autonome Konstruktion, von fortschreitender Annäherung zu ungegenständlichen Strukturen zeigt sich umso abrupter, je höher der emotive Einsatz von Attraktion und Repulsion ist. Die konstruktive, zu Autonomie und Virtualität neigende Tendenz der Bilder tut dem Vazieren zwischen Attraktion und Repulsion allerdings keinen Abbruch – ganz im Gegenteil. Sie fördert sie sogar und weist damit auf den gemeinsamen Diskursverbund von medizinanthropologischem Film und fiktionalem Kino hin. Denn auch bei Körperbildern aus Spielfilmen regiert die Ambivalenz attraktiver Bilder aus kurzen Distanzen und die abstoßende Wirkung ebendieser – vor allem im Kino der ersten Jahrzehnte. Wenn auch die Wechselwirkung von Attraktion und Repulsion zugunsten einer Totalisierung des ersteren dabei der Aufmerksamkeit entging, hat etwa Tom Gunning doch darauf verwiesen, wie entscheidend die Kategorie der Nähe für das sogenannte *cinema of attraction* gewesen ist. Ein „sense of physical proximity"[380], der sich um das reiche Genre früher close-up Filme bildete, stand – im Gegensatz zur Großaufnahmenideologie der klassischen Periode – weniger im Dienst emotionaler Intimität und vergeistigter Innerlichkeit, als vielmehr in dem von Schock- und Komik-Effekten, also einer Variante des Prinzips von Attraktion und Repulsion. Könnte also – die Begriffe Attraktion und Repulsion beim Wort nehmend – der ambivalente Reiz körperlicher Innenansichten, ihre Anziehungskraft ebenso wie ihre abstoßenden Effekte, im Raum der bewegten Bilder nicht genau dort am besten untersucht werden, wo dieses Spiel unmittelbar und anschaulich sichtbar wird: in den linearen Dimensionen von *Nähe und Ferne*? – *Attraktion:* immer näher, immer näher, immer größer, immer größer, bis zum gänzlich Nahen, Eigenen,

---

380 Tom Gunning. In Your Face. Physiognomie, Photographie, and the Gnostic Mission of Early Film. In: Mind of modernism: medicine, psychology and the cultural arts in Europe and America, 1880–1940. Hg. von Mark S. Micale. Stanford: University Press, 2004, S. 167.

Identen, zum totalen mimetischen Verschmelzen; *Repulsion*: weg, weit weg, Distanz, Distanz, bis zum gänzlich Entfernten, Anderen, Fremden; – Und dazwischen entfaltet sich das Sichtfeld der Konstruktion körperlicher Innenansichten als ungegenständliches abstraktes Rauschen der Bilder.

Abb. 87, 88 Fantastic Voyage (Richard Fleischer, US/1966), Innerspace (Joe Dante, US/1987): Anthropomorphisierte Endoskope als den Körper durchrasende U-Boote und Raumschiffe.

Wenden wir uns deshalb einem Genre des Fiktionskinos zu, das die Topik und Topologie des Ganz-Nahen und Ganz-Fernen zwecks Verstellung von Identität und Differenz am Feld der inneren Körperbilder wie kein anderes zu seinem ästhetischen Programm erhoben hat: dem *Science fiction*-Film. Besonders in den Spielfilmen, die eine Reise ins humane Körperinnere à la lettre veranstalten, wird dieser Entzug der Bilder explizit. FANTASTIC VOYAGE, Richard Fleischers Arbeit aus dem Jahr 1965 und sein Remake, die Steven Spielberg-Produktion INNERSPACE von Joe Dante (REISE INS ICH, US/1987) finden für diese Grenzverschiebungen der Identitäten allerdings ganz unterschiedliche Lösungen. Zwar setzen beide Filme auf die Inszenierung anthropomorphisierter Endoskope in Gestalt eines durch den Körper rasenden U-Boots. Die Besatzung sieht auf diese Weise mit bloßem Auge, was die Wissenschaft über Endoskope indirekt sichtbar zu machen versucht. Doch die Beziehung zwischen außen und innen erfährt eine völlig konträre Entwicklung. Der ältere der beiden Filme setzt auf weitgehende Trennung der ineinander gelagerten Körper. Der Bootskörper im Inneren ist solange intakt, als das System außen/innen unverbunden bleibt. Die – wenn man so will – *Somanauten* sehen aus ihrem Fahrzeug hinaus, jedoch bleibt ihre Sicht aufs Körperinnere beschränkt: Blutbahnen, Ganglien und Gehirnwindungen stellen ihr totales Universum dar, dem Weltraum ihrer Brüder, der Astronauten, vergleichbar. Jegliche Kontamination des Bekannten mit dem Fremden wird unterbunden. Fleischer entwirft also einen einstimmigen Diskurs, der keinerlei Vermischung von Wahrnehmung und Kommunikation über die Grenzen seines Wirts hinaus zuläßt. Raumschiff bleibt Raumschiff und Körperschiff bleibt Körperschiff, gegeneinander abgeschottet, einander äußerlich, ja feind.

Abb. 89 FANTASTIC VOYAGE (Richard Fleischer, US/1966): Das Raumschiff in der Blutbahn – Entzug der Bilder, beschränkte, monologische Sicht des Inneren aus Ganglien, Blutbahnen und Gehirnwindungen.

Joe Dante hingegen reißt die Trennlinie zwischen den Entitäten und Identitäten des Innen und Außen von Beginn an ein. Die erste Tat, die der Protagonist Pendleton, im Inneren seines Hosts angekommen, setzt, ist die Herstellung einer *Verbindung* zwischen dem *Bootsinneren* und der *Außenwelt* des Hosts über – auch dies natürlich, um die gesamte Palette der Schaulustbefriedigung zu reflektieren – das Auge. Es wird von innen mit einer Harpune angeschossen und stellt den Kontakt nach außen her und von dort wieder zurück zum Herbergsvater Jack. Ausgehend von diesem dialogischen Diskurs entspinnt sich ein raffiniertes Spiel der Identifizierungen durch den Blick, das eine wohlwollende Farce auf die psychoanalytische Filmtheorie in der Nachfolge von Jacques Lacan in Gang setzt. An diesen Dialog der Subjektivitäten wiederum schmiegt sich eine narratologische Konstruktion an, die aus dem inneren Monolog der klassischen Moderne einen inneren Dialog formt, der nicht mehr auf der Antinomie von innen und außen fußt. Der Somanaut sieht das, was sein Träger sieht: „Ich bin in einem Menschen. Fremd, fremd fremd."

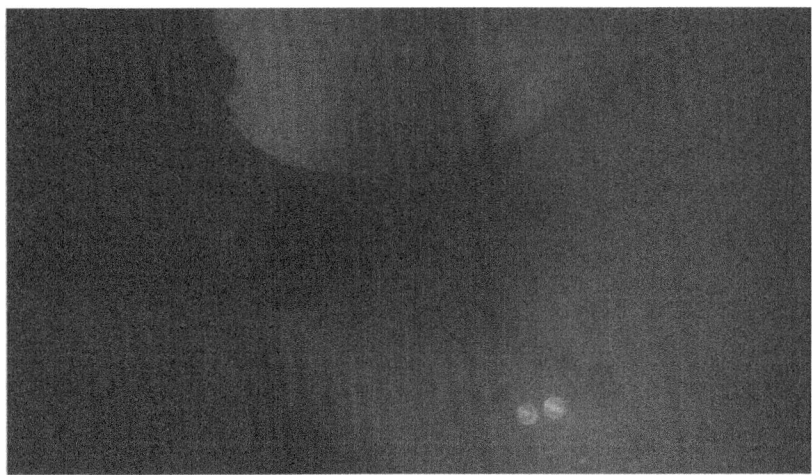

Abb. 90 INNERSPACE (Joe Dante, US/1987): Dialogische Diskurse – Das Auge als Vermittlungsinstanz und Medium zwischen außen und innen.

Zur Erinnerung: Wo der Augenoperationsfilm AUGENÄRZTLICHE UNTERSUCHUNGS-METHODEN II aus der Medizinfilme-Sammlung der Universität Jena die Netzhaut von außen durchdringt und mit einem, zur physischen Verletzung der Oberfläche des Körpers geeigneten Pfeil die Fokalisierung der Aufmerksamkeit der Filmbetrachter lenkt (vgl. Abb. 78), wird der Andockversuch in der REISE INS ICH, so der treffende Synchrontitel von INNERSPACE, mittels einer spitzen und durchdringenden Harpune von innen durchgeführt. Und beide – sowohl der Science- als auch der Fiction-Film – zeigen uns auf der einen Seite der Betrachtung einen reich ausgestatteten Gerätepark voller Sehmaschinen, auf der Seite des Betrachteten jenes weltabgewandte und gegenstandsferne Rauschen, das auf den Punkt gebrachte Pulsieren von Attraktion und Repulsion, ein Schwelgen in konstruierten, abstrakten Bewegungen.

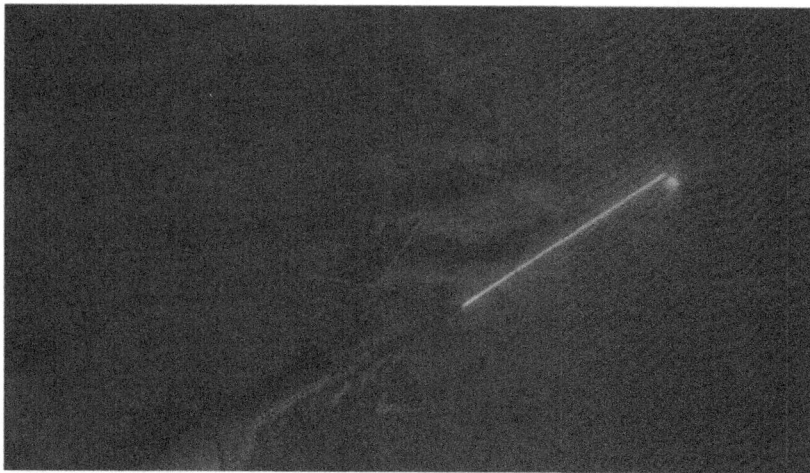

Abb. 91 INNERSPACE (Joe Dante, US/1987): Andockversuch der Harpune am Auge zur Herstellungen eines inneren Dialogs zwischen den Ritzungsgeräten und schwelgendem Körperrauschen.

12.3   Invasionen und ozeanisches Fluten

Die Bildfolgen aus *Science und Fiction* verknüpfen also im Wortsinn *augenfällig* die zu Beginn dieser Ausführungen dargestellten ambivalenten Besetzungen der Ansichten des Körperinneren. Die Spannung zwischen Attraktion und Repulsion wird auf dem chronotopischen Feld einer Inszenierung von Distanzen ausgetragen und bietet zwei Wege der räumlichen Überschreitung, also des Abbaus der Kategorien von Außen und Innen. Zunächst den harten Kurs der *Durchdringung*: Techniken der symbolischen Ordnung markieren und kennzeichnen, ritzen und stechen in beiden Gattungen die Hülle der Häute, die außen und innen trennt. Die Netz-Haut wird zum Schlupfloch. Wie von einem Horror Vacui getrieben, sind die BetrachterInnen eingebunden in Phantasien des Durchdringens einer Grenze zwecks Besetzung eines bisher unbegangenen, ungesehenen Terrains: eine Eroberung des Unbekannten, eine *Invasionen*.

Dann die zweite Operation: sie weist den Weg der *Vernichtung der Grenze* selbst. Die Oberfläche, welche Körperäußeres von Körperinnerem trennt, löst sich auf, wird flüssig. Die ihrerseits ineinander verfließenden Bildwelten aus Wissenschaft und Fiktion entwerfen das Körperinnere in ihren Fahrten durch die Blutbahnen, Ganglien und Augenhohlräume als *ortsloses, flüssiges Medium.* Ob als Reisen durch den menschlichen Körper, durch ferne Universen oder in die Tiefen der Meere, ob manifest als Lehrfilm oder metaphorisierend in den Fiktionen: die Fahrten durch wässrige Hohlräume werden zu tragenden Figuren der Textualität. Ihr bildkompositorisch verbindendes Element ist die Auflösung fester Konturen der umgebenden Substanzen, wie ihr erzählerisches das des Aufbruchs in weite, unendliche und unerkennbare Fernen des unbekannten Innen und Außen ist.

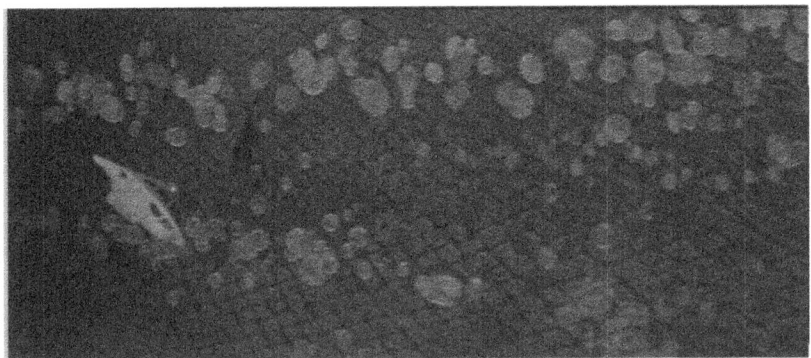

Abb. 92 FANTASTIC VOYAGE, INNERSPACE: Die Innenkörper als grenzen- und ortsloses Fluten.

Vergleicht man diese Bilder, so wird evident: Die Expeditionen hinein ins Körperinnere und hinaus in die Galaxien ähneln einander aufs Haar. Das ganz Nahe und das ganz Ferne rücken zusammen, schließen sich zu einem Kreis, einem Circulus vitiosus, der um Attraktions- und Repulsionsbilder kreist. Grenzenlos an ihnen ist, dass kein Außen und Innen definiert wird, sondern nur *verschiedene Grade der Dichte,* vom dünnflüssigen über das Zähe bis zur Semipermeabilität, durchschritten werden. Fließende Übergänge haben die Vorstellung einer klaren Abgrenzung der Körper durch deren Oberfläche ersetzt. Sie entfalten ein – wie es Gilles Deleuze, in bezug auf das impressionistische Kino der 20er Jahre beschrieben hat – flüssiges „Milieu par excellence, aus dem man die Bewegung des Bewegten oder die Beweglichkeit der Bewegung selbst gewinnen kann"[381].

---

381 Deleuze, Kino 1, a.a.O., S. 111.

Ist also der Science (fiction)-Film dort, wo er auf Innenansichten des menschlichen Körpers verweist, ein – wie es in einer früheren Untersuchung genannt wurde[382] – Hypergenre, das die Merkmale unterschiedlichster Gattungen aufsaugt, aufhebt, und in einem neuen, flüssigen Attraktions- und Repulsionsbild des menschlichen Körpers jenseits kompakter Identität und körperlicher Integrität sublimiert? Oder ein neues Cinéma pur, ein reines Kino, welches die mediale Spezifik, nämlich die Darstellung der Bewegung in ihrer reinsten Form, in neue abstrakte Bildentwürfe kleidet? Möglich. Eines jedenfalls sind die Filme aus dem Körperinneren gewiss: Versuche, sich unabhängig von den utilitaristischen Orientierungen als Hilfsmittel anthropologischer Wissenschaften einen *eigenen Ort der Reflexion über die differenzlose Substanz unserer körperlichen Identität* zu schaffen: Der Körper als Meer als Kino.

---

382 Karl Sierek. Das Hypergenre. In: Grenzüberschreitungen. Eine Reise durch die globale Filmlandschaft. Hg. von Siegfried Zielinski und Erwin Reiss. Berlin: Volker Spiess, 1992, S. 421–34.

Découpage

13

Der rote Faden durch KOSINZEWS WOHNUNG (KVARTIRA KOZINTSEVA, Sokurow, Ru/1997)

Gegen Ende der krisengeschüttelten Jelzin-Jahre, rund ein Jahrzehnt nach dem Zerfall der Sowjetunion, hat Alexander Nikolajewitsch Sokurow in einer Reihe von zwei PETERSBURGER TAGEBÜCHERN einen wenig beachteten Fernsehfilm mit dem Titel KOSINZEWS WOHNUNG (Ru/1997) vorgelegt: Ein schlichtes Laufbild, auf Betacam SP gedreht, das in langsamen Fahrten die Wohnung von Grigori Michailowitsch Kosinzew durchstreift und Zimmer für Zimmer, von der Küche bis in den Arbeitsraum erkundet. Das von der Witwe des Regisseurs bewohnte Museum ist vollgestopft mit Zeichnungen und Fotos an den Wänden, Möbeln und Gegenständen des alltäglichen Gebrauchs; ein Ort der Erinnerung an die fünfzigjährige Arbeit und die Filme des Gründers der FEKS, der vor seinen späten Shakespeare-Paraphrasen zwischen 1924 und 1939 elf Filme gemeinsam mit Leonid Trauberg gedreht hat, darunter Gogols MANTEL (SHINEL (SU/1926), NOVYJ VAVILON (DAS NEUE BABYLON, SU/1929) und die MAXIM-Trilogie.

Sokurow konterkariert den Gestus zurückhaltender Aufzeichnung in langen Einstellungen vom Vorspann an durch ein Klangpanorama, das die intime Räumlichkeit der Wohnung mit dem Lärm eines Volksfestes überlagert und alsbald durch weitere Tonspuren aus Kosinzew-Filmen, vor allem aus der MAXIM-Trilogie (gem. mit Leonid Trauberg, UdSSR/1934–38), HAMLET (UdSSR/1941) und KING LEAR (UdSSR/1949) ergänzt wird. Die Tonzitate gewinnen mehr und mehr an Intensität. Zunächst als autonome Dialog-, Geräusch- und Musikspuren über die Bilder gelegt, ragt dieser Klangteppich immer bestimmender in die Raumkonstruktion der aufeinander folgenden und ineinander verfließenden Zimmeransichten des Kosinzew-Museums. Der Ton *anderer* Filme – jener von Kosinzew – drängt

© Springer Fachmedien Wiesbaden GmbH, ein Teil von Springer Nature 2018
K. Sierek, *Filmanthropologie*, https://doi.org/10.1007/978-3-658-22448-6_13

sich förmlich in die elegisch sich ausbreitenden Erinnerungsräume des *einen*
Films – jenes von Sokurow – und übernimmt zusehends dominierende und struk-
turierende Funktionen. Sokurow baut das zunächst disparate Zusammentreffen
zentripetaler *Raumbegrenzung* der Bilder einer geschlossenen Wohnung und die
zentrifugale Ausweitung von *Klangpanoramen* aus verschiedenen imaginären Orten und Zeiten systematisch zum dominanten textuellen Moment des rund 40-mi-
nütigen Films aus.

Diese zeit-räumliche Verdichtung bei der Herstellung und Vorstellung von Filmen entspricht überraschender Weise in weiten Teilen einem kompositorischen
Verfahren, das Noel Burch am Beginn seines bis heute sowohl von TheoretikerInnen als auch PraktikerInnen des Kinos notorisch unterschätzten Erstlingswerks
Theory of Film Practice mit dem Begriff der *Découpage* umschreibt. Mit der
Vorsicht eines englischsprachigen Autors, der zwar gelernt hat, im Französischen
sich einzunisten und dort heimisch zu werden, sich aber dennoch die distanzier-
te Aufmerksamkeit gegenüber sprachlichen Wendungen des Gastlandes erhalten
hat, weist er auf diesen Begriff der französischen Filmemacherei hin, der in seiner Mehrdeutigkeit weder ins Englische noch – wie wir hinzufügen können – ins
Deutsche zu übertragen ist. *Découpage*, so Burch, meine drei verschiedene Etap-
pen der Herstellung und Vorstellung eines Films; erstens die endgültige Form des
Drehbuchs; zweitens das mit allen Details der Arbeit am Set angereicherte und
bereits in Einstellungen gegliederte Arbeitsbuch, das meist als *shooting script* bezeichnet wird; drittens die dem fertigen Film zugrundeliegende Struktur, die aus
der Synthese der *räumlichen* Fragmente der am Set aufgenommenen Einstellungen und der am Schneidetisch entwickelten *zeitlichen* Rhythmik und Dynamik
entsteht. Erst diese dritte Bedeutung des Begriffs Découpage als raumzeitliche
Dialektik, die ein fertiger Film entfaltet, erlaube es, von der Découpage als ästhetischer *Konzeption* zu sprechen, die ein Film zu entfalten vermag.[383]

Was Burch hier als sukzessive Abfolge der Filmproduktion vom Drehbuch bis
zum fertigen Werk beschreibt, verdichtet Sokurow in zeitgleich einander ergän-
zenden und übereinander gelagerten Schichten. Film wird nicht als Endprodukt,
sondern als unablässiger Produktionsprozess bestimmt, Film als Tätigkeit des Fil-
mens verstanden. Deshalb ist die Sokurowsche Découpage von KOSINZEWS WOH-
NUNG in ihrer dreifältigen Präzisierung durch Burch als Lesespur und Erinnerung

---

383 Noël Burch, Theory of Film Practice. Princeton: Princeton University Press, 1981
[1969], S.7f. Auf Burch verweisend hat auch Jonathan Rosenbaum eine ähnliche Be-
griffsbestimmung von *Découpage* vorgenommen. Vgl. dazu Jonathan Rosenbaum.
What is Cinema? (and, if you know what that is, What is Film Study?). 2009. <https://
www.jonathanrosenbaum.net/2009/05/what-is-cinema/> (letzter Zugriff: 27.2.2018).

omnipräsent und wird dergestalt Teil des filmischen Konzepts. Da in einer sparsamen und dokumentarisch angelegten Arbeit, wie sie mit diesem Film vorliegt, die detaillierte Ausarbeitung von Drehbuch und *Shooting script* selbstverständlich nicht die für Spielfilmproduktionen wegweisende Funktion erfährt, verschiebt sich das Gefüge der drei Arten der Découpage allerdings auf die dritte, nämlich die am Schneidetisch beginnende Art: die Arbeit an der zeitlichen Gliederung der in Einstellungen aufgezeichneten Raumfragmente. Diese von Burch hervorgehobene Funktion der Découpage als *Fügung von Raum- und Zeiteinheiten* zu einer ästhetischen Konzeption bleibt davon nicht unberührt. Sie gewinnt durch die – ebenfalls am Schneidetisch eingespeisten – Tonspurpassagen im fertigen Films sogar entschieden diskursleitende Wirkkraft. Sie führt den Kino-Menschen eben – um in der Burchschen Terminologie zu bleiben – wie ein technisches Drehbuch durch den Film. Die klanglichen Referenzen aus den Kosinzew-Filmen rhythmisieren das Bildgeschehen der fließend durch die Wohnung gleitenden Kamera und gliedern die spärlichen narrativen Momente, etwa eine kurze Begegnung mit der Witwe des Regisseurs oder die über Fotografien angedeutete liebevolle Beziehung des Ehepaars Kosinzew zueinander. Als gleichsam eingespeiste Klangwolken strukturieren sie schließlich die gesamte Architektonik des Films so stark, dass man meinen könnte, die Tonspur sei bereits *vorab konzipiert* worden. Mehr als ein Drehbuch, ja mehr als die Découpage eines drehfertigen Scripts scheint dieser Klangraum wie die Partitur eines Musikstücks den zeitlichen Ablauf des Films vorzugeben und sie uns, den BetrachterInnen, *vorzuschreiben*. Auf diese Weise verdichtet sich das Zusammenspiel aus Erinnerungsstücken der Regisseurswohnung mit den Dialogen und Geräuschen aus den Filmen zu einem kontinuierlichen Gedächtnisraum. Dieser oszilliert ständig zwischen den 1930er bis 1960er Jahren, also den Herstellungszeiten der Kozinzewschen Referenzfilme, und den späten 1990er Jahren der Produktionszeit des Sokurow-Films. Dieser Gedächtnisraum hält das Filmganze wie die dritte von Burchs Découpage-Definitionen mit einer konzeptuellen Klammer zusammen.

Ausgehend von diesen Eigenheiten Kvartira Kozintsevas und ihm angemessen, ließe sich Burchs Découpage-Begriff also etwas genauer fassen. Der dominanten Rolle der Tongebung entsprechend, entwirft der Film erstens so etwas wie eine *Partitur-Découpage*, also ein schriftliches Hilfsmittel zur Herstellung klanglicher Abfolge. Zweitens entsteht daraus gemeinsam mit der Bildgebung das, was man eine *Konzeptions-Découpage* nennen könnte, nämlich ein ästhetisches und konzeptuelles Konstruktionsprinzip, das zunächst am Schneidetisch vorgeformt wird, um sich dann durch den kinematographischen Diskurs des fertiggestellten Films während seiner Projektion im Kinosaal in der konstruktiven Architektonik und im imaginären Zeitraum des von den ZuschauerInnen wahrgenommenen

Films zu realisieren. Denn tatsächlich: KOSINZEWS WOHNUNG wirkt schließlich durch die Präzision seiner zeitlichen Ausdehnung wie ein komponiertes Klangereignis, welches das Raumerleben des kleinen Museums umhüllt, strukturiert und zusammenhält. Dieser Vorgang ist im übrigen dem nicht unähnlich, was in der Filmanthropologie Edgar Morins als „effluves symphoniques"[384] bezeichnet wird. In dem „dialektischen Synkretismus von Irreal und Real" wirft sich „die musikalische Partitur" als „symphonische Ausströmungen"[385] jedenfalls ganz vehement auf die Seite des Imaginären.

13.1   Partitur-Découpage: Diskursleitung und Kontinuität

Mit dem ersten Découpage-Verfahren, der kompositorischen Verkettung über found footage-Ton während der Pre-production und Post-production, kommt jene *Kontinuitätsstiftung* ins Spiel, die auch André Bazin als Découpage bezeichnet hat. In ‚Le découpage et son évolution' aus dem Jahr 1955 beschreibt er sie zunächst einfach mit „dem Respekt vor der Kontinuität des dramatischen Ausdrucks"[386]. Allerdings entsteht die so definierte Découpage des Sokurow-Films nicht aus einer bestimmten Anordnung der Bild-Einstellungen, sondern aus der Anordnung der Klangelemente der Kosinzew-Filme. Sie bildet einen *akustischen* Ariadnefaden, der durch die Flure und Zimmer der Räume führt, die es bei den Kosinzews zu sehen gibt. Diese Art der Découpage erinnert deshalb nicht zufällig an die Partitur eines Musikstücks, in dem andere Musikstücke, vor allem aber auch Klangfarben und Phrasierungen in Form einer symbolischen *Niederschrift* für die Aufführung *vorgeschrieben* werden. Diese Partitur-Découpage öffnet also nicht, wie dies im Fiktionsfilm meist geschieht, ein Tor zur klanglichen Unterfütterung des optischen Bildraums, der auf das Kosinzew-Museum verweist, sondern erschließt einen akustischen, dem *Sound* entspringenden Referenzraum: den des Kinos von Grigorij Kosinzew.

---

384   Morin, l'homme, a.a.o., S. 167.

385   Morin, Mensch, a.a.O., S. 178, 181, 183.

386   „respect de la continuité de l'expression dramatique"; Bazin, Qu'est-ce que le cinéma. Paris: Cerf, 1975 [1950–55], S. 74. Dieser Aufsatz aus *L'age nouveau* ist einer von drei Texten, die in dem bekannten *Über die Entwicklung der Filmsprache* zusammengefaßt wurden. Siehe André Bazin. L'évolution du langage cinématographique. In: Qu'est-ce que le cinéma. Paris: Cerf, 1975 [1950–55], S. 63–80.

13.2 Konzeptions-Découpage: Vom Gedächtnis-Raum zum Filmraum zweiter Ordnung

Die Gliederungsfunktionen der Partitur-Découpage könnten in Sokurows TAGE-BUCH-Film allesamt durchaus noch im Dienst eines psychologischen oder dramatischen Realismus kontinuierlicher Zeit/Raum-Beziehungen als der ultima ratio des Bazinschen Découpage-Konzept stehen – wäre da nicht eine Vielzahl von Momenten, die auf eine gänzlich andere, gegensätzliche Kino-Ästhetik verweisen und einer Konzeptions-Découpage Vorschub leisten:

• Etwa das stark ausgesteuerte und mehrfach wiederholte Knarzen der Bohlen, das mit dem Eintreten des Kameramanns in die Wohnung beginnt, die Schritte seiner schweren Schuhe begleitet und ihn dadurch zu einem zugleich abwesenden und anwesenden Besucher werden läßt;
• oder die im Flur hängenden Mäntel, die, als seien sie gestern noch in Gebrauch gewesen, wie in (mehr oder minder schlechten) Museen von Wohnstätten berühmter Leute an die Verblichenen erinnern sollen;
• oder das vielfach wiederholte Pfeifen einer Eisenbahnlokomotive, das wie in Bressons CONDAMNÉ À MORT (F/1956) plötzlich als Freiheitssignal aus dem Nichts in die Fahrt durch die Nacht ragt. Ob es hier die Erinnerungen an die Welt draußen wachruft, etwa an die Reichswerdung Russlands durch den Bau der Transsibirischen Eisenbahn in den letzten Jahren des Zarismus oder an die hunderttausenden Opfer des Stalinismus während ihrer Fertigstellung, mag offen bleiben.
• Vor allem aber melden sich die Grenzen realismusfördernder Découpage-Effekte mit dem ersten Bildzitat aus Kosinzews KING LEAR zu Wort, das nach rund zwölf Minuten Laufzeit den König mit einem maskenartig vor das Gesicht gehaltenen Besen beinahe schockartig einführt. Lautlos und körperlos, als durchsichtige Doppelbelichtung hingehaucht, taucht die majestätische und dennoch heitere Erscheinung wie ein Gespenst über einem Zwischentitel auf:

Abb. 93 KING LEAR (Grigorij Kosinzew, UdSSR/1949): Lear, hingehaucht wie ein Gespenst, 12.14–13.00 min.

Diese vier und etliche andere markante Bildformen und Bildformeln befördern alles andere als ausschließlich kontinuitätsstiftende Realitätseffekte. Als diskursleitende Funktionen schreiben sie nicht nur Reihenfolge und zeitlichen Zusammenhalt der filmischen Ereignisse vor. Sie spielen auf Entferntes und Nahes, Entrücktes und Verrücktes, Vergangenes und Gegenwärtiges, Anwesendes und Abwesendes an. Die Ton-Evokationen Kozentsevs ziehen den ganzen Sokurow-Film sogartig in einen *Filmraum zweiter Ordnung*. Im Ereignis der Vorführung läßt sich nicht nur die Partitur-Découpage des sogenannten Shooting scripts ablesen. Diese Découpage-Funktion beschwört gleichsam einen anderen Raum, eine im Bauch der Filmgeschichte angesiedelte imaginäre Welt, in der sich jener imaginäre Kino-Mensch eingenistet hat, der das vornehmliche Objekt kinoanthropologischer Untersuchung darstellt. Sie entspringt der *Art* der Entfaltung des filmischen Diskurses, also konkret der Erwirkung durchgängiger imaginärer Dichte und ereignishafter Vielfalt des filmischen Präsenzereignisses. Seit dem nicht nur als Filmemacher, sondern auch als Filmanthropologe bekannt gewordenen Jean Epstein hat sich diese *modale Funktion der Découpage* als kontinuitätsstiftendes Band zwischen den Kinositzenden und ihrem Double auf der Leinwand bewährt. Epstein beschreibt 1947 in einem dreiteiligen Aufsatz zur Découpage genau diese mächtige Funktion zur Herstellung eines Filmraums zweiter Ordnung. Sie erschöpft sich nicht in jenen Prinzipien der Logik und des Logos, die etwa sprachliche Systeme regeln. Bewegte Bildfolgen in ihrer filmischen Ereignishaftigkeit während der Vorführung gehorchen vielmehr einer „Polyvalenz der Bilder", die über das starre Raster „einer klaren, aber oberflächlichen Bezeichnung" sprachlicher Systeme hinausweist. Es sind aktive Momente, die, wenn überhaupt, eher mit tätigen Verben als mit Substantiven vergleichbar sind:

> „Fast alle ihre Bilder sind mehr oder weniger Verb-Bilder, die zugleich das Subjekt und die Ergänzung beinhalten, die Ursache und die Wirkung. Die Kausalität findet sich dabei nicht in ihre unterschiedlichen logischen Faktoren zerlegt, sondern man sieht ein Ereignis in seinem Rohzustand, vielfältig und verwirrt in dem unzählige Enden mit unzähligen Anfängen verfilzt sind."[387]

Diese modale Funktion, oder wie sie Epstein nennt: ‚ideologische Konstruktion der Découpage' gleicht einem Beschwörungsritual filmischer Plastizität. Sie rettet auch die Tonereignisse einer abgewetzten 35mm-Kopie wie jene des Kosinzew-Films mit ihrem Rauschen und ihrer Patina in das kalte Video-Material hinüber und erzeugt einen Schauer, der die Filmprojektion zu einem kultischen Ritual paralogischer Kontinuität mit ebenso mentalen wie physiologischen Effekten macht. Diese massiv und dennoch immateriell schlagenden Ereignisketten zeiträumlicher Verdichtung tragen mit ihren motorischen, den Gemeinschaftssinn befördernden Wirkkräften mehr als die – durchaus auch mitwirkenden Bilder des Kosinzew-Museums – zu jener Evokation des Kinos als Kultort bei, die als ein Merkmal vieler Sokurow-Filme bekannt ist. Sie stehen in einem Verwendungszusammenhang von Découpage, der auch in dieser seiner unscheinbaren Arbeit als ästhetisches Konstruktionsprinzip oder *architektonische Grundkonzeption* gelten kann. Diese den gesamten Film überwölbende Architektonik bringt die Verräumlichung einer ästhetischen Konzeption hervor, welche die zeitliche Kontinuitätskonstruktion der Partitur-Découpage zwar voraussetzt, sie gleichwohl aber bei weitem übersteigt. Die Konzeptions-Découpage erweitert die durch die langen Einstellungen und die Einheit des Ortes verhandene fließende Dichte durch die Tongestaltung und bindet die in der Partitur-Découpage vorgeschriebenen Sound-Wellen und bewegten Fahrten durch die leeren und stillen Zimmer in ein chronotopisches Ereignis, das sich in unterschiedliche Richtungen verräumlicht und konkretisiert: in das lärmende Volksfestgetümmel mit dem Krachen von Feuerwerkskörpern; in Lears Palast, in dem die drei Töchter den König ihrer Liebe versichern; in einen

---

387 „Presque toutes les image y sont plus ou moins des images-verbes, en même temps qu'elles contiennent aussi le sujet et le complément, la cause et l'effet. La causalité ne s'y montre pas décomposée en ses divers facteurs logiques, mais on voit un événement dans son état brut, multiple et confus, où d'innobrables fins restent emmêlées à d'innombrables commencements." Jean Epstein. Découpage (construction idéologique). In: La technique cinématographique, 1947, S. 1173.

Saal im dänischen Helsingör, den Polonius und König Claudius soeben verlassen haben, um dem Hamlet-Monolog mehr Raum zu lassen.

Aus zwei Gründen weichen diese Verräumlichungen der Konzeptions-Découpage also von der Argumentation Bazins ab. Erstens verweisen sie nicht auf einen vorfilmischen Raum des Realen. Sie zielen vielmehr, gleichsam abgebogen und abgehoben, auf einen *anderen* Raum als den in den Bildern evozierten, nämlich auf einen filmischen Raum *zweiter Ordnung*. Sie sind hochartifizielle Imaginationskonstrukte, die unter keinerlei Realismus-Dogma zu stellen sind. Sergei Moschkow, der Sound-Designer von Kosinzews Wohnung, hat nicht einfach eine in den Räumen des Museums aufgenommene Tonspur, wie es im Jargon von FilmtechnikerInnen heißt, ,über die Bilder gelegt'. Er hat die Partitur einer Klang-Installation realisiert und damit die Bilder aus den hermetisch geschlossenen Museumsräumen befreit und in ein filmhistorisches Universum geführt, das in eben diesen geschlossenen Räumen einige Jahrzehnte vorher von Kosinzew entworfen wurde. Zweitens entsteht der überwältigende Effekt dieser disparaten Fügung von Bild und Ton nicht einfach aus Zitaten der Shakespeare-Verfilmungen. Der raumweitende Akt wird vielmehr durch die filmischen Atmo-Sphären, durch das brüchige Klangspektrum und die Körnung der Stimmen erreicht, die man aus den Klangwelten des Kinos vergangener Jahrzehnte kennt. Es ist nicht die kognitiv oder rational erfassbare semantische oder poetische Dimension der Dialoge allein, die diese Effekte erzeugt, sondern das plastische Zusammenspiel des Rauschens des Filmstreifens mit der Hörsamkeit des Kinosaals, des durch das eingeschränkte Frequenzspektrum geprägten filmophanen Klangerreignisses der Filmräume mit der stimmlichen Rauheit seiner imaginierten Bewohner. Die anti-realistische Wirkmächtigkeit solcher Tongebungsverfahren scheint Bazin in seinem Découpage-Aufsatz offensichtlich etwas unterschätzt zu haben.

Mit dieser *Befreiung des Bildes durch den Ton* wird das filmanthropologische Konstruktionsprinzip der Konzeptions-Découpage bemerkbar, das die Bild/Ton-Beziehung umstürzt und dem Sound die hegemoniale Funktion des Filmganzen zuschreibt. Durch diesen Umsturz wölbt sich eine Klanginstallation über die flüssigen Raumpartikel des Museums, der die Zitate aus den Kosinzew-Filmen in Türöffner zu einen imaginären Raum zweiter Ordnung verwandelt, zum Ort des Morinschen Doubles.

13.3 Découpage und Schrift

Welche metatheoretische Konsequenzen hat nun die strategische Verräumlichung und Überführung der Partitur-Découpage in die Konzeptions-Découpage? – Geht man von ihren erwähnten gliedernden und modalen Funkionen aus, ergeben sich vor allem bedeutende Verschiebungen im Verständnis des Films als dispositive beziehungsweise mediale Vorrichtung. Die Découpage als Verfahren zeiträumlicher Transformation und chronotopischer Verdichtung erweist sich nicht einfach als eine indexikalische Repräsentationsleistung, sondern als eine viel nachhaltigere und folgenreichere Technik der *Aufschreibung*. Sie nimmt ihren Ausgang beim *Schreiben* des Scripts, seien es auch nur einige skizzierte Gedankenfetzen, Bildfragmente oder Tonspuren. Dieses Aufschreiben von Spuren wird im Akt der *Lektüre* von Schrift-Spuren auf der Leinwand vervollständigt. Folgt man diesem Verständnis von Kino, so ist Film überhaupt nicht in der Lage, Erinnerungen wie jene aus dem Kosinzew-Museum einfach darzustellen oder zu repräsentieren. Alles, was der Film vermag, ist vielmehr das Aufbringen, Anordnen und Umstellen *schriftähnlich festgelegter Spuren*. Film versammelt, so könnte man dieses Verfahren zusammenfassen, découpierend eine Serie von Einschreibungen und bringt sie in ein ausgewogenes Verhältnis. Ebenso découpierend kommen die Einschreibungen der Bildspur, der Tonspur und der ‚Schriftspur‘ des Scripts materiell auf dem Filmstreifen zu liegen. Découpage erweist sich in dieser Hinsicht als bipolares Verfahren der Trennung und Verbindung, das gewisse Ähnlichkeiten mit dem aufweist, was Dekonstruktion genannt wurde.

Deshalb ist es in diesem theoretischen Zusammenhang ganz nützlich, an die Beobachtungen Jacques Derridas zu erinnern, der in ähnlichen Zusammenhängen immer wieder auf die Primordialität der Schrift verwiesen hat. Nach den Derrida-Lektüren von FilmtheoretikerInnen wie Marie-Claire Ropars, Peter Brunette oder David Wills[388] beruhe die Schrift als Einschreibungsagentur auf einem Prinzip der Verzögerung, Versetzung und Verstellung von Zeitlichkeiten. Die anthropologisch entscheidende Fähigkeit apparativer Verfahren wie der Techniken medialer Systeme einschließlich des Kinos sei weder die Repräsentation von realen Ereignissen, noch die Präsentation in Form einer performativen Bild/Ton-Rede im Kino, sondern das Prinzip der Nachträglichkeit, das erst die gängigen Aufschreibungspraktiken ermögliche und gewährleiste.

---

388 Vgl. Marie Claire Ropars-Wuilleumier. Le texte divisé. Essai sur l'écriture filmique. Ecriture. Paris: Presses Universitaires de France, 1981, S. 75. Peter Brunette; David Wills. Screen/Play. Derrida and Film Theory. Princeton: University Press, 1989, S. 61ff.

Die Engführung der Derridaschen Schrift-Theorie mit dem dreifach gefalteten Découpage-Modell von Drehbuch, drehfertiger Letztfassung eines Scripts und materieller sowie sinnlicher Kontinuität der Lektüre des gesamtfilmischen Bild- und Tonflusses erweist die anthropologische Tragweite, in die sich auch der kleine, aber wuchtige Sokurow-Film einschreibt. Mit großer Geste gelingt ihm die scheinbare Aporie, die Nachträglichkeit der Partitur-Découpage in der Konzeptions-Découpage zu vergegenwärtigen. Durch die Insistenz der Kosinzewschen Toneinschlüsse in den Sokurovschen Bildkörper bleibt dieser Gedächtnis-Raum zweiter Ordnung ständig als Spur erkennbar. Im Tempus der Nachträglichkeit verharrend, kippt das Prinzip der Nachträglichkeit nicht in jene Präsenz des gesprochenen Worts, also der Saussureschen *parole*, deren Stellenwert Derrida immer als metaphysischen Anspruch scharf zurückgewiesen hat. Die Differenzierung zwischen Partitur-Découpage als Verschriftlichung des Drehablaufs und der konstruktiven Architektonik der Konzeptions-Découpage, die während der Projektion des Films freigesetzt wird und die Spuren in Latenz hält, macht es bei Konstruktionen wie Kosinzews Wohnung möglich, sie als aufeinander abgestimmte Verfahren zu erkennen und unter dem Derridaschen Konzept der Écriture zusammenzufassen. Beide Phasen der Découpage, und nicht nur das Shooting Script, sind aus ihrem Verhältnis zur Nachträglichkeit abgeleitet. Beide, und nicht nur das Script, finden ihre Funktion erst in der Spur, ob nun im Derridaschen Sinn oder in den filmtechnischen Komponenten der Tonspur, Bildspur oder ‚Schriftspur'.

So ist es kein Zufall, dass Sokurow seine Hommage an Kosinzew als *Tagebuch*, also als Konvolut alltäglicher Niederschriften, bezeichnet. Ebenso wenig erstaunt es, dass gegen Ende dieser filmischen Tagebuchaufzeichnungen einige Einträge aus Kosinzews Tagebüchern tatsächlich als Schrift sichtbar werden und wie Stummfilmzwischentitel in den Bilderfluß montiert sind. Filmtitel und Rekurs auf die Zwischentitel – und dies in einem Tonfilm! – beweisen also noch zusätzlich zu den raffinierten Ton-Spuren durch die Gedächtnislabyrinthe des Wohnungsmuseums dieses Beharren auf der Konzeption des Films als Vorgang der Niederschrift. Découpage zeigt sich dabei als Bearbeitung von Spuren filmischer Aufschreibung: der Bildspur, der Tonspur und der Schriftspur. Das Petersburger Tagebuch aus Kosinzews Wohnung erweist sich somit als Folge von Verschriftlichungen und Nachträglichkeiten, die in der Partitur-Découpage ihren Ausgang nehmen, in der Konzeptions-Découpage ausgeführt werden und während der Vorführung des Films im Saal als Überlagerungen von Bild- und Tonspur – wie es im Deutschen heißt – ‚auf-gelesen' werden können.

13.4 Konzept und Nach-Schrift

Das Außergewöhnliche dieser kleinen und zugleich großartigen Fingerübung Sokurows, die dem kritischen Blick der Exegeten seines Werks bisher entgangen ist, besteht also in einer raffinierten Orchestrierung von Schrift-Spuren mittels eines Prinzips, das als Erweiterung filmischer Découpage beschrieben werden kann: dé-couper, im Wortsinn also ent-schneiden, den Schnitt zurückzunehmen und zugleich aufzuheben, so könnte man dieses Verfahren wohl am treffendsten zusammenfassen. Etwas, das als Spur vorhanden ist, zu teilen und dann neu zusammensetzen: zu dé-coupieren. In dem Sinn ist die Partitur-Découpage jene *Vor-Schrift* (in allen Bedeutungen dieses Wortes) eines Films, durch die eine bestimmte ästhetische Erscheinungsweise, die Konzeptions-Découpage, realisiert wird. Durch die Auswahl von in der Filmgeschichtsschreibung versunkenen Filmen als Referenz- oder Ur-Schrift hebt Sokurow ihre Funktion als Vor-Schriften hervor. Sein Petersburger Tagebuch aus Kosinzews Wohnung ist also eine *Nach-Schrift* aus einem Denk- und Gedächtnisraum, in dem diese Vor-Schriften entstanden sind.

Das filmanthropologische Verständnis von Découpage als Konzept der Schriftlichkeit im Sinne künstlerischer Praktiken des Entwurfs intelligibler Systeme knüpft im Übrigen auch an die Tradition zeichnerischer Formen des *concetto* der Renaissance an und reiht sich ebenso in die Versuche zeitgenössischer Konzept-Kunst und der *minimal art* seit den 1950er Jahren ein. Viele von Sokurows Filmen sind schließlich, ähnlich wie bei Hitchcock, um ein ästhetisches *Programm* herum gruppiert, das dann, in die Zeit gesetzt und verräumlicht, die Form eines Drehbuchs oder eines storyboards annimmt, bevor es seine Wirkmächtigkeit als Konzeptions-Découpage im Kino entfalten kann. Als Erzählungen allerdings wesentlich reduzierter als beim Meister des Suspense, bleiben diese *Konzepte* bei Sokurow eher einem Bild-Programm denn einem Narrations-Programm verpflichtet. In dieser Hinsicht sind seine Filme, vor allem etwa Russian Arc (Ru/2002), aber auch das Petersburger Tagebuch, einigen Arbeiten des *Moskauer Konzeptualismus* durchaus nicht unähnlich. Auch die Gruppierung um Ilja Kabakov baut zunächst gedankliche Gerüste, die sich eher reduktionistisch, sperrig und karg zeigen, bevor sie kaum mehr als rudimentär und gewissermaßen nebenher auch erzählerische oder repräsentative Züge annehmen. Sie umspielen dieses eine und einzige, buchstäbliche und *konzeptuelle* Bild-Programm, loten es aus und bauen um es herum allerlei Ornamente, Mäander oder architektonische Ensembles, ohne deshalb das einzige Ausgangsprogramm, das Konzept, zu trüben, umzubiegen oder anders zu beeinträchtigen. Wie Russian Ark das Konzept der Passage durch die Eremitage in einen Kostümfilm kleidet, so läßt sich auch das Konzept von Kosinzew's Wohnung als kultische und rituelle Einübung und Einnistung in einen

filmischen Raum zweiter Ordnung begreifen. Sokurows Konzeptions-Découpage
dabei: Kosinzews Wohnung als Ort des Entstehens der Partitur-Découpage seiner
Filme durch das Hören ihrer *Tonspur und nur durch dieses* räumlich erfahrbar zu
machen. Sokurow wäre deshalb auch in diesem sogenannten Dokumentarfilm kein
realistischer Filmemacher, der sich auf die Objekte bezieht, die uns das Denken
zu wissen erlaubt. Er stünde vielmehr einem *Konzeptualismus* nahe, der nach den
Worten von Charles Sanders Pierce als „truism about *thinking*", als Gemeinplatz
über das Denken, in diesem Fall als Gemeinplatz über *filmisches* Denken, zu bezeichnen wäre.[389]

---

389 Konzept als ein „truism about *thinking*, while the question between nominalists and
   realists relates to *thoughts*, that is, to the objects which thinking enables us to know."
   Charles Sanders Pierce. Collected Papers. Vol. 1. Havard: University Press, 1974, S. 9,
   §2 Conceptualism.

GODARDS HUND

14

Montage und Synästhesie in HELAS POUR MOI

Im Abspann von HELAS POUR MOI (Godard, F/1993) hört man plötzlich das Bellen eines Hundes.[390] Das Tier taucht vorher während des ganzen Films nirgendwo auf. Während die Liste der MitarbeiterInnen an dem Film, weiß auf schwarzem Grund, abläuft, bleibt der Hund ein reines Tonereignis. Dennoch wird er unmittelbar danach als einer der SchauspielerInnen genannt: „Et le chien Fido"[391].

---

390 Zur Orientierung im Bildgestrüpp sei der Timecode der jeweils erwähnte Stelle aus der DVD Production Studio/Canal, Sony DADC, (direction: Jan-Nils Hansen) beigefügt. Hier: 1.18.30.
391 Timecode 1.18.35.

© Springer Fachmedien Wiesbaden GmbH, ein Teil von Springer Nature 2018
K. Sierek, *Filmanthropologie*, https://doi.org/10.1007/978-3-658-22448-6_14

Abb. 94   Helas pour moi (Godard, F/1993): Das Bild zu Ton und Schrift.

Geht dieses, aus der Logik der – ohnehin schon an den Grenzen der Logik tan-
zenden – Geschichte völlig unmotivierte Bellen nur auf die Rechnung des Spleens
eines alternden Großregisseurs, der mit dieser verschobenen und verschrobenen
Konstruktion seinem Haustier huldigt? Ist es eine Anspielung an den unsterblichen
Jagdhund Lailaps aus dem für den Film grundlegenden Amphitryon-Mythos, dem
kein Wild je entfleuchen kann? – Jedenfalls ist das, was auch ganz unpathetisch als
periphere Merkwürdigkeit wahrgenommen werden könnte, weil irgendetwas doch
nicht so ganz zusammenpaßt, der Effekt erstens einer gegebenen Voraussetzung
und zweitens einer nicht erfüllten Erwartung. Die *Voraussetzung* besteht zunächst
in der Fügung des hörbaren Bellens und der sichtbaren Nachspannschrift. Mit der
Angabe der Quelle dieses Bellens im Bild wäre diese spezifisch kinematographische Kodifizierung den produktionstechnischen Möglichkeiten des Kinos geschuldet, nämlich der Montage. Die unerfüllte *Erwartung*, die der tierischen Äußerung
folgt, betrifft die sukzessive Wahrnehmung dieses Bild-Ton-Schrift-Dings. Man
hört das Bellen und erwartet eine Antwort auf die Frage, woher es wohl kommen
mag. Diese Frage bleibt zunächst unbeantwortet und die Erwartung eines Bilds
dieses Tiers unerfüllt, bis fünf Sekunden später wenigstens sein Name genannt
wird. Damit hat sich die Montage von Ton, Bild und Schrift schließlich zu dem
wahrnehmbaren *Gesamtereignis* ‚Hund Fido bellt', zusammengesetzt. Dieses et-

was schräge, aber durchaus wirksame *Mitempfinden* eines Sehens, das durch Hören entsteht und durch Lesen konkretisiert wird, nennt man *Synästhesie*.
Ähnliche Fügungen von Ton, Bild und Schrift erfahren in HELAS POUR MOI eine
Reihe von Variationen. Sie lassen auf ein bemerkenswertes ästhetisches und filmanthropologisches Verfahren schließen. Ihr theoriegeschichtlicher Kontext ist leicht
umschrieben. Auf den ersten Blick gehören die Begriffe Montage und Synästhesie durchaus unterschiedlichen epistemologischen und technohistorischen Feldern
an. *Montage* bezeichnet nämlich ein mit der industriellen Revolution entstandenes
Herstellungsverfahren von Verbrauchs- und Investitionsgütern, das in der Folge
als Assemblage, Collage oder ähnliches auch in die Künste Eingang gefunden hat.
Sowohl das Verfahren als auch der Begriff von Montage entstammen also einem
maschinentechnologischen Diskursraum und sind von diesem bis in die Kunst-
produktion und deren Ästhetiken diffundiert. Der Begriff *Synästhesie* wiederum
bezieht sich auf eine anthropologisch vielfach beforschte Wahrnehmungstechnik.
Er wurde etwa zur selben Zeit wie die Montagetechnik, vermutlich erstmals 1864
von dem Physiologen Alfred Vulpian im Zusammenhang mit seinen neurophysio-
logischen Studien zur Pathologie verwendet[392] und steht folglich von Beginn an in
körpertechnologischem und anthropologisch begründetem Zusammenhang.

   Auf den zweiten Blick zeigen sich zwischen Montage und Synästhesie noch
weitere beträchtliche Übereinstimmungen als ihre zeitgleich auftretende Wirkmächtigkeit im Zuge des Aufbrechens der Moderne in der zweiten Hälfte des 19.
Jahrhunderts. Beide Kopplungsverfahren versuchen, ein Verhältnis zwischen *Teil
und Ganzem* zu beschreiben und zu regulieren. Der Montage gelingt dies durch
eine Technik, die aus *Einzelteilen* ein sinnvolles und funktionierendes *Ensemble*
zusammensetzt. Die Synästhesie wiederum stellt – so zumindest nach der phänomenologischen Anthropologie Gernot Böhmes – auf der Grundlage eines wahrnehmenden *Gesamtkörpers* – den Ersatz *eines* Sinneseindrucks durch einen anderen dar, um ihn dann zusammenzuführen und in einer einheitlichen Leiberfahrung
aufzuheben. Dabei tut es in diesem Zusammenhang nichts zur Sache, ob dieser
Gesamtkörper nun tatsächlich als solcher existiert oder ob er im Sinne der psychoanalytischen Anthropologie Jacques Lacans der menschlichen Identität nur als
Gestalt von außen zugeschrieben wird.[393] Entscheidend bei der Bestimmung dieses

---

392 Alfred-Félix Vulpian und Ernest Brémond. Leçons sur la physiologie générale et com-
      parée du système nerveux faites au Muséum d'histoire naturelle. Paris, 1866.

393 „Die totale Form des Körpers, kraft der das Subjekt in einer Fata Morgana die Reifung
      seiner Macht vorwegnimmt, ist ihm nur als ‚Gestalt' gegeben, in einem Außerhalb,
      wo zwar diese Form eher bestimmend als bestimmt ist, wo sie ihm aber als Relief in
      Lebensgröße erscheint, das sie erstarren läßt". Jacques Lacan. Das Spiegelstadium als
      Bildner der Ichfunktion wie sie uns in der psychoanalytischen Erfahrung erscheint.

synästhetischen Wahrnehmungsganzen ist, dass Böhme dafür nicht von Ungefähr einen filmtheoretischen Begriff verwendet, nämlich den der Totale:

> „Wir sind solche Situationen durch künstliche Wahrnehmungs-Settings, nämlich den Szenenwechsel im Theater bzw. durch die Schnittechnik im Film durchaus gewöhnt."[394]

Ob Spiegel oder Fata Morgana, ob Theater oder Film, die daraus entspringenden Synästhesien bleiben das Ergebnis des syntagmatischen *Zusammenfügens* durch montage-ähnliche Effekte einer Überlagerung unterschiedlicher Sinneswahrnehmungen in der Art eines Mitempfindens oder Mitwahrnehmens. Deshalb sind sie auch grundsätzlich von einer *Unschärfe* in Bezug auf die Zuordnung zu Einzelsinnen begleitet. Ob man etwas hört oder sieht, ob ein akustisches Ereignis farblich wahrgenommen wird oder Gehör und Gesicht einander nur überlagern, beginnt in einer holistischen Empfindung zu verschwimmen.

14.1 Mythos und Magma

In der Theoriegeschichte des Kinos stellt sich das Verhältnis von *Montage als Technik der Herstellung* zur *Synästhesie als Technik der Vorstellung* von Bild/Tonfügungen etwas differenzierter dar. Spätestens seit Mitte der 1910er Jahre dominiert die Praxis und Theorie des synästhetischen Zusammenführens filmischer Teile zu einem Wahrnehmungs-Ganzen im Bild, das durch entsprechende Tongebungsverfahren im Kinosaal (Musik, Geräusche, Kommentare, aber auch Filmerzähler wie die japanische *Benshi* etc.) ergänzt wird. Die ab den späten 1920er Jahren in die Serienreife gelangten Tonfilm-Verfahren bezweckten schließlich kaum mehr als die Automatisierung und Rationalisierung dieser ganzheitlichen und untrennbaren Mitempfindungen von akustischen und bildlichen Sinneseindrücken. Besonders im *Talkie*, der ersten Phase dieser Entwicklung, in der die Sprechstimme gegenüber Musik und Geräuschen noch im Vordergrund stand, kamen Bildformeln und Chronotopoi auf, die diese *wechselseitigen Verquickungen von Wörtern*

Bericht für den Internationalen Kongreß für die Psychoanalyse in Zürich am 17. Juli 1949. In: Schriften I. Olten und Freiburg im Breisgau: Walter-Verlag, 1975 [1949], S. 64.

394 Gernot Böhme. Synästhesien im Rahmen einer Phänomenologie der Wahrnehmung. In: Wolkenkuckucksheim. Internationale Zeitschrift für Theorie der Architektur/31 (2013), S. 23.

und Bildern perfektionierten. Die zunächst rein technisch vollzogene Annäherung zweier Medien – Bild und Ton – über zwei Sinne – Hören und Sehen – führte schließlich zu einem unauflöslichen Amalgam der Wahrnehmung, das letztendlich als ästhetische Einheit mit wechselseitig austauschbaren Sinneseindrücken begreifbar wurde. Diese Engführung von maschineller Herstellung und synästhetischer Wahrnehmung kann auch zu einem Menschenbild führen, das etwa die kybernetische Anthropologie propagiert. Sie geht, etwas verkürzt gesagt, von der Koppelung körperlicher Empfindungen mit außerkörperlichen Gerätschaften aus, welche die physischen Akte prothetisch unterstützen.[395]

Die Annäherung transmodaler Empfindungen an technische Verfahren der Synchronisierung bleibt allerdings nicht unwidersprochen. Jacques Rancière etwa versucht die Sinnesverknüpfungen und -verwirrungen im filmischen Bild/Ton-Amalgam eher umgekehrt von den Charakteristika alltäglicher Wahrnehmungsakte abzuleiten. Auch sie seien schließlich von untrennbar aufeinander abgestimmten Hör- und Seh-Eindrücken gespeist. Ohne den Begriff Synästhesie dabei explizit zu verwenden, geht er von hin und her irrenden, holistischen Alltagswahrnehmungen aus, deren Trennung in Hörerfahrungen auf der einen und Seherfahrungen auf der anderen Seite nicht selten durchaus schwierig vorzunehmen sei. Genau diese intermodalen Wahrnehmungen versucht dann das Kino durch die technischen Verfahren der Synchronisierung zu implementieren. Was in dem alltäglichen *chassé croisé* von Wörtern und Bildern außerhalb des Kinos, zwischen Fernsehschirmen, Litfaßsäulen und der alltäglichen Rede seinen Ausgang nehme, finde sich schließlich alsbald im Saal wieder:

> "Die Worte treten an die Stelle der Bilder. Sie erzeugen Einsichten. Die Sätze wiederum bewirken eine Quasi-Sichtbarkeit, die aber niemals die Klarheit eines Bildes erreicht. Das Diskursive wird dabei aus Bildern konstruiert."[396]

Sichtbare Worte und Sätze, bildliche Diskurse: das Kino bildet also wie die Alltagserfahrung auch seine hin und her und durcheinander laufenden Wort-Bild-Ketten. Mit diesem Transfer synästhetischer Koppelungen vom Alltag ins Kino und ihren kinoanthropologischen Konsequenzen sind wir wiederum bei HELAS

---

395 Vgl. dazu Stefan Rieger. Kybernetische Anthropologie. Eine Geschichte der Virtualität. Frankfurt am Main: Suhrkamp, 2003; bezüglich der kultur- und medientheoretischen Implikationen siehe auch Katrin Harrasser. Prothesen. Figuren einer lädierten Moderne. Berlin: Vorwerk8, 2016.

396 Jacques Rancière. Die Filmfabel. Übers. von Stephan Geene und Teodora Tabacki. Berlin: b_books, 2014 [2001], S. 215.

POUR MOI und der Entkoppelung der Wahrnehmungseinheiten ,Bellen', ,Fido' und
,Hund' angelangt. Wenn Godard in dem technischen Verfahren der Montage Bild,
Ton und Schrift getrennt vorführt, so macht er schlicht auf den Wahrnehmungsvorgang aufmerksam, der im Alltag diese drei modal getrennten Ereignisse synchronisiert und als holistische Empfindung erfahrbar macht. Er widersetzt sich
also am Ende seines Films, oder genauer gesagt: bereits nach dem Film, mit ele-
ganter Geste diesem synästhetischen Vorgang der Entdifferenzierung und des Ver-
schwimmens akustischer, optischer und schriftlicher Bildgesten.

In seiner Abhandlung über einen anderen Godard-Film, nämlich LA CHINOI-
SE (F/1967), versucht Rancière diese Godardsche ,Anschauungspädagogik' in ein
politisches – und nicht zuletzt auch anthropologisches – Programm zu übersetzen,
das die Möglichkeit einer paradoxen Gemeinschaftlichkeit von heterogenen und
homogenen Elementen, von Bekanntem und Fremdem, eröffnet. Dazu ist es allerdings erst notwendig, im Sinne des Marxismus seines Lehrers Louis Althusser
soziale Beziehungen „in den ,einfachsten' Gesten wieder entdecken und neu erlernen zu müssen"[397]. Über das neuerliche Erlernen von Hören und Sehen wäre
ein „wieder zu entdeckender Sinn elementarster Handlungen"[398] freizulegen. Und
genau mit diesem Programm baut Godard, so Rancière, seine Filme:

> „Die zum Magma verschmolzene Einheit der Repräsentation muss aufgespalten
> werden: Man muss Worte und Bilder trennen, um Worte in ihrer Fremdartigkeit ver-
> nehmen zu können und Bilder in ihrer Albernheit sichtbar zu machen."[399]

Was Bazin also in technohistorischer Perspektive als *mythe du cinéma totale* beschrieben hat,[400] erscheint bei Rancière als wahrnehmungstheoretische Konsequenz einer intermedialen Koppelung: Das „Magma der Repräsentation"[401] läßt

---

397 Ebd., S. 214.

398 Ebd.

399 Ebd., S. 216f.

400 André Bazin. Le mythe du cinéma total. In: Qu'est-ce que le cinéma. Paris: Cerf, 1975,
     S. 18–24. Bazin wendet sich darin gegen die Argumentation, nach der eine wissen-
     schaftliche, technische oder ökonomische Ratio hinter der Erfindung des Kinos stecke
     (also im Grunde gegen seinen ideologischen Widerpart Georges Sadoul). Er tritt statt-
     dessen für eine ,idealistische' Logik ein, die das synthetisierende Zusammenfließen
     aller technisch-sinnlichen Materialbestandteile zum Ausgangspunkt habe und von
     Verrückten ausgehe, die von ihrer Vorstellung eines totalen Kinos besessen seien: „[I]
     es fanatiques, les maniaques [...] possedés de leur imagination [...] du *cinéma totale*."
     S. 24.

401 Rancière, Film Fables, S. 146.

die Baumaterialien eines Films nicht mehr auf ihre sinnlichen Ausgangserfah-
rungen zurückführen. Deshalb gleitet es in ein undifferenziertes, auf Unschärfen
beruhendes Synästhesie-Erlebnis ab. Dem gebietet das Godardsche Montagever-
fahren einhalt und läßt *die Bilder* gewissermaßen *tönen* und *die Töne färben.*
Ob Rancièresches Magma oder Bazinscher Mythos: insgesamt überwiegen in
den film- und kinoanthropologischen Ausflügen der Theoriegeschichte des Kinos
jedenfalls Überlegungen, die den homogenisierenden, synästhetisierenden Verfahren der Montage von Bild/Bild oder Bild/Ton einiges abgewinnen können: Sie setzen auf flüssige Übergänge, kontinuierliche Verläufe und den Ausgleich der Gegen-
sätze. Deshalb auch pflegen Praktiker der Produktion den unsichtbaren Schnitt als
haptische Erfahrung zu beschreiben[402] oder die ‚Unhörbarkeit' der Filmmusik zu
betonen. Sie werden dabei von TheoretikerInnen der Kognition unterstützt, die
den verständnisfördernden und -erleichternden Effekt solcher Techniken hervor-
heben. Dabei können sie sich auch auf die phänomenologischen Prämissen einer
vorgegebenen oder sogar ‚natürlichen' Wahrnehmungsweise berufen, die im Kino
implementiert werde. So spricht etwa Bernhard Waldenfels bei Synästhesie mit
Bezugnahme auf Merleau-Pontys *Phänomenologie der Wahrnehmung* von einer
eigenen, harmonischen Leiblichkeitsempfindung, die nicht als Ausnahmeerschei-
nung, sondern als unmittelbar wahrnehmungstheoretisch zu ortende Regel zu sehen sei.[403]
Im Lichte dieser Harmoniesüchtigkeit zeigt sich nun tatsächlich die politische
Brisanz von Godards Interventionen. Seine Pädagogik besteht genau darin, die als
anthropologische Konstanten hingestellten Konstrukte zu zerlegen und als Ideologien zu enthüllen. Damit ist er allerdings weder allein noch war er der Erste.
Schon im historischen, ideologischen und ästhetischen Umfeld der Praktiken und
Theorien des sowjetischen Kinokonstruktivismus wichen diese anthropologisch
verbrämten Konvergenz-Thesen zwischen Herstellung und Vorstellung von Einzelteilen kurzfristig einem anderen Regime: dem der Orientierung an den Modalitäten des Fragmentarischen, also an der Schroffheit und Härte des Ausgangs-
materials der Produktionskette und seiner ebenso zerklüfteten und zerklüftenden
Verarbeitung im sinnesspezifischen Wahrnehmungsprozess. Die Fragmente wurden – besonders in Sergei M. Eisensteins frühen Montage-Konzepten – in ihrem

---

402 Reisz und Millar etwa beschwören die „smoothness" einer „lucid continuity". Siehe
     Karel Reisz und Gavin Millar. The Technique of Film Editing. London/New York:
     Focal Press, 1968. S. 216.
403 Bernhard Waldenfels, Sinnesschwellen. Studien zur Phänomenologie des Fremden.
     Frankfurt am Main: Suhrkamp, 1998, S. 60.

technisch-materiellen Sosein aufgewertet.[404] Statt der synästhetischen Unschärfe von Wahrnehmungsobjekten setzten die Russen auf die Dekonstruktion der Synästhesie und auf materiell *differenzierte Blöcke des Produzierten*: Bild als Bild, Ton als Ton.

Um die beiden – doch diametral entgegengesetzen – Ästhetiken beziehungsweise ‚Ideologien' der Montage voneinander klar zu unterscheiden, schien es deshalb spätestens gegen Ende der 1930er Jahre notwendig, den Begriff der Montage vorerst etwas einzuschränken. Die Verfahren der *Annihilierung der Differenzen* zwischen einzelnen Fragmenten, seien dies Einstellungen, Teile des Bildes oder die Bild-Ton-Beziehung, wurden deshalb bald – im Unterschied zur Montage – unter dem Begriff des *Editing* zusammengefasst. Dieser umschreibt die Technik, distinkte Momente in den Fluss einer Kontinuität von Bild und Ton im Zuge der Wahrnehmung des Betrachters zu binden, sie zu einem Amalgam verschiedener Sinneseinflüsse zu homogenisieren und zu synästhetisieren. *Montage* blieb folglich für die ästhetisch-ideologische Position Eisensteins bzw. der Russenfilme und ihrer Nachfolger in den Neuen Wellen der 1950er- bis 1970er Jahre reserviert und fasste seine Bestimmung als Verbindungsmoment distinkter und heterogener Momente.[405]

14.2 Symbolische Montage

Diese inzwischen schon verbreitete Unterscheidung zwischen Montage und Editing klärt allerdings nur das Vorfeld zur weiteren Debatte des bellenden Bild-Ton-Schrift-Geflechts aus HELAS POUR MOI. Denn weder die Theorien der synästhetisierenden Editing-Techniken noch jene der Sinnen-scheidenden Schärfe des eingeschränkten Montage-Begriffs berücksichtigen in hinreichendem Ausmaß die Bedeutung, die Godard den *temporalen Dynamiken* der Einstellungsfügung sowie der Bild-Ton-Synchronität zumisst. Man denke nur an zeitlich klaffende

---

404 Das hört sich dann mit der organischen oder wohl besser: organizistischen Montage-Konzeption SMEs ab Mitte der 1930er Jahre bald wieder auf. In einem Artikel aus dem Jahr 1946 mit dem bezeichnenden Titel *Fragen der Komposition* etwa werden die Probleme visueller „Geschlossenheit", die „Anordnung der Einzelteile zu einem Ganzen" systematisch mit Begriffen und Beispielen aus der akustischen Wahrnehmung wie etwa „melodische Elemente", „Rhythmus" oder „Walzerschema" diskutiert. Vgl. Serge Eisenstein. Fragen der Komposition. Übers. von Lothar Fahlbusch. In: Gesammelte Aufsätze I. Zürich: Arche, o.J. [1946], S. 306–308.

405 Vgl. dazu etwa Alain Weber. Idéologies du montage ou l'art de la manipulation. CinémAction. Ed. Hennebelle, Guy. Vol. 23. Paris: Harmattan, 1982, S. 7.

Leerstellen wie Schwarzfilm, Weißblende, Verzicht auf Atmo-Ton oder Faltungen und Schichtungen wie Mehrfachbelichtungen, Bildwiederholungen, Bildsprünge und Ton-Cluster-Bildungen, Stereo-Ton-Manipulationen und 3D-Experimente sowie andere synthetische Verfahren des *sound design* und analoger sowie digitaler Bildbearbeitungen. Sie sind maßgeblich Operationen und Eingriffe in die zeitliche Ordnung und tragen dazu bei, den jeweiligen Filmen ein spezifisches rhythmisches Maß anzumessen. Man denke aber eben auch an die präzise Zeitversetzung von Bellen, Bild und Schrift in HELAS POUR MOI: Sie alle benötigen eine begriffliche Ausdifferenzierung sowie eine typologische Zuordnung jenseits der angedeuteten Dichotomie von Editing und Montage.

Gewiß, Godard selbst hat schon 1956 in seinem Aufsatz *Montage mon beau souci*[406] auf die Grenzen der Bazinschen Dichotomie hingewiesen. Doch erst Rancière entwickelt daraus eine stringente *Poetik der symbolischen Montage* jenseits der erwähnten Polarität. In seiner Analyse einer Einstellungsfolge aus LA CHINOISE geht er von dem bereits erwähnten synästhetischen Magma audiovisueller Alltagskommunikation (einschließlich bestimmter filmischer Formen) aus. Er beschreibt die Beziehung von Wörtern – also Tonereignissen – und Bildern in Anlehnung an seinen Lehrer Louis Althusser als chiastische Verschränkung einfachster alltäglicher Verrichtungen: Wörter machen, wie gesagt, Bilder, sie machen uns sehen und vor allem: sie entstammen unmittelbar unseren vernakulären Lebens- und Arbeitszusammenhängen und Tätigkeiten. Diese synästhetische Verkoppelung der Sinne kann sich zu exzessiven Verdopplungen oder Vervielfachungen von Sinneseindrücken auswachsen. Das wiederum führe zu einer Dialektik, die dafür verantwortlich sei, dass wir Worte, die uns sichtbar gemacht wurden, nicht mehr als das hören, was sie sind, nämlich als akustische Ereignisse. Auch die hörbar gemachten Bilder können wir – als visuelle Ereignisse – nicht mehr sehen: Was der Wahrnehmung bleibt, ist eben ein synästhetisches Magma „elementarer Äußerungen"[407].

Von dieser Verkleisterung setzt sich Godard jedoch keineswegs schroff ab. Er greift sie vielmehr auf, ergänzt und entzerrt sie – sei es durch heftig gesetzte Interpunktionen oder hart zwischen die Bilder montierte Schrifttafeln, durch Zeitverschiebungen zwischen Bild und Ton oder durch darübergelegte, theoretisch-pathetisch aufgeblasene Kommentare wie in den *Groupe Dziga-Vertov*-Filmen. In LA CHINOISE etwa überführt er die wahrnehmungstheoretische Beobachtung ständig wirksamer Synästhesie in sein eigenes ästhetisches Filmerfahrungslabor und macht daraus eine der Grundlagen seiner filmischen Pädagogik. Aus dem Ein-

406 Jean-Luc Godard. Schnitt, meine schöne Sorge. Übers. von Frieda Grafe. In: Godard/
    Kritiker. Ausgewählte Kritiken. RH 83. München: Hanser, 1971, S. 38–40.
407 Rancière, Filmfabel, a.a.O., S. 217.

üben einfacher filmtechnischer Handlungen wird damit eine Art von Einleben in
filmische Denkweisen. Konkret bestehen sie aus Bild-Ton-Folgen, die sich durch
zweierlei Verfahren auszeichnen: Erstens durch die Isolation einzelner Erzähleinheiten mittels scharf gezogener Trennlinien; zweitens durch zeitliche Entzerrung
a-synchroner Anordnung von Bild-Ton-Elementen. Er versuchtc also eine Dialektik zu entzünden zwischen einem Althusserschen kollektiven Arbeits- und Alltagsbegriff und der politischen Padägogik der Vermittlung filmischer Materialien und
Verrichtungen – und dies gelingt ihm auch.

Mit diesen beiden Techniken schlägt Godard einen beträchtlichen Umweg ein,
um schlußendlich die Worte wieder hörbar und die Bilder wieder sichtbar zu machen. Er entgliedert und entzerrt gewissermaßen den Einheitsbrei des Tonfilms,
der auf das synästhetische Entdifferenzieren von Bild und Ton zurückzuführen
ist. Die synästhetische Vermengung und Orchestrierung von Wort und Bild zu
einem Gemeinsamen wird entflochten. Das synchrone Hörensehen oder Sehenhören hat bei ihm ein Ende, um in der Folge wiederum ein kollektives Tönehören und
ein Bildersehen zu ermöglichen. Die latente Kritik an den phänomenologischen
Positionen ist auch hier nicht zu übersehen. Denn Godard ersetzt – im Rahmen
seines filmästhetischen Programms – den Merleau-Pontyschen Entwurf des Menschen als „autochtone Organisation"[408] durch die Vorstellung des Kino-Menschen
als Maschine des Heterogenen, wie sie eben Rancière vorschlägt. Vielleicht muß
Godard auch deshalb die (gehörten) Worte zuerst in Schrift verwandeln und somit
sichtbar machen und die Bilder in Töne verwandeln und somit hörbar machen:

> „Godard then sets about elaborating an apparatus of separation that makes words
> audible by making them visible."[409]

Es gehe, so Rancière, darum, das Eine des repräsentativen Magmas in zwei Teile
zu spalten, Worte und Bilder zu trennen und dazu beizutragen die Worte in ihrer
Fremdheit und Materialität hörbar zu machen und Bilder in ihrer Einfachheit sehen zu machen.

Godard führt diese mediale Waschmaschine, welche die synästhetische Verfärbung aus den Filmen wäscht, auch in HELAS POUR MOI vor. Vielleicht sogar deut-

---

408 Maurice Merleau-Ponty. Phénomènologie de la perception Paris: NRF, 1945, S. 270,
     zit. nach Waldenfels, Sinnesschwellen, a.a.O., S. 60.
409 Rancière, Film Fables, S. 147. Es sei erlaubt, hier die englische Übersetzung zu zitieren, da die deutsche schlicht unsinnig ist: „Um das zu erreichen, muss ein Trennungsdispositiv gefunden werden, das Worte durch ihre Sichtbarkeit verständlich macht."
     Rancière, Politik der Bilder, a.a.O., S. 217.

licher als in LA CHINOISE, denn in dieser Arbeit aus dem Jahr 1993 ist jenes Rotationsprinzip von Bild, Ton und Schrift *innerhalb* einer Einstellung am Werk, was seine Wirksamkeit um einiges erhöht. Schon zu Beginn, etwa ab der dritten Minute, findet man die einzelnen Agenturen des Geschehens fein säuberlich auseinandergelegt: Schauspieler (nicht Rollen!) schauspielen [min 3.35], ein Riesen-Schiff schwebt am Genfer See daher [min 3.17], ein Straßenkehrer kehrt und stottert [min 6.16] (eine Godardsche Äußerungs- und Analyseform, die oft genug beschrieben wurde); einzelne Bild- und Tonereignisse werden isoliert, das Sehen und Nichtsehen in Form eines Versteckspiels inszeniert; alles erscheint zeitverschoben, das heißt ohne kausale Verbindung einfach nebeneinander postiert. Später folgt, anläßlich der Einfahrt des Bootes in einen kleinen Hafen mit Gérard Depardieu an Bord ein mehrmaliges Autohupen, das ebenso aus synästhetischen Verkoppelungen ausgegrenzt bleibt. Und so geht es weiter bis zu Fidos Gebell.

Worauf läuft dieses Zeitverschiebungs- und Isolationsverfahren hinaus? – Mit der nicht selten eingesetzten Denkfigur der Disjunktion gelingt es Rancière, den Godardschen Montagetypus zu beschreiben, der kristallklar das Differenz- gegenüber dem Synästhesie-Prinzip privilegiert. Deshalb spricht er in einem anderen Buch, der *Politik der Bilder*, von Montage-Einheiten als „kleinen Maschinerien des Heterogenen"[410], die Kontinuitäten fragmentieren und Verschiedenes schockartig annähern. Damit bringt Rancière, getreu den Prämissen Althussers, zunächst etwas Sand ins Getriebe der aalglatt laufenden Mechanik der Dialektik. Wo Eisenstein bei der geringsten Schwierigkeit, die in der Logik eines Montagetypus auftaucht, sogleich einen neuen erfindet, versucht Rancière die innere Widersätzlichkeit in den von ihm beschriebenen Montageformen auszutragen und sie gleichsam zum Vibrieren zu bringen. Statt einem am historischen Materialismus geschulten blinden Fortschreiten der Geschichte, in der Sprung auf Sprung folgt, entwickelt der von Rancière beschriebene Begriff der symbolischen Montage eine innere Dynamik der Bilder. Erst sie ist in der Lage, die synästhetischen Unschärfen aus den Bildern herauszuoperieren und zugleich zu verhindern, dass der Film ein reines Vehikel metonymischer Zeit- und Erzählmaschinen wird.

Diese – wie man sie nennen könnte – *vibrierenden Chronotopen*, also Zeit/Raum-Verdichtungen, beschreibt Rancière als Effekte dieser *symbolischen Montage*. Darunter versteht er ein weit über den Beitrag Godards hinausweisendes Verfahren des Stiftens von Vertrautheit und Nähe im und am Fremden, bei dem sich Differenzqualitäten auf der einen und affine Eigenschaften des Synästhetischen auf der anderen Seite in der paradoxen, jedoch hochpolitischen Verbindung einer ‚gemeinsamen Welt' finden:

---

410 Ebda., S. 68.

„Die symbolistische Art der Montage setzt ihrerseits auch heterogene Elemente in Verbindung und schafft durch die Montage von Elementen, die miteinander in keinerlei Verbindung stehen, kleine Maschinen. Doch die Verbindung der heterogenen Elemente folgt hier einer entgegengesetzten Logik. Denn die symbolische Montage versucht tatsächlich, eine Familiarität zwischen den fremden Elementen zu inszenieren, eine zufällige Analogie, die von einer grundlegenderen Beziehung der gegenseitigen Zugehörigkeit zeugt, von einer gemeinsamen Welt, in der die heterogenen Elemente demselben wesentlichen Gewebe angehören und somit immer unter Verdacht stehen, sich miteinander in der Brüderlichkeit einer neuen Metapher zu verbinden."[411]

Wenn Rancière hier gleich die ‚Brüderlichkeit' einführt und diesen Chronotopos kurz darauf als ‚Mysterium' bezeichnet, so *könnte* man durchaus stutzig werden und auf ein wenn nicht utopistisches, so doch zumindest eschatologisches oder hegelianisches Geschichtsmodell tippen; – *muss* man aber nicht. Man kann darin auch – und diesem Verständnis soll hier der Vorzug gegeben werden – die Evokation des Anderen im Einen, des Heterogenen im Gesamt, der Differenz in der Synästhesie wahrnehmen. In dieser anthropologischen *Vibrationsgröße* werden die Differenzqualitäten im Inneren des Fragments ausfindig gemacht, ihre schillernden und glitzernden Bewegtheiten nach außen gekehrt und ans Licht gerückt. Damit kann die Synästhesie als Vereinigungskraft bestimmt werden, ohne die Heterogeneität verschiedener modaler Sinneswahrnehmungen einzuebnen. Worte und Bilder werden durch die Verschiebung der Dynamik ihres Erscheinens vor Aug und Ohr der ZuschauerInnen zu einer synästhetischen Vibrationsgröße verdichtet.

So ist Fidos Bellen in HELAS POUR MOI doch nicht nur das zufällige Zusammentreffen verschiedener Ereignisse am surrealistischen Seziertisch oder eine Anspielung auf den Schrei des bereits gestorbenen Esels Balthazar am Ende des gleichnamigen Films von Robert Bresson.[412] Es bringt mehr ins Spiel als das gewöhnliche Miteinander verschiedener Sinnessphären. Der Laut des Tieres weist uns mit sinnlicher Kraft und Evidenz darauf hin, dass das Kino die maschinellen Herstellungsbedingung filmischer Montage mit den anthropologischen Voraussetzungen der Synästhesie virtuos miteinander zu verbinden weiß. Mehr noch: Godards Zergliedern von Fidos Bellen führt vor, dass das Zusammenwirken von Montage und Synästhesie nicht nur eine semantische Operation darstellt. Es verwandelt vielmehr Geschriebenes in Handlungen, Gehörtes in Gesten, Gesehenes in Körper:

---

411 Ebd., S. 70. Dass es hier einmal „symbolische" und einmal „symbolistische" Montage heißt, dürfte ein Übersetzungsversehen sein.

412 Diese Beobachtung verdanke ich Gertrud Koch.

"Es geht darum sie [die Worte, K.S.] wirklich sichtbar zu machen, ein rohes Bild von dem zu erzeugen, was sie sagen, anstelle einer obskuren Verbildlichung. Sie müssen Körpern gegeben werden, die sie wie elementare Äußerungen behandeln, die ausprobieren, wie sie klingen und sie gestisch umzusetzen suchen."[413]

Diese gestische Verkörperung des bellenden Fido trägt also dazu bei, dass uns Hören und Sehen vergeht, bis sich im nächsten Moment dieses Sehen und Hören wieder – als anderes – einstellt. Mit dieser partizipatorischen Transformation von Worten zu Taten beleuchtet Fido die Vielgestaltigkeit und Verschiedenartigkeit der herstellungstechnischen und wahrnehmungstechnischen Komponenten, mit denen das Kino virtuos umzugehen gelernt hat. Das dreifache Bellen als Ton, Bild und Schrift ist eine den Gesamtkörper des Kino-Menschen durchdringende körperliche Geste, welche den Reichtum und die Wirkmacht des Kinos sichtbar, hörbar und spürbar macht. Es sorgt – mit den Worten von Bernhard Waldenfels – dafür, „dass das Bellen eines Hundes die Beleuchtung durcheinander bringt"[414].

---

413 Rancière, Filmfabel, a.a.O., S. 217.
414 Waldenfels, Sinnesschwellen, a.a.O., S. 58.

Anhang

Textnachweise

Der Anstoß zu diesem Buch geht auf eine Einladung zurück, für einen Sammelband zur Theoriegeschichte des Kinos einen Eintrag zum Thema Filmanthropologie beizusteuern. Um den in der Folge entstandenen Aufsatz, der im Übrigen bis heute nicht erschienen ist, haben sich weitere, frühere und spätere Arbeiten gefügt. Viele davon hatte ich schon längere Zeit dorthin oder dahin, zu Tagungen und Veröffentlichungen diesseits und jenseits der Grenzen der Disziplinen und Länder mit mir herumgeschleppt. Deshalb gehen auch acht der vierzehn Kapitel auf Überlegungen zurück, die erstmals in anderssprachigen Vorträgen oder Einträgen geäußert wurden. Ich habe diese Vorarbeiten für die vorliegende *deutschsprachige Erstveröffentlichung* allesamt radikal überarbeitet, neu formuliert, aktualisiert und aufeinander abgestimmt. Ergänzt wurden sie – neben zwei Originalbeiträgen für den vorliegenden Band – durch vier, ebenfalls deutlich überarbeitete Nachdrucke verstreut erschienener deutschsprachiger Publikationen. Sie sollen einen integralen Kontext der Diskussion kino- und filmanthropologischer Fragen gewährleisten und das Gesamtbild abzurunden; hier die Herkünfte der einzelnen Kapitel:

Mythen und Rituale des Kinos: Erstveröffentlichung für diesen Band.

Anthropologie des Kinos. Ein theoriehistorischer Abriss: Erstveröffentlichung für diesen Band.

Bildanimismus. Zur Geschichte eines bewegten und bewegenden Begriffs: *Animisme de l'image. Pour une histoire de la théorie d'un concept mouvant*. Vortrag am Centre d'études et de recherches internationales (CÉRIUM) der Université de Montréal am 20. April 2012. In: Intermédialités: histoire et théorie des arts, des lettres et des techniques/Intermediality: History and Theory of the Arts, Literature and Technologies, Numéro 22, automne 2013. = *Image-Animism. On the History of the Theory of a Moving Term*. In: Images Revues. Histoire, anthropologie et théorie de l'art. Vol. hors-série 4, 2013. http://imagesrevues.revues.org/2874.

Der filmische Raum als Handlungsort des imaginären Menschen: Filmwissenschaft. In Stephan Günzel (Hg.). Raumwissenschaften, Frankfurt am Main: Suhrkamp, 2008, S. 125–141.

Zur Theoriegeschichte filmischer Subjektivität. (Neo)Formalismus und dialogische Anthropologie des Kinos: Beyond Subjectivity. Bakhtin's Dialogism and the Moving Image. In: Subjectivity. Filmic Representation and the Spectator's Experience. Hg. Von Chateau, Dominique. Amsterdam: Amsterdam University Press, 2011. S. 135–46. Auf Deutsch auch in: Montage AV, 25/2/2016.

Martin Bubers ‚Erregungsbild' im Kinematographentheater: Vortrag *Martin Buber's cinematographic theater of dialogic perception* auf der Conference *Geophilosophy of cinema* des Istituto Universitario Nacional del Arte (IUNA) of Buenos Aires und der Universidad de Buenos Aires (UBA) vom 10.-13. Juni 2015 in Buenos Aires. Die hier abgedruckte deutsche Fassung dieses Vortrags bildete auch das Gerüst und die Grundlage einer umfassenderen Analyse von Sternbergs SHANGHAI GESTURE (US/1941) nach den von Buber dargelegten Wahrnehmungskategorien, die vor kurzem erschienen ist in: Karl Sierek. Der lange Arm der Ufa. Filmische Bilderwanderung zwischen Deutschland, Japan und China 1923–1949. Wiesbaden: Springer VS, 2018.

Skizzen zu einer Negativen Anthropologie des Kinos: Vortrag *Esquisses pour une anthropologie négative du cinéma* am Colloque *Questions de cinéma, problèmes d'anthropologie* der Université Paris 7 und der Université Lyon 2 am 23.-24. Oktober 2014 am Institut National d'Histoire de l'Art in Paris.

Mitrys ‚Totalbild' zwischen Phänomenologie und Semiologie: Vortrag *Jean Mitry between phenomenology and film analysis. An analytical approach on Malraux' L'ESPOIR, Daquins PREMIER DE CORDÉE and Godards LE MÉPRIS* am Carpenter Center for the Visual Arts der Harvard University, Cambridge, Massachusetts am 12.4.2012.

Béla Tarr. Plansequenz und Kontingenz: Durée et contingence. Une révision du plan-séquence. In: Corinne Maury/ Sylvie Rollet (Hg.). *Béla Tarr. De la colère au tourment.* Crisnée – Belgique: Yellow Now/Coté cinéma, 2016. S. 113–25.

Ironie und Takt. Einstimmen und Abweichen in den Filmen der Coen Bros.: Vortrag auf der Tagung *Filmische Ironie – Die Ironie des Films*, 12. – 14. Juni 2014 am Seminar für Filmwissenschaft der Universität Zürich.

Amah, Max und John. Mikrogestik und Mikromimik in drei Hollywood-Filmen der 1940er Jahre: Vortrag *Sans gestes. Dialogique des corps au cinéma* am Colloque international *Le geste filmé: temporalité, mémoire*, 16.-17. November 2015, INHA, Paris, veranstaltet vom Forschungsverbund Labex Arts H2H der Université Paris 8 Vincennes-Saint-Denis.

Einsicht und Eingriff. Bilder vom Inneren des Körpers: Antrittsvorlesung für den Lehrstuhl für Geschichte und Ästhetik der Medien an der Friedrich Schiller-Universität Jena am 6. Juli 1999. Erschienen in: Klaus Manger (Hg.): Jenaer Universitätsreden. Jena, 2005, pp. 227 – 238.

Découpage. Der rote Faden durch KOSINZEWS WOHNUNG (Sokurow, Ru/1997): Vortrag *Découpage, ou: Le fil rouge à travers ‚L'Appartement de Kosinzew' (Alexander Sokourov, 1997)*. Am Colloque Le Découpage au cinéma, enjeux théoriques et poétiques, 23.-28. September 2013 am Centre culturel international de Cerisy, Normandie. In: Le découpage au cinéma. Hg. Vincent Amiel et al. Rennes: Presses universitaire de Rennes, 2016. S. 215–22.

Godards Hund. Montage und Synästhesie. Vortrag im Rahmen des SFB 447 *Synästhesie Effekte: Montage als Synchronisierung* am 10. Juli 2009 im Institut für Theaterwissenschaft der FU Berlin. In: Synchronisierung der Künste. Hg. Curtis, Robin et al. München: Fink, 2013. S. 85–92.

Literatur

Theodor W. Adorno. Minima Moralia. Reflexionen aus dem beschädigten Leben. Frankfurt am Main: Suhrkamp, 1976 [1951].

Henri Agel. Le Cinéma et le sacré. Paris: Éditions du Cerf, 1953.

---. Der Mensch und der Film. In: Dokumente. Vom Film in Europa zum europäischen Film (1954), S. 9–18.

Rick Altman. Genre: The Musical. London: bfi/Routledge, 1981.

---. The American Film Musical. Bloomington: Indiana University Press, 1987.

Dudley Andrew. Concepts in Film Theorie. Oxford: University Press, 1984.

Rudolf Arnheim. Film als Kunst. Frankfurt am Main: Fischer, 1979 [1932].

Wilhelm Arnold, Hans Jürgen Eysenck und Richard Meili (Hg.). Lexikon der Psychologie. Freiburg: Herder, 1980.

Jacques Aumont, Alain Bergala, Michel Marie und Marc Vernet. Esthétique du Film. Paris: Nathan, 1983.

Lutz Bacher. Max Ophüls's Universal-International Films: The impact of production circumstances on a visual style. 2 Bde. Detroit: Wayne State University, Diss., 1984.

Michail Bachtin. Probleme der Poetik Dostoevskijs. Übers. von Adelheid Schramm. Frankfurt am Main: Ullstein, 1985 [1929].

---. Rabelais und seine Welt. Volkskultur als Gegenkultur. Übers. von Gabriele Leupold. Frankfurt am Main: Suhrkamp, 1995.

---. Inhalt, Material und Form im Wortkunstschaffen. In: Untersuchungen zur Poetik und Theorie des Romans. Berlin/Weimar: Aufbau, 1986 [1937], S. 5–76.

---. Das Wort im Roman. In: Untersuchungen zur Poetik und Theorie des Romans. Berlin/Weimar: Aufbau, 1986, S. 77–261.

---. Formen der Zeit und des Chronotopos im Roman. Untersuchungen zur historischen Poetik. In: Untersuchungen zur Poetik und Theorie des Romans. Berlin/Weimar: Aufbau, 1986 [1937], S. 262–508.

Béla Balázs. Der sichtbare Mensch oder Die Kultur des Films. Wien/Leipzig: Deutsch-Österreichischer Verlag, 1924.

---. Der Film. Werden und Wesen einer neuen Kunst. Übers. von Alexander Sacher-Masoch. Wien: Globus, 1949.

---. Der Geist des Films. Hg. von Hartmut Bitomsky. Frankfurt am Main: makol verlag, 1972 [1930].

Roland Barthes. En sortant du cinéma. In: Communications/23 (1972), S. 104–07.

--- und Violette Morin. La vedette: enquêtes d'audience? In: Communications 1/ 2 (1963), S. 197–216.

Jean-Louis Baudry. L'Effet Cinema. Paris: Editions Albatros, 1978.

---. Ideologische Effekte erzeugt vom Basisapparat. In: Eikon. Zeitschrift für Photographie & Medienkunst/5 (1993), S. 34–43.

André Bazin. L'évolution du langage cinématographique. In: Qu'est-ce que le cinéma. Paris: Cerf, 1975 [1950–55], S. 63–80.

---. Was ist Kino? Übers. von Barbara Peymann. Köln: DuMont Schauberg, 1975.

---. Was ist Film? Übers. von Robert Fischer und Anna Düpee. Berlin: Alexander Verlag, 2004.

---. Qu'est-ce que le cinema? Paris: Éditions du Cerf, 1975.

---. Jean Renoir. München: Hanser, 1977.

---. Le Crime de M. Lange (1935). In: Jean Renoir. München: Hanser, 1977 [1958], S. 26–32.

---. Orson Welles. Paris: Cahiers du cinéma, 1998 [1972].

Wolfgang Beilenhoff (Hg.). Poetik des Films. München: Fink, 1974.

Raymond Bellour. L' analyse du Film. Paris, 1979.

---. Le corps du cinéma: hypnoses, émotions, animalités. Paris: P.O.L., 2009.

---. Sur Fritz Lang. In: L' analyse du Film. Paris: Éditions Albatros, 1979 [1966].

Walter Benjamin. Das Kunstwerk im Zeitalter seiner technischen Reproduzierbarkeit. In: Gesammelte Schriften. Bd. I/1. Frankfurt am Main: Suhrkamp, 1974 [1936], S. 431–70.

---. Erwiderung an Oscar A. H. Schmitz. In: Medienästhetische Schriften. Hg. von Detlev Schöttker. Frankfurt: Suhrkamp, 2002 [1927], S. 347–50.

Claudia Benthien. Im Leibe wohnen. Literarische Imagologie und historische Anthropologie der Haut. Berlin: Verlag Spitz, 1998.

Ludwig Binswanger. Einführung in die Probleme der allgemeinen Psychologie. Berlin: Julius Springer, 1922.

---. Traum und Existenz. In: Neue Schweizer Rundschau XXIII/ 38/39 (Sept./Okt.) (1930), S. 673–779.

Hans Blumenberg. Beschreibung des Menschen. Berlin: Suhrkamp, 2014.

Gernot Böhme. Synästhesien im Rahmen einer Phänomenologie der Wahrnehmung. In: Wolkenkuckucksheim. Internationale Zeitschrift für Theorie der Architektur/31 (2013), S. 23–35.

Anna Bohn. Film und Macht. Zur Kunsttheorie Sergej M. Eisensteins 1930–1948. München: diskurs film Bibliothek, 2003.

Pascal Bonitzer. Le regard et la voix. Paris: Union Générale d'Éditions, 1976.

David Bordwell. Narration in the Fiction Film. Madison: University of Wisconsin Press, 1985.

---. Kognition und Verstehen. Sehen und Vergessen in MILDRED PIERCE. In: Montage AV 1/ 1 (1992), S. 5–24.

---. Contemporary Film Studies and the Vicissitudes of Grand Theory. In: Post Theory: Reconstructing Film Studies. Hg. von David Bordwell und Noel Carroll. Madison: University of Wisconsin Press, 1996, S. 3–36.

---. Modelle der Rauminszenierung im zeitgenössischen europäischen Kino. In: Zeit, Schnitt, Raum. Hg. von Andreas Rost. München: Verlag der Autoren, 1997, S. 17–42.

David Bordwell, Janet Staiger und Kristin Thompson. The Classical Hollywood Cinema. Film Style and Mode of Production to 1960. London: Routledge, 1991 [1985].

Edward Branigan. The Space of Equinox Flower. In: Screen 17/ 2 (1976), S. 74–105.

Edward R. Branigan. Point of View in the Cinema. A Theory of Narration and Subjectivity in Classical Film. Berlin, New York, Amsterdam: Mouton Publishers, 1984.

Fritz Breithaupt. Kulturen der Empathie. Frankfurt am Main: Suhrkamp, 2009.

Nicole Brenez. Ultra-modern. Jean Epstein – das Kino im Dienst der Kräfte von Transgression und Revolte. Übers. von Ralph Eue. In: Jean Epstein. Bonjour Cinéma und andere Schriften zum Kino. Hg. von Nicole Brenez und Ralph Eue. Wien: Filmmuseum Synema Publikationen, 2008, S. 143–54.

Martin Buber. Das Problem des Menschen. Heidelberg,: L. Schneider, 1948.

---. Ich und Du. In: Das Dialogische Prinzip. Gerlingen, 1992 [1923], S. 5–136.

---. Elemente des Zwischenmenschlichen. In: Das Dialogische Prinzip. Gerlingen, 1992 [1923], S. 269–98.

---. Das dialogische Prinzip. Gerlingen: Lambert Schneider, 1994.

---. Zwiesprache. In: Das dialogische Prinzip. Gerlingen: Lambert Schneider, 1994 [1929], S. 137–87.

Noël Burch. Nana, or the Two Kinds of Space. In: Theory of Film Practice. Princeton: Princeton University Press, 1981 [1969], S. 17–31.

Ruben Caixeta de Queiroz. Between the sensible and the intelligible: Anthropology and the cinema of Marcel Mauss and Jean Rouch. In: Vibrant. Virtual Brazilian Anthropology 9/ 2 (2012).

Ricciotto Canudo. L'usine aux images. Paris: Séguier+arte, 1995 [1908–1923].

Lisa Cartwright. Screening the Body: Tracing Medicine's visual Culture. Minneapolis, London: University of Minnesota Press, 1997.

Francesco Casetti. Morin et le cinéma. In: Revue européenne des sciences sociales XXV/ 75 (1987), S. 217–24.

---. Coupures épistémologiques dans les théories du cinéma après-guerre. In: iris – numero speciale: Christian Metz et la théorie du cinéma/Christian Metz & film theory/ 10 (1990), S. 145–57.

Ernst Cassirer. Versuch über den Menschen: Einführung in eine Philosophie der Kultur. Frankfurt am Main: S. Fischer, 1990 [1944].

Rey Chow. Primitive passions. Visuality, sexuality, ethnography, and contemporary Chinese cinema. Film and culture. New York: Columbia University Press, 1995.

Paul Clark. Reinventing China: A Generation and its Films. Sha Tin, N.T.: Chinese Univ. Press, 2005.

Gilbert Cohen-Séat. Essai sur les principes d'une philosophie du cinéma. Paris: Presses universitaires de France, 1958 [1946].

Gilbert Cohen-Séat und Pierre Fougeyrollas. L'action sur l'homme cinéma et télévision. Paris: Éditions Denoël, 1961.

---. Wirkungen auf den Menschen durch Film und Fernsehen. Köln/Opladen: Westdeutscher Verlag, 1966.

Jean-Louis Comolli. Technique et idéologie. Caméra, perspective, profondeur de champ. In: Cahiers du Cinéma 230 (1971), S. 229–41.

Iris Därmann. Primitivismus in den Bildtheorien des 20. Jahrhunderts. In: Literarischer Primitivismus. Hg. von Nicola Gess. Berlin: de Gruyter, 2012, S. 75–91.

Gilles Deleuze. Das Bewegungs-Bild. Kino 1. Übers. von Ulrich Christians und Ulrike Bokelmann. Frankfurt am Main: Suhrkamp, 1989.

---. Das Zeit-Bild. Kino 2. Übers. von Klaus Englert. Frankfurt am Main: Suhrkamp, 1991.

Philippe Despoix. Afrikanische Silhouetten und Feldfotografie. M. Griaules Beitrag zur Mausschen ‚Entdeckung' der Körpertechniken. In: NTM Zeitschrift für Geschichte der Wissenschaften, Technik und Medizin/18 (2010), S. 523–35.

Patrick Deval. Squaws. La mémoire oubliée. Paris: Éditions Hoebeke, 2014.

Mădălina Diaconu. Tasten – Riechen – Schmecken: eine Ästhetik der anästhesierten Sinne. Orbis phaenomenologicus. Studien. Würzburg: Königshausen & Neumann, 2005.

---. Sinnesraum Stadt: Eine multisensorische Anthropologie. Austria: Forschung und Wissenschaft. Interdisziplinär, 2012.

Georges Didi-Huberman. Das nachlebende Bild. Aby Warburg und Tylors Anthropologie. In: Homo Pictor. Hg. von Gottfried Boehm. München/Leipzig: K. G. Saur, 2001, S. 205–24.

Mary Ann Doane. The Voice in the Cinema: The Articulation of Body and Space. In: Yale French Studies 60 (1980), S. 33–50.

Herbert Eagle (Hg.). Russian Formalist Film theory. Michigan: University Press, 1981.

Umberto Eco. Das offene Kunstwerk. Frankfurt am Main: Suhrkamp Verlag, 1973.

Serge Eisenstein. Fragen der Komposition. Übers. von Lothar Fahlbusch. In: Gesammelte Aufsätze I. Zürich: Arche, o.J. [1946], S. 306–40.

Thomas Elsaesser und Malte Hagener. Filmtheorie zur Einführung. Hamburg: Junius, 2007.

Jean Epstein. Bonjour cinéma. In: Écrits sur le cinéma. Bd. 1. Paris: Seghers/Cinémaclub, 1974 [1921], S. 71–104.

---. Écrits sur le cinéma. 2 Bde. Paris: Seghers/Cinémaclub, 1974/75 [1921 – 1949].

---. L'essentiel du cinéma. In: Écrits sur le cinéma. Bd. 1. Paris: Seghers/Cinémaclub, 1974/75 [1923], S. 119 – 20.

---. Découpage (construction visuelle). In: La technique cinématographique, 29 mai (1947), S. 1029–30.

---. Découpage (construction sonore). In: La technique cinématographique, 12 juin (1947), S. 1065–66.

---. Découpage (construction idéologique). In: La technique cinématographique, 4 septembre (1947), S. 1073–74.

Elisabeth Ezra und Terry Rowden (Hg.). Transnational Cinema: The Film Reader. London/ New York: Routledge, 2006.

Johannes Fabian. Time and the other: How anthropology makes its object. New York: Columbia University Press, 1983.

Elie Faure. De la cinéplastique. Paris: Séguier, 1995 [1920].

Lorenz Fischer und Günter Wiswede. Grundlagen der Sozialpsychologie. München: Oldenbourg, 1997.

Martin Flanagan. Bakhtin and the Movies. New Ways of Understanding Hollywood Film. Basingstoke: Palgrave Macmillan, 2009.

Michel Foucault. Einführung zu ‚Traum und Existenz' von L. Binswanger. In: Schriften I. Frankfurt am Main, 2001, S. 107–74.

Maurice Friedman. Martin Buber and Mikhail Bakhtin: The Dialogue of Voices and the Word That Is Spoken. In: Religion & Literature 33/ 3 (2001), S. 25–36.

André Gardies. L'espace au cinéma. Paris: Meridiens Klincksieck, 1993.

Michael Gardiner. The Dialogics of Critique: M.M. Bakhtin and the Theory of Ideology. London, New York: Routledge, 1992.

Gunter Gebauer. Historische Anthropologie zum Problem der Humanwissenschaften heute oder Versuche einer Neubegründung. Rowohlts Enzyklopädie. Reinbek bei Hamburg: Rowohlt, 1989.

Clifford Geertz. The interpretation of cultures: selected essays. New York: Basic Books, 1973.

Arnold Gehlen. Der Mensch. Natur und seine Stellung in der Welt. Berlin: Junker und Dünnhaupt Verlag, 1940.

---. Ein Bild vom Menschen. In: Philosophische Anthropologie und Handlungslehre. Bd. 4. Gesamtausgabe. Frankfurt am Main: Klostermann, 1983 [1941].

Jeffrey Geiger. Making America Global: Cinematicity and the Aerial View. In: Cinematicity in media history. Hg. von Jeffrey Geiger und Karin Littau, 2013, S. 133–56.

Carlo Ginzburg. Der Inquisitor als Anthropologe. In: Geschichte schreiben in der Postmoderne. Hg. von Christoph Conrad und Martina Kessel. Stuttgart: Reclam, 1994, S. 203–18.

Jean-Luc Godard. Schnitt, meine schöne Sorge. Übers. von Frieda Grafe. In: Godard/Kritiker. Ausgewählte Kritiken. München: Hanser, 1971 [1956], S. 38–40.

Ernst Gombrich. Aby Warburg. Eine intellektuelle Biographie. Übers. von Matthias Fienbork. Hamburg: Europäische Verlagsanstalt, 1981 [1970].

Iwan Gontscharow. Der Abgrund. Übers. von Erich Müller-Kamp. München: Goldmann, 1961 [1896].

Gisela Grupe, Kerrin Christiansen, Inge Schröder und Ursula Wittwer-Backofen. Anthropologie. Einführendes Lehrbuch. Berlin, Heidelberg: Springer, 2005.

Jacques Guicharnaud. L'univers magique et l'image cinématographique. In: Revue internationale de filmologie 1 (1947), S. 39–41.

Hans Ulrich Gumbrecht. Diesseits der Hermeneutik. Die Produktion von Präsenz. Frankfurt am Main, 2004.

Tom Gunning. In Your Face. Physiognomie, Photographie, and the Gnostic Mission of Early Film. In: Mind of modernism: Medicine, psychology and the cultural arts in Europe and America, 1880–1940. Hg. von Mark S. Micale. Stanford: University Press, 2004, S. 141–71.

Stephan Günzel. Deleuze und die Phänomenologie. In: Phainomena XXII/ 84–85 (2013), S. 153–76.

Hermann Häfker. Kino und Kunst. Mönchen Gladbach: Volksverein Verlag, 1913.

Rudolf Harms. Das Lichtspielhaus als Sammelraum. In: Theorie des Kinos. Hg. von Karsten Witte. Frankfurt am Main: Suhrkamp es 557, 1973, S. 223–29.

Karin Harrasser. Prothesen. Figuren einer lädierten Moderne. Berlin: Vorwerk8, 2016.

Frigga Haug. Kritik der Rollentheorie und ihrer Anwendung in der bürgerlichen deutschen Soziologie. Frankfurt am Main: Fischer, 1972.

Stephen Heath. Narrative Space. In: Questions of Cinema. Bloomington: Indiana University Press, 1981 [1976], S. 19–75.

Edmund Husserl. Cartesianische Meditationen. Hamburg: Felix Meiner, 1995 [1929].

Martin Jay. Downcast Eyes. The Denigration of Vision in Twentieth-Century French Thought. Los Angeles/Berkeley/London: California University Press, 1993.

Anton Kaes. Kino-Debatte: Texte zum Verhältnis von Literatur und Film; 1909 – 1929. München: DTV, 1978.

Dietmar Kamper. Anthropologie nach dem Tode des Menschen: Vervollkommnung und Unverbesserlichkeit. Frankfurt am Main: Suhrkamp, 1994.

Dietmar Kamper und Christoph Wulf (Hg.). Die Wiederkehr des Körpers. Frankfurt am Main: Suhrkamp, 1982.

Immanuel Kant. Kritik der Urteilskraft. Philosophische Bibliothek. Bd. 39a. Hamburg: Felix Meiner, 1974.

Frank Kessler. Etienne Souriau und das Vokabular der filmologischen Schule. In: Montage/ AV 6/ 2 (1997).

Hans Kilian. Das enteignete Bewußtsein. Neuwied/Berlin: Luchterhand, 1971.

Guido Kirsten. 'Tout film est un document social'. Zum prekären Verhältnis von Filmologie und Kinosoziologie. In: Montage /AV 19/ 2 (2010), S. 7–20.

---. Gleichheitseffekt, Empathie, Reflexion und Begehren. Politiken des Realismus. In: Montage/AV 23/ 2 (2014), S. 78–104.

Claus-Volker Klenke. Existenz, Negativität und Kritik bei Ulrich Sonnemann. Würzburg: Königshausen & Neumann, 1999.

Gertrud Koch. Nähe und Distanz: Face-to-face-Kommunikation in der Moderne. In: Auge und Affekt. Wahrnehmung und Interaktion. Frankfurt am Main, 1995, S. 272–91.

Siegfried Kracauer. Epilog. In: Theorie des Films. Die Errettung der äußeren Wirklichkeit. Frankfurt/M: Suhrkamp, 1975 [1960].

Julia Kristeva. Pouvoirs de l'horreur. Essai sur l'abjection. Collection Tel Quel. Paris: Éditions du Seuil, 1980.

Jacques Lacan. Das Spiegelstadium als Bildner der Ichfunktion wie sie uns in der psychoanalytischen Erfahrung erscheint. Bericht für den Internationalen Kongreß für die Psychoanalyse in Zürich am 17. Juli 1949. In: Schriften I. Olten und Freiburg im Breisgau: Walter-Verlag, 1975 [1949], S. 61–70.

Bruno Latour. Wir sind nie modern gewesen: Versuch einer symmetrischen Anthropologie. Berlin: Akademie-Verlag, 1995.

---. Existenzweisen. Eine Anthropologie der Modernen. Frankfurt am Main: Suhrkamp, 2014.

Claude Lévi-Strauss. Anthropologie structurale. Paris: Plon, 1958.

Lucien Lévy-Bruhl. Das Denken der Naturvölker. Übers. von Wilhelm Jerusalem. Wien: Braumüller, 1921.

---. La mentalité primitive. Paris: Alcan, 1925.

Vachel Lindsay. The Art of the Moving Picture. New York: Liveright (Macmillan), 1970.

Martin Loiperdinger. Lumières Ankunft des Zugs. Gründungsmythos eines neuen Mediums? In: KINtop. Jahrbuch zur Erforschung des frühen Films/5 (1996), S. 37–70.

Georg Lukács. Die Theorie des Romans. Darmstadt und Neuwied: Luchterhand, 1971.

---. Gedanken zu einer Ästhetik des Kino. In: Theorie des Kinos. Hg. von Karsten Witte. Frankfurt am Main: Suhrkamp, 1972 [1913], S. 142–48.

Thomas Mann. Der Zauberberg. Stuttgart, Hamburg, München: Deutscher Bücherbund, 1952 [1924].

Octave Mannoni. Je sais bien, mais quand même. In: Clefs pour l'imaginaire ou l'autre scène. Paris: Éditions du Seuil, 1969, S. 9–33.

Lev Manovich. Navigable Space. Raumbewegung als kulturelle Form. In: Onscreen/Offscreen. Grenzen, Übergänge und Wandel des filmischen Raumes. Hg. von Hans Beller. Ostfildern bei Stuttgart: Hatje Cantz Verlag, 2000, S. 185–207.

Laura U. Marks. The Skin of the Film. Intercultural Cinema, Embodiment, and the Senses. Durham: Duke University Press, 2000.

Marcel Mauss. Les techniques du corps. 1934. <http://www.regine-detambel.com/ images/30/revue_1844.pdf > (letzter Zugriff: 2.10. 2017).

---. Soziologie und Anthropologie. München: Hanser, 1975.

---. Die Techniken des Körpers. In: Soziologie und Anthropologie. München: Hanser, 1975, S. 199–220.

---. Die Gabe. Form und Funktion des Austauschs in archaischen Gesellschaften. Frankfurt am Main: Suhrkamp, 1990 [1925].

Pavel Medvedev. Die formale Methode in der Literaturwissenschaft. Übers. von Helmut Glück. Stuttgart: Metzler, 1976 [1928].

Maurice Merleau-Ponty. Phénoménologie de la perception. Paris: NRF, 1945.

---. Le cinéma et la nouvelle psychologie. In: Sens et non-sens. Paris: Nagel, 1948.

---. Das Kino und die neue Psychologie. Übers. von Frieda Grafe. In: Filmkritik/11 (1969), S. 695–702.

---. Das Kino und die neue Psychologie. In: Kritik des Sehens. Hg. und übersetzt von Ralf Konersmann. Leipzig: Reclam, 1997, S. 227 – 46.

---. Das Auge und der Geist. Philosophische Essays. Reinbek: Rowohlt, 1967.

Christian Metz. Le cinéma: langue ou langage? In: Essais sur la signification au Cinéma. Bd. 1. Paris: Éditions Klincksieck, 1968 [1964], S. 39–94.

---. Une étape dans la réflexion sur le cinéma. A propos de: Jean Mitry, Esthétique et Psychologie du Cinéma. In: Essais sur la signification au cinéma. Bd. 2. Paris: Éditions Klincksieck, 1968 [1964], S. 13 – 34.

---. Semiologie des Films. München: Fink, 1972.

---. Sprache und Film. Frankfurt am Main: Athenäum, 1973.

Jean-Pierre Meunier. Les structures de l'expérience filmique. L'identification filmique. Louvain: Librairie universitaire, 1969.

Philippe-Alain Michaud. Aby Warburg et l'image en mouvement. Paris: Éditions Macula, 1998.

Thomas Mies. Dialog und Vielstimmigkeit: Martin Buber und Michail Bachtin Gruppenanalyse und Dialogphilosophie Teil 1: Martin Buber. In: Gruppenpsychotherapie und Gruppendynamik 50/ 1 (2014), S. 30–70.

W. J. Thomas Mitchell. Das Leben der Bilder: Eine Theorie der visuellen Kultur. München: Verlag C.H. Beck, 2008.

Jean Mitry. Esthétique et psychologie du cinéma 1. Paris: éditions universitaires, 1963.

---. Esthétique et psychologie du cinéma 2. Paris: éditions universitaires, 1965.

---. Histoire du cinéma 1895–1950. 5 Bde. Paris: Editions universitaires, 1968–1980.

---. la sémiologie en question. langage et cinéma. Paris: Éditions du Cerf, 1987.

---. The Aesthetics and Psychology of the Cinema. Übers. von Christopher King: Indiana University Press, 1997.

Edgar Morin. Le cinéma ou l'homme imaginaire. In: Revue Internationale de Filmologie VI/ 20–24 (1955), S. 134–35.

---. Der Mensch und das Kino. Stuttgart: Klett, 1958 [1956].

---. L'homme et la mort. Paris: Éditions du Seuil, 1970 [1951].

---. Le cinéma ou l'homme imaginaire. Essai d'anthropologie sociologique. Paris: Minuit, 1982 [1956].

Laura Mulvey. Visuelle Lust und narratives Kino. In: Frauen in der Kunst. Hg. von Gisling Nabakowski, Helke Sander und Peter Gorsen. Bd. 1. Frankfurt am Main: Suhrkamp, 1980, S. 30–46.

Hugo Münsterberg. The Photoplay. A psychological study. New York: Dover, 1970 [1916].

---. Das Lichtspiel. Eine psychologische Studie. Übers. von Jörg Schweinitz. Wien: Synema, 1996 [1917].

Robert Musil. Ansätze zu neuer Ästhetik. Bemerkungen über eine Dramaturgie des Films. In: Prosa und Stücke. Kleine Prosa, Aphorismen, Autobiographisches, Essays und Reden, Kritik. Reinbek: Rowohlt, 1978 [1925], S. 1137–54.

Gabriella Nagy. Towards new unrealities. An interview with László Krasznahorkai. In: Hungarian Literature online. <http://www.hlo.hu/news/krasznahorkai_interview> (letzter Zugriff: 17. 8. 2014).

Oskar Negt. Die Konstituierung der Soziologie zur Ordnungswissenschaft: Strukturbeziehungen zwischen den Gesellschaftslehren Comtes und Hegels. Frankfurt am Main, Köln: Europäische Verlagsanstalt, 1974.

Oskar Negt und Alexander Kluge. Geschichte und Eigensinn. Frankfurt am Main: Suhrkamp, 1981.

Sabine Nessel. Future Cinema oder durch das Kino hindurchgegangen. Versuch zum Verhältnis von Kino und Medium. In: Frauen und Film/64 (2004), S. 43–55.

Abé Mark Nornes. Cinema Babel. Translating Global Cinema. Minneapolis, London: University of Minnesota Press, 2007.

Roger Odin. De la fiction. Arts et cinéma. Bruxelles, Paris: De Boeck université, 2000.

Talcott Parsons. The structure of social action. A study in social theory with special reference to a group of recent European writers. New York: McGraw-Hill Book Company, 1937.

Marc-Henri Piault. Anthropologie et cinéma. Passage à l'image, passage par l'image. Paris: Nathan, 2000.

Charles Sanders Pierce. Collected Papers. Bd. 1. Havard: Havard University Press, 1974.

Helmuth Plessner. Die Stufen des Organischen und der Mensch. Berlin: De Gruyter/Sammlung Göschen, 1975 [1928].

Marie-Thérèse Poncet. L'imagination cosmique dans les rapports du décor et du costume. In: L'univers filmique. Hg. von Etienne Souriau. Paris: Flammarion, 1953, S. 101–18.

Hortense Powdermaker. Hollywood, the Dream Factory. An Anthropologist Looks at the Movie-Makers. Boston: Little, Brown, 1950.

Jacques Rancière. Politik der Bilder. Übers. von Maria Muhle. Berlin: diaphanes, 2005 [2003].

---. Film Fables. Übers. von Emiliano Battista. Oxford/New York: Berg, 2006 [2001].

---. Béla Tarr, le temps d'après. Actualité critique. Paris: Capricci, 2012.

---. Die Filmfabel. Übers. von Stephan Geene und Teodora Tabacki. Berlin: b_books, 2014 [2001].

Hans Ulrich Reck. Traum Enzyklopädie. München, Paderborn: Fink, 2010.

Karel Reisz und Gavin Millar. The Technique of Film Editing. London/New York: Focal Press, 1968 [1953].

Stefan Rieger. Kybernetische Anthropologie. Eine Geschichte der Virtualität. Frankfurt am Main: Suhrkamp, 2003.

Stefan Ripplinger. I can see now: Blindheit im Kino. Berlin: Verbrecher Verlag, 2008.

Marie-Claire Ropars-Wuilleumier. Le texte divisé: Essai sur l'écriture filmique. Paris: Presses Universitaires de France, 1981.

Richard Rorty. Contingency, irony, and solidarity. Cambridge, New York: Cambridge University Press, 1989.

---. Kontingenz, Ironie und Solidarität. Frankfurt am Main: Suhrkamp, 1992.

Philip Rosen. Revolution and Regression. Temporality in Eisenstein's Theories of Cinema and Culture. Vortrag Tagung Jetzt und Dann. Zeiterfahrung in Film, Literatur und Philosophie, SFB 626 ‚Ästhetische Erfahrung im Zeichen der Entgrenzung der Künste'. Freie Universität Berlin, 2008.

Jonathan Rosenbaum. What is Cinema? (and, if you know what that is, What is Film Study?). 2009. <https://www.jonathanrosenbaum.net/2009/05/what-is-cinema/> (letzter Zugriff: 27.2.2018).

Jean-Paul Sartre. L'Imaginaire. Paris Gallimard, 1940.

Maria Schafstedde. Spontaneität und Vermessenheit zur Genese negativer Anthropologie bei Ulrich Sonnemann. Würzburg: Königshausen und Neumann, 2002.

Jean Louis Schefer. L'homme ordinaire du cinéma. Paris: Cahiers du Cinéma/Gallimard, 1980.

Max Scheler. Die Stellung des Menschen im Kosmos. Berlin: Contumax/Hofenberg, 2016 [1928].

Herta Schmid. Bachtins Dialogizitätstheorie im Spiegel der dramatisch-theatralischen Gattungen. In: Dramatische und theatralische Kommunikation : Beiträge zur Geschichte und Theorie des Dramas und Theaters im 20. Jahrhundert. Hg. von Herta Schmid und Jurij Striedter. Tübingen: Gunter Narr Verl., 1992, S. 36–90.

Heinz Schott. Synästhesie, Sympathie und sensus communis: Zur medizinischen Anthropologie in der Neuzeit. In: Synästhesie: Interferenz, Transfer, Synthese der Sinne. Hg. von Hans Adler. Würzburg: Königshausen und Neumann, 2002, S. 95–107.

Alfred Schütz. Der sinnhafte Aufbau der sozialen Welt. Eine Einleitung in die verstehende Soziologie. Frankfurt am Main: Suhrkamp, 1974 [1932].

Clemens Schwender und Frank Schab. Evolutionäre Grundlagen emotionaler und ästhetischer Medienrezeption. In: Audiovisuelle Emotionen: Emotionsdarstellung und Emotionsvermittlung durch audiovisuelle Medienangebote. Hg. von Anne Bartsch, Jens Eder und Kathrin Fahlenbrach. Köln: Halem, 2007, S. 60–84.

Walter Serner. Kino und Schaulust. In: Kino-Debatte: Texte zum Verhältnis von Literatur und Film ; 1909 – 1929. Hg. von Anton Kaes. München: Dt. Taschenbuch Verl. u.a., 1978 [1913], S. 53–58.

Karl Sierek. Das Hypergenre. In: Grenzüberschreitungen. Eine Reise durch die globale Filmlandschaft. Hg. von Siegfried Zielinski und Erwin Reiss. Berlin: Volker Spiess, 1992, S. 421–34.

---. Aus der Bildhaft. Filmanalyse als Kinoästhetik. Wien: Sonderzahl, 1993.

---. Ophüls/Bachtin. Versuch mit Film zu reden. Nexus. Frankfurt am Main: Stroemfeld, 1993.

---. Windows. Vom Rahmen zum Werkzeug. In: Störzeichen. Das Bild angesichts des Realen. Hg. von Oliver Fahle. Weimar: Verlag und Datenbank für Geisteswissenschaften VDG, 2003, S. 207 – 22.

---. Images, Oiseaux. Aby Warburg et la théorie des médias. Paris: Klincksieck, 2009.

---. Der lange Arm der Ufa. Filmische Bilderwanderung zwischen Deutschland, Japan und China 1923–1949. Wiesbaden: Springer VS, 2018.

Vivian Sobchack. The Scene of the Screen: Envisioning Cinematic and Electronic "Presence". In: Materialities of Communication. Hg. von Hans Ulrich Gumbrecht und K. Ludwig Pfeiffer. Stanford: Stanford University Press, 1994, S. 83–106. Netzversion: The Scene of the Screen. Envisioning Photographic, Cinematic, and Electronic ‚Presence'.

In: Post-Cinema: Theorizing 21st-Century Film. <http://reframe.sussex.ac.uk/post-cine-ma/2–1-sobchack/> (letzter Zugriff: 17.03.2018).

---. Carnal thoughts. Embodiment and moving image culture. Berkeley: University of California Press, 2004.

Ulrich Sonnemann. Negative Anthropologie. Vorstudien zur Sabotage des Schicksals. Reinbek bei Hamburg: Rowohlt, 1969.

---. Tunnelstiche: Reden, Aufzeichnungen und Essays. Reihe Syndikat. Frankfurt am Main: Athenäum, 1987.

---. Zeit ist Anhörungsform. Über Wesen und Wirken einer kantischen Verkennung des Ohrs. In: Tunnelstiche: Reden, Aufzeichnungen und Essays. Frankfurt am Main: Athenäum, 1987, S. 279–98.

Anne Souriau. Succession et simultanéité dans le film. In: L'univers filmique. Hg. von Etienne Souriau. Paris: Flammarion, 1953, S. 59–74.

Raymond Spottiswoode. A Grammar of the Film. An Analysis of Film Technique. Berkeley/Los Angeles: University of California Press, 1959.

Robert Stam. Subversive Pleasures. Bakhtin, Cultural Criticism, and Film. Baltimore/London: John Hopkins University Press, 1989.

Robert Stam und Ella Shohat. Unthinking Eurocentrism. London: Routledge, 1995.

Frederick Arthur Ambrose Talbot. Moving pictures, how they are made and worked. Philadelphia: J. B. Lippincott Company, 1912.

Kristin Thompson. Breaking the Glass Armor. A Neoformalist Approach to Film Analysis. Princeton: University Press, 1988.

Kristin Thompson und David Bordwell. Observations on film art. In: <http://www.david-bordwell.net/blog/?p=2927> (letzter Zugriff: 5.9.2010).

Galin Tihanov. The Gravity of the Grotesque. In: Bakhtiniana Sao Paolo 7/ 2 (2012).

Iwan Turgenjew. Väter und Söhne. Berlin: Schreitersche Verlagsbuchhandlung, o.J. [1861].

Edward Burnett Tylor. Primitive culture. Researches into the development of mythology, philosophy, religion, language, art, and custom. 2 Bde. London: John Murray, 1871.

Paul Verlaine. Art poétique. In: Œuvres complètes. Paris: Arvensa Éditions, 2014, S. 295–96.

Marc Vernet. Figures de l'absence. De l'invisible au cinema. Paris: Edition de l'Etoile, 1988.

Friedrich Theodor Vischer. Über das Erhabene und Komische, ein Beitrag zu der Philosophie des Schönen. Stuttgart: Imle & Krauß, 1837.

V. N. Volosinov. Freudianism: A Marxist Critique. Übers. von I. R. Titunik. New York/San Fransisco/London: Academic Press, 1976.

Alfred-Félix Vulpian und Ernest Brémond. Leçons sur la physiologie générale et comparée du système nerveux faites au Muséum d'histoire naturelle. Paris, 1866.

Bernhard Waldenfels. Sinnesschwellen. Studien zur Phänomenologie des Fremden 3. Frankfurt am Main: Suhrkamp, 1998.

Aby Warburg. Heidnisch-antike Weissagung in Wort und Bild zu Luthers Zeiten. In: Ausgewählte Schriften und Würdigungen. Hg. von Martin Wuttke. Baden-Baden: Valentin Koerner, 1992 [1920], S. 199 – 304.

---. Flandrische Kunst und florentinische Frührenaissance. In: Ausgewählte Schriften und Würdigungen. Hg. von Martin Wuttke. Baden-Baden: Valentin Koerner, 1992 [1907], S. 103 – 24.

---. Italienische Kunst und internationale Astrologie im Palazzo Schifanoja zu Ferrara. 1912. Gesammelte Schriften. Eds. Horst Bredekamp et al. Baden-Baden: Valentin Koerner, 1998. 459 – 82, 627 – 44. Vol. I. 2.

Alain Weber. Idéologies du montage ou l'art de la manipulation. CinémAction. Hg. von Guy Hennebelle. Bd. 23. Paris: Harmattan, 1982.

Linda Williams. Hard Core: Macht, Lust und die Traditionen des pornographischen Films. Nexus. Basel: Stroemfeld, 1995.

Karsten Witte. Rechte Schatten, linke Linien. In: Europa 1939. Filme aus 10 Ländern. Hg. von Hans Helmut Prinzler. Berlin: Stiftung Deutsche Kinemathek, 1989, S. 9–29.

Heinrich Wölfflin. Kunstgeschichtliche Grundbegriffe. Das Problem der Stilentwicklung in der neueren Kunst. München: Bruckmann, 1918.

Christoph Wulf. Homo absconditus. L'anthropologie fondamentale d'Edgar Morin. In: Synergies Monde/4 (2008), S. 263–66.

Wilhelm Wundt. Völkerpsychologie. Eine Untersuchung der Entwicklungsgesetze von Sprache, Mythus und Sitte. Bd. 1. Leipzig: Engelmann, 1911.

Yingjin Zhang. Screening China: Critical Interventions, Cinematic Reconfigurations, and the Transnational Imaginary in Contemporary Chinese cinema. Ann Arbor, Michigan: University of Michigan, 2002.

Filmographie

ALIEN: CONVENANT
ALMANAC OF FALL
AT LAND
AUGENÄRZTLICHE UNTERSUCHUNGSMETHODEN II: AN DER LAMPE
THE BEST YEARS OF OUR LIFES
THE BIG SLEEP
THE BIRTH OF A NATION
BREAKING NEWS
LE CHIEN ANDALOU
LA CHINOISE
CITIZEN KANE
LE CRIME DE M. LANGE
CHRONIQUE D'UN ÉTÉ
DAMNATION
EINFAHRT DES ZUGES IN LA CIOTAT
L'EROISMO DI UN AVIATORE A TRIPOLI
ESPOIR
FANTASTIC VOYAGE/STRANGE JOURNEY
FAR FROM WAR
FARGO
THE GREAT TRAIN ROBBERY
HAMLET
AU HASARD BALTHAZAR
HELAS POUR MOI

HUDSUCKER PROXY
I AM NOT YOUR NEGRO
INDIAN WAR COUNCIL
INNERSPACE
INTOLERABLE CRUELTY
JEZEBEL
KÁRHOZAT
KING LEAR
KOSINZEWS WOHNUNG /KVARTURA KOZINTSEVA (PETERSBURGER TAGEBÜCHER II/PETERBURGSKIY
  DNEVNIK II)
LETTER FROM AN UNKNOWN WOMAN
LOLA MONTEZ
MACBETH
MACHORKA MUFF
MADAME BOVARY
MACUNAIMA
THE MAGNIFICENT AMBERSONS
LES MAÎTRES FOUS
MANTEL (SHINEL)
MAXIM
MEDITATION ON VIOLENCE
LE MÉPRIS
MESHES OF THE AFTERNOON
A MODERN MUSKETEER
NANA
NOVYJ VAVILON (DAS NEUE BABYLON)
O BROTHER, WHERE ART THOU?
OBRYV
ONE TWO THREE
ORDET
PACIFIC 231
PANZERKREUZER POTEMKIN
THE PLAYER
PREMIER DE CORDÉE
QUE VIVA MEXIKO
RAISING ARIZONA (US/1987),
RASOR BLADES
RESERVOIR DOGS
LA RONDE
THE ROPE
RUSSIAN ARC/RUSSKIY KOVCHEG
SABOTEUR
SÁTÁNTANGÓ
SHANGHAI GESTURE
SIOUX GHOST DANCE
SIERRA DE TERUEL

THE SQUAW MAN
STRAW DOGS
SUNSET BLVD.
A TORINÓI LÓ
TOUCH OF EVIL
UN CONDAMNÉ À MORT S'EST ÉCHAPPÉ
THE VERY EYE OF NIGHT
VIVRE SA VIE
WERCKMEISTER HARMÓNIÁK
WHITE FAWN'S DEVOTION
YUANLI ZHANZHENGDE NIANDAI

Abbildungen

Abb. 1 CHRONIQUE D'UN ÉTÉ (Rouch/Morin, F/1961): „Etes-vous heureux?"

Abb. 2 Edison Comp., SIOUX GHOST DANCE in der Black Maria, 1894

Abb. 3 QUE VIVA MEXIKO (S.M. Eisenstein, Mex/1932) Transformationsleistung latenter Bildenergie ...

Abb. 4 QUE VIVA MEXIKO (Eisenstein, Mex/1932) ... in kinetische Dynamik.

Abb. 5 THE VERY EYE OF THE NIGHT (Maya Deren, US/1958): Der Uranusmond Oberon und andere Sternbilder mit Orientierungsfunktion.

Abb. 6 THE VERY EYE OF THE NIGHT (Maya Deren, US/1958): Die Zwillinge als Leitbilder der Ortung vor dem Sternenhimmel.

Abb. 7 Pražské Jezulátko, Maria vom Siege (Kostel Panny Marie Vítězné) in Prag, 1555.

Abb. 8–17 SIERRA DE TERUEL (André Malraux, F/Es/1939) Einstellungen 1–9.

Abb. 18–23 PREMIER DE CORDÉE (Louis Daquin, F/1944) Einstellungen – 2–30.

Abb. 24–36 LE MÉPRIS (Jean-Luc Godard, F/1963).

Abb. 37 DAMNATION (KÁRHOZAT, Béla Tarr, Hu/1988) [8.53] Fassade des Ballsaals: sich schließender, statuarischer Zeitblock.

Abb. 38 WERCKMEISTERS HARMONIES (WERCKMEISTER HARMÓNIÁK, Béla Tarr, Hu/2000) [25.36]. Leere der Straße, Schattenbewegung, Abbruch.

Abb. 39–40 SATANSTANGO (Béla Tarr, Hu/2000) [1.01.08, 1.01.38]: Inszenierung der Unvereinbarkeit diskursiver und diegetischer Zeitlichkeit.

Abb. 41–43 ALMANAC OF FALL (ÖSZI ALMANACH, Béla Tarr, Hu/1985) [46.41–48.16]: Pure Kontingenzregistratur.

Abb. 44–45 TURIN HORSE (A TORINÓI LÓ, Béla Tarr, Hu/2011).

Abb. 46–51 TURIN HORSE (A TORINÓI LÓ, Béla Tarr, Hu/2011) [59.37–1.06.57]: Ohlsdorfers Flasche: die Geschichte des Dings in einer Einstellung.

Abb. 52–57 DAMNATION (KÁRHOZAT, Béla Tarr, Hu/1988) [2.51–8.23]: Diskurskontinuum in sechs Einstellungen.

Abb. Tarr 58–61 SATANSTANGO (Béla Tarr, Hu/1994) [10.03–20.14]: Kondensatorfunktion ohne Plansequenz.

Abb. 62 SATANSTANGO (Béla Tarr, Hu/1994) [41.40–43.17] Vibrationen des Unrat-gefüllten Raums.

Abb. 63 WERCKMEISTERS HARMONIES (WERCKMEISTER HARMÓNIÁK, Béla Tarr, Hu/2000) [1.12.50]: Weggabelung ohne Entscheidungsmöglichkeit.

Abb. 64–65 TURIN HORSE (A TORINÓI LÓ, Béla Tarr, Hu/2011).

Abb. 66 FARGO (Ethan und Joel Coen, US/1996) [Vorspann 1.56]: Semiopragmatisches Wellenreiten auf dem Realismusbegriff.

Abb. 67 FARGO (Ethan und Joel Coen, US/1996) [1.18.19]: Kleine Details des Unwahrscheinlichen – die dauernd essende Polizistin.

Abb. 68 HUDSUCKER PROXY (Ethan und Joel Coen, US/1994) [7.52]: Lächeln um eine Nuance zu breit.

Abb. 69 FARGO (Ethan und Joel Coen, US/1996) [1.07.16]: An den Grenzen zur mimetischen Akrobatik.

Abb. 70 O BROTHER, WHERE ART THOU? (Ethan und Joel Coen, US/2000) [1.10.11]: Vom outrierten Spiel zu Verschiebungen und Verbiegungen.

Abb. 71 FARGO (Ethan und Joel Coen, US/1996) [56.01]: Aufgefädelt wie auf einer Perlenschnur.

Abb. 72 FARGO (Ethan und Joel Coen, US/1996) [24,27]: Grenzen des Bildrealismus.

Abb. 73, 74 LETTER FROM AN UNKNOWN WOMAN(Max Ophüls, US/1948): folgenlose Rituale: das Streicheln von Lisas Wange [14.28], die Berührung von Stefans Arm [1.21.01].

Abb. 75 THE SHANGHAI GESTURE (Josef von Sternberg, US/1941) [1.14.06] Radikale rituelle Reduktion: reglos, stumm und starr.

Abb. 76 SUNSET BLVD. (Billy Wilder, US/1950): Stroheims geschlossener Körperblock.

Abb. 77 SUNSET BLVD. (Billy Wilder, US/1950): Einmischungen der Kamera-Gesten [36.08].

Abb. 78 SHANGHAI GESTURE (Josef von Sternberg, US/1941) [1.34.46]: Bestätigung der Lebensgeschichte Poppys in der einzigen Großaufnahme Amahs.

Abb. 79 SUNSET BLVD. (Billy Wilder, US/1950): Max Stroheim als Gedächtnis der Filmgeschichte.

Abb. 80 AUGENÄRZTLICHE UNTERSUCHUNGSMETHODEN II: AN DER LAMPE (FSU, Sammlung Medizinfilme): Aufzeichnung, Transformation, Konstruktion.

Abb. 81 AUGENÄRZTLICHE UNTERSUCHUNGSMETHODEN II: AN DER LAMPE (FSU, Sammlung Medizinfilme): Schausteller des eigenen Körpers.

Abb. 82 AUGENÄRZTLICHE UNTERSUCHUNGSMETHODEN II: AN DER LAMPE (FSU, Sammlung Medizinfilme): Umformung und Umfärbung nach bildimmanenten strategischen Mustern, Zurichtung des Körpers als amorphes, abstraktes Gewölk.

Abb. 83 AUGENÄRZTLICHE UNTERSUCHUNGSMETHODEN II: AN DER LAMPE (FSU, Sammlung Medizinfilme): Menschenobjekte, an Maschinen gefügt.

Abb. 84 AUGENÄRZTLICHE UNTERSUCHUNGSMETHODEN II: AN DER LAMPE (FSU, Sammlung Medizinfilme): transformierte Silhouetten.

Abb. 85 AUGENÄRZTLICHE UNTERSUCHUNGSMETHODEN II: AN DER LAMPE (FSU, Sammlung Medizinfilme): Was bleibt, ist Gewölk.

Abb. 86 AUGENÄRZTLICHE UNTERSUCHUNGSMETHODEN II: AN DER LAMPE (FSU, Sammlung Medizinfilme): Skizzen und animierte Handzeichnungen.

Abb. 87, 88 FANTASTIC VOYAGE (Richard Fleischer, US/1966), INNERSPACE (Joe Dante, US/1987): Anthropomorphisierte Endoskope als den Körper durchrasende U-Boote und Raumschiffe.

Abb. 89 Fantastic Voyage (Richard Fleischer, US/1966): Das Raumschiff in der Blutbahn – Entzug der Bilder, Beschränkte, monologische Sicht des Inneren aus Ganglien, Blutbahnen und Gehirnwindungen.

Abb. 90 Innerspace (Joe Dante, US/1987): Dialogische Diskurse – Das Auge als Vermittlungsinstanz und Medium zwischen Außen und Innen.

Abb. 91 Innerspace (Joe Dante, US/1987): Andockversuch der Harpune am Auge zur Herstellungen eines inneren Dialogs zwischen den Ritzungsgeräten und schwelgendem Körperrauschen.

Abb. 92 Fantastic Voyage, Innerspace: Die Innenkörper als grenzen- und ortsloses Fluten.

Abb. 93 King Lear (Grigorij Kosinzew, UdSSR/1949): Lear, hingehaucht wie ein Gespenst, 12.14–13.00 min.

Abb. 94 Helas pour moi (Godard, F/1993): Das Bild zu Ton und Schrift.

The manufacturer's authorised representative in the EU is Springer
Nature Customer Service Centre GmbH, Europaplatz 3, 69115 Heidelberg,
Germany. If you have any concerns regarding our products, please
contact ProductSafety@springernature.com

Printed and bound by CPI Group (UK) Ltd, Croydon, CR0 4YY
27/04/2026
02097663-0001